거인들의
발자국

거인들의 발자국

지은이_ 한 홍

초판 발행_ 2004. 8. 19. | 59쇄 발행 | 2025. 3. 12 | 등록번호_ 03-01165호
등록된 곳_ 140-240 서울시 용산구 서빙고동 95번지 두란노빌딩 출판부
발행처_ 비전과리더십 | 출판부_ 794-5100(교환369)
인쇄처_ 영진문원

*책값은 뒤표지에 있습니다.
판매원 사단법인 두란노서원
Tel. 02-749-1059
Fax. 080-749-3705

ISBN 89-90984-21-1   03320
독자의 의견을 기다립니다.
tpress@tyrannus.co.kr

거인들의 발자국

한 홍 지음

비전과리더십

차례

「거인들의 발자국」에 대한 추천의 글들 _ 8
개정판 책머리에 _ 11

Chapter 1
서론 : 리더십을 이야기한다 _ 15

Chapter 2
균형 잡힌 리더십 _ 27

1. 리더십 정의에 대한 균형 | 2. 시각의 균형 | 3. 하이테크와 하이터치의 균형
4. 영성의 3요소 | 5. 자기 관리의 균형 | 6. 계절의 균형

Chapter 3
따르는 것의 힘 _ 61

1. 좋은 팔로워의 자질은 무엇인가 | 2. 좋은 팔로워를 양성하라
3. 리더와 팔로워는 서로 돕고 이해해야 한다

Chapter 4
시대에 따라 변하는 리더십 _ 83

1. 21세기를 이해하라 | 2. 너희가 신세대를 아느냐? | 3. 리더십을 살리는 멘토링

5 Chapter

각 문화별 리더십의 특징 _ 111

1. 프랑스 | 2. 영국 | 3. 독일 | 4. 네덜란드
5. 미국 | 6. 중국 | 7. 일본 | 8. 한국

6 Chapter

리더십에도 차이가 있다 _ 149

1. 성격의 4가지 유형 | 2. 리더십의 6가지 스타일

7 Chapter

리더십 킬러들 _ 173

1. 외부의 킬러들 | 2. 내부의 킬러들

8 Chapter 좋은 리더십의 필수 요소 _199

1. 균형 감각 | 2. 인격 / 신뢰성 | 3. 능력 | 4. 융화력 / 팀워크 창조력

9 Chapter 리더십과 부드러운 마음 _231

1. 리더십의 어려움 | 2. 부드러운 리더십의 힘 | 3. 마음의 완충 장치

10 Chapter 모든 사람을 살리는 팀 리더십 _257

1. 고도의 개인적 전문성을 키우라
2. 확실한 구심점이 되는 비전의 지도자를 세우라
3. 도전적이고 명확한 공통의 비전과 목표를 만들라 | 4. 활발한 커뮤니케이션을 형성하라

11 다음 세대에게 힘을 실어 주는 리더십 _283

1. 당신은 시계를 만드는가, 시간을 알려 주는가?
2. 시오노 나나미의 「로마인 이야기」 | 3. 로마와 미국
4. 나눔의 축복 | 5. 다음 세대를 어떻게 키울 것인가?

12 리더십과 부르심 _331

1. 구원에로의 부르심 | 2. 사명으로의 부르심

13 결론: 거인들과 발자국 _363

■ 「거인들의 발자국」에 대한 추천의 글들

"리더로서 당신의 발자국을 돌아보게 하는 책!"

-조선일보

"폭넓은 문화사적 이해를 바탕으로 세밀하면서도 흥미롭게 리더십의 본질을 풀어내는 책!"

-중앙일보

"흠뻑 빠져서 읽어 내려간 책이다. 저자가 앞으로도 좋은 책들을 더욱 많이 집필하기 바란다"

-사랑의 교회 옥한흠 원로 목사

"밑줄을 쳐 가면서 핵심 내용을 암기할 수 있을 만큼 읽었다. 다 읽은 후에는 모든 임원들에게도 한 번씩 읽도록 했다."

-연대 세브란스 강진경 의료 원장

"두 번을 내리 읽었다. 그리고 모든 동료 의원에게 한 권씩 나눠 주었다."

-유재건 국회의원

"내가 리더십은 이래야 한다고 생각하는 것들이 이 책에 다 적혀 있다."

-숙명여대 이경숙 총장

21세기를 살아가는 사람들에게 있어서 가장 중요한 두 단어가 있다면 '비전'과 '리더십'일 것입니다. 비전이 미래의 청사진이라고 한다면 리더십은 그 비전을 이루는 힘이요 열쇠입니다. 그래서 비전을 가진 국가나 사회는 망하지 않습니다.

제가 사랑하는 한홍 목사님이 심혈을 기울여 쓴 이 책은 바로 비전을 가진 모든 리더가 읽고 깊이 생각해야 할 지침서라고 할 수 있습니다. 동양과 서양을 잘 이해하고, 세상과 교회를 균형 잡힌 시각으로 바라보는 그는 이론과 실무에 다 뛰어난 젊은 리더입니다. 영적인 통찰력과 불 같은 정열, 냉철한 지성을 갖춘 그의 책은 리더십 이해에 관한 새로운 지평을 열 것으로 확신합니다.

- 온누리 교회 하용조 목사

한동 대학교에서 리더십과 스피치를 가르치고 있는 젊고 명철한 교수인 한홍 박사의 명강의는 학생들에게서 인기가 대단하다. 교수뿐 아니라 목회자로서도 한동 젊은이들의 존경을 아낌없이 받고 있는 그의 이 책은, 세계를 움직였던 무수한 거인들의 발자국 가운데 숨쉬고 있는 리더 중 리더인 예수 그리스도의 모습을 발굴해 나가면서 그 속에서 영원한 리더십의 원리들을 보여 주고 있다. 이 책에서 다루고 있는, 장소와 문화와 상황이 달랐던 시대를 이끌었던 여러 유형의 지도자들의 스토리를 들으면서 나는 한국의 미래 지도자들이 그 대열에 끼어 있음을 보기를 간절히 소망한다. 이 글이 한국 사회와 교회를 향해서 던지는 건강하고 신선한 메시지가 될 것이라 믿어 마지 않는다.

- 한동 대학교 총장 김영길

많은 리더십 책을 읽었지만 이 책과 같이 흥미 있고 알기 쉽게 쓰여진 책은 처음이다. 급변하는 디지털 시대를 이겨 나가기 위해 그리스도인뿐 아니라 기업인, 또 누구에게나 자신있게 추천할 만한 필독서다.

- 전 바이텍시스템 회장 김형회

내가 가르쳤던 박사 학위 과정 학생들 가운데서 가장 탁월한 사람 중 하나였던 한홍 박사는 경탄할 정도의 창조성과 분석력, 문장력을 구비한 학자다. 비상한 논리 전개와 남다른 커뮤니케이션 감각, 그리고 보기 드문 정열을 가진 사람이다. 어렵고 힘든 학위 과정 속에서도 남편으로서, 두 아이의 아버지로서의 사명도 게을리 하지 않은 그는 동료들과 스승의 말을 잘 경청하고 순종하는 따뜻한 성격을 가졌다. 인격적 원숙함과 프로의 비상함, 거기다 특유의 유머 감각까지 겸비한 그는 당신의 기대를 초월할 것이다.

― 풀러 신학대학원 교회사 주임 교수 짐 브래들리 박사(Dr. Jim Bradley)

주 안에서 늘 사랑하며 아끼는 한홍 목사님의 성실한 글 작업에 먼저 격려의 박수를 보내며, 역사와 신학을 전공한 학자며 교회 사역의 경험을 가진 목회자로서 이런 글을 쓰기에 적합하다고 믿습니다. 그의 현실에 대한 예리한 통찰력과 풍부한 자료 분석은 독자들로 하여금 도전을 받게 하고 은혜를 경험케 해줄 것입니다.

― LA 조이 펠로우십 교회 박광철 목사

당신은 「거인들의 발자국」을 읽으면서 역사를 움직인 거인들을 만나게 될 것입니다. 거인들을 역사의 무대에 세우신 하나님을 만나게 될 것입니다. 그리고 무엇보다도 당신 안에 있는 거인을 만나게 될 것입니다. 당신이야말로 하나님이 찾으시는 영적인 거인이기 때문입니다. 저는 한홍 목사님을 잠자는 거인이라고 생각해 왔습니다. 또한 한 목사님을 통해 일하시는 하나님의 손길을 보아 왔습니다. 이 책은 새 시대를 열어 갈 젊은이들, 평신도 지도자들, 그리고 기독 실업인들이 함께 읽어야 할 탁월한 책입니다.

― 동양 선교 교회 강준민 목사

■ 개정판 책머리에

「거인들의 발자국」을 세상에 내놓은 지 벌써 4년이 되어 갑니다. 누구나 다 첫사랑에 대해 특이한 애착이 있듯이, 「거인들의 발자국」 또한 세상에 태어나서 제 이름 두 자를 걸고 처음 쓴 책이라 아직도 그 내용들은 제 가슴속 깊이 아로새겨져 있습니다. 솔직히 부족한 책이 이토록 많은 분들에게 사랑받을 줄은 생각도 못했습니다. 거의 매달 중쇄를 거듭하여 벌써 30쇄가 나온 이 책은 기독교계를 넘어 정부와 기업, 대학, 사회 각 분야의 수많은 중견 리더들, 많은 해외동포들에게 참으로 과분한 호응을 받았습니다. 출판계의 어떤 분은 "이제 이 책은 리더십 분야의 클래식 중 하나로 자리매김했다"는 과분한 평가도 해 주셨습니다. 오직 하나님께만 영광을 돌릴 수밖에 없는 기적 같은 축복이었습니다.

지금 다시 책장을 넘겨 봐도, "내가 다시 이런 책을 쓸 수 있을까?" 싶을 정도로 정성을 담아 혼신의 힘을 다했습니다. 초판 책머리에서도 말했지만, 리더십이라는 주제를 다룬다는 것은 그 누구에게도 엄청난 도전이요, 부담입니다. 경험 많은 노련한 리더는 잘한 일보다는 실패하고 실수한 일들의 기억 때문에 부끄러울 것이요, 아직 인생의 거친 바다를 본격적으로 헤쳐 나가 보지 못한 젊은 리더는 아직 자신도 많은 경험을 하지지 못한 상태에서 리더십에 대해 감히 뭐라 말하기가 힘들 것입니다.

그러니 능력도, 인품도, 경험도 부족한 저 같은 사람이 이 거대한 주제를 건드린다는 것이 얼마나 가슴 떨리는 일이었겠습니까? 사석에서 만난 한 저명한 기업인은 "책 내용을 보고 저자 나이가 적어도 40대 후반은 되는 줄 알았는데 뜻밖에 젊어서 깜짝 놀랐다"는 말씀을 했습니다. 한 동료 목회자는 농담 반, 진담 반으로 "리더십 베스트셀러「거인들의 발자국」을 쓴 한홍 목사님 자신은 과연 좋은 리더냐?"는 말도 해 줬습니다. 이런 말들은 항상 저로 하여금 옷깃을 여미고, 자신을 돌아보게 해 주었습니다.

리더십이란 주제는 이론도 아니고 획일적인 공식도 아닙니다. 리더십은 바로 살아 있는 현장의 숨소리여야 합니다. 그래서인지, 책을 내고 나서 저는 각 분야의 현장에서 뛰고 있는 좋은 리더들과 교제할 기회를 많이 가질 수 있었습니다. 또한 제게 과분한 리더의 직무를 여러 개 맡아서 전혀 새로운 차원에서 사람을 보고, 인생을 보고, 리더십을 볼 수 있는 시간을 얻었습니다. 신선한 아이디어와 감동적인 현장 경험들을 담은 탁월한 새 책들도 더 많이 접할 수 있었습니다.

한 권의 책은 그 책이 나오기까지 작가가 만났던 수많은 사람들과 책들과 경험들의 결정체입니다. 이번 개정판에는 그동안 겪었던 이런 새로운 경험에서 얻은 깨달음들을 조금 더 삽입했고, 각 장의 끝부분에 독자의 깊은 생각을 유도하는 요약 문장들을 첨가했습니다. 책 안팎의 디자인도 "비전과리더십" 출판부에서 깔끔히 새 단장을 해 주어 얼마나 감사한지 모릅니다.

제 인생의 가장 어렵고 힘들 때에 저와 결혼해서 10년이 넘도록 변함없는 사랑과 격려를 준 아내와 귀여운 두 아이 지수와 지섭이, 늘 저를 위해 기도해 주시는 부모님과 장인, 장모님께 마음속 깊은 곳에서 우러나오는 감사를 드립니다. 초판 추천사를 써 주셨던 저의 영원한 스승 하용조 목사님과 김영길 총장님, 짐 브래들리 교수님, 김형회 회장님, 박광철 목사님, 강준민 목사님께 감사드립니다. 그리고 그동안 「거인들의 발자국」을 사랑해 주셨던 모든 독자 여러분께도 엎드려 고마움을 표시하고 싶습니다.

역사상 존재했던 가장 위대한 리더였던 예수 그리스도를 사랑합니다.

2004년 9월
서울 양재동 횃불회관에서
한 홍 (John H. Hahn)

Chapter 1

서론:
리더십을 이야기한다

> 만약 당신이 그리스도를 믿는다면 당신은 사랑하기 위해 리더가 될 것이다.
> 그러나 당신이 그리스도 안에 있지 않다면 당신은 리더가 되는 것을 사랑할 것이다.
>
> – 하워드 버트(Howard Butt)

　나는 14세 때 미국으로 이민 가서 20년 가까이 살다가 1999년 초에 한국으로 들어온 이민 1.5세대다. 온누리 교회에서 목사로 사역하면서 동시에 포항에 있는 한동 대학교에서 일주일에 한 번씩 교수로 "미국 역사", "리더십", "스피치"를 강의했는데, 오랜 외국 생활에서 돌아와 한국 상황에 적응하면서 여러 가지 재미있는 문화적 충격을 겪었다. 그 중에 특히 기억나는 것은, 99년 11월 어느 날 포항에서 서울로 돌아오는 비행기 안에서 있었던 일이다.

　비행기가 이륙할 시간이 한참 지났는데도 활주로에 그냥 지체하고 있었다. 좁은 국내선 좌석에서 기다리던 승객들은 여기저기서 불평을 쏟아 내기 시작했다. 기내 방송을 통한 기장의 상황 설명이 나오기 전까진 적어도 그랬다. "기내에 계신 승객 여러분, 죄송합니다. 오늘 대입 수능 시험 영어 듣기 시험 관계로 전국의 비행기들이 이착륙을 잠시 연기하게 되겠습니다."

　내가 놀란 것은 그 방송이 나오는 순간, 그토록 불평 불만이 많던 승객들이 일시에 입을 다물더니 아주 경건(?)하게 자신들의 운명을 받아들이면서 얌전해지는 것이었다. 이 한 번의 시험이 한국에서 살아가야 할 젊은이들의 인생에 얼마나 큰 영향을 미칠 것인지를 한국인이라면 누구나 가 뼈저리게 알고 있기 때문일 것이다. 비행기는 그렇게 30분이 넘게 지체하다가 출발해서 서울로 돌아왔다.

다음날, 온누리 교회 목사님들과 함께 모여 식사하는 자리에서 그 얘기를 했더니 다른 목사님들이 그것뿐이 아니라고 하면서, 어제 교회 선교관에서 수험생 어머니들 수백 명이 모여서 가졌던 기도 모임의 분위기를 전해 주었다. 아침에 아이들을 시험장에 들여보낸 즉시로 교회로 달려온 이 어머니들은 시험이 끝나는 저녁 시간까지 화장실도 안 가고 그 차가운 마룻바닥에 무릎 꿇고 앉아서 절규에 가까운 기도를 쉴새없이 드리더라는 것이었다.

그 얘기를 듣고 있던 내게 또 옆의 어느 목사님이 신문 기사 하나를 보여 주었다. 서울 시내 몇 군데의 현대 자동차 대리점에서는 쏘나타 차를 가진 고객들 중에서 쏘나타(Sonata)의 'S' 자를 분실한 고객에게는 차를 갖고 오면 무료로 교환해 준다는 광고를 내고 있었다. 이건 또 무슨 사정인가 하고 물어 보았더니, 입시 철만 되면 행운의 상징이라 해서, 자동차 뒤에 붙어 있는 차 이름에서 'S' 자를 떼어 가는 경우들이 빈번하다나? 'S'는 서울 대학교의 첫 글자를 상징하기 때문이라고 한다. 알고 보니, 'S' 자뿐 아니라, 아반떼(Avante)나 볼보(Volvo)의 'V' 자도 떼어 간다고 한다. 승리(victory)의 상징이라며.

그것뿐인가? 대학 입시 다음날 전국의 모든 일간 신문에 오프셋 인쇄된 시험 문제와 답안지, 해설지까지 끼워 주는 나라는 아마 한국밖에 없을 것이다.

일 년에 한 번씩 이렇게 온 나라가 북새통을 떨면서 대학 입시라는 좁은 관문을 선택된 소수의 젊은이들이 통과한다. 이들 중에서 소수가 최고 명문 대학을 통과하고 그들 중에서 또 뽑히고 뽑힌 이들이 이 나라 정계,

재계, 교육계의 톱 리더십을 형성하게 된다. 이것을 알기 때문에 '리더십 =엘리트'라는 공식이 사람들의 뇌리에 각인되어 있는 것 같다. 그런데도 우리는 곳곳에서 제대로 된 리더십 부재를 한탄하고 있다. 이렇게 치열한 경쟁을 통과한 사람들인데도, 우리는 자격 운운하면서 우리에게 주어진 리더들에게 돌을 던지고 있다. 어떻게 된 것일까? 오늘날 우리에게 정말 존경하는 리더가 있을까? 과연 최고의 교육을 받은 엘리트는 리더가 될 자질을 충분히 가지게 된 것일까?

미국의 저명한 리더십 전문가 스티븐 코비는 학교 교육과 농사의 차이로 리더십의 아주 기본적인 원리를 설명한다. 학교에서는 웬만큼 머리가 있고 요령이 좋으면 벼락치기를 해서라도 성실히 노력한 사람 이상의 학점을 따낼 수 있다. 인스턴트 제품이 가능하다는 얘기다. 그러나 농사는 다르다. 봄에 심고 여름에 열심히 가꿔야만 비로소 가을에 추수할 수 있다. 봄, 여름에 게으름을 피던 사람이 가을에 옆집 이웃이 추수하는 것을 보고, 갑자기 밤새 씨를 뿌리고 가꿔 일주일 내로 벼락치기 추수를 한다는 것은 불가능한 일 아니겠는가? 리더십을 키워 내는 것은 능력과 인격과 비전을 가진 인물을 빚어 내는 일이다. 이것은 농사와 같이 시간과 정직한 땀을 쏟아 부어야 하는 일이며, 그리고 나서도 농부가 비를 기다리듯 자기 능력 밖인 전능자 하나님의 축복과 도우심이 있어야 하는 일이라고 코비는 충고한다.

인스턴트 식품, 초고속 인터넷의 시대에 사는 현대인들은 모든 것을 너무 순식간에 해치우고, 순식간에 열매를 보려고 한다. 서울의 한 지하철 안에서 "리더십 6개월 완성"이라는 어느 학원 광고를 보고 아연실색한 적이 있다. 정말 우리는 리더십이라는 숭고한 이슈를 이렇게 함부로 접근해도 되는 것일까? 제대로 된 리더 한 명을 양성하기가 농부가 한 톨의 곡식을 추수하기 위해 흘려야 하는 피땀의 과정임을 안다면, 이토록 함부로 너나없이 리더 되기를 자처하고, 함부로 우리에게 주어진 리더들에게 손가락질을 할 수 있겠는가?

성경에서 우리는 하나님이 자신이 세우기로 작정한 리더 한 사람 한 사람을 태어나면서부터 지극 정성으로 준비하시고 다듬으시는 것을 볼 수 있다. 귀하게 준비한 사람이기 때문에 중하게 쓰셨고, 리더를 따르는 사람들에게는 리더십에 대한 순종을 명령하셨다. 그리고 리더 자신에게는 겸허함을 요구하셨다. 오늘날 리더십의 부르심을 받은 우리에게도 바로 이런 옷매무새를 고쳐 매는 겸손하고 단정한 자세가 필요하다.

요즘은 리더십에 대한 책들도, 세미나도 많다. 리더십은 '영향력'이다, '카리스마'다, '사람을 다루는 기술'이다, '일을 이뤄 내는 추진력'이다 등등, 리더십에 대한 정의도 가지가지다. 그러나 한 가지 우려되는 것은 "탁월한 리더가 되려면 이렇게 하라"는 인스턴트식 방법론의 리더십 논리들이 너무 많다는 사실이다. 현실은 그렇게 만만하지 않은데 대안들을 너무 턱턱 마구잡이로 내던지는 것 같아 걱정이 된다. 이런 맥락에서, 리더십에 관해 이야기하기에 앞서 몇 가지 우리가 주의해야 할 점들을 생각해 보고 싶다.

◘ 극단적 일반화 성향

예를 들어, 마이크로소프트사의 빌 게이츠 회장 같은 한 명의 탁월한 경영자가 나오면 모두가 그 사람의 리더십 방법들을 벤치 마킹하려고 한다. 물론 그가 탁월한 사업가임은 틀림없지만, 이런 맹목적인 우상 숭배에 가까운 인물 카피는 위험 부담이 너무 크다. 왜 그런가?

첫째, 우리가 살아가는 시대가 계속 바뀌기 때문이다. 미국의 많은 기업 경영 전문가들은 하버드 같은 명문 아이비리그 경영학 석사(MBA) 출신들이 실제 경영의 현장에서는 낭패를 보는 경우가 많다고 지적했다. 경영대학원에서 교과서화된 전(前) 세대의 기업 성공 사례를 배워 가지고 나와서 이미 급변해 버린 오늘의 현장에 적용하려 하기 때문이라는 것이다. 특히 명문대 출신일수록 자신이 배운 것이 최고라는 엘리트 의식이 심하고 이것은 곧 융통성 없는 독선으로 굳어지기 쉬워서, 유연한 현실 감각을 필요로 하는 기업 현장에서는 치명적인 약점으로 작용하기 쉽다고 한다.

둘째, 장소와 문화가 너무나 다르다는 사실이다. 예를 들어 한국에서는 속전속결로 일을 처리해야 하지만, 미국 기업인들을 상대할 때는 한 박자 늦춰 주는 약간의 느긋함이 필요하다. 세계화하려는 기업들은 문화의 차이를 빨리 읽는다. 어떤 리더에 대해 연구할 때 그 사람의 문화적 배경을 알아 둬야 한다. 리더십에 관한 책을 볼 때도 마찬가지다. 아무리 좋은 책이라도 그 책이 나온 문화권의 기본적인 사상의 틀을 이해하고 볼 필요가 있다. 이 문화적 차이에 따른 리더십의 다양한 시각은 너무나 중요한 문제이기 때문에 후에 이 책의 한 부분을 할애해서 자세히 설명할 것이다.

셋째, 분야의 차이를 고려해야 한다. 비즈니스 세계의 리더십 방법론을 정치나 예술, 교육, 특히 교회에 그대로 적용하면 문제가 많이 생긴다. 물론 근본적인 개념, 가령 다음 세대 지도자를 키워 내는 시스템 같은 본질의 문제는 분야를 초월해서 적용할 수 있는 것들이 많지만, 그래도 각 분야의 특성을 충분히 고려하지 않으면 큰일난다. 예를 들어 시시각각 변하는 상황에 맞게 빠르고 정확한 결정을 내려야 하는 첨단 사업 경영 방식을, 장기적인 안목을 가져야 하는 교육 정책에 바로 투입해서는 안 된다(한국의 교육 개혁이 계속 난항을 거듭하는 이유는 정부와 교육이 너무 밀착되어 있어, 장관 한 번 바뀔 때마다 입시 정책이 정신 못 차리게 바뀌기 때문이다).

교회는 더 더욱 그렇다. 비즈니스는 사장이 밥 그릇을 쥐고 있기 때문에 보이지 않는 최소한의 권위가 있지만, 자원 봉사를 철칙으로 하는 교회에서 목회자가 교인들에게 접근하는 리더십은 근본적으로 차원이 다르다. 물론 비즈니스 경영에서 많은 중요한 리더십 기본 원리들을 배울 수 있긴 하지만, 그것을 깊이 숙고해서 여과하지 않고 그대로 교회에 적용해서는 안 된다는 것이다. 동시에 목회자들 또한 단순한 종교적 흑백 논리의 시각으로 급변하는 세상의 기업과 정부와 언론을 쉽게 평가해서는 안 된다.

◘ 리더를 키우는 시스템을 보라

보통, 우리는 한 명의 탁월한 리더를 부각시키고 그 사람의 천재성을 철저히 해부해서 공부하는 '위인전 읽기' 식 접근을 한다. 그러나 중요한 것은 한 명의 천재를 가진 팀보다, 지속적으로 탁월한 사람들을 키워 내는 팀이다.

세계 2차 대전 당시 아프리카 전투에서 연합군에게 엄청난 고통을 주었던 독일의 롬멜 장군을 보라. '사막의 여우'라는 별명을 가졌던 롬멜의 천재성은 많은 사람들의 연구 대상이 되었지만, 그들이 간과하는 중요한 사실은 롬멜을 키워 낸 독일군 작전 참모부다.[1] 1870년 오스트리아와 프랑스를 꺾고 통일 독일의 기반을 다지는 데 지대한 역할을 한 육군 원수 헬무스 본 몰트케가, 무선 통신 시설이 없던 당시에 수십만의 대군이 총

---

[1] 나는 대학에서 유럽 현대사를 공부할 때 독일군 작전 참모부(The German General Staff)의 1차 세계 대전 전략에 대해 학사 논문을 쓴 적이 있다. 여기에 소개하는 독일군 작전 참모부에 관한 내용은 그 논문의 서론 부분에서 발췌한 것이다.

사령부의 재가를 일일이 받아야 움직이는 것이 극히 비효율적이라고 판단하여 독일군 작전 참모부라는 것을 만들게 된 것이 그 시초다.

200여 명의 가장 탁월한 젊은 장교들을 뽑아서 2년 여에 걸쳐 전쟁에 관한 모든 이론과 실전 경험을 철저히 가르친 후, 그 장교들을 일선의 사령관들에게 한 명씩 배치시켰다. 유사시에는 이 엘리트 장교들이 상황을 보고 자체 판단해서 부대를 움직여 행동할 수 있도록 총사령관의 권한을 위임했다. 이러니 독일은 200여 명의 탁월한 사령관들을 일선에 깔아 둔 셈이 되었다. 동일한 지휘 철학을 가졌지만 상황에 따라 유연하고 민첩하게 움직이는 장교들의 지휘하에 각 부대별로 전광석화처럼 움직이기 시작하자, 구식 지휘 체계를 갖고 있던 영국이나 프랑스, 오스트리아는 당해 낼 도리가 없어 연전연패하고 만다. 1차, 2차 세계 대전에서도 미국이 참전하지 않고는 도저히 전투력을 당해낼 수가 없을 정도로 강했던 독일군의 저력은 그들의 탁월한 장교 훈련 시스템에 있었다. 이런 시스템 하에서 롬멜이라는 천재가 배출된 것이다. 대학 시절, 나에게 군사 정치학을 가르쳐 주었던 교수님은 원래 나토(NATO)의 장성 출신이었는데, 요즘도 탱크전에 있어서는 독일군 장교들이 세계 최고 수준이라고 했다.

독일의 진정한 저력은 한두 명의 천재에게 있는 것이 아니라 두터운 리더층을 양성하는 시스템에 있는 것이다. 로마도 그랬고 미국도 그랬다. 리더들을 지속적으로 계속 키우는 시스템을 가진 나라는 항상 역사 속에서 진주처럼 빛났다. 어쩌다 다른 나라에서 한 명의 탁월한 천재가 나온다 하더라도, 거기에 대항해서 장기적으로는 반드시 승리했다.

지도층이 두터운 것은 곧 그 나라의 저력을 의미한다. 탁월한 리더들을 지속적으로 발굴하고, 훈련시키고, 기회를 주는 시스템 구축을 우리는 끊임없이 고민해야 한다. 개인적인 탁월함을 보는 동시에 그 탁월한 개인을 양성해 낸 환경을, 배경을 보자는 것이다.

■ 리더십의 종류를 잘 인식하라

우리는 보통, 리더하면 박정희 전 대통령같이 좌중을 압도하는 카리스마적 눈빛과 카랑카랑한 목소리, 저돌적인 추진력을 가진 사람을 떠올린다. 사람이 좀 부드럽고 조용하면 금방 "그 사람은 리더십이 없다"는 성급한 판단을 내려 버리기 일쑤다.

그러나 우리의 선입관과는 달리 리더십에도 여러 종류가 있다. 비전 제시적 리더, 개척자 스타일 리더, 전략가, 구조 조정자, 경영/행정 리더, 목양 리더, 위기 해결형 리더 등, 리더십 스타일의 종류는 다양하다. 누구도 이 모든 것을 다 가질 수는 없고, 다 가질 필요도 없다. 그러나 여러 가지 스타일이 있음을 이해하고, 각 스타일의 장단점을 알아야 한다. 어떤 사람은 한 쪽이 강하고, 어떤 사람은 몇 가지를 복합적으로 지니고 있으며, 어떤 사람은 한 쪽이 두드러지게 약하다.

그러므로 먼저 자신을 잘 파악하고, 자신이 처한 상황과 자신의 스타일이 알맞게 들어맞는지를 파악하는 것이 중요하다. 특히, 여러 중간 리더들을 거느리고 있는 톱 리더들은 자신이 이끌고 있는 중간 리더들의 특성과 스타일을 잘 파악해서 그 리더에 맞는 자리에 적절히 배치하는 것이 필요하다.

■ 리더십에 대한 사람들의 다양한 반응

다 리더가 되려 하고 리더들을 키워 낸다고 자부하지만, 솔직히 리더의 질 이상으로 더 심각한 문제는 따르는 이들, 즉 팔로워(follower)들의 문제다. 프랑스 혁명과 미국의 독립 전쟁은 30년 차이를 두고 일어났는데, 전자는 프랑스를 쇠락시켰고 후자는 미국을 세계 최강대국으로 부상시키는 기초를 닦았다. 이것은 프랑스 혁명의 리더들이 미국의 독립 전쟁을 이끈 리더들보다 결코 못해서만은 아니었다. 더 정확한 이유는 미국인들이, 자신들의 지도자들에게 더 지혜롭고 적극적이고 올바르게 반응했기 때문이다. 아무리 리더가 탁월해도, 아무리 리더십이 최고의 수를 던져도, 그가 이끄는 사람들이 제대로 따라와 주지 않으면 소용이 없다.

무엇보다도 모든 리더가 명심해야 할 가장 중요한 교훈은, 역시 인간은 유한한 존재라는 사실이다. 물론 좋은 리더들의 삶에서 여러 가지 지침들을 발견하고 실천에 옮겨야 하지만, 좋다는 것을 다해도 안 될 수 있음을 우리는 인정해야 한다. 패배주의가 아니라 겸손하자는 것이다. 열심히 배우고 성실히 리더의 사명을 다하되 절망하지 말자는 것이다. 삶에는 변수가 너무 많다. 문화, 시대, 특히 따르는 사람들의 반응 등 내가 어떻게 하지 못하는, 오직 하나님의 주권에 딸린 요소들이 너무 많기 때문에, 리더십은 이렇게 하면 된다는 칼 같은 결론을 성급히 내리는 것은 좀 자제할 필요가 있다.

그래서 리더십에 대해 비교적 오래 고민하고 연구해 온 시카고 윌로우크릭 교회에서도 '리더십 컨퍼런스(Leadership Conference)'라 하지 않고 '리더십의 정상(Leadership Summit)'이라고 부른다. 아직 정상에 도달하진 못했지만 리더십의 문제를 놓고 깊이 고민하고 있는 동반자들끼리, 이때껏 나름으로 공부하고 고민하고 기도해 온 결과들을 놓고 같이 얘기해 보고 생각해 보자는 것이다. 그러는 과정에서 함께 조금씩 더 성숙해지고 지혜로워지고 탁월해지면서 리더십의 정상으로 접근하지 않겠느냐는 것이다. 이제부터 우리도 바로 그것을 해보려고 한다.

나는 신학을 하기 전에 버클리 대학에서 '미국과 유럽의 현대사'를 공부했다. 어렸을 적부터 역사를 남달리 좋아한 이유는 거기에 바로 사람 사는 이야기들과 인생이 들어 있었고, 철학이 있었고, 종교가 있었고, 예술이 있었고, 그 모든 것을 절묘히 조화시키며 이끌어 나가시는 거대한 전능자의 숨소리가 배어 있었기 때문이다. 나는 한국인이지만 미국에 살면서 미국에서 공부한 이민 1.5세대로서 동양과 서양의 인물들과 문화의 차이와 조화를 놓고 많이 고민해 보려 했다. 무엇보다 자신이 너무도 부족한 리더임을 아는 까닭에 리더십에 대해 남달리 관심을 가지고 공부하고 고민해 왔음을 고백한다.

이 책에서 나는 세계의 정치, 경제, 스포츠, 종교에 큰 영향을 미쳤던 거인들의 삶 속에 나타난 리더십의 중요한 원리들을 소개하고 싶다. 물론, 우리는 그들과 다른 시대에 살고 있고 가진 능력도 달라서, 그들의 리더십 스타일을 그대로 적용할 수는 없다. 그러나 급히 써 먹기 위해서 배우는 인스턴트식 배움을 조금 자제하고, 그냥 한 발자국 뒤로 물러서서 그들이 살았던 현장으로 들어가 그들의 숨소리를 한번 느껴 보자는 것이다. 어쩌면 내가 자세히 설명을 달지 않아도, 그 거인들의 족적(足跡)을 살펴보기만 해도 당신은 나름으로 천금 같은 리더십의 교훈들을 깨닫고 느낄 수 있게 될 것이다.

요 근래 미국에서는 군사적 리더십, 기업 리더십, 정치 리더십, 사회/교육계 리더십, 종교 리더십 등 5가지 분야에서 실제 임상 경험과 이론을 토대로 한 리더십에 관한 연구가 끊임없이 계속되고 있어, 탁월한 저서들이 쏟아져 나오고 있다. 또한 미국의 앞서가는 복음주의 지도자들은 단순히 교회 관련 서적뿐 아니라 이런 일반 리더십 책들도 포괄적으로 연구하고 거기에 대한 자신의 견해도 제시하면서 교회의 수준을 일반 사회 전문가들 포럼 이상으로 끌어올렸다. 한 예로, 시카고 윌로우크릭 교회의 '윌로우크릭의 리더십 서미트' 같은 컨퍼런스는 이제 많은 미국 기업인들도 최고의 수준으로 인정하고 참석하는 수준에 이르렀다. 그러므로 교회의 지도자들도 너무 영적인 것, 세속적인 것을 처음부터 칼같이 구분하지 말고, 복음의 핵심과 신학의 건강성은 간직한 채 광범위한 시각으로 리더십을 공부했으면 한다. 그러다 보면 우리 스스로도 망각했던 성경의 기가 막힌 리더십 원리들이 교회 밖의 리더십 현장에서 많이 입증되었음에 놀랄 것이다.

결론과 적용을 타인이 내려 주기를 성급히 기대하지 말라. 이제부터 살펴볼 많은 탁월한 지도자들을 통해서 우리는 몇 가지 중요한 리더십의 교훈들을 정리할 수 있을 것이다. 그러나 그것이 불변하는 진리라고 딱히 말하기는 어렵다. 다 부족한 사람들끼리, "적어도 이때까지 공부하고 경험한 바에 의하면 이렇더라. 이제부터는 당신도 함께 고민해 보자"라고 초청할 수 있을 뿐이다. 마지막 결론, 가장 확실한 적용은 당신이 스스로 할 수 있어야 한다. 그것을 할 수 없다면 리더가 아닐 테니까.

사람을 다루는 것은 어렵다. 각 사람의 성격, 성장 배경, 교육 수준, 문화가 다 천차만별이다. 시대와 분야, 역사적 상황 또한 너무나 다양하다. 리더십은 이 복잡한 요소들을 잘 조화시켜 나가는 아주 정교한 예술이다. 그러므로 리더십에 대한 결론을 너무 쉽고 단순하게 내면 안 된다. 우리는 다만 리더십을 만드는 여러 복잡한 요소들을 더욱 명료하게 이해하면 된다. 문제를 확실하게 정리하고 파악하고 있으면 당장 답을 낼 수는 없어도, 몰려오는 상황들에 대해서 훨씬 지혜롭고 명확히 대처하며 자신이 이끌고 있는 사람들을 하나님이 원하시는 항구로 이끌고 나갈 수 있을 것이다.

이 책이 당신의 항해에 큰 도움을 주는 등대가 될 수 있기를 간절히 바란다.

2 Chapter 균형 잡힌 리더십

1. 리더십 정의에 대한 균형 | **2.** 시각의 균형 | **3.** 하이테크와 하이터치의 균형
4. 영성의 3요소 | **5.** 자기 관리의 균형 | **6.** 계절의 균형

과유불급(過猶不及),
"지나침은 모자람만 못하다."

― 공자(孔子)

'리더십이 무엇이냐'를 생각하기 전에 먼저 중요한 것은 '무엇이 리더십이 아니냐'를 분명히 하는 일이다. 우리가 리더십이라고 생각하지만, 엄밀하게 따져서 리더십이라고 할 수 없는 것들이 있다. 첫째, 힘을 가졌다고 해서 그에게 리더십이 있다고 할 수는 없다. 가령, 가게에 권총을 든 강도가 들어와서 그 자리를 장악했다고 하자. 강도에게 총이라는 힘이 주어져 있기 때문에 다들 공포에 질려 그의 명령에 복종하긴 하겠지만, 그 누구도 그가 가게 안에 있는 사람들의 리더라고 생각하지는 않을 것이다. 역사 속의 많은 독재자들은 자신들에게 폭력적인 힘이 있다고 해서 그것이 곧 리더십을 정당화시킨다고 착각했다. 하지만 힘은 공포와 억지성 영향력을 끼칠 뿐, 그것을 가리켜 진정한 리더십이라고 말하기는 어렵다.

둘째, 직위가 반드시 리더십은 아니다. 대통령이나 사장 같은 직함을 가지고 있다고 해서 사람들이 언제나 그를 자신의 리더로 존중하고 따르는 것은 아니다. 오히려 우리는 자기 능력이나 인격으로는 감당할 수 없는 자리에 앉아 철 지난 권위주의를 내세우는 이들을 제일 혐오하지 않는가? 또한 눈에 보이는 직위를 갖고 있는 리더십은 빙산의 일각일 뿐, 이들을 뒤에서 움직이는 보이지 않은 권력의 실체들이 항상 있게 마련이다. 파워란 것은 주동자와 하수인이 있고, 주동자들은 항상 표면에 나서지 않고 하수인들을 앞세워 대리전을 한다. 한 나라의 지도자가 꼭 그 나라의 대통령이나 수상이라고 생각하면 큰 오산이다. 그 뒤에는 항상 강력한 힘을 가진 이해 단체들이 존재하기 마련이다.

셋째, 전문성이 곧 리더십은 아니다. 물론 어떤 특정 분야에 대해서 리더가 가장 잘 알고 있는 것은 도움이 되겠지만, 그것을 모른다고 해서 반드시 그의 리더십이 죽는 것은 아니다. 옛날 중국의 한신은 한고조 유방에게, 전쟁터에서 몇 만의 군사들을 지휘하여 승리하는 데는 자신이 유방보다 훨씬 탁월하지만 그 몇 만의 군사들을 이끄는 장수들을 다루는 데는 유방이 자신보다 훨씬 탁월하기 때문에 자신이 유방의 리더십에 굴할 수밖에 없다고 했다.

자, 그렇다면 리더십이란 과연 무엇일까? 무엇보다 먼저 리더십에 대한 균형 잡힌 정의가 필요하다.

1 리더십 정의에 대한 균형

나는 미 공군사관학교의 리더십 강사인 리처드 휴즈가 내린 리더십의 정의를 가장 좋아한다.

"리더십이란 한 조직체에 끼치는 영향력으로서, 그 단체로 하여금 하나의 목표에 도달하게 하는 과정이다. 이것은 그 조직체의 모든 구성원이 공유하는 것으로, 어떤 특정한 위치에 있는 한 사람만의 독점물이 아니다. 따르는 이(follower)들도 분명히 리더십의 중요한 일부분이다."

리더십은 말 그대로 리더(leader)와 십(ship), 즉 배라는 말로 나눌 수 있다. 리더십은 결국 배를 이끌고 목적지에 도달하게 하는 능력이다. 항해를 할 때는 폭풍도 지나야 하고 암초도 지나야 하고 바람이 없는 바다도 지나야 한다. 리더십이라는 것도 마찬가지다. 때로는 아무 변화도 없는 그 단체를 이끌고 가야 한다. 때로는 폭풍처럼 다가오는 어려움도 이기고 달려야 한다. 순풍이 올 때는 순풍을 100퍼센트 이용해서 달려야 한다. 암초가 있으면 피해서 가야 하고, 탈진이 되려 할 때는 적당히 리듬을 늦춰 가면서도 목표에는 눈을 떼지 않고 계속 달려야 한다. 이것이 바로 리더십이다.

배를 움직이는 데는 선장의 역할이 중요하다. 하지만 선장이 아무리 탁월하다 해도 조타수가 졸다가 키를 놓치면 타이타닉의 침몰이 재현되고 만다. 한 명의 선원이 제대로 따라주지 않으면 그 배 전체가 가라앉을 수 있다. 결국 리더십을 배가 어떤 목적지에 도달하게 하는 영향력이라고 정의할 때 리더, 즉 선장의 역할은 중요하지만 그 리더십의 한 부분에 지나지 않는다는 것이다. 그런데도 우리는 너무 선장에게만 집중한다. 모두 다 선장만 되려고 한다. 그러나 선장은 한 명밖에 존재하지 않는다. 배가 제대로 가려면 절대 다수를 이루는 따르는 사람들, 즉 팔로워(follower)들이 잘해야 한다. 또 선장과 팔로워가 아무리 잘해도 바람이 불지 않고 폭풍이 어느 정도 견제되지 않으면 결코 제대로 갈 수 없다. 즉 적당한 상황이 맞아 떨어져야 한다. 리더와 팔로워와 상황이 잘 조화되어야 비로소 완성된 리더십의 가공할 만한 영향력이 나오게 된다.

지도자의 자질에 대해 깊이 생각하겠지만 피지도자로서의 자질에 대해서도 그에 못지않게 심각하게 고민해 봐야 한다. 많은 학교와 기관들이

'우리는 리더들을 키워 낸다'고 하는데, 전부 다 반장만 하겠다고 나서면 반원은 누가 할 것인가? 다들 리더십에 대해서는 배우고 가르쳐야 한다고 하면서, 팔로워십을 배워야 한다고 하는 사람은 별로 없다. 현장에서는 리더도 문제지만, 팔로워들이 리더의 지휘력에 제대로 반응해 주는 것도 그에 못지않게 중요한데 말이다. 그래서 우리는 어떻게 하면 좋은 팔로워가 될 것인지 다음 장에서 살펴볼 것이다.

리더와 팔로워 다음으로 중요한 것이 상황이다. 코카콜라사를 단순히 캔이나 병에 든 콜라만을 파는 곳으로 알고 있지만, 프랑스에서는 과일 주스를 캔 콜라보다 더 많이 판매하고 있다. 일본에서는 자동 판매기에서 나오는 캔 커피가 주 수입원이다. 코카콜라 본사는 이렇게 각 나라별로 문화적 소비 성향을 파악하여 재빠르게 판매 성향을 바꾼다. 요즘 신세대는 그냥 맛만 보면서 마시는 것이 아니라 시각적 감각도 중시하기 때문에, 코카콜라사는 신세대가 좋아하는 블루 칼라 음료를 만들어서 인기를 끌고 있으며, 생수도 만들어서 판다. 12세부터 29세까지의 연령을 코카콜라를 마시는 주 고객으로 정하고, 그들이 용돈을 어떻게 쓰는지, 어떤 생각과 취향을 갖고 있는지를 끊임없이 모니터한다고 한다.[1] 이렇게 시대와 문화를 읽고 거기에 맞춰 유연하게 대처하는 코카콜라사에게서 우리는 무엇을 배우는가?

저명한 미래 학자요 리더십 전문가 피터 드러커(Peter Drucker)는 이런 말을 했다.

"탁월한 단체가 되기 위해서는 이미 시대에 뒤떨어져 의미를 상실한 상황을 과감하게 버려야 한다. 무자비할 정도로 용감하게 과거를 버려라."

---

[1] 코카콜라 한국 지사 부사장 이현호 씨와의 인터뷰에서(2000년 8월 4일).

완전히 버리라는 것이 아니라 이미 지나간 옷을 버리라는 뜻이다. 대개 오랜 역사와 전통을 자랑하는 회사일수록, 과거에 성공했던 상품들에 대한 미련을 못 버린다고 한다. 그래서 신제품에서 얻은 수익을 과거 성공했던 상품의 재개발에 다시 투자하는 우를 범하기 쉽다고 한다. 마치 밑 빠진 독에 물을 붓는 것처럼 말이다. 이것이 미국에서 가장 큰 자동차 회사였던 GM(General Motors)이 일본의 도요타에게 공략당했던 가장 중요한 원인이었다고 한다.

70년대부터 80년대 중반까지 일본차들은 미국 소형차 시장의 30퍼센트를 잠식했다. 그런데 그 30퍼센트 증가량 중에 3분의 2가 GM의 판매량 하락에서 흡수된 것이었다. 그런 수치를 당하고도 GM은 제대로 상황 판단을 못하고 15년 동안이나 새로운 모델을 내놓지 않았다. 그냥 차 값이 비싸기 때문인가 해서 가격만 올렸다 내렸다 하다가 80년대 말에 가서야 새턴(Saturn)이라는 새로운 모델을 내놓았지만, 그것이 일본 차의 모방이라는 것은 알 만한 사람은 다 알고 있었다. 그런데 문제는, 새턴이 잘 팔린다고 좋아했지만 회사 전체 수입은 전과 별 차이가 없었다는 것이다. 새턴의 판매량이 증가하는 만큼 구형 모델인 올스모빌(Oldsmobile)과 뷰익(Buick)의 판매량이 줄고 있었던 것이다. 그리고 새턴에서 들어오는 수익금을 새로운 모델 개발에 투자한 것이 아니라, 예전에 히트를 쳤던 올스모빌과 뷰익에 대한 미련을 못 버리고 그것을 90년대형으로 새로 개발하는 데 쏟아 부었던 것이다. 결과는 엄청난 경영 적자였다.

GM의 비극은 한 회사가 시대 상황을 정확하게 읽지 못하고 이미 지나간 옷을 계속 입어 보려고 했던 리더십의 치명적인 실수라고 할 수 있다. 리더도 중요하고 팔로워도 중요하지만 시대 상황을 읽는 능력 또한 너무나 중요하다. 리더십은 리더, 팔로워, 시대 상황의 트로이카가 함께 호흡을 맞추어 달려 줄 때 이뤄지는 예술 작품이라고 할 수 있다.

2 시각의 균형

리더십에 있어서 사물을 보는 시각의 균형은 필수적이다. 특히 크리스천 지도자들에게 있어서는 더욱 그러하다. 생생한 실례를 들기 위해서, 여기서는 영적인 균형을 잃었을 때 올 수 있는 비극적 상황을 미국 교회사의 사례를 들어 입증해 나가고자 한다.

■ 지성주의(intellectualism) vs. 감정주의(emotionalism)

이것은 신학과 부흥운동적 경건주의의 균형이라 해도 되겠다. 18세기부터 미국 장로교회는 이 문제로 구파(Old School)와 신파(New School)로 날카롭게 대립했다. 19세기에 들어서, 구파는 프린스턴 신학교를 중심으로 웨스트민스터 신앙 고백과 소요리 문답, 아주 잘 짜여진 조직신학을 강조했다. 기독교 신앙을 지적으로 이해시키는 데 많은 노력을 기울였고, 그들이 키워 낸 목사들도 엄격한 신학 교육을 받고 나왔다. 이들의 성경 무오설과 방대한 양의 조직신학 연구는 자유주의 신학의 강한 도전 앞에서 믿음의 순결을 지키는 데 크게 공헌을 했다. 그러나 지나친 교리 강조로 인해 구파의 목사들은 권위주위와 메마른 영성, 날카로운 정죄 의식 등으로 '죽은 정통주의(Dead Orthodoxy)'를 확산시키고, 20세기 초부터 시작된 미국 보수 교단의 빠른 침체의 원인을 제공한다.

한편, 티모시 드와이트, 나다니엘 테일러, 찰스 피니 등의 부흥 운동의 핵심 인물들이 이끄는 신파의 뜨거운 영혼 전도 열정은 전무후무한 대부흥 운동에 크게 공헌했고, 그 부흥 운동으로 인하여 미국의 사회 정의, 교육, 선교 등이 큰 개혁을 일으키는 결과를 가져왔다. 그러나 기독교의 진리를 너무 간단한 몇 페이지 책자로 함축시키는 이 부흥 운동은 영혼 전도에 있어서는 큰 열매를 거두었지만, 양질의 기독교인 양육 면에서는 실패하고 만다. 또한 지나친 물량주의 교회 성공론을 강조하고, 구원받는 데 있어서 인간의 자유 의지를 지나치게 강조하게 되었고, 부흥 운동의 불을 지핀다는 명분 아래 지나친 감정주의 신앙을 주입한다. 이로 인해 깊이 있는 신학의 뒷받침 없이 급성장한 미국 교회는 여러 가지 진통을 겪으면서 20세기 초부터 급속도로 쇠퇴하기 시작하고 만다. 특히 여호와의 증인이나 몰몬교 같은 무서운 이단들이 지나친 감정주의 부흥 운동과 그것이 낳은 분파주의의 결과로 나왔다는 것을 명심하자. 교회가 급격히 부흥할 때 거짓된 자들도 잡초처럼 같이 자라나는 패턴이 있다.

이 양극은 어느 한 쪽이 옳고 그르다는 흑백 논리로 접근할 수 없는 아주 예민한 이슈다. 또한 기독교회사 2000년 동안 끊임없는 논란의 원인이 되었던 이슈이기도 하다. 한 가지 분명한 것은 극은 극을 부른다는 것이다. 신학을 지나치게 강조하면 영혼이 메말라 버린 사람들이 영성 개발을 갈구하게 되고, 또 체계적인 신학적 이론의 뒷받침 없이 신비적 영성 개발에만 심취하면 이상한 계시나 체험 등을 내세우는 이단이 나오기 쉬운 법이다.

◘ 경건주의(pietism) vs. 교리주의(dogmatism)

지성과 감정의 대립과 같은 연결 선상에 있는 문제는 바로 독일 교회에서 일어났던 경건주의와 교리주의의 대립이다. 당시 기성 교회 지도자들의 의미 없는 신학 논쟁에 질린 17, 18세기 독일 교인들은 경건주의로 몰리는 성향이 있었는데, 바른 신학 없이 이것만 강조한 결과 극단적 신비주의를 낳게 되고, 이런 혼란 속에서 19세기 말의 성경의 권위 자체를 부정하는 자유신학이 나오게 되고, 그것이 20세기 초부터 독일 교회뿐 아니라 미국 교회의 급속한 쇠락을 낳게 되는 계기가 된다. 우리는 이 역사의 진실 앞에서, 뜨거운 영성을 개발하고 영혼 구원에 전력하되, 교역자와 평신도 지도자들의 깊이 있고 바른 신학 훈련을 결코 게을리 해서는 안 된다는 것을 배울 수 있다.

◘ 개인 영혼 구원(individual salvation) vs. 사회 정의(social justice)

19세기 말, 당시 미국이 낳은 최대의 부흥사 드와이트 L. 무디는 영혼 구원이 가장 중요하다고 하면서 교회의 직접적인 사회 참여에 거부감을 표시했다. 영혼이 변하면 그가 몸담고 있는 사회는 자연히 변하게 되어 있다는 것이 그의 논리였다. 무디의 주장도 일리는 있지만, 그래도 사회 구조의 근본적인 부패 앞에 기독교적인 시각을 분명히 정리해 주는 것도 필요했다. 물론 사회 정의 실현을 마치 기독교의 모든 것으로 해석하는 것도 극히 위험하다. 사회 정의 문제만 지나치게 강조했던 사회 복음(Social Gospel)은 복음의 진리를 오염시킨 인본주의 신학으로, 많은 사람들을 교회에서 떠나게까지 했다. 한국에서도 70년대에 등장한 민중신학이 민중을 신격화하여 도저히 복음이라고 할 수 없는 신학으로 많은 사람들을 기독교의 진리에서 떠나게 하지 않았던가? 성경적 진리에서 떠나 사회 참여에만 매달리면 그 교회는 큰 오류를 범하게 된다.

그러나 19세기 말, 급격한 도시화와 산업화로 인한 재벌들의 횡포로 신음하는 수많은 미국의 노동자들, 이민자들, 빈민층 어린이들의 비참한 실정 앞에 침묵했던 대다수의 미국 개신교 교회들의 자세에도 문제는 있다. 물론 우리가 행위로 구원받는 것은 아니지만, 야고보가 말한 것처럼 구원받은 의인은 반드시 삶에서 열매를 맺게 되어 있지 않은가? 노예 제도 문제 같은 것에 대하여 신학적 보수를 자칭하는 미국 구파 교단들이 침묵을 지킨 반면에, 신학이 없다고 비판받은 찰스 피니와 그의 제자들은 목숨을 걸고 그것이 성경에 위배되는 것임을 주장하며 싸웠다. 교회는 평신도들로 하여금 그들이 서 있는 자리에서 그 시대의 불의에 대항하고, 거짓을 드러내고, 썩어 있는 모순들에 대해 성경의 진리에 기초한 양심을 가지고 괴로워하며 개혁해 나갈수 있도록 도전할 필요가 있는 것이다.

■ 성경 중심주의(biblicism) vs. 현대 사회 적용(consideration of modern context)

세상 일 vs. 하나님의 일

19세기 말, 보수 기독교의 중추 세력인 근본주의자(fundamentalist)들이나 많은 전천년설 세대주의자(premillenial dispensationalist)들은 너무나 쉽게 '세상 것'과 '영적인 것'을 갈라 생각하는, 거의 독선에 가까운 이원론적 사고를 가지고 있었다. 그들은 당시 다윈의 진화론이 가져온 파문에 놀란 나머지, 현대 과학이라면 무조건 사탄의 산물이라고 몰아붙였다. 특히 당시 미국 교회 평신도 리더십의 절대 다수를 차지했던 무디 성경대학 출신들은 과학, 역사, 정치, 경제 등의 이슈를 지혜롭게 볼 줄 아는 훈련을 전혀 받지 못하고, 그야말로 '성경만' 아는 사람들이었다. 이들은 급변하는 시대의 변화에 혼란스러워하는 젊은이들에게 명쾌한 성경적 시각이나 냉철한 지성으로 그 시대의 이슈들을 제대로 설명해 줄 능력이 없었다. 그 결과, 미국 교회는 점차 젊은 세대로부터 케케묵은 곳으로 인식되어져 갔다.

교회 vs. 국가

17세기 중반, 청교도들은 국가와 교회의 연합체인 영국 국교회의 탄압을 피해 미국으로 목숨을 건 탈출을 했다. 국가가 목사를 임명하고, 목사의 월급을 주고, 법으로 십일조와 주일 성수를 강요하는 분위기 속에서 진심으로 신앙이 우러나는 생명력 있는 교회가 지속될 수가 없었다. 게다가 국가로부터 봉급을 받고 임명되는 목사는 국가의 불의를 보고도 용기있게 그것을 꾸짖는 참 예언자가 될 수도 없었다. 그러나 미국으로 온 청교도들은 그들 나름의 교회 국가를 설립하였고, 초창기에는 다른 교단의 사람들을 핍박하기도 했다.

결국 미국 헌법은 완전한 종교의 자유를 명시하게 되고, 미국은 기독교 국가이지만 국가와 교회가 완전히 분리된 나라가 된다. 예수 한국을 외치는 우리 한국 교회도 여기서 교회와 국가의 문제는 그렇게 간단한 문제가 아님을 배울 수 있다. 크리스천 대통령, 국회의원, 장관들이 나오고, 아무리 법으로 기독교를 강요해도, 그 나라가 결코 살아 있는 기독교 국가가 되지 않음을 깨달을 때가 되었다. 인간적 제도로, 시스템으로, 조직으로, 법으로 기독교의 진리를 세우려 해선 안 된다.(학교에서 기도와 성경 읽기를 법으로 정했던 미국이 60년대에는 거꾸로 그것을 금지하는 법을 만들지 않았는가?) 국가가 교회를 간섭해서도 안 되고 교회도 국가를 간섭해서는 안 된다. 그러나 교회는 국가를 하나님의 말씀에 근거한 시각으로 끊임없이 판단하고, 불의를 거부하고, 진리를 지키는 나라가 될 수 있도록 말과 행동으로 다듬어 가야 한다.

3. 하이테크(High Tech)와 하이터치(High Touch)의 균형

21세기는 디지털 시대라고 말할 정도로 눈이 팽팽 도는 첨단 정보 문명의 시대다. 과학 기술 문명은 인간을 위해 존재하는 것이지 인간이 테크놀러지를 위해 존재하는 것이 아니다. 그러므로 우리에겐 테크놀러지에 대한 섬세한 균형 감각이 필요하다. 내가 무릎을 치면서 읽은 책 중에 존 네이스빗이 쓴 『하이테크 하이터치(*High Tech, High Touch*)』라는 책이 있다. 현존하는 최고의 미래 학자 중 하나로 꼽히는 존 네이스빗은 우리 시대의 최첨단 정보 기술 문명이 우리에게 주는 혜택과 불이익을 동시에 볼 줄 아는 균형 감각을 제시하고 있다.

하이테크란 무엇인가? 이것은 그 동안 빛의 속도로 우리 생활 속으로 들어와 버린 과학 기술 문명의 총아들이다. 텔레비전, 컴퓨터, 팩스, 인터넷, 워크맨, 이메일, 사이버 스페이스, 기십 헌실, 유전 공학, 바이러스, 메모리 칩, 디지털, 핸드폰, 고속 전철, 스텔스, 네트워크, 다운로드, DDR, 시뮬레이션, 음성 인식, 소프트웨어 등이 바로 그것들이다. 이 모든 것은 우리의 삶을 빠르고 편리하게 만드는 데 크게 기여했다. 그러나 이 하이테크의 산물들로 인해 우리의 삶이 더 풍성해진 것은 아니다. 테크놀러지를 활용하는 것을 넘어서 테크놀러지에 취해 버리는 경향이 심화되고 있는 것을 네이스빗은 경고하고 있다. 그래서 하이테크는 하이터치로 정화시켜 주어야 한다는 것이다.

하이터치란 무엇인가? 그것은 당신의 어린 자녀와 함께 장난을 치는 기쁨, 석양을 바라보며 조용히 마시는 차의 향기, 힘없고 가난한 이웃들에게 주는 사랑의 손길, 사랑하는 사람들과 모닥불 앞에서 밤새 나누는 대화, 친구와 몸을 부딪히며 땀흘리는 힘찬 운동, 시원한 바닷바람을 쐬며 읽는 좋은 책 등, 인간을 참으로 인간 되게 하는 영혼의 터치가 바로 하이터치다. '하이테크-하이터치'란 첨단 과학 기술을 개발하고 활용하지만, 그것을 시간과 종교와 철학과 예술과 풍부한 감성의 렌즈를 통해 재조명하고 정화시키는 노력을 의미한다.

21세기를 사는 우리는 네이스빗의 이 예리한 지적을 깊이 생각해 볼 필요가 있다. 현재 우리 나라는 '고속 인터넷의 혁명'이라고 해도 좋을 만큼 강한 하이테크의 바람을 타고 있다. 고무적인 일이긴 하지만, 한 가지 안타까운 사실은 요즘 온 나라가 너무 서비스, 정보 통신 쪽에만 집중한 나머지, 1, 2차 산업에 종사하는 사람들이 심각할 정도로 상대적 박탈감과 패배감을 느끼고 있다는 것이다. 1, 2차 산업이 약해지면 장래에는 나라의 경제 기반 자체가 흔들리게 된다. 식당이 아무리 인테리어가 좋고 서비스가 최고라 하더라도 음식 맛이 없으면 금방 문을 닫게 될 것이다. 인터넷은 정보를 전달하는 매개체, 즉 하나의 길일 뿐이다. 더 빠르고 편리한 길이긴 하지만, 길은 역시 길일 뿐이다. 길이 놓여진 다음 진짜 중요한 것은, 그 길 위로 어떤 차들이 어떤 내용물을 싣고 다니느냐이다. 도구(tool)보다 중요한 것은 역시 내용(contents)이다. 전화나 마이크와 같이 전달 매개체가 좋아지면 좋아질수록 그것을 통해 전달되는 말은 내용이 있는 것이어야 한다. 그러나 과연 오늘날 워드 프로세스를 두드려 나오는 글들이 백지에 연필로 정서하던 시절의 글들보다 더 깊이 있고 알찬 내용이라고 할 수 있는가? 무대를 화려하게 꾸미고 사람들을 오게 했으면, 그 무대에 올릴 공연은 그 이상의 수준을 보여 줘야 한다. 주객이 전도되면 안 되는 것이다.

아날로그에서 디지털로의 전환은 단순한 기술 전환이 아니다. 무조건 빠르게, 많이, 크게 벌이던 것이 최고로 여겨지던 사고 방식에서, 양질의 내용을 중시하는 체제로의 패러다임의 전환이다. 전달 매개체가 좋아지면 전달될 내용은 그 이상으로 업그레이드되어야 한다. 그러기 위해선 더욱 많이 연구하고, 더욱 깊이 생각하고, 더욱 열심히 기도해야 할 것이다. 웬만큼 밀도 있는 내용이 아니면 DVD의 화질로 고속 모뎀의 전송망을 타고 전세계에 보급할 가치가 없을 것이기 때문이다.

네이스빗의 '하이테크-하이터치'는 "뱀같이 지혜롭고 비둘기처럼 순결하라"는 예수님의 명령과 일맥상통하는 것 같기도 하다. 컴퓨터 통신의 대화방을 통해 만나는 온라인 공동체(On-Line Community)는, 실제로 함께 삶을 나누는 오프라인 공동체(Off-Line Community)를 위한 것이어야 한다. 반인터넷(Anti-Internet)을 위한 인터넷이라고나 할까? 21세기 신세대를 이끌 영적 리더십은 성령의 기름부으심이 있는 하이테크-하이터치를 지향해야 할 것이다.

4 영성의 3요소

균형 감각을 상실한 종교심은 정말 비극적 결과를 초래할 수 있음을 우리는 역사의 산 증거들을 통해서 분명히 인식했다. 그렇다면 진정한 영성이란 무엇일까? 예수 그리스도께서 가장 크고 중요한 계명이라고 하신 한마디 말씀 속에서 우리는 해답을 찾을 수 있을 것 같다. "마음을 다하고, 성품을 다하고, 힘을 다해 주 너의 하나님을 사랑하라." 영성이란 결국 하나님을 사랑하는 마음인데, 그 사랑하는 방법은 세 가지 채널을 통해서 이루어진다. 마음(mind)과 성품(heart)과 힘(strength). 이것은 정확하게 풀어서 말한다면 지성과 감성과 역경 지수라고 할 수 있다.

■ 거룩한 지성(Sanctified Intelligence, IQ)

1820-30년대부터 미국의 복음주의 교회들은 지성을 영성과 상반된 개념으로 여겨 별로 중시하지 않았다. 이것은 신약 성경의 "형제들아 너희를 부르심을 보라 육체를 따라 지혜 있는 자가 많지 아니하며 능한 자가 많지 아니하며 문벌 좋은 자가 많지 아니하도다 그러나 하나님께서 세상의 미련한 것들을 택하사 지혜 있는 자들을 부끄럽게 하려 하시고 …"[2]란 말씀의 잘못된 오용이기도 하다. 특히 당시 미국 교회는 수적으로 계속 성장하고 있었고, 따라서 단순하고 쉬운 복음 전달로 대량의 영혼 구원에 집중하고 있었던 터라, 책상에 앉아 연구하는 학자들과 지성인들은 마치 딱딱한 율법주의나 세속적 헬라 문명 사람들처럼 취급받기 십상이었다.

그 결과로 1860년의 남북 전쟁을 기점으로 하여, 미국의 복음주의 교회들은 거의 반지성주의의 물결에 휩쓸리게 되었다(19세기까지만 해도 미국의 명문 대학교들의 거의 90퍼센트-하버드, 예일, 브라운 등-는 복음주의의 거성들에 의해 세워지고 운영되어 왔었다). 결국 19세기 말 20세기 초에, 노도처럼 유럽에서 몰려 들어온 진화론, 지질학, 자유신학의 거센 지적 도전에 체계적이고 합리적인 지성을 가지고 맞설 복음주의 지도자들의 역량 부족으로 인해 수많은 젊은이들이 교회를 떠나는 비극을 초래하고 말았다. 성령이 기름부으신 지성의 중요성을 간과한 탓이다. 성령이 기름부으신 지성이라 함은 단순히 신학만을 얘기하는 것이 아니다. 하나님은 만유의 주님이시므로 세상의 모든 학문, 즉 과학, 심리학, 역사, 철학, 문화, 예술 등 모든 학문을 크고 예리하게 성경적 시각으로 생각하고 고민하고 분석해 보는 노력과 자기 단련을 의미한다.

---

2) 고린도전서 1장 26-27절

개신교의 초창기 거인들의 삶을 보면 이런 폭 넓은 지성의 세계, 그러나 메마른 인간적 지식의 교만에 이르지 않은 성령의 기름부으심이 있는 지성이 있었다. 예를 들어 독일의 마르틴 루터는 1529년 교육에 관해 쓴 글에서, 자기 자식에게 제대로 된 지적 교육을 시키지 않은 부모는 마치 짐승과 같다고 했다. 루터는, 모든 사람은 말씀을 정확하게 이해함과 동시에 그 말씀이 뿌리를 내릴 세상도 잘 알아야 한다고 했다. 만인 대제사장론은 평범한 사람들에 이르기까지 폭 넓은 교육을 받아야 함을 의미한다고 설파했다. 그래서 유럽에는 개신교가 번지는 곳마다 오늘날의 종합 대학 시스템이 퍼졌다.

제네바의 존 칼빈도 기독교인의 폭 넓은 지성의 중요성을 누구보다 강조한 사람이었다. 파리 대학에서 신부가 될 수업을 마치고 법학 공부까지 끝낸 칼빈은 개신교로 개종한 이후, 27세 되던 해, 유명한 「기독교 강론(Institutes of the Christian Religion)」을 라틴어로 저술했고, 후에 그것을 직접 프랑스어로 번역할 정도로 언어에 능통했다. 구약 23권과 계시록을 뺀 신약 전권의 주서도 저술했다. 특히 칼빈은 하나님의 절대 주권주의(full sovereignty of God) 신학으로 유명한데, 그랬기 때문에 하나님이 우리 인간으로 하여금 연구하고 다스리도록 이 세상 만물을 창조했다고 주장했다. 그는 제네바 시장으로 있을 때 젊은이들의 배움의 폭을 넓히기 위해 종합 대학과 유사한 아카데미를 세워서, 전 유럽의 실력 있는 학생들을 받았다. 거기서 칼빈은 복음의 진리를 확실하게 가르침과 동시에, 헬라어, 라틴어, 히브리어와 같은 고대 언어와, 의학, 과학, 정치, 사회학, 경제학까지도 골고루 가르쳤다. 칼빈의 하나님 절대 주권주의에 기초한 기독교인의 폭넓고 예리한 지성 추구는 개신교 유럽이 지배한 지역, 곧 남부 독일, 네덜란드, 스코틀랜드, 영국의 발전에 크게 이바지했다고 한다. 이로 인해 요한 세바스찬 바하와 같은 탁월한 기독교 음악가가 나왔고, 존 던(John Donne), 조지 허버트(George Herbert), 에드워드 테일러(Edward Taylor) 같은 유명한 시인과 문학가들이 배출되었다.

　미국 초창기 신앙의 아버지들인 청교도들도 폭 넓은 지성을 강조했던 사람들이다. 18세기 미국 부흥 운동의 핵심 인물 중 하나인 조나단 에드워드(Jonathan Edward) 또한 영성과 지성을 겸비한 인물로 꼽힌다. 17세에 예일 대학을 수석으로 졸업한 천재였던 그는, 10대에 벌써 거미줄의 모습과 형태, 목적에 관한 상세한 과학 리포트를 작성했다고 한다. 그는 거미가 거미줄을 뿜아 내는 신비한 모습에서 창조자의 끝없는 선하심과 오묘하신 지혜를 발견했다고 결론지었다. 에드워드는 지식의 경지에 다다르면 반드시 하나님의 터치를 발견하게 된다고 믿었기에, 기독교인의 학문 추구를 적극 장려했다. 하나님의 은혜로 변화된 마음을 가진 신앙인은 하나님이 창조하신 세계의 섭리를 터득하는 지혜를 갖게 된다고 가르쳤다. 평생 쉬지 않고 기도하며 말씀을 준비하고 가르치며 방대한 신앙 저술을 하면서도 그 시대의 복잡한 심리학, 사회학, 철학, 과학적 이슈들을 연구하고, 거기에 대한 균형 잡힌 신앙인의 시각을 제시하는 활발하고 방대한 지적 노력을 보였다.[3]

　얼마 전에 나는 우리 주위에도 지성과 영성이 풍성하게 조우된 한 인물을 발견하고 환호성을 질렀다. 그는 바로 지금 전세계의 관심이 집중되고 있는 게놈(genome) 프로젝트를 추진하고 있는 인간 게놈 연구소 소장 프랜시스 콜린스(Francis S. Collins) 박사다. 2005년도까지 인간 DNA 지도를 그려 낸다는 이 연구소의 야심 찬 국제적인 프로젝트는 우리 세대의 가장 위대한 과학 업적으로 평가되고 있다. 이를 진두 지휘하는 콜린

---

[3] 그는 당시 유명한 존 로크(John Locke) 같은 정치 철학자나, 아이작 뉴튼(Isaac Newton) 경과 같은 과학자의 논리들에 대해 깊은 관심을 가지고 연구했다고 한다.

스 박사는 20대 초반에는 허무주의에 젖어 있다가, 27세 되던 해에 C. S. 루이스의 글을 읽으면서 강한 도전을 받고 그리스도인이 되었다고 한다.

그가 신실한 그리스도인임을 아는 한 기독교계 언론지 기자가 그를 단독 인터뷰하면서 던진 가장 핵심적인 질문은 "지금 인간 복제나 시험관 아기 기술이 가져올 여러 가지 사회 윤리 도덕적 문제에 대해 특히 종교계에서 논란이 많은데, 독실한 그리스도인인 당신은 신앙과 현재 하고 있는 연구 프로젝트 사이에서 갈등은 없습니까?" 하는 질문이었다. 거기에 대해 프랜시스 박사는 세 가지로 대답했다.

"나는 과학이라는 것은 하나님은 이미 알고 계셨지만 인간이 몰랐던 것을 하나씩 발견해 나가는 과정이라고 생각합니다. 그래서 매번 새로운 사실을 실험을 통해 알아 낼 때마다 그 순간이 내게는 하나님의 창조 원리의 새로운 면을 발견하는 경탄에 찬 경배의 순간이 됩니다. 그 순간 나는 창조주 하나님을 더욱 높은 강도로 찬양하게 되는 것이죠. DNA라고 하는 것은 모든 살아 있는 것들 속에 들어 있는 화학 요소입니다. 그것은 집의 설계도처럼 하나님이 우리를 어떤 구조로 만드셨는지에 대한 정보 창고와도 같은 것입니다. 그러나 아무리 DNA를 연구해도 하나님과 우리의 깊은 관계의 비밀은 알아 낼 수 없을 것입니다. 그것이 과학의 한계입니다. 과학자는 연구하면 할수록 자신이 유한한 인간임을 깨닫게 됩니다.

또한 게놈 프로젝트 같은 유전 공학은 애당초 그 시발점이 의학적인 필요 때문이었음을 분명히 할 필요가 있습니다. 예수님의 생애를 보면 그분은 늘 병든 자를 치유하고 다니셨음을 볼 수 있습니다. 그것은 그분의

---

4) 원래 프랜시스 박사는 내과의사였고, 캐나다 토론토에서 아동 전문 병원에서 다른 의사들과 함께 유전병에 대해서 연구하던 사람이었다. 1993년에는 수많은 어린 환자들을 괴롭혀 온 헌팅톤병의 유전인자를 파악해 내기도 했다.

자녀가 된 우리들에게도 어떤 삶의 모델을 제시했다고 할 수 있을 겁니다. 이 게놈 프로젝트가 성공하게 되면, 이때까지 인류를 괴롭혀 왔던 많은 유전적 병들을 사전에 예방하고 치유할 수 있게 됩니다.[4] 이런 의미에서 볼 때, 유전 공학이 윤리적 문제를 야기하기 때문에 멈추어야 한다는 주장이야말로 가장 비윤리적인 논리라고 하겠습니다.

세 번째로, 게놈 프로젝트가 가져올 문제점들에 대해서 비난하는 종교계의 주장들을 들으면서 같은 그리스도인으로서 안타깝게 생각하는 점은, 대부분의 경우 이 게놈 프로젝트에 대해 정확하게 객관적이고 전문적인 이해가 없다는 것입니다. 쉽게 말해서 먼저, 사람들이 영화나 소설을 보고 우려하는 문제들은 현재로는 거의 현실화될 가능성이 없는 까마득한 얘기라는 사실입니다. 사람들이 많이 얘기하는 인간 복제 같은 경우만 해도 그렇습니다. 지금 우리가 갖고 있는 첨단 기술로 시도한다고 해도, 비정상아가 태어날 가능성이 높을 정도로 현실성이 없는 기술입니다. 아기 양 돌리 복제 경우와는 차원이 다른 얘기란 뜻이죠. 그리스도인은 세상을 대상으로 얘기할 때, 먼저는 냉철한 지성으로 정확한 사실들을 파악하고 해야지, 그렇지 않고 감정적인 선입관에 젖어 함부로 얘기해서는 안 된다고 생각합니다. 잠언에도 보면 지식 없는 열정은 위험한 것이라고 하지 않았습니까? 하지만, 동시에 어떤 지점에 가면 과학자도 윤리적인 결정을 내려야 할 때가 있고, 그때에 신앙인들의 도움이 필요합니다. 그런 의미에서 나는 신앙과 과학의 활발한 대화의 창구가 되고 싶은 것입니다."[5]

프랜시스 콜린스 박사. 하나님이 21세기 최첨단의 과학 프로젝트 게놈 연구의 한가운데에 그런 거룩한 지성을 가진 사람을 두셨다는 것이 어

---

5) 이것은 인터넷 뉴스에 실린 프랜시스 콜린스 박사와의 개인 인터뷰 내용을 번역, 편집한 것이다.

찌 우연이라 할 수 있겠는가? 우리 모두 기도하는 마음으로 공부하고, 공부하는 마음으로 기도해야 할 것 같다.

▫ 따뜻한 감성(EQ: Emotional Quotient)

하버드의 심리학 교수 다니엘 콜만은 그의 충격적인 저서 「감성의 지성(Emotional Intelligence)」이란 책에서, 감성 지수의 구성 요소는 자기 절제, 동정심, 열정, 사랑, 인내, 부지런함, 양보, 정직성, 창조력 등이라고 정의했다. 그런데 이 감성 지수는 타고나는 것보다 주로 환경에 의해서, 특히 10세 전에 부모나 선생님, 친구들을 통해서 주로 형성된다고 한다. 미국에서는 2차 대전 이후 세대에 직장 여성 어머니들이 증가하면서 가정 교육이 침체되었고, 바로 그것이 미국의 젊은 세대들의 감성 지수가 눈에 띄게 추락하게 되는 원인이 되었다고 한다.

감성 지수의 극치는 역시 사랑 지수(LQ: Love Quotient)가 아닐까 한다. 예수께서 바리새인들의 영성에 대해 가장 심하게 꾸짖으신 것은 그들에게 율법은 있으나 사랑은 없고, 정죄는 있으나 은혜가 없다는 것이었다. 에스겔서 36장 26절에도, "새 영을 너희 속에 두고 새 마음을 너희에게 주되 너희 육신에서 굳은 마음을 제하고 부드러운 마음을 줄 것이며"라고 되어 있다. 신학이, 지성이, 율법이 성령의 기름부으심을 받지 않으면 날카로워지고, 편협해지고, 딱딱해지고, 위선적이 되기 쉽다. 리더십은 따뜻한 마음이 있어야 하는 것이다.

칼빈도, 먼저 성령께서 마음을 변화시킨 뒤에야 그의 지성이 복음을 이해하고 받아들일 수 있을 것이라고 했다. 조나단 에드워드 또한 구원의 은혜와 감격을 마음으로 흠뻑 체험한 사람만이 바른 지성인이 될 것이라고 했다. 지성과 감성의 균형은 이렇게 중요하다.

◘ 역경 지수(AQ: Adversity Quotient)

폴 스톨츠(Paul G. Stoltz)가 쓴 「역경 지수: 장애물을 기회로 전환시켜라(*Adversity Quotient: Turning Obstacles into Opportunities*)」를 보면, 인생의 역경에 부딪힐 때 보통 사람은 세 가지 종류로 나눠진다고 한다. 첫째는, 힘든 문제에만 부딪치면 그냥 포기하고 도망가 버리는 사람인 퀴터(Quitter: '포기하는 사람')형이다. 둘째는, 역경 앞에서 포기하고 도망가 버리지는 않지만 그렇다고 역동적으로 문제를 넘어갈 생각은 못하고 그냥 그 자리에 주저앉아 현상 유지나 하고 있는 캠퍼(Camper: '캠프치고 앉아 그 자리에서 그냥 안주하는 사람')형인데, 이런 캠퍼 유형이 거의 60-70퍼센트의 절대 다수를 차지한다고 한다. 셋째는, 역경이란 산을 만나면 모든 힘을 다해서 기어 올라가 정복해 버리는 클라이머(Climber: '산을 타고 올라가 정복하는 사람')형이다. 이들 중에서 자기만 역경을 넘어가는 게 아니라 다시 돌아와서 캠퍼들을 데리고 같이 역경을 넘어가는 사람을 나는 '리더'라고 부르고 싶다. 어쨌든 이 클라이머의 능력을 폴 스톨츠는 '역경 지수(adversity quotient)'라고 부른다. 사람의 능력을 말하는 데 있어서 지성도 중요하고 감성 지수도 중요하지만, 인생이란 어쨌든 수없이 많은 역경들을 어떻게 넘어가느냐의 문제이므로 지성과 감성을 총동원하여 이 역경을 넘어가는 능력이 바로 리더십의 진정한 자질을 말해 준다는 것이다.

보통 탁월한 능력과 좋은 환경이 맞물려 급성장한 리더십은 패기 있고 자신감이 넘친다. 그러나 조금만 위기가 몰려오면 너무 맥없이 휘청거리기 일쑤다. 힘들고 어려운 과정을 통해 역경 지수가 다져지지 않은 상태에서 이룩한 성공은 기초 없이 무작정 쌓아 올린 건물같이 위험하다. 오늘날 한국 사회에 거센 벤처 바람이 불면서, 사람들 사이에 잘못된 벤처 신드롬이 일어나고 있는 것을 주의해 살펴볼 필요가 있다. 그러니까 한국의 실리콘 밸리라고 하는 테헤란로의 벤처 기업들이 추풍 낙엽처럼 흔들거리고 있는 것이 아닌가? 짧은 시간에 벼락부자가 되는 투기성 벤처 개념을 가져서는 곤란하다는 얘기다.

이런 의미에서, 일본 벤처 기업의 선구자요 벤처인들의 대부격인 교세라의 명예 회장 이나모리 가즈오(稻盛和夫)가 후배 벤처 기업가들에게 준 따끔한 조언을 귀담아들을 필요가 있다. 가즈오는 1959년 28명의 동료를 모아 자본금 3백만 엔으로 설립한 교토 세라믹(Kyoto Ceramics)을 40년 만에 8천억 엔 이상의 매출을 올리는 일류 기업 교세라로 키워 낸 사람이다.[6]

그는 처음 무일푼이었다. 주위의 도움으로 겨우 3백만 엔을 마련해 교세라를 시작했는데, 그때 돈이 얼마나 무섭고, 중요하고, 구하기 힘든 것인지를 뼈 속 깊이 체험했다고 한다. 그러나 이렇게 어렵게 돈 조달을 했고 어렵게 기술을 개발했기 때문에, 이것이 교세라 성장의 탄탄한 기반이 되었다고 한다. 가즈오가 젊은 벤처 기업가들에게 주는 충고는 처음부터 돈을 너무 쉽게 조달하면 제대로 된 벤처를 할 수 없다는 것이다. 자금을 손쉽게 조달하면 모든 것이 쉬워 보여서 탄탄한 내실을 다지지 않고 무리수를 두게 되는데, 이것이 바로 오늘날 많은 벤처 기업들이 흔들리는 원인이라고 말한다. 벤처 기업은 모험심만으론 안 되고, 세심한 주의력과 신제품 개발을 위한 성실한 노력, 겸허한 마음 가짐이 필요하다. 이런 균형 잡힌 '전인격' 이야말로 진정한 벤처인의 자질이며 책임인데, 거금을 쉽게 벌면 이런 절제된 자세가 흐트러지고 만다는 것이다. 급성장한 첨단 기업 소프트 뱅크의 손정의 사장은 그의 제자 중 한 사람인데, 만날 때마다 "신

---

6) 그는 씨 없는 수박으로 유명한 고(故) 우장춘 박사의 넷째 사위이기도 하다.

중히 하라"고 충고한다는 것이다. 어느 정도의 역경 지수를 통해 빚어진 균형 잡힌 저력만이 제대로 된 리더십의 원동력임을 다시금 실감케 한다.

온누리 교회의 하용조 목사는 역경 지수가 남달리 높은 리더십 중 한 분이다. 화려한 것 같은 그의 오늘이 있기까지는 너무나 많은 아픔과 실패들이 있었다. 원하던 대학에 가지 못해 재수하면서 겪은 깊은 좌절감을 통해, 그는 인생에서 실패하는 사람들의 마음을 뼈저리게 느꼈다. 특히 그를 끊임없이 괴롭힌 것은 육체의 고통이었다. 그러나 대학 시절, 폐병을 앓으며 피를 토하는 고통 속에서 하나님을 새롭게 만나고 목사가 되기로 결심했다. 한국 대학생 선교회(CCC)에 몸담으면서 민족과 국가를 향한 거대한 비전을 보았고, 잃어버린 영혼을 향한 과감한 전도의 열정과 젊은이들에 대한 사랑을 얻었다. 또한 문학 청년이었던 그는 한국과 외국의 모든 유명한 소설과 시들을 샅샅이 섭렵했는데, 특히 도스토에프스키의 「백치(Idiot)」 등을 아주 감명 깊게 읽었다고 한다. 이것은 그가 오늘날 기독교 출판 문화의 대명사격인 두란노서원을 창립, 운영하는 데 중요한 역할을 하게 된다.

한편, 전통 교회에 식상한 나머지 기성 교회로는 돌아가지 않을 마음이었는데 어느 날 우연히 감상한 연극을 통해 교회로 다시 돌아가 새로운 교회의 꿈을 펼쳐야겠다는 결심을 하게 된다. 20세 후반에 연예인 교회를 개척, 7년 동안 방송 연예인들을 대상으로 목회하면서 문화와 예술에 대한 시야를 넓혔고, 예수를 믿지 않는 사람들의 사고 방식과 가치관을 이해하게 된다. 그러다 다시 건강이 악화되어 의사에게서 목회를 당장 그만둬야 한다는 통보를 받았고, 그는 서글픈 심정으로 모든 것을 정리하고 영국으로 가게 된다. 그러나 거기서 존 스토트(John Stott)를 만나 거룩한 지성의 중요성과 기독교의 사회에 대한 책임에 대해 깊은 도전을 받았고, 데니스 레인(Dennis Lane)을 통해 대를 쪼개는 듯한 강해 설교의 능력을 보았으며, 짐 그레이엄(Jim Graham)과의 만남에서 성령의 기름부으심에 대해 충격을 받았다. 또한 영국에서 잠깐 동안 이민 교회를 목회하면서 전형적인 한국형 목회 스타일과는 또 다른 차원의 디아스포라 목회 스타일을 배울 기회를 가졌다. 오늘날 한국 교회들 중에서 가장 국제 감각이 탁월하다고 인정받는 온누리 교회의 예배와 여러 프로그램은 바로 이때부터 그 기반이 준비되지 않았나 한다.

　1985년 서울로 돌아온 그는 사도행전적 교회를 꿈꾸며 12가족이 모인 자그마한 성경 공부로 온누리 교회를 시작했다. 교회 초창기 7년은 QT를 중심으로 한 성경 공부로 교인들의 기초를 다지는 기간이었고, 그 다음 1990년대 초반은 하와이 예수전도단 훈련을 받고 시작한 성령 사역 기간이었다. 그리고 1998년부터는 온누리 교회에 주신 축복을 국내외의 다른 많은 교회 지도자들과 공유하고 그들을 훈련, 양육시키는 온누리 사역 축제를 주최하게 된다. 이 행사는 국내외 중소형 교회 지도자들에게 온누리 교회가 갖고 있는 노하우를 공개하여 공유하고, 그들을 격려하고 돕기 위한 비전을 펼치는 장이었다.

　그러던 2000년 1월, 그는 정말 뜻하지 않게 삼성의료원에서 진료를 받다가 간암 초기 진단을 받게 된다. 대내외에 이 사실을 극비로 부친 상태에서 교회의 동요를 막기 위해 그는 가족과 함께 미국으로 건너가 바로 수술을 받았는데, 항암 치료도 필요 없을 정도로 완벽하게 종양이 제거되었다. 정말 기적 같은 일이었다. "내가 목회를 계속할 수 있다는 것은 기적입니다"라고 입버릇처럼 고백한 것처럼, 젊은 시절에는 폐병을 앓았고, 당뇨병이 있으며, 이제는 간암 수술까지 치러 냈으니 정말 보통 일이 아니다. 그분의 건강 상태를 보면 항상 위태위태한데, 일하시는 것을 보면 건강한 보통 사람도 상상 못할 역동성이 있다. 그는 자신의 몸이 약하기 때문에 교인들이 웬만한 것은 그냥 넘어가 주고, 더 사랑해 주고, 안쓰럽게 여겨 주고 따라 준다고 하면서 웃는다.

　그의 탈권위주의적인 목회 스타일과 부드러운 대인 관계 매너 또한 이렇게 아픈 육체와 다양한 인생, 사회 경험에서 기인한 것이라 볼 수 있다. 또한 영국에서의 유학 생활과 목회 생활은 오늘날 그가 한국 교회에서 가장 탁월한 국제 감각을 지닌 목회자 중에 하나로 서는 데 결정적인 역할을 했다.

　2000년부터는 디지털 세대를 품에 안는 인터넷 TV 방송 개국과 함께 사회를 변화시키는 교회의 꿈을 새롭게 다지고 있는 하나님의 사람 하용조. 그분을 볼 때마다 역경을 통해 거인을 키워 가시는 하나님의 신비한 섭리를 본다.

5 자기 관리의 균형

　당신은 혹시 요 근래에 어디론가 멀리 사라지고 싶은 충동을 자주 느끼는가? 신경질이 늘어가고 마음이 점점 편협해지는 자신을 발견하고 한숨 쉬는 적은 없는가? 아무리 잠을 자고 쉬어도 계속 피로함을 느끼지는 않는가? 마음속에 소리 없는 분노와 좌절이 쌓여 가고 있지는 않은가?

　만약 당신에게서 이런 현상들이 나타나고 있다면 당신은 지금 심각한 탈진 상태에 빠져 있다고 볼 수 있다.

　1989년 12월, 시카고 윌로우크릭 교회의 담임 목사 빌 하이벨스(Bill Hybels)에게 바로 이 리더십의 탈진 위기가 덮쳐 왔다.[7] 그는 70년대 초 청소년 사역을 시작으로 75년에 윌로우크릭 교회를 개척한 뒤, 십여 년 만에 미국에서 가장 큰 교회로 키웠으며, 전세계 교회 지도자들에게 새로운 패러다임의 목회를 제시하는 승승장구의 길을 달려왔다.

그러나 1989년 12월의 어느 주일 아침, 설교 준비를 하고 있던 그에게 원인을 알 수 없는 피로감과 허탈감이 몰려와서 평생 처음으로 책상에 엎드려 울어 버린다. 너무 과로해서 그렇겠거니 생각하고 그 다음 주에 가족들과 함께 플로리다로 휴가를 떠났지만, 아름다운 플로리다 해변에 앉아 있으면서도 마치 우주의 블랙홀 속으로 가라앉는 듯한 침체감에서 헤어 나올 수가 없었다. 일주일 간의 휴가로도 그 알 수 없는 피곤함을 해결하지 못하고 교회로 돌아왔다. 그 해는 윌로우크릭 교회가 2,400만 달러 규모의 신축 건물 증강을 막 시작하던 참이었다. 새 건물 증축 프로젝트와 각종 스태프 회의, 매주 돌아오는 설교 사역이 산처럼 쌓여서 그의 체력과 시간을 빨아들이기 시작했다. 빌 하이벨스는 도저히 버틸 수가 없어 비명을 지르고 만다. 뭔가 근본적인 변화가 필요했다. 무엇 때문에 여기까지 왔는지를 알아내야 했다.

뼈를 깎는 기도와 심각한 묵상 속에 그가 도달한 결론은, 자신이 너무 목회 사역에 몰두한 나머지 그 과정에서 자기 관리의 균형을 상실해 버렸다는 것이었다. 빌 하이벨스는 인간의 삶을 통제하는 운전석에는 세 가지 계기판이 놓여 있는데, 하나는 육체적 계기판(physical gadget), 또 하나는 영적 계기판(spiritual gadget), 그리고 마지막은 감정적 계기판(emotional gadget)이라고 했다. 육체적 상태야 매일 잘 먹고 규칙적으로 운동을 하니까 괜찮았고, 영적 상태는 매일 성경을 읽고 기도하고 예배에 참석하면 염려를 놓아도 되었다. 그러나 그는 마지막 감정적 계기판이라는 것은 존재한다는 사실조차도 새까맣게 몰랐다고 한다.

---

7) 빌 하이벨스와의 인터뷰. Willow Creek Association(WCA), *Defining Moments* tape series, "Escaping Crisis-Mode Leadership" 에서.

대개 사람의 감정은 어느 정도까지 가면 터져 버리는 분명한 한계가 있다. 예를 들면 주일 같은 경우, 대부분의 목회자들은 하루 종일 계속되는 설교와 사람을 만나는 일(대부분은 힘든 상황에 있는 사람들일 경우가 많다)에 투자하기 때문에, 밤이 되면 거의 감정의 우물이 바싹 말라 버리게 된다. 그리고 나서 월요일에 간신히 쉴까 말까 하다가 또 일주일 내내 사람들을 만나고, 행정 업무를 처리하고, 성경 공부나 설교를 준비하는 일에 뛰어다니다 보면 감성 지수가 거의 바닥을 기게 된다. 이쯤 되면 아무리 거룩한 사람이라도, '아, 이제는 좀 어디론가 멀리 가서 사람 상대하지 않는 신나고 재미있는 일을 하고 싶다' 는 생각을 하게 된다. 이것은 리더의 자기 관리 통제판에 빨간 불이 들어오는 것과 같은데, 이것을 무시하고 계속 달리면 나중에는 대형 사고가 날 수도 있다.

오늘날, 얼마나 많은 리더들이 겉으로 보기엔 아주 잘 나가고 있는 것 같지만 속으로는 이렇게 탈선 일보 직전의 기차와 같이 비틀거리고 있는지 모른다. 당신의 육체적, 영적, 감정적 계기판은 정상인가? 예수 그리스도의 모델을 한번 생각해 보자. 그분은 놀라울 정도로 이 세 가지 계기판을 잘 관리하면서 자신을 잘 통제하셨던 리더다. 누구보다 많은 일들을 하셨지만, 늘 정기적으로 군중들에게서 떨어져 혼자 하나님과 기도하는 시간을 가진다든가, 마음 편하게 대할 수 있는 제자들만 데리고 다음 마을로 한나절씩 걸어 다니기도 하셨다. 걸어가는 시간은 함께 우물가에서 물도 마시고, 농담도 나누고, 대자연의 아름다움도 만끽하며 영혼의 지친 때를 닦아 내는 휴식과 재충전의 시간이기도 했다.

오늘날의 첨단 과학 문명의 소산인 팩스, 비퍼, 휴대폰, 전자 통신은 직장에서 집으로 오는 차 속에서의 휴식까지도 파괴해 버리고 있다. 초고속 삶의 속도에 시달리는 현대인들은 지친 자신의 육체와 마음과 영혼을 재충전할 여유도 없이 벼랑 끝으로 아슬아슬하게 달리고 있는 것과 같다.

이것은 정말 바람직한 일이 아니다. 당신이 만약 스스로에게서 이런 위험스런 적신호를 발견하고 있다면 뭔가 획기적인 조치를 취할 필요가 있다.

빌 하이벨스의 경우에는 일단 자신의 메마른 감정을 재충전시킬 수 있는 취미 생활을 개발하는 일부터 시작했다. 어릴 때부터 중고 보트를 타고 항해하는 것을 즐겼던 그는 그 일을 시작했다(미국 중서부 오대호 지역에서는 중산층 정도만 되면 보트 타는 것을 부담 없이 즐길 수 있다). 또한 목사로서가 아닌 인간 대 인간, 친구 대 친구로서 삶의 모든 것을 터놓고 나눌 수 있는 사람들을 찾아서 그들과 정기적으로 즐거운 교제의 시간을 가지기 시작했다. 교회의 운영 결정권도 장로들과 다른 스태프들에게 대폭 일임하고 공유하는 시스템으로 바꾸었고, 설교 강단도 다른 뛰어난 설교 목사들을 훈련시켜서 함께 감당함으로써 일의 부담을 대폭 줄였다.

상황은 다르겠지만, 당신의 경우에도 건강한 육체와 풍성한 감정과 뜨거운 영성을 위해 뭔가 획기적인 조치를 단행해야 한다고 생각하지 않는가? 초대 교회의 지도자 바울은 젊은 디모데에게 리더십에 대하여 조언하면서, "네 자신을 먼저 살피고 그 다음에 너의 사람들을 살피라"고 말한 것은 의미심장하다. 그렇다. 리더가 자신이 이끄는 단체에 줄 수 있는 가장 큰 선물은 자기 자신이다. 육체와 감정과 영혼이 균형 잡히고 건강한 리더야말로 그 단체에 주어진 가장 멋진 하나님의 선물이 될 것이다.

6 계절의 균형

우주의 달력에 봄, 여름, 가을, 겨울 사계절이 있듯, 사람의 인생이나 한 기업, 국가, 교회의 존립 기간에도 이런 계절의 흐름이 있다. 계절의 균형을 잡는다는 것은 매 계절에 해야 할 일들을 최선을 다해 완수하는 것을 의미한다. 봄은 모든 것이 새롭게 태어나는 시간이다. 이때는 혼신의 힘을 다해 계획하고, 뿌리고, 시작하고, 심어야 할 것이다. 여름은 봄에 심은 것들을 가을에 추수할 수 있도록 준비하는 때이다. 거름을 주고, 잡초를 솎아 주고, 물을 주며 잘 관리하면서 뙤약볕에서 땀을 뻘뻘 흘려야 한다. 가을은 봄과 여름의 수고를 추수하는 때다. 아무리 열심히 일구었다 하더라도 제때에 확실히 거둬들이지 못하면 모두 헛것이기 때문에, 모두가 힘을 합해 한 톨도 흘리지 않고 열심히 거둬들여야 한다. 겨울은 따뜻한 봄의 탄생을 위해 멈추고 기다리는 때다. 새싹으로 다시 태어나기 위해 떨어져 썩는 낙엽처럼, 다음 세대를 준비시켜서 확실히 바통을 넘겨야 한다. 이스라엘의 가장 지혜로운 임금이었다는 솔로몬은 이 계절의 원리를 기가 막히게 표현하고 있다.

천하에 범사가 기한이 있고 모든 목적이 이룰 때가 있나니
날 때가 있고 죽을 때가 있으며
심을 때가 있고 심은 것을 뽑을 때가 있으며
죽일 때가 있고 치료시킬 때가 있으며
헐 때가 있고 세울 때가 있으며
울 때가 있고 웃을 때가 있으며
슬퍼할 때가 있고 춤출 때가 있으며
돌을 던져 버릴 때가 있고 돌을 거둘 때가 있으며
안을 때가 있고 안는 일을 멀리할 때가 있으며
찾을 때가 있고 잃을 때가 있으며
지킬 때가 있고 버릴 때가 있으며
찢을 때가 있고 꿰맬 때가 있으며

잠잠할 때가 있고 말할 때가 있으며
사랑할 때가 있고 미워할 때가 있으며
전쟁할 때가 있고 평화할 때가 있느니라(전 3:1-8).

리더의 정말 중요한 역할 중에 하나는 자신과 자신이 이끌고 있는 단체들을 이 계절의 리듬에 맞춰 주는 일이다. 무조건 뛰어다닌다고 되는 것이 아니며, 무조건 실수하지 않으려고 가만히 앉아 있어서도 안 된다. 시작할 때는 도약하는 캥거루처럼 혼신의 힘을 다해 뛰고, 가만히 흘러가야 할 때는 물 위로 가만히 미끄러지는 배처럼 유연해야 함을 알아야 한다.

끝으로, 이 계절의 균형을 다루는 데는 내 나름의 이유가 있다. 너무 균형만을 강조하는 사람들은 가만히 보면 모든 것을 다 잘하려고 하고, 실수하지 않으려고 한다. 그래서 자신의 게으름과 적당주의를 '균형'이라는 명분으로 정당화시키는 경우들을 수없이 많이 보았다. 크리스티안 A. 슈바르츠의 「자연적 교회 성장(Natural Church Growth)」 같은 책을 보면 균형을 대단히 많이 강조하다 활발한 소그룹, 은혜로운 예배 능력 나름으로 성장한 좋은 교회들을 상세히 연구해서 얻어 낸 좋은 결론들이다. 그러나 실제 목회 현장에서 처음부터 그 모든 것을 일일이 다 균형 잡으면서 이루어 내는 것은 불가능하다. 처음 개척 교회를 시작할 때는 이것저것 생각할 것 없이 목회자가 자기의 장기를 가지고 목숨을 걸고 불철주야 뛰어야 어느 선까지 올라갈 수 있음은, 교회를 개척해 본 목사라면 다 알 것이다.

봄은 어쨌든 전력투구해서 심어야 하는 계절이기 때문이다. 그러다가 교회가 어느 궤도까지 올라가면 한계가 오는데, 그때는 이제 객관적인 자기 평가를 하고 부족한 점들에 있어서 균형을 잡아 가야 할 것이다. 그렇지 않고 계속 해왔던 방식대로만 밀어부치는 것은 마치 곡식을 심은 후에 잘 자라도록 관리할 생각은 하지 않고, 계속 심기만 하는 어리석은 농부와 같다.

단적인 예로, 한국을 방문했던 빌 하이벨스 목사에게서 아주 재미있는 고백을 들었다. 윌로우크릭 교회의 핵심 목회 철학은 다섯 가지 'G'로 요약되는 은혜(Grace), 성장(Growth), 소그룹(Group), 은사(Gifts), 드림(Giving)인데, 솔직히 개척 초창기에는 거의 90퍼센트의 인적, 물적 자원을 전도에 투입하는 '불균형' 적인 목회를 했다고 한다. 왜냐하면 전도하여 사람들을 교회로 데려오지 않으면, 제자 훈련을 시킬 사람들이 없으니 말이다. 자신과 교회에게 주어진 특별한 은사요 사명인 개인 전도와 구도자 예배를 통해 교회를 키우기 위해 24시간 코피가 나도록 뛰지 않으면 안 되었다고 한다.

그러나 얼마 전 교회가 2만 명 가까운 교세로 성장한 시점에서 냉정히 돌이켜보니, 주력이었던 전도가 30퍼센트 선으로 떨어져 있었다는 것이다. 이번에는 거꾸로 제자 훈련, 소그룹, 은사 활용 등 기존 교인 관리에 너무 집중하느라, 영혼 구원의 열정이 상당히 가라앉아 버린 것이다. 그래서 지금은 정신을 차리고 다시 교회의 모든 자원을 동원해 의도적으로 영혼 전도에 치중하고 있다고 한다. 또한 윌로우크릭이라는 개교회의 성장은 올 때까지 왔다는 느낌을 가지면서 미국과 유럽의 많은 침체된 교회 지도자들에게 도움을 주어야겠다는 생각에, 80년대 말부터는 일 년에 두세 번씩 각 교회 지도자들 몇 천 명씩을 윌로우크릭으로 초청해서 윌로우크릭 교회의 모든 것을 공개하는 컨퍼런스를 연다고 한다.

40대 초반부터 자신이 가고 없어도 이 비전을 계속 이어갈 다음 세대 리더십 양성을 위해 투자해 왔다는 빌 하이벨스. 그의 이야기를 들으면서, 참으로 계절의 균형을 잡는 것이 무엇인지 아는 리더라고 생각했다.

또 한 가지 강조하고 싶은 것은, 균형을 잡으라는 것은 결코 자기 혼자 모든 것을 다 잘할 수 있도록 하라는 의미가 아니라는 것이다. 그것은 가능하지도 않은 일이겠지만, 때로 너무 다방면에 능력이 많은 리더는 이것저것 다 하려다가 결국은 아무것도 못하고 만다. 서양 격언에 "모든 사람의 친구가 되려고 하면 한 명의 친구도 제대로 가질 수 없다"란 말도 있지 않은가? 균형을 잡으라는 것은 자신이 할 수 있는 일이나 장점이나 특기도 단점이 될 수 있음을 깨닫고 자기가 못하는 것, 안하는 것들의 중요성도 인정하고 포용할 수 있는 유연한 마인드를 가지라는 얘기다.

한걸음 더 나아가서, 제대로 균형을 잡기 위해서 우리는 함께 동역할 팀원들이 필요하다. 현재 미국의 톱클래스 리더십 전문가 중 하나인 존 맥스웰(John Maxwell) 목사는 미국의 정계, 재계, 교계의 인정받는 리더십 천여 명의 개인 시간 관리를 조사하고 이런 결과를 얻었다. "그들은 자기 시간의 75퍼센트를 자신의 장점을 더 극대화시키는 데 투자하고, 20퍼센트는 새 것을 배우는 데 투자한다. 나머지 5퍼센트를 약점을 보완하는 데 투자하는데, 어떻게 보완하느냐 하면 잘하는 사람에게 위임하는 것이다." 자꾸 약점에 집중하면 사람이 맥이 빠지고 나아지는 것도 없으니까, 잘하는 것을 계속 더 다듬는 게 낫다는 결론이었다. 못하는 것은 그것을 잘하는 다른 팀원들을 구해서 맡기라는 것이다. 자신의 전문성에 자신이 있는 사람은 남의 전문성을 귀히 여기게 되고, 그래서 서로서로가 필요한 존재들이다.

대개 고급 교육을 받은 엘리트일수록 모든 것을 대립(conflict)의 개념으로 이해한다. 항상 A를 택하면 B를 버려야 한다는 흑백 논리를 내세운다. 그러나 리더는 A와 B를 대립시키는 게 아니라 조화를 시켜서 둘 다 이루어 내는 법을 찾아낸다. 성공하는 기업들도 보면 남들이 대립시키는 것을 잘 조화시켜 내는 특징이 있다. 전체의 조직력을 강조하면서, 개인의 독특성도 최대한 수용한다. 내용물을 충실하게 잘 만들면서, 그것을 포장하는 껍데기와 서비스도 확실하게 한다. 치밀한 연구와 준비를 하면서도, 항상 돌연성과 융통성을 수용할 수 있는 룸을 둔다. 분석과 연구도 좋지만, 움직여야 될 때는 폭풍처럼 몰아붙이는 실천력이 있다. 다만, 앞에서도 말했듯이 한꺼번에 모든 것을 다 잘하려고 덤비지는 않을 뿐이다. 언제 무엇에 집중하고, 어느 정도 시간이 지나면 또 무엇으로 초점을 바꿔야 할지를 아는 지혜가 있어야 한다. 하나씩 쌓아 올려 가는 차분함, 완급을 조절하는 리듬 감각을 가지라고 말하고 싶다.

●● 균형 잡힌 리더십

- 리더십은 리더, 팔로워, 시대 상황, 이 세 가지가 함께 호흡을 맞추어 달릴 때 이뤄지는 예술 작품이다
- 사물을 보는 시각의 균형은 리더십에 있어 필수 요소다
- 지성과 감성과 역경 지수의 균형을 맞추어 영성을 성숙시키라
- 리더는 대립이 아닌 조화로 성과를 낼 수 있어야 한다

Chapter 3 따르는 것의 힘

1. 좋은 팔로워의 자질 | **2** 좋은 팔로워를 양성하라
3. 리더와 팔로워는 서로 돕고 이해해야 한다

> 모든 위대한 인물마다 첫 번째 터득하는 교훈은 어떻게 순종하느냐, 누구를 순종하느냐, 언제 순종하느냐를 배우는 것이다.
>
> – 로버트 리 장군(미 남북전쟁 때 남군 총사령관)

허먼 밀러(Herman Miller)라는 미국 굴지의 가구 회사의 전(前) 회장 맥스 디프리(Max De Pree)는 따르는 일(followership)의 중요성에 대해서 아주 멋진 비유를 들었다.

"야구에서 투수가 아무리 잘 던져도 그것을 제대로 받을 수 있는 좋은 포수가 없으면 아무 의미가 없다."

따르는 이(follower)가 없는 리더가 어떻게 존재할 수 있겠는가? 사병들 없는 장군을 장군이라 할 수 있는가? 양들이 없는 목자가 어떻게 목자가 될 수 있겠는가? 디프리는, 리더는 자기를 따르기로 선택한 사람들에게 빚을 진 존재임을 항시 잊어서는 안 된다고 주장한다.[1] 자신의 존재 자체가 따르는 이들에게 빚을 진 존재이기 때문에, 어떻게든 최선을 다해서 따르는 이들이 자신들의 재능과 잠재력을 한껏 발휘하여 승리와 성취감을 경험할 수 있도록 해주어야 한다는 것이다.

사람들은 '리더십' 하면 아주 흥미 있어 하고 멋있다고 생각한다. 우

---

[1] From Interview with Peter Drucker, "What the Leader Owes," *Managing the Non-Profit Organization*, pp. 37-38.

리 주위에는 "차세대 리더들을 양성한다"는 야심찬 캐치프레이즈를 내건 수많은 학교, 기관, 책, 프로그램이 난무하고 있다. 모두 다 최고의 리더를 길러 낸다고 자위하는 데 반해서, 제대로 따르는 법(followership)에 대해 심각하게 다루는 이들은 거의 전무하다. 오늘날 이렇게 문제가 많은 것은 제대로 된 리더십의 부재보다는 제대로 된 팔로워십의 부재라고 할 수 있지 않을까? 모두 남을 이끌려고만 하고 제대로 남을 따르는 일은 기피하려고만 하니 그 사회가 어지러울 것은 자명한 일이다.

리더십이라는 주제를 염두에 두고 성경을 읽어 가는 중에 나는 아주 재미있는 사실을 하나 발견했다. 예수님은 '리더십'에 대해 언급한 적은 거의 없지만, '따르는 일(followership)'에 대해서는 무수히 많은 말씀을 하셨다는 것이다.

"나를 따르라, 그러면 내가 너를 사람 낚는 어부 되게 하리라."
(Follow Me, and I will make you fishers of men.)
이것은 우리가 다른 사람들을 이끄는 지도자가 되기 위해서는 먼저 남을, 특히 주님을 완전히 따르는 법을 배워야 함을 의미한다.

"누구든 자기 십자가를 지고 나를 따르지 않으면 안 된다."
(Whoever does not carry his own cross and follow Me.)
이것은 따르는 일도 이끄는 일 못지않게 어렵고 힘이 드는 것임을 의미한다.

"만약 하나님의 나라에서 으뜸이 되고자 한다면 먼저 섬기는 자가 되어야 한다."
(If you want to be great in God's kingdom, learn to be a servant

of all.)

영적 지도자는 먼저 섬기는 자가 되어야 한다는 것, 즉 섬기는 리더십(servant leadership)이어야 함을 의미한다.

"그가 아들이실지라도 끝까지 순종하심을 배워서."
(Even being the Son, He learned to fully submit Himself to the Father.)
모든 리더십의 모델인 예수 그리스도께서도, 자신이 아들이셨는데도 하나님께 완전히 순종했을 때 하늘과 땅의 모든 권세를 아버지께로부터 위임받았음을 알려 준다.

이 말씀들은 우리에게 무엇을 가르쳐 주는가? 우리의 지위, 나이, 경험, 학벌, 능력에 상관없이 먼저 철저하게 하나님께 순종하는 사람, 하나님을 따르는 사람이 되어야 한다는 의미가 아니겠는가? 그래야 진정한 권위가 생긴다. A. W. 토저도 말하기를, "하나님의 말씀 듣는 바로 그 사람의 말을 들어라(Listen to the man who listens to God)"고 했다.

현재 달라스 신학교의 총장인 척 스윈돌(Chuck Swindoll)은 20세기 미국이 낳은 가장 위대한 설교자 중 하나로 꼽히는 사람이다. 그러나 그도 젊었을 시절, 두 군데 이상의 교회에서 제대로 된 교인들을 만나지 못해 갈등을 겪으며 교회를 옮겨야 했다고 한다. 그러다 마침내 남캘리포니아 풀러톤의 이반젤리컬 프리 교회(Evangelical Free Church)라는 곳에 이르러 그가 20년이 넘게 미국 최고의 설교자로 성장할 수 있는 기반을 트게 된다. 물론, 그가 당시에는 아직 다듬어지지 않았기 때문에 교회를 몇 번이나 옮겼다고 봐도 되겠지만, 역시 주된 이유는 제대로 된 팔로워 그룹을 만나지 못했기 때문이었다. 그는 노상 입버릇처럼 자신이 이반젤

리컬 프리 교회의 교인들 같은 좋은 팔로워들을 만난 것은 평생 가장 큰 축복이라고 되뇐다. 그러니 팔로워십의 힘이 얼마나 위대한가?

1   좋은 팔로워의 자질은 무엇인가

어떤 사람들은 '따르는 이(follower)' 하면 무조건 리더가 시키는 대로 하는 사람으로 생각하기 쉬운데 우리는 그런 선입관부터 깨어 버릴 필요가 있다. '따르는 이' 라는 영어 단어는 본래 '돕다, 후원하다' 란 뜻의 고어 독일어인 'follaziohan' 이란 말에서 유래되었다고 한다. 즉 원래 어원대로 엄격하게 정의한다면, 팔로워란 '리더에게 없으면 안 되는 돕는 존재' 라 할 수 있다. 그러므로 두 단어 사이의 관계는 원래 평등했던 것이라고 볼 수 있다.

이런 맥락에서, 참으로 좋은 따르는 이의 자질을 한번 생각해 보기로 하자.

■ 헌신

정말 제대로 된 팔로워들은 한 개인에게 충성하는 것보다, 어떤 사명에 대해서, 비전에 대해서 헌신한다. 많은 카리스마적 리더들은 자신들의 개인 추종자들을 만들려고 한다. 또한 추종자들의 충성을 리더 개인에 대한 충성으로 착각하거나 그렇게 유도하기 쉬운데, 백이면 백 다 실패한다. 정말 제대로 된 팔로워라면 리더가 추구하고 있는 비전이 하나님께로부터 온 비전이라는 확신 때문에 따른다. 맹목적으로 사람에게 충성하지 않을 것이기 때문이다. 비전에 헌신된 팔로워들이 있는 그룹과 사람에게 헌신한 팔로워들이 있는 그룹은 벌써 피부로 느껴질 만큼 분위기가 다른 법이다. 용병은 적어도 열 배의 전력이 있어야 고향을 지키는 향토군을 이긴다는 말이 있다. 목적이 돈인 군인들과 처자식과 사랑하는 고향을 지켜야 하는 군인들의 마음가짐은 근본적으로 다를 수밖에 없다.

◼ 전문성과 집중력

아무리 헌신이 잘되어 있어도, 팔로워들이 각자에게 주어진 임무를 완수할 수 있는 능력과 전문성을 가지고 있지 않다면 그 헌신은 아무 힘이 없다. 나는 미국에서 이민 1.5세대와 이민 2세대 젊은이들을 위한 대형 집회를 진행하면서 CCC라는 잘 훈련된 선교 단체의 스태프들의 힘을 몇 번씩 경험했다. 한 가지 지시를 내리면 자신들이 알아서 그와 관련된 수십 개의 일을 척척 해내면서 일사분란하게 움직여 주었기 때문에, 몇 명만 데리고서도 많은 일들을 아주 즐겁고 효율적으로 너끈히 해낼 수 있었다. 그러나 그 다음 해에는, 헌신적인 열정은 있으나 전혀 그런 집회를 치러 본 경험이 없는 젊은이들을 데리고 일을 했는데 몇 배의 인원을 가지고도 정말 너무 힘들었다. 이들의 인격이 부족하거나 열정이 부족한 것은 아니었다. 어떻게 그 열정을 써야 할지에 대한 훈련이 없었고, 전문성이 없었던 것이다.

선장이 가라고 명령을 내렸는데, 자신이 맡은 기계를 어떻게 조작할지 모르는 선원과 같아서야 쓰겠는가? 탁월한 팔로워들은 자신에게 주어진 임무를 계속 최고로 감당하기 위해서 끊임없이 자신의 능력을 다듬어 갈 것이다. 수준 이하의 팔로워들은 배움과 훈련에 대해 극히 수동적이겠지만, 제대로 된 팔로워들은 아주 적극적일 것이다. 여러 가지 다른 일들을 이해하는 넓은 시야도 중요하지만, 일단 팔로워는 자신에게 주어진 주요 임무에 집중해서 확실하게 잘 할 수 있도록 자신을 다듬는 일이 필요하다.

특히 오늘날과 같은 변화무쌍한 네트워크 사회에서는 조직의 핵심 부서에 있는 리더 한 사람 한 사람이 작은 총책임자(mini-CEO)가 되어야 한다. 팔로워들 하나하나가 '만약 내가 톱 리더라면 이 상황에서 어떻게 할 것인가'를 생각해서 소신껏 결정하고 바로 행동에 옮길 수 있어야 한다.

한 예로, 미군의 특수 부대는 지금 옛날의 수직적 군사 조직 체제에서 근본적인 개혁을 단행하고 있다. 이제 21세기의 세계에서 미군 특수 부대는 정규군들이 맞붙는 전쟁터보다는 민간인들이 들끓는 도시에 작은 소부대 단위로 투입될 가능성이 훨씬 높다. 보스니아의 성난 군중들과 맞닥뜨린 젊은 특수 부대 병사는 자신들의 본부에 연락해서 명령을 받을 시간적 여유가 없다. 이제는 서른도 채 안 된 병사가 그 자리에서 자신과 부대원들의 안전을 생각해야 할 뿐 아니라, 자신의 행동이 국가에 가져올 정치적 영향까지 염두에 두어야 한다. 그의 행동 여하에 따라서 국제 사회의 엄청난 비난의 화살을 미국이 받을 수도 있다. 그러니까, 이 병사는 그 순간 미합중국의 대통령과 똑같은 판단력을 가지고, 그 몇 초 안에 어떤 행동을 취할지 결정해야 하는 것이다. 지난 4-5년 동안 미군 특수 부대의 이런 특별 임무는 두 배로 증가했다. 그래서 특수 부대 훈련 담당자들은 이런 달라진 상황에 효율적으로 대처할 수 있는 병사들을 키워 내기 위해 전통적인 훈련 커리큘럼을 대폭 수정하지 않을 수 없었다고 한다.

◼ 용기

아주 힘든 일을 결정을 내린 후 "나를 따르라"고 하면서 뛰어드는 리더도 용감하지만, 뭔지도 잘 모르면서 그 리더를 따라가는 팔로워들도 대단히 용감하다고 생각한다. 그러나 여기서 말하는 용기는 맹목적인 순종의 용기가 아니다. 리더가 나가는 방향이 옳은 일이면 목숨을 걸되 리더라 할지라도 도덕성이나 판단력을 상실할 때는 정중하게, 그러나 결연히 그것을 지적할 수 있는 용기를 말한다. 깊이 생각하고 연구하고 판단하는 이런 탁월한 팔로워들은 리더들이 자신의 카리스마적 권력에 도취되어 힘을 남용하거나 실수하지 않도록 견제해 주고 도와 주는 역할을 한다. 무조건 반역의 칼을 들라는 얘기가 아니다. 좋은 차일수록 브레이크가 좋아야 하듯 좋은 리더일수록 실수하지 않도록 옆에서 검토해 주는 팔로워가 있어야 한다.

수년 전에, 진 해크만과 덴젤 워싱톤이 주연한 〈크림슨 타이드(Crimson Tide)〉라는 영화를 아주 감명 깊게 본 기억이 난다. 영화의 내용은 이렇다. 냉전 이후 급변하는 러시아의 정세를 세심히 관측하고 있던 미 정보국은 러시아의 쿠데타 세력이 핵 미사일 기지를 장악하여 미국을 향해 핵을 쏠 가능성을 간파하고, 초대형급 핵 잠수함을 러시아로 급히 파견한다. 상황이 급박해지면서, 사령부로부터 러시아의 핵 기지로 핵 미사일을 조준하고 발사 대기하라는 명령이 미 핵 잠수함에게 떨어진다. 10초 카운트다운을 준비하고 대기중이던 잠수함에 갑자기 본부와의 교신이 두절된다. 이때, 잠수함의 함장은 바로 핵 미사일을 발사해야 한다고 주장했지만, 젊은 엑소 장교(비상시 함장의 판단력을 상실할 경우 그를 대신하기 위해 파송한 장교)는 본부의 명확한 발사 명령 없이 함부로 핵 미사일을 발사하면 3차 세계 대전으로 가게 된다고 반대한다. 잠수함의 승무원들도 함장과 이 장교를 지지하는 두 파로 나뉘어 팽팽하게 대립한다. 그러나 결국은 통신이 재개되자 부하 장교의 판단이 옳았음이 증명되고, 잠수함은 무사히 돌아온다. 후에 이 문제를 다룬 군법 재판에서는 함장과 장교 두 사람에게 모두 무죄를 선고하면서 이렇게 말했다.

"당신들 둘 다 옳았지만 둘 다 틀렸소."

내가 이 영화를 보면서 깨달았던 점은, 함장의 인격이 나빴거나 능력이 없어서의 문제가 아니었다는 것이다. 아무리 탁월한 인격과 능력을 가진 사람이라 해도 사람인 이상 실수할 수 있고, 그때에는 그 실수를 보완하고 도와 줄 사람들이 옆에 있어야 한다는 것이다.

잘했을 때는 혼신의 힘을 다해 밀어 주지만, 잘못되었을 때는 공손히 그러나 단호히 브레이크 장치가 되어 줄 수 있는 부드러우면서도 강인한 팔로워십이 절실히 요구되는 시대다. 성숙한 리더라면 그런 팔로워십을 장려할 것이다.

▪ 정직하고 현명한 평가 능력

이 부분은 앞에서 언급한 용기 부분과 상당히 연관되는 부분으로서, 팔로워는 끊임없이 자기를 평가하고 또 리더십이 제대로 가고 있는지를 평가할 수 있어야 한다. 우리는 보통 '평가받는다' 하면 자신의 권위에 대한 도전으로 받아들이는 경향이 있다. 그러나 공부를 잘하는 아이들일수록 시험을 환영한다. 시험을 쳐야 자신의 노력이 인정받기 때문이다. 싱가폴에는 부실 공사가 없다고 한다. 검사 제도, 평가 제도가 너무 철저해서, 한 번 걸리면 그 나라에서 다시 비즈니스 한다는 것은 포기해야 하기 때문이다. 싱가폴에서 우수 건축상을 여러 번 수상한 적이 있는 유명 건축 회사의 한 관계자는, 싱가폴에선 그냥 법대로 하면 되기 때문에 너무 편하다고 하는 말을 들은 적이 있다. 높은 질은 높은 수준의 평가 제도 하에서 나올 수 있는 것이다.

평가의 목적은 리더십을 세워 주고 단체를 성공시키기 위해서이지 깎아 내리기 위해서가 아님을 분명히 해두자. 그러므로 리더와 팔로워들에게는 먼저 자기 자신의 장점과 단점들을 평가하고 그 다음 서로를 평가하여, 박수쳐 줄 것은 박수쳐 주고 잘못된 것은 겸손히 다듬어 줄 줄 아는 능력이 필요하다. 윈스턴 처칠은 이런 말을 했다. "국민은 꼭 자기 수준에 맞는 지도자를 가지게 되어 있다."

정말 그렇다. 팔로워들의 수준이 높아져야 리더의 질도 높아질 수 있다. 좋은 국민들 속에서 좋은 지도자가 나오고, 또 좋은 지도자가 좋은 국민들을 만들어 갈 수 있는 것이다. 그러므로 팔로워들은 무슨 일이 생길 때마다 무조건 지도자에게 돌을 던지기보다는 "과연 나는 제대로 된 팔로워였는가? 내가 맡은 전문 분야를 성실하고 책임감 있게 감당했는가? 내게 불손한 태도는 없었는가? 나는 리더가 힘들 때 격려하고, 그가 잘못한다고 생각될 때 솔직하고 공손하게 그것을 말해 주었는가?"를 스스로에게 물어봐야 할 것이다. 그리고 나서야 리더를 평가할 수 있을 것이다. 리더도 어떤 일을 이루었을 때 혼자서만 영광을 독차지하지 말고, 열심히 따라 준 팔로워들 한 사람 한 사람과 그 영광을 나누고 그들을 귀히 여기는 자세를 늘 잊지 말아야 할 것이다.

2 좋은 팔로워를 양성하라

■ 따르는 것(following)과 이끄는 것(leading)의 의미를 명확히 하라

우리는 보통 리더를 팔로워들보다 더 월등하고 능동적으로 보는 선입관이 있는데, 이것은 계급의 문제가 아니라 역할의 차이일 뿐임을 분명히 해야 한다. 하나님이 주신 은사와 열정이 다른 것뿐이지 누가 높고 낮은 것의 문제가 아님을 인식한다면, 리더는 교만하거나 무례하지 못할 것이고 팔로워는 비굴하거나 방관자적인 자세를 가지지 않을 것이다. 일단 이끄는 것과 따르는 것의 의미를 분명히 정리하면 이 두 가지가 다 쉽지 않은 일임을 알게 될 것이다.

'이끄는 것'은 무엇인가? 그것은 단체의 원대한 비전과 전략을 수립하는 것으로 시작한다. 또한 그 비전을 단체의 모든 구성원의 가슴에 불을 붙이도록 명확하게, 열정을 가지고 전달할 수 있어야 한다. 그리고 그 비전을 현실화시킬 수 있도록 그룹의 조직을 재정비하고 준비시키는 일을 한다.

'따르는 것'은 무엇인가? 그것은 리더가 제시한 비전의 소중함을 바로 파악해서 거기에 헌신하는 능력을 말한다. 이를 위해서는 다른 이들과 함께 일할 수 있는 융화력이 있어야 하며, 스포트라이트를 받지 않고도 성실히 일할 수 있는 겸손한 인격을 갖추어야 한다. 또한 자신을 조금 희생시켜서라도 그룹 전체가 목표에 도달할 수 있도록 하는 헌신적인 노력이 있어야 하며, 지도자를 믿고 감싸 줄 수 있는 넓은 마음도 필요하다.

한눈에 보기에도 둘 다 쉽지 않은 일임을 알 수 있다. TPG 러닝 시스템이라고 하는 미국의 저명한 리더십 연구 단체가, 미 전국의 직장인들과 회사 간부들을 대상으로 무작위로 실시한 설문 조사에서 두 가지 질문을 했다. 하나는 "당신이 당신의 리더에게 꼭 있어야 한다고 생각하는 자질은 무엇인가?"라는 질문이었고, 또 하나는 "당신이 당신과 함께 일할 팀 동료들에게 가장 원하는 자질은 무엇인가?"라는 질문이었다. 그 결과 두 질문 모두에서 첫 번째로 꼽히는 것은 '정직성'이었다. 내 리더나 팀 동료 모두 다 일단 나에게 정직하고 투명했으면 좋겠다는 것이 압도적이었다.

그런데 두 번째, 세 번째 순위에서는 양쪽 질문에서 각각 다른 대답들이 나왔다. 리더에게 요구하는 자질은 멀리 내다볼 수 있는 능력과 감화력이 2, 3위로 나왔는데, 동료에게 요구하는 자질은 협조성, 내가 늘 의지할 수 있는 성실성, 내 부족한 것을 잡아 줄 수 있는 넓은 마음 등을 들었다.[2] 간단히 요약하자면, 물론 다 있으면 좋겠지만 리더에게는 일단 비전을 세우고 전달하고 실천해 나갈 수 있는 능력이 우선적인 반면, 따르는 이에게는 융화력과 부드러운 인격이 우선이라는 것이다. 둘 중에서 어느 것이 더 어려우냐고 묻는다면 나는 양쪽 다 어렵다고 대답하고 싶다.

특히 리더의 입장에서는 따르는 일이 쉽지 않음을 인정하는 것이 중요하다. 자신이 따르는 이들보다 월등한 존재이기 때문에 이끄는 자리에 있는 것이 아니기 때문이다. 리더에게 비전 제시 능력과 전달 능력과 추진력이 있는 것은 사실이지만, 그만큼 따뜻한 인간성이 부족하다는 것을 인정한다면 그는 겸허하고 진솔하게 따르는 이들을 섬기는 리더가 될 것이다. 당신이 이끄는 사람들을 함부로 대하고, 그들 위에 군림하려 하는 리더가 되려는 생각일랑 아예 버리도록 하라.

◘ 따르는 기술(followership skill)을 다듬으라

사람들은 많은 경우, 지도력은 반드시 교육시켜야 한다고 믿고 많은 리더십 스쿨에서 다스리는 기술을 가르치는데 반해, 따르는 기술은 그냥 자연스럽게 누구에게나 본능적으로 스며 있다고 생각하는 것 같다. 그 이유는 아마, 리더들이 자신들은 팔로워들보다 우월한 존재라고 믿든지, 따른다는 것이 그냥 맹목적으로 시키는 대로 하는 것이라고 믿든지, 아니면

---

2) James M. Kouzes & Barry Z. Posner, Credibility: *How Leaders Gain and Lose It, Why People Demand It*(Jossey-Bass Pub: 1993), pp. 14-15.

팔로워들이 자신들의 에너지와 재능까지도 모두 리더에게 의존해야 한다고 생각하든지 셋 중 하나일 것이다. 그러나 천만의 말씀이다. 군대에 들어가면 학벌, 지위, 체력에 상관없이 모든 병사가 지독하게 훈련을 받는다. 그 목적은 명령을 확실하게 순종하는 법을 배우는 것이다. 아무리 뛰어난 전사라도 자기 멋대로 싸우는 사람처럼 위험한 존재는 없다. 그렇다고 해서 자신의 개인적 특기를 버리거나 매사에 수동적으로 행동해야 한다는 것이 아니다. 전체의 목표와 전략에 자신의 독특성을 맞추어 자신을 조율할 수 있도록 하라는 얘기다.

이런 맥락에서 제대로 된 팔로워십 기술은 다음 몇 가지로 정리할 수 있다. 먼저, 본인 자신의 독립적이고 창조적이고 객관적인 사고 능력을 가지는 것이 중요하다. 동시에, 개인 자신의 목표와 단체 목표의 연관점을 확실히 맞추어 조율하는 것이 필요하다. 그렇지 않으면 독불장군식으로 행동하기 쉽다. 세 번째로, 절제 있는 자기 관리를 해야 한다. 여기서 자기 관리는 성실하게 일함으로써 신뢰를 쌓는 것, 반대 의견을 제시할 때 분명한 대안을 겸손하게 제시하는 것, 언어와 행동을 절제 있게 사용하는 것을 의미한다. 또한 아무리 탁월해도 단체에 대하여, 동료들에 대하여, 리더에 대하여 책임 있게 행동하는 자세가 중요하다. 끝으로 하나 더 덧붙인다면, 리더와 팔로워의 역할 사이를 자연스럽게 오갈 수 있는 유연한 실력과 사고를 갖추는 일일 것이다.

미래의 리더십을 이해하자면, 리더가 끌고 팔로워들이 일방적으로 따라가는 기존의 패러다임에서 탈피하여 리더십과 팔로워십이 서로 능동적으로 단체의 발전을 위해 주도권을 잡고 노력하는 형이 될 것 같다. 이런 점에서 IBM의 존 패트릭(John Patrick)은 대단히 흥미로운 유형이라 여겨진다. 1990년대 전반부까지만 해도, 도처에서 고성능 PC들을 낮은 가격에 공급하는 신흥 업체들의 등장으로 IBM 같은 대형 컴퓨터 회사들은 엄청난 위기에 허덕이고 있었다.[3] 이 IBM을 기적같이 재생시킨 데는 1993년부터 IBM의 CEO로 취임한 루 거스트너(Lou Gerstner) 회장의 역할이 물론 컸지만, 그를 도와준 수많은 IBM의 중간 리더들의 아이디어와 적극적인 노력이 없이는 IBM이 그토록 빨리 경쟁력을 회복하는 것은 불가능했다. 이런 숨은 공신 중에 하나가 바로 평생을 IBM에 몸담아 온 존 패트릭이다.

그는 일찍이 인터넷의 잠재력을 간파하여, "접속하라(Get Connected)"는 선언문을 만들어 직원들에게 돌리면서 IBM이 전통적인 사업 구조를 대폭 개편하고, 인터넷 사업이라는 거대한 정보 통신 혁명에 적극적으로 동참할 것을 호소했다. 이렇게 해서 IBM은 세계 최초로 웹사이트를 개설한 기업 중의 하나가 되었다. 패트릭은 그 정도에서 그치지 않았다. 상부의 허락도 아직 떨어지지 않은 상태에서 워싱턴에서 개최되는 '인터넷 월드'라는 사업체들의 모임에 IBM을 참가 기업으로 등록시켜 버렸다(물론 참가에 필요한 자금과 자원들을 끌어들이기 위해 죽을 고생을 하긴 했지만). 결국 이 모임은 IBM이 두 무대기 되었고, 1993년 IBM은 인터넷 사업부를 설치하여 본격적으로 네트(Net) 사업에 뛰어들게 된다.

팔로워이면서도 회장 못지않은 애사심과 적극적인 결단력을 가지고 발 빠르게 움직인 존 패트릭도 대단하지만, 전통적인 대기업 조직 체제에서 이런 팔로워의 괴짜 같은 적극성을 기분 나빠하지 않고 오히려 격려하고 그를 부사장 겸 핵심 기술 담당자로 임명한 루 거스트너 회장도 대단한 리더다. 이런 활발한 톱 리더십들의 조화는 근엄하고 정숙하기만 했던 과거 IBM의 분위기를 180도 바꾸어, 지금은 젊은 사원들이 자바(Java)를 구축하느라 넥타이를 풀어 헤치고 부산을 떠는 활기차고 격의 없는 모습

---

3) E. Ransdell, IBM's *Grassroots Revival, Fast Company*(1997), pp. 182-199.

이 곳곳에서 보인다고 한다. 꽉 막혀 있던 전통의 기업 IBM이 완전히 환골탈태의 변화를 한 것이다.

◘ 업적 평가와 피드백을 활발하게 나누라

기업이나 군대나 교회나 살아서 움직이는 곳들, 계속 발전하며 서로가 끈끈한 팀워크로 뭉친 단체들을 보면 피드백 교환이 아주 활발하다. HP의 톱 경영진들은 일주일 내내 말단 종업원들에게 직접 이메일로 의견들을 받아 확실히 참조한다고 한다. 세계 최고의 친절한 서비스를 자랑하는 노스트롬 백화점도 말단 종업원들까지 언제든 톱 사장들에게 거침없이 의견 개진을 할 수 있다고 한다. 그냥 형식적으로 대화 창구를 열어 두는 게 아니라, 좋은 의견에는 코멘트까지 하여 승진이나 보너스에도 즉시 반영이 될 정도로 경영진의 반응도 빠르다.

중요한 점은 피드백이 활발하게 상처 없이 오갈 수 있게 하기 위해서는 그 단체의 분명한 비전이 전제되어야 한다는 것이다. 리더십 전문가 스티븐 코비는, 비전이 아침 식사라면 피드백은 점심 식사와 같다고 했다. 우리가 가야 할 목표가 분명하고 왜 가야 하는지가 분명하면, 어떻게 가야 하는지에 대해서도 최상의 방법을 물색하기 위해 충분한 토론을 할 수 있다는 것이다. 열심히 둑을 쌓고 있는 사람에게 그냥 "그렇게 하면 안 되고 이렇게 해야 된다"고 말하면 상처가 되겠지만, "이렇게 쌓지 않으면 홍수 때 수압을 견디지 못해 둑이 터져 집이 다 쓸려 가 버립니다"라는 식으로 비전을 분명히 얘기해 주면 정신을 번쩍 차리고 다시 고쳐 쌓을 것이다.

동시에, 코비는 저녁 식사는 평가라고 했다. 피드백은 하프 타임과 같다. 피드백을 바탕으로 방향 수정을 하고 보완을 하여 실행한 결과에 대해서는 반드시 평가가 있어야 한다는 것이다. 그리고 피드백이 잘되었을 경우, 이 저녁 식사는 챔피언들의 축하 파티로 끝날 것이라고 말한다. 땀 흘려 연습한 우수한 선수들은 게임의 날을 손꼽아 기다린다. 게임을 해야 그의 노력과 실력이 인정을 받을 수 있기 때문이다. 평가는 챔피언들을 드러내고 인정해 주기 위한 것이다.

▫ 팔로워십을 장려하는 체제로 조직을 재정비하라

수직적 피라미드식 조직 체제는 지나치게 많은 힘을 소수의 리더십에 집중시킨다. 조직은 역시 주님이 만드신 열두 명 정도의 팀으로, 모든 구성원들이 확실하게 그 결정과 프로젝트에 능동적으로 참여할 수 있게 하는 것이 좋다. 리더와 팔로워의 역할 분담을 가끔 바꿔 보게 한다든가, 팔로워의 수업을 착실히 한 다음에 바로 리더의 역할을 감당하게 하는 융통성 있는 움직이는 체제로 만들라.

1996년 「포춘」지가 선정한 세계 최고의 비행기 회사로 뽑힌 바 있는 사우스 웨스트 에어라인의 간부 리더십 훈련 프로그램은 아주 특이하다. 무엇보다도 황당한 것은 강사가 없다는 것이다. 수강생들 중 무작위로 그날 한 명을 선택하여 그가 강의를 하도록 되어 있기 때문에, 모두 만약의 경우를 대비하여 리더십 강의를 할 준비를 하고 오게 되어 있다. 강의를 듣는 이들도 모두 강의를 할 준비를 하고 왔으므로, 일단 워크숍 형식의 강의가 시작되면 불꽃 튀는 토론과 논쟁이 벌어지게 된다. 한 세션이 끝날 때마다 반 전체가 엄청나게 많이 배우고 자극을 받고 변하게 되는 것이다. 모두가 강사요 모두가 학생인 이 사우스 웨스트 에어라인사의 리더십 훈련 프로그램은 그 회사의 운영 철학만큼이나 독특하다.

온누리 교회에 등록한 교인들은 새신자 과정을 거친 뒤, 일대일 양육을 받고 나서 바로 양육 지도자 훈련을 받아 다른 사람을 일대일로 양육하게 되어 있다. 스스로 남을 한 번 가르쳐 봐야 완전히 그 내용을 소화할 수 있다는 것이 많은 교인들의 고백이다. 또한 교인들 전체가 지역별로 공동체에 속하게 되어 있고(한 공동체당 평균 500명의 교인들로 이루어짐) 각 공동체들은 여러 개의 순(筍)에 속하게 되어 있는데(한 순당 평균 6-10명 정도 됨), 순원이 된 후 좀 시간이 지나면 예비 순장을 하면서 순장 수업을 받고 그 뒤에 순장으로서 몇 년 간 섬기다가, 다시 순원으로 돌아와 다른 순장의 리더십 밑에 얼마간 있어 보게 한다. 재미있는 사실은, 게으르고 빼들거리거나 문제가 있던 순원들도 일단 한번 순장을 하고 나면 생각이나 행동이 눈에 띄게 긍정적으로 달라진다는 것이다.

내가 섬기는 공동체에도 그렇게 순장을 하기 싫어 요리조리 빼다가 어쩔 수 없이 코가 꿰어 순장을 맡은 분이 있는데, 그분이 순장이 된 후로 얼마나 변했는지 주위 사람들이 놀랄 정도였다. 순 예배 인도 준비를 마치 박사 학위 논문 준비하듯이 철저히 하는가 하면, 자신이 순원일 때는 결석, 지각, 숙제 안 하기를 습관적으로 했으면서 자기 순원들이 그렇게 하는 것은 꿈도 못 꾸도록 관리 감독(?)하는 열성파 목자가 되었다. 처음 그분이 순장이 되었을 때 상당히 불안해 하던 몇몇 순원들도 이제는 완전히 "순장님, 우리 순장님" 한다. 한 가지 재미있는 사실은, 이렇게 몇 년 순장을 하다가 새로운 인재(?)에게 순장을 맡기고 다시 순원으로 돌아가는 분들은 과거와는 달리 그렇게 적극적이고 순종하는 팔로워들이 된다는 것이다. 역시 다른 사람의 입장에 서 보지 않고는 그 사람을 이해할 수가 없나 보다. 그래서 인디언 속담에 "남의 신발을 신고 몇 킬로미터 걸어 보기 전에는 그 사람을 판단해선 안 된다"고 했던가.

또한 팔로워십을 장려하는 가장 큰 동기 부여는 역시 탁월한 팔로워들에게 어떤 형태로든 보상을 해주는 체제를 갖춰 놓는 것이다. 맹목적인 순종에 대한 보상이 아니라 정직하고 창조적인 제안을 했거나 주도적으로 책임감 있게 일을 잘 처리한 사람을 인정해 주고, 물질적 혹은 정신적으로 보상을 명확하게 해주는 것이다. 미국 최고의 명성을 자랑하는 노스트롬 백화점의 세일즈맨이 되기 위한 과정은 혹독하다. 그러나 학벌, 인종, 나이에 상관없이 일단 그 과정을 통과하면 미국의 그 어느 백화점 세일즈맨보다 더 높은 봉급과 대우, 그리고 간부진들의 쉴새없는 격려와 칭찬을 받는다고 한다. 사람은 칭찬과 격려를 먹고 사는 존재이기 때문에 보상 시스템은 생각보다 훨씬 중요하다.

특히 부탁하고 싶은 것은, 당신이 대접받을 수 있는 위치에 있을수록 더 순종하는 자세를 몸에 배도록 하라는 것이다. 뉴욕에서 큰 여행사를 운영하는 교포 교회 집사님을 한 분 알고 있는데, 한참 단체로 관광을 많이 오던 시즌에 그분에게 어떤 종류의 단체 관광 손님이 제일 다루기가 힘드냐고 물었다. 그랬더니 얼굴이 빨개져서 제대로 대답을 못하던 집사님이 내 채근에 못 이겨 할 수 없이 조그맣게 한다는 말이, "한국 목사님들이요" 하는 게 아닌가! 늘 교회에서 대접받는 것이 몸에 배어서 그런지 항상 가는 곳마다 무리한 요구를 하고, 안내원의 지시를 잘 따르지 않고, 조금만 불편해도 목사를 이렇게 함부로 대해도 되느냐는 식으로 마구 항의한다는 것이다. 사실 나도 대학생, 청년들이 참석하는 대형 컨퍼런스를 여러 번 진행하면서, 목사님들이 등록 과정이나 집회 진행중에 오셔서 무리한 요구를 하는 것을 여러 번 경험한 적이 있기에 그 집사님의 말씀을 들으면서 같은 목사로서 내심 너무 부끄러웠다(사실, 나는 여행사에 일하시는 분들에게 비슷한 말을 여러 번 들었다). 내 자신부터도 교회에만 들어서면 교인들이 잘 챙겨 주는 것에 대해 길들여진 나머지, 항상 나는 줄을 안 서도 되고, 항상 나는 특별 대우를 받는 것을 당연시하게 되지는 않았는지 늘 돌아보게 된다.

물론 어디에 가든지 반듯하고 겸손하신 목사님들이 더 많을 줄로 알지만, 우리는 정말 언제 어디서든지 하나님이 그 자리에 세워 놓으신 리더십에 순종하는 연습을 해야 한다. 비행기 안에서는 스튜어디스의 지시에 잘 따라 주고, 식당에 가면 웨이터에게 함부로 대하지 않고 조용히 그의 안내에 따라 주며, 다른 지역의 크리스천 행사에 가면 다른 사람들과 마찬가지로 질서 있게 줄을 서고 특별 대우를 기대하지 않는 자세와 매너가 습관이 되어야 한다는 말이다. 법은 임금이 지켜야 권위가 선다는 말이 있듯이, 진정한 리더가 되려면 늘 진정한 팔로워가 되는 법을 익혀야 할 것이다.

1996년부터 1998년까지 미 전국 자마(JAMA: Jesus Awakening Movement for America, 북미주 영적 대각성 운동) 컨퍼런스들을 진행하면서 나는 빌 브라이트, 조쉬 맥도웰, 데이빗 브라이언트, 낸시 디모스 같은 미국의 기라성 같은 영적 거인들과 가까이서 교제하는 기쁨을 누렸는데, 특히 감동을 주었던 것은 그렇게 세계적인 영향력을 가진 지도자들이면서도 일단 자마 컨퍼런스에 오면 진행 팀인 우리에게 절대 복종해 주는 것이었다. 사전에 이메일, 전화, 팩스로 컨퍼런스의 주제와 스케줄에 대해 자세히 정보를 구하고, 자신이 몇 분 동안 어떤 스타일로 해주길 원하는지 정중하게 물어 왔고, 당일에는 집회 시간보다 훨씬 먼저 도착해서 우리가 지정해 준 게스트 석에 앉아 단정히 순서를 기다렸다. 메시지 시간도 우리가 정해 준 시간에서 1, 2분도 어기지 않았다. 집회 전후로 젊은 이들에게 기도해 주는 순서 등, 사전에 없던 요구들을 많이 해도 이들은 조금도 짜증내지 않고 항상 협조적이었으며 철저히 우리의 리더십을 따라 주었다. 하늘과 땅의 모든 권세를 가진 하나님의 아들이면서도 이 땅에서 자신의 신분에 걸맞는 특별 대우를 받기를 포기하시고 철저히 순종의 삶을 사셨던 예수님을 닮은 사람들이었다.

우리가 가진 것이 많으면 많을수록 어디에 가서 거기에 걸맞는 대접을 받아야 한다는 생각을 아예 사전에 포기하자. 팔로워십을 제대로 몸에 익힌 리더야말로 진정한 리더십이라고 생각한다.

3 리더와 팔로워는 서로 돕고 이해해야 한다

앞서서 리더의 성격과 스타일 차이를 다루었는데, 자신을 이끌고 있는 리더의 성격과 스타일의 특성을 잘 이해해 주는 것이 아주 중요하다. 많은 경우, 리더의 스타일이 내 스타일과 다를 뿐이지 틀린 것은 아닌 경우가 많기 때문이다. 동시에, 리더도 자신이 이끌고 있는 개개인들의 성격과 스타일의 차이를 잘 관찰해서 거기에 맞게 지혜롭게 대해 주는 것이 필요하다. 이것은 부부 관계와도 같다. 중요한 것은, 누가 이기고 지는가를 따지지 말고 양쪽이 함께 이길 수 있는 길을 모색해야 한다는 것이다. 서로가 성실하게 서로를 이해하려는 자세를 가져야 한다. 예를 들어, 교인들은 얼마나 많이 목회자 가정의 고민에 대해서, 아픔에 대해서 아는가? 또한 목회자들은 교인들이 힘든 직장에서 겪는 스트레스에 대해 얼마나 많이 이해하고 있는가?

너무나 많은 목회자들이 사회 경험 없이 바로 신학교로 가서 목사가 되었기 때문에, 각박한 직장 생활의 현실에 대해 너무 감각이 없다. 한 방송사에서 진행하는 프로그램인 〈체험, 삶의 현장〉이라도 필요할 지경이다. 워크 스루 더 바이블(Walk Through the Bible)의 창시자인 브루스 윌킨슨(Bruce Wilkinson) 박사는 「배우는 자의 7가지 법칙(The 7 Laws of the Learner)」이란 책에서 이런 말을 했다. "최고의 선생은 자신의 학생들에 대해 철저히 공부하는 사람이다." 탁월한 선생은 자신의 가르침을 들을 학생들의 지적 수준, 성격, 나이, 가족 환경, 생활 수준, 그날의 컨디션 등을 아주 세심하게 파악하고 있어야 한다. 탁월한 경영인은 항상 작업 현장에서 직원들이 어떤 생각을 하고 있는지, 어떤 고충들이 있는지에 대해 끊임없이 몸으로 뛰면서 모니터해야 한다. 정말 제대로 된 목회자는 자신의 설교를 듣는 교인들의 육체적, 정신적, 영적 고민들을 시시각각으로 체크해야 한다. 하나님의 아들 예수 그리스도께서 사람의 몸을 입고 이 땅에 와서 사신 것은 그가 얼마나 팔로워들의 상황에 민감한 탁월한 리더인지 보여 준다.

여호수아서 1장을 보면, 리더와 따르는 이들 간의 끈끈한 사랑과 헌신의 모습이 나온다. 먼저 리더인 여호수아의 심정을 생각해 보자. 젊은 시절 가나안 열두 정탐꾼들 중에서 갈렙과 함께 담대히 가나안 정복을 주장할 정도의 용기 있는 사람이었지만, 그래도 홍해를 건너고 광야를 건넌 전설적인 대 지도자 모세의 후계자로서의 부담감은 엄청났을 것이다. 게다가 이 세상에서 가장 호전적인 민족들로 득실거리는 가나안 정복을 이제 홀로 감당해야 했던 것이다. 밖으로는 무서운 가나안 족속들과의 전쟁, 안으로는 탁월한 전임자를 승계하는 젊은 후계자로서의 두려움으로 가득 차 있던 이 젊은 지도자에게 하나님은 "강하고 담대하라"는 말씀을 몇 번씩 해주신다.

한편 이 여호수아를 따르는 이스라엘 백성들의 심정도 이에 못지않게 불안했을 것이다. 아무리 젊은 지도자가 탁월해도 아직 그의 능력을 실전에서 본 적은 없다. 미우니 고우니 해도 모세의 지도력은 40년 동안 아무것도 없는 광야에서 그들을 이끌어 왔다. 이제 모세가 없는 상태에서 이 젊은 지도자에게 모든 것을 걸고, 노예 출신들로 구성된 사람들이 이 세상에서 가장 전투력이 강한 가나안 부족들과 전쟁을 치러야 하는 것이다.

이들도 얼마나 불안하고 힘들었을까?

그러나 여기서, 젊은 지도자와 이스라엘 백성들은 자신들의 불안함과 힘든 것을 억누르고 서로의 입장에서 격려해 주고, 결연히 각자에게 주어진 사명을 다하겠다는 헌신을 한다. 여호수아는 이스라엘 백성들에게 지체 말고 3일 안에 요단을 건너 약속의 땅을 점령할 준비를 하라는 용기 있는 리더십의 행동을 한다. 이스라엘 백성들은 이에 즉시로, 그들이 모세에게 순종했던 것처럼 여호수아를 철저히 따르겠다는 다짐을 하고, 하나님의 임재가 여호수아의 리더십에 함께 하기를 기원한다.

결국, 리더십과 팔로워십의 이런 아름다운 조화로 말미암아 이스라엘 백성들은 막강한 적들을 격퇴하고 가나안 정복에 성공한다.

●● 따르는 것의 힘

- 진정한 리더가 되고 싶다면 먼저 진정한 팔로워가 되라
- 철저하게 하나님을 따르고 순종하는 사람이 진정한 권위를 갖는다
- 리더십과 팔로워십이 능동적으로 주도권을 잡고 노력하는 것이 가장 이상적인 모습이다

Chapter 4
시대에 따라 변하는 리더십

1. 21세기를 이해하라 | **2.** 너희가 신세대를 아느냐? | **3.** 리더십을 살리는 멘토링

> 잇사갈 지파의 족장들은 그 시대의 흐름을 이해하고 이스라엘이 무엇을 해야 할 것인가를 알고 있었다.
>
> — 역대상 12장 32절 참조

1930년대 초반, 미국 동부 뉴햄프셔 주에서 고등 학교를 졸업한 딕과 마리스 맥도널드 형제는 성공해 보겠다는 꿈을 가지고 서부 캘리포니아 주로 무작정 이사해 왔다. 처음 4년 동안 LA 북부 글렌데일에서 극장을 운영하다가 거의 파산 직전에 이르러 포기한 뒤, 1937년도에 작은 드라이브인(Drive-In) 식당을 열게 된다. 따뜻한 날씨가 일 년 내내 계속되는 남캘리포니아의 사람들이 자동차 소비자로서는 미국 최고라는 점에 착안하여, 30년대 초부터 차에서 내리지 않고 음식을 주문해서 받아가는 드라이브인 방식으로 시작한 이 식당이 성공하기 시작하자, 그들은 1940년도엔 LA에서 50마일 정도 동쪽에 위치한 샌 버나디노(그때 한참 노동 인구가 늘어나고 있었음)로 가게를 옮겼다. 시설을 확장하여 핫도그, 햄버거, 후렌치 후라이, 쉐이크 등을 판매하기 시작했고, 이들의 식당은 폭발적인 성장을 거듭했다.

1948년도에 그들은 시대가 변했음을 직감하고 그들의 식당 사업 방식에도 변화를 시도했다. 차로 오는 손님들을 위한 서비스를 줄이고, 걸어 들어오는 손님들에 집중하기 시작했다. 메뉴도 햄버거류로 집중했다. 또한 무겁고 거추장스런 쇠로 된 나이프, 포크, 유리컵 등을 없애고 모두 종이로 만든 간단한 일회용품으로 대치시켰다. 그렇게 생산 비용을 줄임으로써 소비자 가격도 대폭 내릴 수 있었고, 이것이 손님들의 부담을 훨씬 덜어 주었다. 또한 그들은 스피드 서비스 시스템을 만들었는데, 주방이 마치 생산 라인같이 되어서 손님의 주문을 보통 30초 내에 처리할 수 있게 했다. 이들의 새로운 시도는 계속 히트를 쳤고 1950년대 중반에는 연간 35만 달러가 넘는 수입을 올렸다(당시 식당 하나에서 나오는 수입 치고는 엄청난 것이었다). 당연히 이들에게 성공의 비결을 물으러 오는 사람들이 줄을 이었고 프랜차이즈 시스템에 대한 아이디어가 나왔고, 1952년도에 이 제도를 시도했다. 그러나 결과는 비참한 실패였다. 이들 형제들은 가게를 잘 운영하고, 효율적인 햄버거 생산 시스템을 만들고, 저렴한 가격으로 파는 등의 매니저 역할은 잘했지만, 이것을 거대한 조직체로 다듬어서 엮어 나가는 리더십의 은사는 없었던 것이다.

그때 등장한 사람이 바로 레이 크로크(Ray Kroc)였다. 원래 종이컵과 믹서 등을 파는 세일즈맨이었던 크로크는, 1954년도에 우연히 딕과 마리스 형제를 만난 뒤 이와 같은 식당을 전국에 수천 개 여는 꿈을 꾸었다. 당장 이 두 형제와 동업 파트너가 된 크로크는 당시 벌써 52세의 나이였고 고질적인 당뇨병으로 고생하고 있었지만, 남다른 뜨거운 열정으로 이 일에 매달렸다. 그는 전국을 돌아다니면서 가장 뛰어난 사람들을 스태프로 채용해서 맥도날드 전국 체인점 확장 준비에 들어갔다. 인건비 부담을 위해 처음 8년 동안은 월급도 받지 않고 오히려 은행 빚을 내었다. 그는 1955년부터 1959년까지 100개가 넘는 맥도날드 체인점을 열었고, 1961년도에는 2,700만 달러를 주고 맥도날드 형제로부터 사업의 모든 권리를 인수하여 오늘날까지 맥도날드는 전세계 100여 개 나라에서 21,000개의 체인점을 열었다.

크로크 회장은 시대의 흐름과 유행, 거기에 따라 변하는 소비자들의 취향을 읽는 데 천재였다. 그는 20세기 중반의 미국인들은 과거와는 달리 밖에 나와서 외식하는 것을 좋아한다는 것을 간파했다. 그것도 아주 정교한 유럽식 매너와 꽉 짜여진 법칙에 얽매인 전통적인 식당과는 다른 새로운 패러다임, 즉 간단하고 누구나 쉽게 들어올 수 있는 식당이면서, 친절한 서비스와 저렴한 가격, 오래 줄 서서 기다릴 필요도 없고 예약할 필요도 없는 식당을 생각했다. 실용주의의 미국인들, 급속도로 바빠지는 현대 사회의 미국인들은 분위기 있는 식사보다는 배를 채우는 것에 더 신경쓴다는 점에 착안한 것이다.

또한 그는 손님들이 식당에 대해 갖는 첫인상은 청결임을 간파하고, 거의 병적일 정도로 청결에 신경을 썼다. 종업원들에게는 옷차림도 목욕도 이발도 철저히 깨끗하게 하도록 했고, 시간만 있으면 주차장, 식당 바닥, 화장실, 카운터 등을 청소하게 했다.

그리고 가족들이 외식 장소를 정할 때 아이들의 의견이 절대적이라는 점을 감안하여, 65년부터는 아이들에게 호소력이 있는 "로날드 맥도날드 클라운(Ronald McDonald Clown)"을 TV 광고에 내보내기 시작하였다. 이것은 맥도날드의 선풍적인 트레이드 마크가 된다. 이 심볼은 미국의 어린이들에게 대통령보다 더 유명한 존재가 되었다고 한다.

거기다가 어린이들이 맥도날드에 오면 놀 수 있도록 안전하고 재미있는 어린이 놀이터를 식당 바로 옆에 설치해 주고, 어린이들을 위한 '해피밀(Happy Meal) 세트'를 따로 만들어서, 매해 그해 가장 인기 있었던 만화 영화 주인공들을 소재로 한 간단한 장난감 선물과 함께 팔기 시작했다. 이것은 엄청난 고객 유치에 기여했다.

맥도날드사의 리더들은 시대의 상황을 잘 읽고 거기에 순발력 있게 대처하는 것이 얼마나 중요한지를 우리에게 알려 주었다. 탁월한 지휘관은 전투를 치르기 전에 그 지역의 지형을 샅샅이 파악해서 머리에 넣어 두고 작전을 짠다. 마찬가지로, 급변하는 21세기의 세계를 헤쳐 나갈 리더들은 이 시대의 흐름을 명확하게 이해하고 있을 필요가 있다. 다음은 이 점에 대해 조금이나마 도움이 될까 하여 우리가 살고 있는 21세기 세상의 경향을 간략하게 정리했다.

1. 21세기를 이해하라

◘ 농경 사회 시대

인류 역사의 발전 단계는 크게 세 가지로 구분할 수 있다. 첫째는 농경 사회로서, 사람들이 불을 발견하고 서로 무리를 지어 마을을 이루어 정착하여 살기 시작한 때부터 산업혁명이 일어난 18세기 중반까지 정도로 볼 수 있다. 인류의 문명은 농경 사회로부터 시작되었다고 할 수 있다. 이때는 대부분의 사람들이 생존 그 자체를 위해서 자연으로부터 식량이나 연료를 얻고, 씨를 뿌려 추수를 해야 살 수 있던 때였다. 심지어 남에게서 탈취하더라도 계속 긁어 모으지 않으면 안 되었던 '수집'의 사회였다. 모든 문제가 자연으로부터 비롯되었으므로, 경험이 많은 원로들이 존중받던 '과거 지향적(past-oriented)' 사회였다.

이때는 사회의 엘리트들이 자신들의 고향을 떠나지 않고, 고향의 지역 공동체에 자신들의 재력이나 지식을 가지고 기여했다. 남자들은 일했고, 여자들은 집에서 아이들을 잘 키우는 역할 분담이 확실했다. 이때까지만 해도 가정과 학교, 사회의 기본 질서가 나름으로 잡혀져 있었다. 이 당시는 힘을 한 군데로 몰아 주는 중앙집권제가 각 나라의 전형적 리더십 스타일이었는데, 이때까지만 해도 동양이 서양을 오히려 모든 면에서 압도하는 추세였다.

한 가지 기독교 지도자들이 유념할 것은 마르틴 루터나 존 칼빈 같은 사람들이 종교 개혁을 일으킨 시대가 바로 이 농경 사회권 문화였다는 사실이다. 특히, 당시 유럽은 종교와 제국이 서로 조우한 기독교제국 (Christendom) 체제였기 때문에, 비록 위선적이긴 했지만 정·재계를 비롯한 사회 전반이 기독교 문화권에 들어와 있었다. 형식적이긴 했어도 왕들은 즉위식 때마다 성경에 손을 얹고 성직자의 안수를 받았다. 그래서 당시의 종교 개혁자들의 관심은 기독교의 부패였지, 교회가 세상을 어떻게 대적할 것인가의 문제는 아니었다. 교회와 세상을 분리해서 생각하지 않았기 때문이다.

그러나 르네상스 시대를 지나오면서 반기독교 문화가 자라났고, 그 후로 교회와 국가의 역할이 분명히 갈라지게 되었다. 그러므로, 오늘날의 사회 상황에서는 적어도 교회와 세상과의 관계 문제에 있어서만은 다른 개념으로 접근해야 할 것이다.

■ 산업화 시대

1776년 영국의 제임스 와트가 증기 기관을 발명하고 아담 스미스가 자유 시장 경제 논리의 이론을 도입함으로써, 인류는 농경 사회에서 산업 사회로 전환하게 된다. 이때는 각자가 만든 물건을 서로 교환하지 않으면 안 되는 '교환 사회'였다. 유리한 교환을 위하여 각자는 새로운 지식과 기술을 개발해야 하므로 산업 사회는 '현실 지향적(present-oriented)' 사회라고 볼 수 있다.

산업화는 생산성, 전문화, 도시화로 설명할 수 있는데, 이것이 그 당시 사회에 가져온 여파는 상상을 초월할 정도로 컸다. 급격한 도시화로 인해서 사람들이 고향을 떠나 대도시에 몰리게 되고, 인간 관계는 깊이를 상실하고, 급조적이고, 비즈니스적이고, 가식적이고, 이익 관계로 전락하는 경우가 많았다. 직장을 위해서 가정이 무시되고 파괴되는 경우도 비일비재했다. 특히 기계의 발달로 인해 많은 숙련공들이 자신의 존재 의미를 상실하고 좌절하게 되는 경우가 많았는데, 어떤 인쇄공은 타자기가 나오자 자살하기도 했다고 한다. 미국에서도 이때부터 부유층들이 자기들끼리 모여 사는 고급 타운 커뮤니티를 만들고, 다른 사람들과 담을 쌓고 사는 이기적인 성향이 생겼다.[1] 한편, 이때까지 모든 면에서 동양에 밀리고 있던 미국과 유럽권, 특히 영국은 이 산업혁명의 기운을 등에 업고 순식간에 세계적 강자로 급부상하게 된다.

산업화 시대는 분야별 전문성을 가진 엘리트들을 최대한 활용하는 강력한 중앙통제형 리더십 스타일이 가장 경쟁력 있는 체제로 인식되었는데, 19세기 말에서 20세기 초에 산업대국으로 급부상한 독일이나 일본이 그 좋은 예다. 민주주의의 요람이었다는 영국이나 미국에서도 당시 대기업들이나 정부의 리더십 스타일을 살펴보면 강력한 중앙통제형이 주도적이었다.

■ 정보화 시대

1900년대 중반, 더욱 정확히 말해서 2차 대전 이후, 컴퓨터와 정보 통신이 발달하면서 인류는 산업 사회에서 정보화 사회로 진입하게 된다. 정보화 사회의 지식이나 기술은 산업 사회의 그것과는 개념이 다르다. 산업 사회에서는 남이 발견해 놓은 지식을 습득하여 산업화에 투입하는 것에

---

1) Christopher Rasch, *The Revolt of the Elites*.

비하여, 급변한 정보화 사회에서는 이런 지식을 컴퓨터 등 정보 매체를 통하여 저장하거나 재생산한다. 각종 정보 기기를 다루는 능력을 바탕으로 하여 새로운 지식을 창출해 내는 것이므로, 정보화 사회는 '미래 지향형(futuristic)' 사회다. 창조적인 아이디어와 무한한 상상력과 꿈이 있는 자가 세계를 지배한다. 산업 사회에서는 자본을 가진 자(자본가)와 못 가진 자(노동자)가 지배, 피지배의 관계를 형성했지만, 정보화 사회에서는 정보와 지식을 가진 자와 못 가진 자가 지배, 피지배의 관계를 형성하므로 자본과 노동의 역학 관계가 깨진다. 프랜시스 베이컨의 말처럼 '정보가 곧 힘'인 세상이 된 것이다. 국가간에도 정보화 사회로 진입한 국가에 산업 사회 국가가 종속된다.

생산자가 만들어 놓은 상품을 소비자가 알아서 구입해야 했던 시대와는 달리, 각 소비자의 취향에 맞는 상품을 생산자가 파악해서 디자인해 주는 '맞춤(custom-made)' 비즈니스 스타일로 급변하고 있다. 그래서 정보화 사회를 '공업화 이후 사회' 혹은 '서비스 사회'라고도 한다. 이 시대는 힘을 가진 자가 일방적으로 지시하고 주도하는 스타일보다는, 각 개인의 창의성을 최대한 인정해 주고, 빠르고 정확한 상호 커뮤니케이션을 장려해 주는 유연한 리더십이 주역이 될 것이다.

◘ 디지털 시대

정보화 사회에서도 요즘은 '아날로그'에서 '디지털' 시대로 들어섰다고 볼 수 있다. 마이크나 카메라로 잡힌 전기, 자기 등의 신호를 보통

---

2) 아날로그라는 말은 '유사하다(analogous)'란 뜻에서 왔다. 마이크로 전달된 소리의 파형이나 마이크에서 흘러 나오는 전류의 파형이 시각적으로 보기에도 유사하다고 해서 아날로그 신호라고 부르게 되었다고 한다.

아날로그(analog) 신호라고 하는데, 라디오, TV, 팩스 등에서 사용하는 것은 모두 아날로그 신호들이다.[2] 반면에 컴퓨터는 디지털(digital) 장치라고 하는데, 이것은 모든 정보를 수(數: digit)로만 다루고 저장할 수 있기 때문이다. 이 디지털 혁명은 모든 정보를 0과 1이라는 2진법의 숫자로 인식, 압축, 이전, 해독하는 기술 혁명이라고 할 수 있다.

인터넷은 이 디지털 시대가 만들어 낸 정보 통신 수단의 절정이다. 모든 형태의 정보, 즉 글씨, 숫자, 그래프, 소리, 정지 화상, 동영상 등이 빠르고 정확하게 전세계에 전달되고 있다. 이 인터넷의 사이버 공간은 도서관, 영화관, 학교, 게임방, 은행, 시장, 신문, 라디오, TV 방송, 신문 등 모든 것을 제공해 준다. 이 인터넷 덕에 인류의 시간과 공간은 순식간에 수직 체계에서 수평 체계로 이동하고 있다. 기존의 아날로그식 방송(라디오나 TV)은 무선을 사용하는데, 주파수 대역은 중앙의 정부가 통제, 제한할 수 있으므로 소수의 방송국이 많은 사람들에게 획일적인 내용을 일방적으로 방송한다. 그러나 인터넷은 전세계 컴퓨터들이 거미줄처럼 연결된 유선 통신망이므로, 많은 사람들에게 언제든지 동시에 방송할 수 있게 된다. 극소수의 방송국들만이 온 국민을 상대로 무선으로 방송을 뿌리던 과거의 브로드캐스팅(broad-casting)이, 앞으로는 시청자들이 엄청나게 많은 방송국들 중에서 자신이 필요로 하는 내용만을 유선 인터넷에서 골라잡아 오는 브로드캐칭(broad-catching) 체제로 전환하게 되는 것이다.[3] 그러므로 일방적 방송에서 쌍방향 통신으로, 방송의 독점에서 방송의 민주화로, 전국민을 상대로 한 획일적 방송에서 더 적은 특정 취향의 집단을 겨냥한 다양한 방송으로, 방송국이 지정한 시간에 시청하는 것이 아니라 시청자가 원하는 시간에 클릭하여 보는 VOD(Video on

---

3) 서울 대학교 컴퓨터 학부장 고건 교수와의 인터뷰. 2000년 6월 14일.

Demand) 방송이 된다. 한마디로 말해서, 이제 칼자루는 시청자들의 손에 쥐어지게 되는 것이다. 이것은 무엇을 의미하는가? 집단이 아닌 개인의 힘이 그만큼 커졌다는 것이다.

◘ 개인주의 시대

디지털 시대의 인터넷 혁명은 18-19세기 산업혁명이 그 당시 사회에 주었던 충격보다 더한 변화를 훨씬 짧은 시간에 우리 사회 전반에 주고 있다. 정보화 시대, 디지털 세상은 한마디로 개인 중시, 개인 승리의 시대라고 할 수 있다. 과거에는 전체주의가 개인을 눌렀다. 집단(민족, 국가, 사회)의 이익을 위해 소수 개인의 권리가 희생되는 것이 당연시되었다. 특히 공산 사회에서는 '당'을 위해서, '사회주의 공화국 건설'을 위해서 개인과 개성이 철저히 무시되었다. 민주화된 사회에서도 개인이란 대중의 한 일원이며, 자본주의 체제에서는 소비자의 하나였을 뿐이다. 그러나 이제 한 국가나 단체가 잘되느냐 못 되느냐는, 거기에 속한 개개인을 얼마나 잘 존중하고 창의력을 발휘하게 하느냐에 달려 있다. 훌륭한 개인을 많이 배출하여 그 능력을 최대한 펼칠 수 있도록 뒷받침하는 것이 국가와 사회의 새로운 의무가 된 것이다.

인터넷은 이 개인주의에 날개를 달아 주어, 먼저 기존의 정치 인프라에 엄청난 충격을 주고 있다. 이미 지난 총선에서 한국의 젊은 네티즌들의 정치적 결속력이 서서히 드러나기 시작했고, NGO들이 인터넷과 결합함으로써 정부에 강력한 견제력을 행사하려 하고 있다. 어지간한 정치인들은 모두 자기의 홈페이지를 개설, 관리하고 있는 것만 봐도 알 만하지 않는가? 자유 시장 경제를 도입했으면서도 정치만은 중앙집권형 공산주의를 고수하고 있는 중국도 이 인터넷을 통해 전염병처럼 번져 나가는 반정부 세력의 기세에는 어쩔 줄 몰라 끙끙 앓고 있는 실정이다.

　개인주의 디지털 혁명은 경제 패러다임에도 혁신적인 전환을 가져와, 상품의 디자인과 가격이 일원화에서 각 고객의 취향과 구매 능력에 맞게 차별화되고 있다. 컴퓨터도, 자전거도, 핸드폰도, 청바지도 기업이 소비자를 찾아가 소비자 한 사람 한 사람의 취향에 맞춰 주문 생산해 주는 곳들이 늘어나고 있다.[4]

　이러니, 탁월한 한 리더의 카리스마적 추진력으로 일방적으로 끌고 나가는 리더십 스타일이 이 시대에는 점점 통하지 않게 될 것 같다. 그것의 단적인 예가, 여성 리더십의 급격한 부상이다. 남녀 평등, 여성의 사회 진출은 개인을 중시하는 디지털 사회의 두드러진 특징의 하나다. 한 예로, 미국의 정보 관련 직업이 수백만 개나 새로 생겼는데, 그 중 여성이 3분의 2를 차지한다고 한다. HP의 데브라 던 사장을 포함한 많은 미국의 성공적인 최고 경영인들 중에서 여성의 숫자가 점차 늘어나고 있다. 여성 경영인들은 탈권위주의적이며, 직원들의 의견을 잘 경청하고, 관계를 중시하며, 부드럽게 일을 처리해 나가기 때문에 젊은 직원들에게 아주 설득력이 있다고 한다.

　산업화 사회의 대표적 근로자가 남성이었다면 정보화 사회의 근로자로서는 여성이 단단히 한 몫을 한다. 최근 국내 기업들도 여성 인력의 활용을 적극화하고 있으므로 과거와는 전혀 다른 남녀 동등 경쟁 체제에 돌입한 셈이다. 미래의 세계는 남성과 완전히 동등한 권리를 확보한 여성이

---

[4] 한 예로, 과거 130년 간 펄프와 나무, 목재를 생산하던 노키아(Nokia)란 회사가 있는데, 80년대 후반부터 사업 다변화를 시작으로 통신 시장에 뛰어들었다. 이 새로운 분야에 대해서는 경험과 노하우가 전무한 까닭에 설계, 생산, 판매를 외주로 주는 대신, 소비자의 취향과 필요를 조사하는 데 전력 투구했다. 그래서 세계 최초로 검정색이 아닌 다양한 색상의 핸드폰을 만든 회사가 되었고, 1993년도엔 핸드폰에서만 23억 달러의 흑자를 냈다. '맞춤 (custom-made)' 비즈니스 방식이 이 시대에 얼마나 효과적인지를 입증하는 예라 하겠다.

창조적 리더십을 발휘하는 사회로 점차 바뀌어 갈 것 같다.

■ 지방 네트워크식 세계화

　디지털 혁명은 또한 20세기 후반부터 점진적으로 진행되어 온 세계화의 추세를 가속화시키고 있다. 세계화라는 용어는 이미 지난 십여 년 동안 귀에 못이 박히도록 들어왔다. 정보화 사회의 교통 통신 발달과 비즈니스와 문화의 교류로 인해 정말 세계 어느 나라의 대도시를 가 봐도 공통적인 색깔의 어떤 흐름이 형성되어 가고 있다. 일본 도쿄의 젊은이가 미국 햄버거를 먹으며, 워크맨을 끼고 프랑스 음악을 들으며, 청바지를 입고 설친다. 국제 여행, 국제 무역, 합작 투자, 위성 TV, 국제 전화, 영화, 음악 등을 통해 전세계는 하나의 문화권이 되어 간다. LA, 뉴욕, 서울, 도쿄, 홍콩, 파리, 아카풀코 같은 대도시 다운타운들은 다 거기가 거기 같은 느낌을 줄 정도다. 또 이러한 세계화 현상, 혹은 공통된 지구촌 문화는 서구 문명의 체취가 몹시 강하다. 그것은 산업혁명의 주역인 서구 열강이 지난 몇 백년 동안 세계 곳곳에 식민지를 건설하여 서구화된 근대화를 추진해 왔기 때문에 생긴 당연한 결과라고 볼 수 있다.

　그러나 일본 게이오 대학 글로벌센터 소장인 사카키바라 에이스케가 주장한 대로, 이제 지구촌은 과거 20세기의 서구 열강 주도식 세계화에서 지역적 특성을 강조하는 21세기의 네트워크식 세계화로 빠르게 전환하고 있다. 20세기 후반의 세계화를 주도했던 단체인 UN이나 세계무역기구(WTO) 등에서 미국 같은 서구의 강대국은 주위 국가들에게 똑같은 가치를 강요하는 식이었다. 그러나 21세기형 세계화에서는 아무리 규모가 작은 개인이나 지역 공동체라 할지라도 각각의 특성을 최대한 존중하며 대화하는 네트워킹 형태로 바뀌어 가고 있다. 비즈니스도 공급자가 대량 생산할 수 있는 것을 소비자들에게 일방적으로 강요하던 형태에서 기업과 소비자들, 또는 기업들 간의 의사 소통이 활발히 이뤄지는 형태로 변하고 있다. 세계화나 인터넷 혁명, 각국의 무역 규제 완화는 계속될 것이지만, 이제 중앙을 경유할 필요가 없는 지역 네트워크 구축에 관심을 둬야 한다. 뉴욕 타임즈의 저명한 칼럼니스트 토머스 프리드만도 "급속한 세계화의 추세는 지역 문화나 역사와 공생해야 한다"고 역설했다.[5]

이것과 연관해서 우리가 주목해야 하는 현상은 냉전 종식 이후부터 세계의 정치, 경제적 분쟁의 주 원인은 문명권들끼리의 충돌이라는 사실이다.[6] 특히, 중국을 중심으로 한 아시아 문명권과 이슬람 문명권이 연계하여 미국을 중심으로 한 서구 문명권과 첨예하게 대립하게 될 가능성이 높다. 경제력이 증대하고 동질적 중국 문화라는 바탕 위에서 홍콩, 대만, 싱가포르와 중국 본토의 결속은 갈수록 깊어지고 있는데, 이 국경 없는 네트워크는 그 동안 중국의 빠른 경제 성장에 엄청난 기여를 했다. 이와 함께, 동구 공산권의 붕괴 이후, 미국과 중국의 관계는 점차 적대적으로 흐르고 있다. 미국 국민은 1993년, 중국을 이란 다음으로 미국에게 위험한 존재라고 꼽았고, 중국의 군부, 공직자, 언론들은 기회가 있을 때마다 미국을 적대국으로 묘사하고 있다. 중국은 오랜 세월 아시아의 맹주의 자리를 자처해 오다가 19세기 후반 서구 열강의 산업화된 힘 앞에 무릎을 꿇었지만, 언제까지 그 수치를 감내하고 있을 나라는 아니었다. 1980년대 후반부터 중국은 축적되는 경제 자원을 군사력 증강과 정치적 영향력으

---

5) Thomas Freedman, *The Lexus and the Olive Tree*.
6) 미 하버드 대학교의 새뮤얼 헌팅턴 교수는 1997년 출간된 베스트셀러 『문명의 충돌 (The Clash of Civilizations)』에서 냉전 종식 이후부터의 세계 역사의 화두는 각 문명권의 대립이라는 충격적인 주장을 펼쳤다. 싱가포르는 표준 중국어 사용하기 캠페인을 시작했고, 소비에트 연방 해체도 사실은 문화 민족주의에 기인하는 바가 크다

로 전환하기 시작했고, 이것은 동아시아의 지배국 자리를 확고히 하겠다는 의지다. 또한, 한반도의 남북 관계가 정상 회담 이후 해빙 무드로 급전환하는 과정에서 중국은 적극적으로 나서서 후원자 역할을 하고 있는데, 이것 또한 극동 지역에서 미국의 영향력을 강력히 견제하겠다는 생각이 깔려 있다고 볼 수 있다. 중국 본토뿐 아니라 중국권 주변 국가들도 서서히 여기에 동참하고 있는데, 서양인들이 신유가(新儒家)의 대부로 지목하고 있는 싱가폴의 리콴유(李光耀) 전 총리는 서양의 도덕적 타락을 비판하고 아시아적 가치를 강조한 지 오래되었다.[7] 여기에다 러시아까지 가세해서 푸틴 러시아 대통령은 2000년 7월 18일, 베이징을 방문하여 미국의 국가미사일방위(NMD), 전략미사일방위(TMD) 체제 구축에 반대한다는 입장을 밝힘으로써, 아시아에서 미국을 견제하는 반미 연합 전선을 구축해 나가고 있다. 게다가 일본도 미국과의 오랜 경제 전쟁으로 마음이 불편한데다가 오키나와 미군 기지 철수에 대한 지역 주민들의 반발로 심기가 몹시 예민하기도 했다.

정보화 시대에서 미국과 서구 열강에 뒤지지 않는 고급 인력과 부를 축적한 중국과 아시아의 나라들은, 이제 자신들의 장구한 역사성의 장점

---

7) 리콴유는 자신의 자서전 「싱가폴 이야기(The Singapore Story)」에서 2차 세계 대전 당시 자신이 탑승했던 영국 군함에서 영국 장교들과 여군들이 음란한 섹스 행각을 대낮에 갑판에서 단체로 벌이는 것을 목격하고 받았던 충격을 기록하면서, 서양 문화의 도덕성, 윤리 의식 상실을 비난했다. 또한 수년 전 미국 기업가의 십대 아들 마이클 페이가 싱가폴에서 차에다 스프레이 낙서를 하고 난리를 쳐서 곤장 8대의 벌을 선도받은 적이 있다. 사회 공중도덕 법규를 칼같이 집행하는 싱가폴의 곤장은 무술인 출신이 온 힘을 집중해서 때리는 것으로, 서너 대만 맞아도 실신할 정도로 고통스럽다고 한다. 당시 미국의 클린턴 대통령이 직접 나서서 자비를 베풀어 달라고 탄원했을 때, 리콴유가 직접 TV에 나와서 서양의 문란한 도덕성을 비난하면서, 미국의 대통령이 이런 일까지 나서서 말썽꾸러기 십대를 옹호하는 것은 옳지 않다고 한 뒤, 그래도 체면을 봐서 8대에서 3대를 감해 주겠다고 했다. 결국 페이는 곤장을 맞고 말았는데, 재미있는 것은 미국의 국내 여론의 60-70%가 리콴유를 지지했고, 클린턴 대통령이 쓸데없는 일에 나서서 나라 망신을 시켰다고 비난했다.

을 극대화시키며 미국의 지나친 개인주의, 실용주의 가치관을 견제하려 하고 있는 것이다.

　이런 상황에서 한국은 참으로 미묘한 입장에 서 있다는 생각이 든다. 지난 수천 년 동안 한국은 중국으로부터 많은 정치, 경제, 군사, 문화적 영향을 받아 왔고, 종교 사상적으로 유교를 전수받아 오히려 중국보다 더한 유교 문화를 형성했다. 하지만 중국은 역사적으로 수없이 한국을 무력 침공한 나라다. 6·25 때는 전쟁의 판도를 뒤집을 정도의 대병을 파병할 만큼, 한반도 문제에 있어서는 자기들만이 큰형님이 되어야 한다는 의식이 있었다. 겉으로는 한반도의 자주 통일을 지지한다지만 아시아의 맹주를 자처하는 중국이 통일된 한국이 강력한 정치, 경제의 라이벌로 부상하는 것을 달가워할 리는 없기에, 이 점 또한 깊이 고려해야 할 것이다.

　한편 미국과는 관계를 맺기 시작한 지 백 년이 조금 넘었지만, 한국 현대사에 있어서 지대한 영향을 끼친 강대국임은 분명하다. 반미 감정이 국내 곳곳에서 돌출되고 있는 것은 좀 우려할 만한 일이다. 독일의 통일을 가능케 했던 현실적인 요소는 서방, 특히 미국과의 정치, 경제적 관계를 더욱 활발하게 추진 강화했던 점을 간과해선 안 된다.[8] 미국을 몰아낸다고 해도, 중국, 러시아, 일본 등이 순순히 한국의 통일과 일방적인 성장을 간과하지는 않을 것이기 때문이다. 편파적이고 극단적인 자세를 버리고, 한반도를 둘러싼 힘의 역학 구도를 침착하게 판단하는 섬세한 외교 감각이 필요하다. 또한 한국에 기독교, 특히 개신교를 전수해 준 선교사들은 대다수가 미국인들이었고, 그래서 그런지 오늘날까지도 한국 교회의 지도자들은 미국 교회의 영향을 많이 받고 있다. 그런데 중국과 미국이 이

---

8) 동방 정책의 기수였던 독일의 브란트 전(前) 총리도 미국이 통일 과정에서 제일 중요할 것이라는 충고를 한국에 전해 주고 있다.

렇게 첨예하게 대립하기 시작하는 상황이므로, 통일을 앞둔 한국은 차분하고 예리하게 현실을 판단하고 하나님의 지혜를 구할 때라고 생각한다.

◘ 생물공학의 부상

21세기 미래의 변화가 가져올 극적인 성장의 한 축이 디지털 테크놀러지라면 또 하나의 축은 DNA 혁명으로 표현되는 생물공학이다. 물리학은 전자, 전기 등 자연 현상을 생활에 유리하게 응용하는 것이 주제였는데, 생명공학은 생명의 본질을 파악, 생활에 응용하는 것이 요점이다. 생명을 연장하고, 질병을 치료하고, 나아가서는 생명을 창조하는 데까지 도전하고 있다. 환경 문제로 등장한 '바이오' 냉장고 등의 전자 제품, 무가당 주스, 무공해 식품, 바이오 리듬, 저콜레스테롤, 저칼로리 등 인류 건강을 위한 생물공학이 큰 관심이 된다. 유전공학의 발달로 각종 씨앗을 강하게 해서 척박한 토양에서도 자랄 수 있게 하고, 젖소의 젖을 40퍼센트 이상 증산할 수 있는 유전자 기술도 이미 개발되어 있다.

의료 건강 분야에서 이때까지는 병이 나면 거기에 대해 반응하여 치료하는 것이 주 업무였지만, 이제는 사전에 병이 날 요소를 미리 파악하여 원천 봉쇄해 버리는 데 초점을 맞추게 된 것이다. 특히, 요 근래에 게놈 프로젝트가 다시 전세계의 이목을 집중시키는 핫 이슈가 되면서 생물공학, 생명공학은 단연코 21세기의 핵심적 학문으로 떠오르고 있다. 타임지는 정보화 사회 경제의 뒤를 2020년경에는 생물공학 경제가 이을 것이라고 예언하고 있다.

그러나 이 생물공학의 발전은 또 그 나름의 문제점들을 안고 있다. 산업화 시대가 환경 파괴를 가져오고 정보화 시대가 프라이버시 침해를 가져왔다면, 생물공학의 시대는 '윤리' 문제가 초점이 된다. 인간 복제, 유전 공학으로 생산된 식량, 시험관 아기 등은 이미 여러 선진국에서 심각한 사회 문제로 논쟁거리가 되고 있다.

하용조 목사님이 언젠가 온누리 교인들 중 한국 사회 여러 분야의 영향력 있는 위치에 계신 분들과 함께 모인 자리에서 하신 말씀이 잊혀지지가 않는다. "여러분들은 적어도 매일 신문이나 TV에 나오는 모든 사건들을 성경의 눈으로, 예수님의 가치관으로 해석할 수 있어야 합니다. 그리고 나름대로 현실적이고도 성경적인 대안을 찾아 고민해야 합니다."

정말 그렇다. 정보는 수집보다 분석이 더 중요하고, 제대로 된 분석은 바른 도덕성과 가치관, 하나님이 주신 지혜로만 가능한 일이다. 눈이 핑핑 돌아갈 만큼 변하는 이 시대의 흐름들을 우리는 매일 기도하는 마음으로 침착하고 정확하게 살펴보아야 할 것이다. 왜냐하면 우리가 리더십을 가지고 이끌어 나가야 할 신세대들의 삶과 가치관이 그 흐름들 속에서 형성되어 왔기 때문이다. 이것을 교회가 제대로 못했기 때문에 많은 젊은이들이 교회를 떠나는 안타까운 현상이 요즘 일어나고 있는 것이다. 나는 이런 맥락에서 모든 리더에게 묻고 싶다. "당신은 신세대를 아십니까?"

2 너희가 신세대를 아느냐?

세계 인구의 50퍼센트 이상이 30대 이하다. 특히 한국의 평균 연령은 27-29세 정도로 다른 나라에 비해 아주 젊다. 21세기의 지도자는 현재의 2, 30대와 40대 초반을 이끌어 가야 하므로, 이 새로운 세대의 성질을 잘 파악하는 것이 너무도 중요하다. 신세대가 자라나게 된 토양은 바로 기성세대가 만들어 놓은 현대 사회요, 문화라는 것을 간과해선 안 된다. TV와

매스 미디어, 컴퓨터 정보화 사회, 물질만능주의, 적자생존주의 등은 모두가 기성 세대의 손에서 빚어진 것인데 다만 아기 때부터 그 속에서 살아온 신세대들의 몸과 마음속에는 그것이 훨씬 본능적으로 스며들어, 대담하고 과격하게 노출되고 있는 것뿐이다. 해 아래 새것이 없듯이, 신세대에게서 기성 세대는 자신도 몰랐던 스스로의 모습이 투영되는 것을 보고 놀라고 있을 뿐이다.

◘ 냉소주의

신세대의 가장 큰 특징을 꼽으라면, 먼저 냉소주의를 들 수 있다. 너무나 많이 실제보다 표현이 큰 광고 문화 속에서 속아 왔고, 지키지 못하는 약속들만 남발한 정치가, 기업인, 연예인, 언론인, 종교 지도자들, 부모 세대에 대해 환멸을 느껴 왔다. 그래서 좀체로 무엇의 진실성을 믿으려 하지 않고 마음을 주지 않는다. 그들은 기성 세대가 찬양하는 소위 성공한 부자들, 권력자들, 높은 학력을 가진 사람들, 겉만 근사한 캐치프레이즈들에 코방귀를 뀐다. 미국의 젊은 층들의 투표율은 20-30퍼센트도 안 된다. 한국도 갈수록 정치 선거에 관심이 없어져 갈 것이다.

◘ 비관주의

게다가 황금만을 추구하느라 가정을 파괴하고, 자연 환경을 파괴하고, 자손이 물어야 할 엄청난 국가 재정 적자만 지워 놓은 부모 세대 때문에 그들의 미래는 별 희망이 없을 거라는 처절한 비관주의에 젖어 있다. 미국만 해도 어느 때보다 젊은 세대의 자살률이 높다(미국의 사춘기의 남자들은 10퍼센트, 여자들은 18퍼센트 정도가 자살 기도 경험이 있다고 한다).

일본이나 유럽을 비롯한 많은 경제 강국들도 비슷한 증상을 보이고 있다. 그들은 헤비메탈의 죽음의 가사를 듣고 컸으며, 순간적으로 '처단해 (terminate)' 버리는 전자 오락 게임을 즐긴다. 이들은 검은 색을 선호하는데, 기성 세대의 검은 색이 '보수성'을 상징하는데 반해, 이들에게 검은 색은 문자 그대로 '비관, 암담함, 구렁텅이, 절망' 등 이들의 세계관을 그대로 반영한다. 한마디로 상당한 열등감, 지나치게 빠른 시대의 변화에 대한 불안감, 목적 의식 결여, 존재 가치 상실 등에 젖어 있는 세대다.

■ 폭력성

얼마 전 텔레비전에서 서울 근교 도시의 한 초등학교 근처에서 초등학생들이 친구를 집단 구타하는 장면을 우연히 비디오 카메라로 찍은 것을 방영해 준 적이 있다. 그런데 그 때리는 모습이 거의 폭력 영화의 조직 폭력배 수준이었다. 어떻게 그 어린 나이에 저토록 잔인할 수 있는지 기가 찼다. 신세대는 폭력에 익숙하다. TV와 영화, 음악을 통해서 그것이 나쁜 것인지도 모르면서 숨쉬듯이 자연스럽게 멋있다고 생각하며 흡수해 버린다.

정신 문명이 황폐한 사회에서 물질 문명에만 젖어 산 젊은이들, 지나친 경쟁 사회의 스트레스 속에서 꺼지지 않는 불안정감과 정서 불안의 결과라고나 할까? 현재 미국에서 저질러지는 강력 범죄도 50퍼센트 이상이 십대에 의한 것이라고 하는데, 우리 나라도 갈수록 청소년 범죄와 청소년 문화 타락이 심각해지고 있다. 한국이나 일본의 교내 청소년 폭력 써클의 잔인성도 어른 폭력 조직을 능가한다.

◘ 물질주의

이것은 세대를 초월해서 나타나는 증상이다. 다만 왜 돈을 벌려고 하느냐는 목적이 다를 뿐이다. 「레미제라블」에서 보는 장발장의 눈물 어린 빵에 얽힌 사연과는 판이하게 다르다. 몇 년 전에 M16 소총을 들고 은행을 턴 젊은 현역 장교의 범행 동기는 애인과의 데이트 자금 마련이었고, 수년 전 아파트 우유 배달 아르바이트를 뛴 기특한(?) 강남의 부유 청소년들의 목표는 당시 유행하는 15만 원짜리 청바지를 사기 위해서였다고 한다. 이제는 '빵을 먹고 싶다'가 아니라, '멋진, 다른 종류의 빵을 먹고 싶다'이다. 70년대 말부터 세계의 골치덩이가 되어 온 해커들을 보면 거액의 돈을 은행에서 뽑아 내서 환경 보호 협회 등으로 기부하는 등의 장난을 친다. 돈에 대한 철학이 기성 세대와 다르다. 돈이 있으면 편하다는 것, 즐길 수 있다는 것 외에 별 깊은 의미나 비전이 없는 경우가 많다.

◘ 피터팬 신드롬

능력 면에서 볼 때 신세대는 기성 세대에 비해 어떨까? 어떤 이들은 신세대가 비교적 참을성이 없고 금방 싫증을 느끼고 모든 것을 의심하며, 자기 절제가 부족하고 표현이 직설적인 반면에 실제 일을 처리하는 능력 면에 있어서는 더 탁월하다고 하기도 하고, 어떤 이들은 TV와 인터넷밖에 모르는 바보들이라고 혹평을 하기도 한다.

산업화 시대에서 정보화 시대로 바뀌던 70-80년대까지는, 미국에서는 머리 좋고 시세 판단 잘하는 똑소리 나는 인재가 흠모받았다. 냉정한 승부 의식을 가지고, 철저한 실용주의, 개인주의이며, 정확 명료한 것을 좋아하고 적자 생존의 법칙을 중시하고 변화에 빨리 대처하며 세련된 매너를 가진 엘리트를 사회심리학자들은 '미분자 인간(particle man)' 이라고 부른다. 한국에서도 이것은 부모들이나 사회가 가장 우상시하는 엘리트 상이며 자녀상이 아닌가 한다. 그런데 이 똑똑한 신세대들이 30대, 40대가 되면서 뭔가 중요한 것이 결핍되어 있다는 것이 드러나기 시작한다.

대학 시절, 나는 노벨상 후보에까지 거론된 저명한 식물학자와 함께 식사를 한 적이 있다. 그런데 식물학에는 대가인지 몰라도 처음부터 끝까지 자기 과시, 자기 도취에 빠진 대화를 하는 그가, 마치 자기밖에 모르는 철부지 어린아이 같다는 느낌이 들었다. 요즘 청년 중에도 명문 대학을 나와 컴퓨터도 잘 다루고 기술과 능력 면에서는 뛰어난데 비해, 속 사람은 너무 철이 없는 경우를 본다. 많은 심리학자들과 사회학자들은 말하기를, 산업화, 정보화 사회에서 바쁜 부모들이 아이들을 TV 앞에 너무 많이 방치했고, TV가 아이들의 세계를 없애 버리고 바로 어른의 세계로 건너뛰게 했다고 한다. 그래서 하드웨어는 어린애인데, 소프트웨어는 어른 것을 뒤집어쓰게 되었다는 것이다. 나이를 먹으면서 교육 수준이나 수입이 늘어 가도 속 사람은 계속 자기밖에 모르는 철부지로 남고, 이 불균형 속에서 영혼이 찌들고 병들게 된다고 한다. 이것이 바로 '피터팬 신드롬' 이다. 오래 전에 오스카 와일드(Oscar Wilde)가 말하기를 "하나님이 없는 교육은 현명한 악마를 키워 내는 것과 같다"라고 했는데 바로 이것을 두고 한 말이다.

◘ 가식의 세대

신세대 문화인 TV, 영화, 컴퓨터, 비디오 게임은 전부 특수 효과, 가상 현실 등, 가짜를 진짜처럼 만들어서 가상과 현실을 헷갈리게 하는 것들이다. 신세대가 사 보는 책의 67퍼센트는 픽션, 즉 가상 소설이라고 한다.

그래서 하버드의 사회학자 앨런 블룸(Allan Bloom) 교수는 "피상적인 것이야말로 이 시대의 가장 큰 저주"라고 했다.

정말 그렇다. 누가 오늘의 빠른 변화에 다 완벽하게 대처하며 살아갈 수 있는가? 하룻밤 자고 나면 쏟아져 나오는 새 컴퓨터 프로그램, 뉴스들, 책들, 패션들, TV 프로그램들, 학설들에 다 '아는 척' 하고 사는 것이다. 소위 똑똑하다는 것도, 자기 실력보다 더 실력 있는 것처럼 가장할 수 있는 기술이 얼마나 뛰어나느냐에 있다. 껍질 문화, 거품 문화의 시대를 살아가는 이들의 비극이다. 한 예로, 미국에선 바쁜 직장인들을 위해 매해 출판되는 경영에 관한 책들을 대신 읽어 주고 정리해서 잡지로 파는 회사도 있는데, 아주 장사가 잘되고 있다.

가식의 문화는 급속적인 감정 결핍을 낳는다. 하버드의 다니엘 콜만 교수는 오늘날 사회가 갈수록 차가워지고, 젊은 층들이 폭력적이 되고 남에게 무관심하고 극히 이기적이 되어 가는 이유를 감정 지수의 하락으로 들었다. 자기 절제, 이해심, 열정, 동정심, 사랑, 인내, 근면, 양보 등과 같은 요소들이 어릴 적부터 부모와 친구, 선생님들에 의해 시간이 걸려 만들어져야 하는데 현대의 가정 파괴, TV, PC 게임 중심의 자녀 교육 등이 이것을 파괴시켰다는 것이다.

◘ 바보 증후군

감정 결핍증은 곧 지적 능력의 하락도 가져온다. 이제 완전히 정보화 사회로 들어선 미국의 바보 증후군(Dummy Syndrome)은 엄청나다. 천재를 주제로 만든 영화들은 흥행의 참패를 기록하지만, 바보를 주제로 만든 영화 〈포레스트 검프〉, 〈덤 앤 더머〉, 〈오스틴 파워〉 같은 영화는 엄청난 인기를 끌며 극장가를 뒤덮는다. 책도 「바보들을 위한 인터넷」, 「바보들을 위한 세금 작성법」 등 바보 시리즈로 만들어야 잘 팔린다. 미국 고등 학교에서는 공부 잘하는 수재들보다 스포츠 스타가 더 흠모의 대상이다. 여학생들에게는 너무 공부를 잘하면 남학생들이 데이트 신청을 하지 않는다는 두려움에, 일부러 바보인 척하는 '바보 금발' 신드롬이 있다. 교포 학생들이 미국에서 비교적 공부를 잘하는 편인데도 이민 3-4세대로 가면 이민 초창기 때 품었던 그 '독기'가 줄어들어 별로 공부에 신경쓰지 않는 경우가 많다. 역사학자 토인비(Toynbee)가 말한 대로 아무리 위대한 물질 문명도 그것을 받쳐 줄 정신적 문명이 없으면 안에서부터 붕괴되게 되어 있는 모양이다.

3   리더십을 살리는 멘토링

한국이나 미국이나 이 삭막한 정보화 시대에 살고 있는 신세대들의 공통적인 문제는 깊은 인격적 성숙의 결여, 내면 세계의 황량함, 엄청난 영적 갈망이다. 신세대 사역을 준비하기 위해 신세대 문화(음악, 조명, 장소)를 중시하는 것도 중요하지만, 신세대나 구세대 할 것 없이 모두에게 존재하는 깊은 내면의 영적 갈망을 보아야 한다. 미국의 저명한 설문 조사 기관들이 낸 통계에 의하면, 오늘의 10-30대들은 허무주의를 부르짖었던 부모 세대보다 훨씬 더 종교적인 갈망이 강한 세대라고 한다. 지나친 물질 문명의 홍수 속에서 지친 이들의 영적 허무는 대단해서 그 전 세대보다 훨씬 더 종교적 성향이 강한 세대가 오늘의 신세대라고 한다.

너무 무거운 바벨을 들다가 허리가 부러지는 역도 선수처럼, 너무 많은 정보 홍수 속에 지쳐 버리고, 무관심해져 버린 신세대의 공허함을 아는가?(요즘 나오는 책들의 3분의 2가 읽히지 못하고 버려진다고 한다.) 그 정보들을 정확하게 다루고 올바른 도덕적 판단을 내리기는커녕 기가 질려 피해 버리는 것이 현대인의 모습이다. 그 절망의 끝에서 그들은 영적 필요가 생긴다. 인간이란 항상 자신의 한계를 절감하면 기가 질리게 되어, 그 절망 속에서 구세주의 필요를 절감케 된다. 군인이나 의사들 가운데 종교성이 많은 이유도 그들이 인간의 한계를 잘 알기 때문이다. 그러므로 이들에게 사랑과 비전을 주는 멘토링을 해주어야 한다.

◘ 사랑

옛부터 동방예의지국이라는 프라이드를 가진 나라답게 한국의 유교적 예의 사상에 대한 집착은 아직까지도 대단하다. 유가 사상의 본 고장인 중국은 오히려 1960년대 중반부터 70년대 중반까지 문화 대혁명을 겪으면서 전통 문화를 봉건 악습으로 규정해 철저히 파괴했다. 그러나 한국은 유교 사상을 모든 삶의 구석구석에서 더욱 극대화시켰다. 국보 제1호인 남대문의 정식 명칭이 숭례문(崇禮門), 즉 '예의를 숭상한다'는 뜻이니 알 만하지 않은가? 그러나 정작 유교 사상의 산모라 할 수 있는 공자는 예의에서 중요한 것은 의식을 진행하는 데 필요한 외형적 설비가 아니라 진실한 마음과 성의라고 주장했다. 맹자도 말하기를 "인의예지(仁義禮智)는 외적인 것이 아니라 마음속에 있다"고 했다. 안동의 퇴계 이황 선생의 사가에 가 보면 "박약(博約)재"라는 현판이 걸려 있다. '박사' 할 때 쓰는 넓을 '박(博)' 자와, '절약' 할 때 쓰는 묶을 '약(約)' 자, 즉 학문은 넓히고 예절은 줄이라는 뜻이다. 유교 500년 역사의 지나친 예법 강조로 인해 참된 인간성이 말살되고 메마른 권위주의와 이에 대한 하급층의 반발만 커져 가는 것을 개탄하여, 이황 선생은 껍질뿐인 예절은 버리고 참 인간을 만드는 학문을 깊게 하라는 준엄한 충고를 남긴 것이다. 조선 시대 대궐인 창덕궁의 '창덕(昌德)'은 '도덕적인 정신을 배양해 도덕적인 정치를 하겠다'는 뜻이라고 한다. 즉 고매한 도덕적 인격이 다스리는 자의 기본 요건이 되어야 한다는 의미 아니겠는가?

그런데 다른 나라도 아닌 바로 그 예의의 나라 한국 사회 곳곳에서 모든 권위가 무너지고 있는 현상이 일어나고 있다. 까다로운 유교 문화를 숭상하던 우리 나라의 대학 졸업식에서 총장을 향해 돌아앉는 기현상을 보고 외국인들이 놀란 적이 한두 번이 아니었다. 초·중·고등 학교에서 선생님들의 권위를 아이들이 우습게 보기 시작하는 성향이 위험 수위를 넘어서고 있다. 부모를 폭행하는 건수가 벌써 오래 전부터 한해에 2,000건이 넘는다. 직장에서 상사들이 옛날처럼 아랫사람에게 함부로 대했다가는 큰일나는 분위기다. 국회에서도 한참 연배가 아래인 의원이 차마 입에 담을 수 없는 폭언을 거침없이 선배에게 퍼부어대는 경우가 다반사다.

문제의 뿌리를 더듬어 보면, 이 권위에 대한 도전은 잘못된 권위주의에 상처 입은 사람들의 쌓인 한(恨)의 폭발이다. 예절이 나쁘다는 게 아니라, 아랫사람들에게 사랑은 주지 않고 군기만 잡으려 한 까닭에 힘이 두려워 머리 숙이는 것뿐인데, 그것을 진심 어린 존경으로 착각하는 웃어른들. 그래서 기회만 오면 밑의 사람들은 쌓인 한을 엄청난 기세로 폭발시켜 왔다. 홍경래의 난, 동학혁명 등은 다 그런 맥락에서 이해할 수가 있다. 오죽하면 「공자가 죽어야 나라가 산다」는 책까지 나왔을까? 바로 퇴계 이황이 우려했던 유교의 허점이 야기한 극단적 상황이 일어나고 있는 것이다.

에베소서 6장 4절에는 "아비들아 너희 자녀를 노엽게 하지 말고 오직 주의 교양과 훈계로 양육하라"고 했다. 젊은 세대로 하여금 속에서 끓어오르는 한, 분노가 일게 하지 말라는 것이다. 리더십은 아랫사람 군기 잡는 게 아니다. 쭉 거슬러 올라가면 예수님이야말로 우리의 큰 어른이신

데, 예수님이 우리를 군기 잡으셨다면 우린 끝이다. 우리는 얼마나 어른이신 예수님께 무례했는가? 하나님이 우리를 먼저 사랑하셨고 손 내미셨지, 우리가 먼저 사랑한 적이 있는가? 그런데 왜 그 큰 사랑을 받은 우리는 아랫사람들을 군기 잡으려 하는가? 영적인 실력이 있으면 권위는 자연히 서게 되어 있는데 그 권위의 극치는 사랑이다. 동생을 때릴 때 형 말을 잘 듣게 되는 게 아니라, 동생의 터진 무릎을 싸매어 주고 쓰다듬어 줄 때, 동생은 핏물처럼 형의 가슴속으로 몰입해 들어오게 되는 것이다.

예수님은 물과 같으신 분이라고 했다. 낮은 곳으로 끝없이 내려가셨듯, 참된 리더십은 어른이 먼저 손을 내밀고, 사랑을 주고, 희생해 주는 데서부터 시작한다. 영어로 이해한다는 뜻의 understand는 '상대의 밑에 선다(to stand under)'는 뜻을 품고 있다. 진정한 사랑은 상대를 이해하는 데서부터 비롯되는데, 상대를 이해하기 위해서는 그 사람의 밑에 선 자의 입장에서, 섬기는 자의 자세에서 바라볼 때 비로소 가능한 것이다.

▣ 비전

신세대를 사랑한다는 것은 그들의 비위를 맞춰 주라는 것이 아니다. 사랑을 하게 되면 두려움 없이 그들에게 나아갈 삶의 목표, 하나님이 주신 비전을 제시할 수 있다. 파워 있는 지도자들을 보면 덜 요구하는 게 아니라 더 요구한다. 허무주의에 젖어 있는 오늘의 젊은이들은, 하버드 대학의 전(前) 총장이 말한 대로, "흔들 수 있는 깃발과 목숨을 걸 대상"을 원하고 있다. 그게 없으니까, 번지 점프 같은 것에 목숨을 걸고 있지 않은가? 하나님이 그들의 인생을 위해 그리고 있는 그림을 제시해 줘야 한다. 그들이 그 비전을 받을 만한 거룩한 존재임을 인식시켜 줘야 한다. 그것을 이루기까지 끝없이 사랑으로 그들을 돌봐 주고, 격려해 주고, 꾸짖어 주고, 다듬어 주는 그런 리더십이 필요하다.

세계의 많은 교회들에게 새로운 교회상을 제시하고 있는 윌로우크릭 교회의 빌 하이벨스 목사의 은사인 길버트 빌지키언(Gilbert Bilezikian) 교수의 이야기는 들을 때마다 내게 깊은 감동을 준다. 1970년대 초반 당시 시카고 트리니티 신학교의 교수였던 빌지키언 교수는 늘 강의 전에 사도행전 2장 40-47절을 읽어 주면서 도전했다고 한다. "2000년 전 예루살렘에는 성도들이 살아 있는 하나님의 말씀을 전하고, 서로 물건을 팔아 힘든 사람을 도와줄 정도로 서로 사랑했고, 늘 함께 밥을 먹으며 기뻐하며 하나님을 찬양했고, 기쁨과 평화가 넘치는 삶을 살았던 그런 교회가 있었다. 그 교회로는 끊임없이 사람들이 몰려들어 절망에서 소망을 찾았다. 2000년 전 예루살렘에 그런 교회가 있을 수 있다면 왜 1970년대 시카고에는 그런 교회가 생길 수 없는가? 그때의 하나님과 지금의 하나님이 달라지셨는가? 그분의 능력이 줄어들어서 그런가? 절대 그렇지 않다. 만약 여러분들이 하나님의 능력을 믿고 기쁜 마음으로 순종한다면 우리도 그런 교회를 이 땅에 세울 수 있다. 젊은이들이여, 여러분의 모든 것을 바쳐 그 비전을 위해 헌신할 사람은 없는가?"

당시 신학교 초년생이었던 20대 초반의 빌 하이벨스는 매번 그 메시지를 듣는 순간 가슴에서 불이 일어나는 것 같은 감동을 받았다고 한다. 차 속에서 엎드려 흥분을 가라앉히곤 하던 그는, 마침내 그런 살아 있는 교회야말로 자신의 인생 전체를 걸어도 아깝지 않은 비전이라고 결심하게 된다.

그래서 다짜고짜 빌지키언 교수를 찾아간 하이벨스는 "선생님, 하나님이 허락하신다면 제가 바로 그런 살아 있는 교회를 시카고 지역에 세워 보고 싶습니다. 도와 주시겠습니까?" 그러자 빌지키언 교수도 너무 감격하여, "내가 할 수 있는 모든 것을 다 바쳐서 너를 돕겠다"고 약속했다고 한다. 그때부터 오늘에 이르기까지 25년이 지나도록 빌지키언 교수는 빌 하이벨스의 변함없는 멘토가 되어서 끊임없이 그 초대 교회의 비전을 상기시켜 주고, 힘을 주고, 조언을 주었다고 한다. 지난번, 윌로우크릭 교회에서 빌지키언 교수가 설교한 적이 있는데, 그는 그 당시 빌 하이벨스가 자신을 처음 찾아와 비전에 헌신하던 때를 이렇게 회고했다.

"10년이 넘게 그 비전을 강의 때마다 나누었는데, 관심을 가져 주는 학생은 한 명도 없었다. 그래서 나는 속으로 아무도 여기엔 관심이 없구나, 내가 괜한 짓을 자꾸 하는 게 아닌가 하면서 낙심하기도 했다. 그런데 빌 하이벨스라는 학생이 처음으로 그 비전에 자신의 인생을 걸겠다고 헌신한 것이다. 정말 감격스러웠다."

다음 세대에게 크고 놀라운 비전을 주는 것보다 더한 선물은 없다.

●● 시대에 따라 변하는 리더십

- 급변하는 현대 사회를 헤쳐 나갈 리더들은 이 시대의 흐름을 명확하게 이해해야 한다
- 신세대의 특성과 문화를 이해하며 다가가야 한다
- 다음 세대에게 사랑과 비전을 던져 주어야 한다

Chapter 5 각 문화별 리더십의 특징

1. 프랑스 | 2. 영국 | 3. 독일 | 4. 네덜란드 | 5. 미국 | 6. 중국 | 7. 일본 | 8. 한국

> 문화의 차이로 겪는 갈등보다 인간을 더 고통스럽게 하는 것은 없다.
>
> —헤르만 헤세

하버드 대학의 새뮤엘 헌팅턴 교수는 냉전 이후 세계의 모든 분쟁의 주 원인은 바로 문명권들끼리의 충돌 때문일 것이라고 지적했다.[1] 지구촌 시대가 되어서 세계가 하나가 되어간다고 하지만, 인종들끼리의 갈등, 민족들간의 대립과 반목은 갈수록 심화되고 있음은 부인 못할 사실이다. 또한 외국에 나가 살아 본 사람이나, 짧은 기간이라도 외국을 여행해 본 사람이나, 한 번이라도 가까이서 외국인들을 대해 본 사람들은 너나할것 없이 전혀 다른 문화권의 사람과 함께 대화하고 관계를 가지며 산다는 것이 얼마나 힘든 일인지 잘 알고 있을 것이다.

교통, 통신의 발달로 세계인들이 서로 활발한 교역을 하고 있는 21세기의 리더로서 세계의 각 나라들의 독특한 문화적 특성을 파악하는 일은 너무나 중요하다. 리더십이 다른 문화에 대해 무지하고 편협한 시각을 가짐으로써 오는 손실은 엄청나다. 2차 대전 당시 독일의 히틀러 같은 사람은 독일과 오스트리아 밖으로는 나가 본 적이 없는 사람이었던 까닭에 영국인들의 근성과 러시아 대륙의 특성, 신흥 강대국인 미국의 잠재력을 과

---

1) Samuel Huntington, *The Clash of Civilizations*.

소 평가해 독일의 패망을 자초했다. 챔피언십을 노리는 팀의 감독이 다른 팀들에 대해 상세히 파악하고 있지 못하다는 것이 말이 되는가?

리더십에 있어서도 획일적인 접근은 극히 위험하다. 21세기 한국을 이끌고 나갈 리더들은 한국과 정치, 경제, 교육, 문화, 종교 면에서 활발한 접촉을 하고 있는 지구촌의 메인 플레이어들의 문화적 특색을 어느 정도까지는 파악하고 있어야 한다. 그래서 간단하게나마 일단 유럽권의 국가들과 미국, 그리고 아시아권의 주요 국가들의 독특한 국민성과 문화적 특색들을 한번 정리해 봄으로써 글로벌 리더십을 준비하는 우리 모두에게 도움이 되었으면 한다.

1 프랑스

프랑스는 영화나 유명 브랜드 상품명 등을 통해서 우리에게 상당히 알려진 나라다. 그리고 자세히 살펴보면 프랑스인들의 기질은 한국인과 상당히 비슷한 점이 많음을 알 수 있다. 어느 나라 국민이든 자기 나라를 사랑하지 않는 국민이 있으랴마는, 프랑스 국민들처럼 조국에 대한 남다른 긍지와 자부심을 가지고 있는 국민들도 드물다. 19세기 후반 통일 독일이 등장하기 전만 해도 유럽의 최강자로 거의 모든 전쟁을 휩쓸었던 화려한 과거가 아직도 프랑스인들의 뇌리에서 사라지지 않고 있다. 이들의 국가관은 크게 '힘', '프랑스', '위대한 국가'라는 세 단어로 정리할 수 있다. 국가관이라는 것이 한마디로 자기들이 제일 잘났다는 것이다. 한 예로, 전(前) 대통령 프랑소아 미테랑은 "위대한 프랑스를 세계 만방에 과시하는 것이야말로 프랑스 국민이 지고 있는 숭고한 의무다"라고 부르짖으면서, 재임시 사회 복지나 교육 개혁보다는 프랑스의 웅장한 역사적 건물 재건축에 더 심혈을 기울였다. 이는 미테랑의 후임 시라크 대통령도 별 차이가 없다. 프랑스는 그만큼 과거의 영광에 집착하면서 오늘을 사는 나라다.

강력한 국가 프랑스. 그래서 프랑스인들은 강력한 권력을 용납한다. 루이 14세는 "짐이 곧 국가"라고 하면서 절대 왕정 체제를 주장했는데, 오늘날도 프랑스 대통령은 제왕 못지않은 권력을 누리고 있으며, 임기도 무려 7년이나 된다. 자유, 평등, 박애를 외치며 시민 대혁명을 일으킨 나라의 국민으로서 이처럼 강력한 중앙집권적 권력을 용납한다는 것은 아주 재미있는 모순이 아닐 수 없다. 용납하는 정도가 아니라, 프랑스인들은 사회 보장 연금, 은퇴 연금, 교통, 교육, 자연 재해 보상 등 삶의 거의 모든 분야에 있어서 철저히 정부에게 의존하는 것에 익숙해 있다. '자유주의'란 말에 대해 프랑스인들은 거의 알레르기적 반응을 보일 정도이다.

1997년 6월에 결정된 암스테르담 협정으로 인해 유럽 연합에 가속도가 붙기 시작하면서 프랑스도 지방 자치제, 자유 경쟁 체제로 급격한 대전환을 하고 있긴 하지만, 아직까지도 드러내 놓고 '자유주의, 권력 분할' 같은 말을 입에 올리지는 못한다.[2] 아직도 사람들의 기본 사고 방식은 그만큼 보수적이라는 얘기다.

미국에서는 다스리는 자와 다스림을 받는 자의 합리적이고 공평한 합의가 리더십의 근거가 되는데 반해, 철저한 계층별 차이를 강조하는 프랑스는 각 계층의 명예와 권위를 중시한다. 리더냐 아니냐가 문제가 아니라, 까드르(cadre: 위치, 자리)를 중시한다. 아무리 능력이 탁월해도 비

---

[2] 프랑스 사법 제도의 전문가 안토니오 게라퐁은 "오늘의 프랑스는 공화적 위선(republican hypocrisy)으로 표현할 수 있는데, 그것은 자유주의 방향으로 흐르고 있으면서도 그것을 말로 표현해서는 안 된다는 사실에 있다"고 했다.

(非)귀족층이 자신의 계급적 위치를 넘어가기는 너무나 예민한 사회적 분위기였다.

예를 들어, 20세기 초 프랑스식 경영학의 선구자 앙리 파욜(Henri Fayol)과 당시 미국의 경영학 대가인 프레드릭 W. 테일러(Frederick W. Taylor)를 비교해 보자. 고급 귀족 출신의 프랑스 엔지니어인 파욜은 광산 회사의 회장을 역임했고, 은퇴 후에는 자신의 경험을 바탕으로 경영에 관한 책을 썼는데, 주로 권위의 근원에 초점을 맞추었다. 이에 비해, 미국의 테일러는 가난한 밑바닥 노동자 출신의 엔지니어로서 고학으로 교육을 마친 사람인데, 그는 권위보다는 효율성에 집중했다. 특히, 테일러는 작업장 감독관의 역할을 여덟 개의 전문 분야로 세분화해서 리더층을 다양화하자고 제의했고, 이것은 훗날 그 유명한 매트릭스 조직(matrix organization)의 모체가 된다. 그런데 프랑스의 파욜은 테일러의 이 사안을 듣고 기절할 듯이 놀랐다. 왜냐하면 프랑스인들에게 있어서는 여러 명의 보스에게 동시에 보고하고 지휘를 받는다는 개념이 전혀 생소했기 때문이다. 결국 테일러의 매트릭스 시스템은 프랑스에 도입되지 못했다.

이렇게 강력한 권력을 용납하는 문화를 형성하고 있는 프랑스인들이지만 그래도 정작 그들을 다스리기는 결코 쉽지 않다. 프랑스인들이 즐겨 쓰는 말 중에 "쥐 망 푸(Je m'en fous)"란 말이 있다. '나는 이 일과 아무 상관없다'는 뜻이다. 그들은 옆집에 강도가 들어도 자기 집 일이 아니므로 나서지 않는 철저한 개인주의 사고 방식을 갖고 있다. 서양인들이 다 개인주의적이라고 하지만, 그래도 독일인들은 교통 사고가 나면 서로 증인을 서 주겠다고 나서는데 비해(원래 원칙주의, 고발 정신이 투철한 민족이므로), 프랑스에서는 목격자들이 다 도망가 버려 증인 찾기가 여간 어렵지 않다고 한다. 드골도 "치즈 종류가 300가지가 되는 나라의 국민이라 다스리기가 쉽지 않다"며 혀를 찬 적이 있다.

또한, 프랑스인들은 변화를 좋아하면서도 정작 중요한 골격은 고지식할 정도로 그대로 보존하는 모순을 갖고 있다. 구식이라는 평가가 내려지면 가차없이 등을 돌려 버린다. 영국과 함께 세계에서 가장 먼저 지하철을 운행하기 시작한 나라는 프랑스로서, 1차 대전 때 벌써 엄청난 병력을 거미 같은 지하철 시스템으로 운송하곤 했다. 또한 세계에서 가장 빠른 고속전철과 음속 여객기 콩코드를 만들었고, 유럽에서 가장 먼저 폰 카드를 대중화시킨 나라가 바로 프랑스다. 70년대 말에는 정부가 각 가정에 정보 단말기(오늘날의 컴퓨터 개념과 유사함)를 공급할 정도로 과감한 변화를 시도하는 등 유행에 극히 민감하다. 프랑스인들의 자동차 구입 취향에서 이것이 단적으로 드러나는데, 대도시들에 중고차 판매상이 없을 정도로 사람들이 새 차를 선호한다(평균 3년에 한 번 정도 차를 바꾼다고 한다). 그러나 정작 기본적인 핵심 사상이나 가치관, 철학은 지극히 보수적으로 유지한다. 한 예로, 나폴레옹 시대 이후 실제적인 법이나 행정 제도 등은 변한 것이 거의 없으면서 정부의 형태는 다섯 번이나 바뀌었다. 기본적인 내용은 보수적으로 굳게 유지하면서 포장만 계속 바꾸는 셈이다.

프랑스인들은 5,700만 국민이 다 철학자라고 할 정도로 미국인들에 비해서 훨씬 의식도 있고, 철학과 문학에 대한 조예도 평균적으로 높은 편이다. 그래서 그런지 프랑스 사회는 교육을 중시하고, 교육의 질을 까다롭게 따지기로 유명하다. 원래 프랑스인들은 자신이 소유하고 있는 것을 필요 이상으로 '티를 내고 싶어 하는' 과시주의 성향이 심한 사람들이다. 자신이 가진 학벌, 재산, 혈통을 감추지 않고 격에 맞는 대우를 요구하며 과시하는 프랑스인들이 그 중에서도 가장 신경쓰는 것이 학벌이다. 명문교 출신이 리더십의 절대 다수를 차지하는 에나키즘(enarchism)의 대명사가 바로 프랑스 사회다.[3] 프랑스 최고의 엘리트 교육 기관인 국립행정학교(ENA)들은 2차 대전 이후 고급 인력을 양성하기 위해 드골이 창설한 학교로서, 대학을 졸업한 인재들이 치열한 경쟁을 뚫고 시험에 합격해서 들어가는 곳인데, 이 학교의 졸업장은 프랑스 사회에서 출세 보증서와 마찬가지다. 선후배들이 서로 밀고 끌어 주는 학연 관계가 한국의 특정 명문고, 명문대 출신들의 학연 뺨칠 정도다. 역대 프랑스 대통령, 수상, 국회의원, 대기업 총수들의 대부분이 같은 학연으로 묶여 있으니 더 말해서 무엇하랴. 종교 개혁의 주도급 리더들 중의 하나로 개신교의 체계적 이론 기반을 닦았던 존 칼빈(John Calvin)이 프랑스 사람이었다는 것은 결코 놀랄 일이 아니다.

높은 교육열과 연관된 것으로 프랑스인들은 '에스프리(esprit)', 즉 '번뜩이는 지혜'를 중요하게 생각한다. 튀는 아이디어, 도저히 남들이 흉내 낼 수 없을 정도의 기발한 객기 내지는 광기를 가지고 있지 않으면 지루하고 별 볼일 없는 존재로 밀려 난다. 차갑고 이성적인 영국인들이나 독일인들이 보면 완전히 미친 짓이라고 할 황당한 착상도 프랑스인들은 해 본다는 것 자체를 즐겁고 보람 있는 것으로 생각한다.

이런 기발함을 중요하게 여기는 프랑스인들을 만족시키기 위해 정치인들은 매 선거철마다 곤욕을 치른다. 아주 지성적인 것 같으면서도 때로는 도저히 이해할 수 없을 정도로 튀는 말과 행동을 가끔씩, 적당히(지나치면 무식하다는 취급을 받으니까) 보여 줘야 한다. 예리한 지성과 뜨거운 감성을 적당히 오고가는 재주를 가져야 하므로 보통 힘든 일이 아니다. 그래서 프랑스 정치인들은 연예인 뺨치는 기막힌 연기자들이 되어 갈 수밖에 없다. 그러나 내실 없는 겉모양만으로 '깜짝쇼'만 보여 주는 리더십에는 문제가 생길 수밖에 없다.

---

3) 에나키즘(Enarchism)은 ENA와 Anarchie의 합성어로서, 국립행정학교(ENA)라고 하는 엘리트 명문교 출신들이 사회의 주도권을 장악하고 있는 것을 지칭한다. 국립행정학교, 국립기술학교(EP), 국립보통학교(EN) 출신들이 다 여기에 포함된다.

최고급 지성인들로 구성된 프랑스의 정계와 재계의 엘리트 리더십에 대한 국민의 신뢰가 90년대 이후부터 심각하게 금이 가기 시작했다. 첫째는, 도덕성과 윤리의 문제다. 지난 10년 동안 적어도 30명이 넘는 프랑스 고급 공직자들과 재계 인사들의 공금 횡령, 정치 뇌물 수납 등의 재정 스캔들로 인해 조사를 받았다. 철저한 독립 수사권을 보장받은 사법부는 프랑스의 엘리트 리더들에게 냉엄한 법의 심판을 내렸고, 이 일련의 사건들은 프랑스 지도층 전체의 정직성과 능력에 대한 국민들의 사고 방식에 일대 전환을 가져왔다. 가문과 교육을 리더의 최우선 조건으로 여겨 오던 프랑스인들이 새삼 강도 높은 도덕적 청결을 지도자에게 요구하게 된 것이다.

둘째는, 프랑스 국내외에 일어나고 있는 변화의 물결에 대해 능동적으로 대처할 수 있는 리더십의 능력 결핍이다. 프랑스의 저명한 광고 언론 업체 하바스(Havas)의 설문 조사 담당자는 "30년 만에 처음으로 프랑스 국민들은 뭔가 새로운 방향으로 자신들의 삶을 변화시킬 준비가 되었는데, 이들을 이끌어 줄 리더십이 없다는 것이 문제다. 우리의 정치적 리더십을 믿을 수가 없다"고 말하고 있다.[4] 단순히 일류 대학 출신이라는 간판 외에, 정말 현장의 급변하는 흐름을 읽고 능동적으로 대처하는 감각과, 상황에 대한 깊은 이해를 리더들에게 요구하기 시작한 것이다.

이런 국민들의 패러다임 전환과 여기에 따른 지도층들의 위기 의식과 각성이 열매를 거둔 탓인지, 지난 수년간 유례 없는 호황을 구가하고 있

---

4) Thomas Sancton, "The French Connected," *TIME*, June 12, 2000.
5) 유럽은 요즘 경제 성장률이 3%를 웃돌면서도 인플레 압력은 2%에도 못 미치는, 4반세기 만에 처음 있는 견실한 성장을 즐기고 있다. 공동 화폐 유로(Euro)를 사용하는 유럽 11개국의 산업 생산 증가율은 6.5%로 오히려 미국을 앞서고 있는 형편이다. 그 중에서도 프랑스의 올해 경제 성장률은 3.5-3.7 % 정도나 되고, 실업률도 대폭 떨어졌다. 이 결과 프랑스는 외국인 투자자들이 가장 선호하는 나라 가운데 하나가 됐다.

는 유럽 경제 성장의 견인차 역할을 하고 있는 것이 바로 프랑스다.[5] 전통적인 사회주의의 색채가 짙은 프랑스가 이런 높은 성장의 열매를 맛보고 있는 주 요인은 지난 수년간 프랑스 정부와 기업들이 기울인 세계화 노력과 노사정 협력이라고 한다.

오랜 전통과 문화적 한계가 주는 굴레도 리더십의 노력에 따라 조금씩 벗어 버릴 수 있는 것 같다. 프랑스 축구에 있어서 "월드컵"과 "유로 2000"의 잇다른 석권은 갈수록 솟구쳐 올라가는 프랑스인들의 자신감을 반영하는 것 같기도 하다. 유럽 공동체 비전의 아버지 장 모네(Jean Monnet)의 나라, 경제 협력 개발 기구(OECD)의 본부를 가진 나라 프랑스는 21세기 유럽 공동체의 핵심적인 존재로서 미국과 아시아권에 당당히 맞서려 하고 있는 것이다.

2. 영국

우리는 보통 서양 문화 하면 미국이라는 그림을 먼저 떠올리게 된다. 그러나 오늘날 모든 면에서 절대 강대국으로 세계를 제패하고 있는 미국을 건국한 조상들의 뿌리를 거슬러 올라가면 영국이란 원천에 도달하게 된다. 아무리 프랑스인들이 자신들의 자존심을 내세워도 오늘날 우리가 알고 있는 서양 문명의 주류는 영국이며, 프랑스는 지류임을 부인할 수 없다. 미국을 제대로 이해하고, 서양을 제대로 이해하려면 먼저 영국을 알지 않으면 안 되는 이유가 여기에 있다. 현대화된 세계 어딜 가나 볼 수 있는 복장, 에티켓, 테이블 매너, 비즈니스 스타일, 건물 장식 등은 영국식이라는 뿌리를 이해하지 않고는 제대로 알아 보기가 어렵다. 지구촌화된 오늘의 세계의 기본 틀을 형성한 영국인들의 성질과 그들의 리더십관을 이해하는 것은 그래서 중요하다.

19세기 말까지만 해도 "대영제국에는 해가 질 날이 없다"고 할 정도로 지구촌 곳곳에 자신들의 식민지를 세웠던 영국인들은 오늘날까지도 타인종에 대한 절대적 우월 의식을 갖고 있다. 겉으로는 외국인들에게 예의 바르고 친절하게 대하지만, 그 저변에는 앵글로색슨, 즉 영국 민족이 가장 우수한 민족이라는 긍지가 깔려 있다. 탁월한 외국인을 보면 던지는 찬사라는 게 "저런 친구가 영국인이 아니라니" 일 정도이다.

청교도 정신에 기초한 매너는 영국인들을 이해하는 기본 틀이라고 할 수 있다. 청교도 혁명 때 기초가 다져진 올리버 크롬웰의 철저한 자기 절제 정신은 오늘날 영국인들의 생활과 행동 양식의 기반이다. 전통에 입각한 엄격한 틀에 맞추어 사는 것을 큰 긍지로 여기고, 여기서 벗어난 행동을 하는 사람을 보면 견디지 못한다. 특히 영국인이 중요시하는 기본 매너의 핵은 분수를 넘는 일, 즉 무엇이든 지나친 것은 삼가야 한다는 것이다(술도 적당히 해야 하고, 아무리 격해져도 지나친 감정 노출은 금물이다). 영국인들이 즐겨 쓰는 말, 젠틀맨(gentleman)이란 말은 '절제된(gentle) 사람'이란 의미를 갖고 있다. 이 젠틀맨의 기본 정신 중에 하나는, 운동이건 시험이건 이긴다고 해서 다 되는 것이 아니고, 승자는 나름의 겸손과 미덕을 가지는 페어 스포츠맨십이 있어야 한다는 것이다.[6]

---

[6] 스포츠란 말은 영국에서 운동 경기란 뜻 이외에도, 태도(attitude), 예의(manner)를 의미하기도 한다. 'A good sport'란 '멋진 사람, 예의 있는 행동'이란 뜻을 지닌 말로서, 영국 사회에서는 대단히 비중이 큰 말이다. 그래서 운동 경기에서든 시험이든 모든 상황에서 "Don't be a bad sport"란 말을 함으로써, 깨끗한 스포츠 정신을 강조한다. 좋은 예로, 영국에서 열리는 윔블던 같은 세계적인 테니스 토너먼트에서는 선수들뿐 아니라 관객들까지도 대단히 점잖고 조용하다. 이겼다고 해서 선수가 길길이 뛰거나, 관중들이 흥분해서 고함을 지르는 상황은 찾아보기 어렵다. 코트의 악동이라고 할 정도로 나쁜 매너를 가졌던 미국의 존 맥켄로가 영국인들의 밉상을 샀던 것은 놀랄 일이 아니다.

또한 영국인들은 질릴 정도로 옛 것, 전통에 대한 집착이 강하다.[7] 감각적인 유행이나 변화를 받아들이는 것에 대해서 영국처럼 꺼려하는 나라도 없다. 기를 쓰고 옛 것을 보존하려 드는 영국인들의 의식 이면에는 과거에 세계의 바다를 제패했던 영국의 황금 시대에 대한 향수가 깔려 있다.

철저한 합리주의와 꼼꼼한 준비 정신 또한 영국인의 독특한 트레이드 마크다. 맑은 날에도 으레 우산을 들고 다님으로써 만약의 경우 비가 올 때를 대비하는 영국 신사의 모습에는, 인간에게 벌어질 수 있는 모든 돌연적 상황에 치밀하게 대비하는 영국인의 상식적인 사고 방식이 담겨 있다. 깨끗하고 질서 있는 나라 싱가폴을 만들어 낸 리콴유 전(前) 총리는 젊은 시절 영국의 케임브리지 대학에서 유학하면서 영국인들의 철저한 준법 정신과 합리주의와 치밀성에 큰 영향을 받았다고 한다.[8]

영국식 리더십을 이해하는 데 있어서 또 하나 간과해서는 안 되는 중요한 사실은, 영국은 아직까지도 확연한 계급 사회라는 사실이다. 귀족과 맘모스급 기업가로 이루어진 상류 계급, 절대 다수의 중산층, 그리고 이른바 힘든 육체 노동에 종사하는 노동자 계층으로 나뉘어져, 각 계급은 나름대로의 고유한 생활 양식대로 차별화된 삶을 영위하고 있다. 그렇지만, 자기 신분보다 더 높은 신분인양 위장하는 과시주의는 별로 없고, 각자 자기가 속한 계층의 생활 양식에 맞추어 자연스럽게 그 스타일을 유지하며 살아간다. 상류 사회 지도층과 일반층의 차이는 학벌과 옷차림, 언어 스타일, 에티켓으로 구별된다.

이 중에서 특히 언급하고 싶은 것은 패션과 언어 습관이다. 영국의 상류 신사 패션은 전통적 감각을 중시하는, 즉 유행에 뒤떨어지지 않으면서

---

7) 한 예로, 전세계 어느 나라를 가 보아도 영국처럼 골동품상이 많고 또 문전 성시를 이루는 곳은 없다. 조상의 옛 가구를 몇 대째 후손에게 물려 주는 유일한 나라도 영국이다.
8) 리콴유 자서전 「싱가폴 이야기(The Singapore Story)」중에서.

도 지나치게 유행을 타지 않는 약간 클래식한 패션이다. 또 영국인은 언어와 발음, 특히 억양을 대단히 중시하여, 옥스퍼드 발음이라고 일컬어지는 표준 발음의 정확도와 세련된 어휘 구사에 따라 그 사람 전체의 격을 대번에 판단해 버리는 성향이 있다. 세익스피어나 바이런 같은 세계 문학계의 거성을 배출한 나라답게 수사학을 엄청나게 강조해, 영국인들은 아주 어릴 때부터 자기 생각을 정확하게 말하고 쓰는 훈련을 철저히 받는다. 그래서인지 영국인들은 리더십의 중요한 자질 중에 하나인 커뮤니케이션 기술이 아주 탁월한 축에 속한다. 이것이 영국으로 하여금 세계 최초의 민주주의 헌장이라고 불리는 "마그나 카르타(Magna Carta)"를 탄생시키게 하고, 의회 민주주의의 출범을 가능케 한 이유 중 하나가 아닌가 한다.

이렇게 영국 사회의 리더들은 일단 외형적인 모습과 언어, 행동, 패션 등을 가지고 일단 합격 점수를 받아야 한다. 그래서 영국인들은 "모로 가도 서울만 가면 된다"라는 식의 무식한(?) 실용주의의 미국인들을 은근히 '상놈' 취급하는 것이다. 좋은 결과를 내는 것 이상으로 중요한 것은 좋은 과정과 고상한 스타일을 통해 그 결과를 내는 것이다. 매너와 외형, 전통, 절제를 강조하는 영국형 리더십 스타일은 미국의 명문 사립 학교들의 학생 교육 방식에 소리 없이 배어 있기도 하다.

그러나 이런 영국식 리더십은 리더와 따르는 자들 사이에 지나친 거리를 조장할 수 있으며, 급변하는 시대의 필요에 능동적으로 대처할 수 있는 민첩성이 상당히 결여될 수 있다는 문제점이 있다. 그럼에도 불구하고 영국 상류 지도층들은 대단한 수준의 '노블리스 오블리제(noblesse oblige: 귀족의 의무)'를 실천해 왔다. 옥스퍼드 대학이나 케임브리지 대학 같은 영국 최고의 명문 대학들에 가 보면, 영국이 치른 크고 작은 전쟁에서 최전선에 나가 싸우다가 전사한 동문 선배들의 이름들이 무수히 벽에 새겨져 있다. 국가와 가정을 지키기 위해 먼저 목숨을 내어 던지는 용기는 영국형 젠틀맨 리더십의 노른자이기도 하다.

3 독일

앵글로색슨과 함께 서구 백인 세계에 가장 큰 영향을 끼친 민족이 바로 독일인들의 조상이 되는 게르만족이다. 20세기에 들어서서 두 번이나 세계 대전을 일으킨 독일은 주변 국가들에게 가장 두려운 적, 그 자체였다. 독일인 하면 잔인한 히틀러의 친위대를 연상할 정도로, 외국인들의 독일인에 대한 선입관은 부정적인 편이다. 그러나 독일인들은 공적으로는 철저하면서도 친구 및 가족 관계나 여가 시간에 있어서는 상당히 융통성을 가진 사람들이기도 하다. 우리에게 있어서 독일은 얼마 전까지만 해도 같은 분단 국가였다는 점에서, 또한 60-70년대에는 한국의 광부와 간호원들이 대량 진출한 나라였다는 점에서 결코 멀게 느껴지지 않는 나라이다. 독일의 철학, 음악, 문학 등은 국내에도 많이 알려져 있으며, 특히 교육, 의학, 비즈니스 방면으로도 상당히 활발한 교류가 오가고 있어 독일인들의 특성을 알아 두는 것은 매우 중요하다.

독일인들은 먼저 철저한 완벽주의, 원리 원칙주의를 추구한다. 얼렁뚱땅 넘어가는 적당주의를 제일 싫어한다. 실례로, 독일어에는 묵음이 거의 없을 정도로 알파벳 하나하나를 정직하게 다 발음한다. 원칙에 대한 독일인의 엄격함은 융통성을 중시하는 프랑스인들의 성질과 크게 차이가 난다고 볼 수 있다. 프랑스 사회가 금지되어 있는 것 외엔 모두 허가되어 있는 곳이라면, 독일 사회는 허가된 것 이외는 모두 금지된 곳이라고 보면

된다. 깐깐하기로 소문난 독일인들은 '횡재, 날림, 우연, 적당히 때우기'
란 것을 좋아하지 않는다. 칼 같은 시간 감각으로 유명했던 철학자 임마
누엘 칸트를 보면 알 수 있듯이, 독일인들은 한마디로 정확성이 체질화된
사람들이다. 특히 자기 전문 분야에 한해서는 거의 인간이 아니라 기계
같다고 느낄 정도로 꼼꼼한 사람들이라고 보면 된다. 예를 들어서, 독일
어에 "그만하면 됐다(gut genug)"란 말이 있는데, 우리말이나 영어에선
"평균 이상은 되니까 넘어가자(That's good enough)"는 헐렁한 의미인
데 반해서, 독일인들은 거의 완벽한 수준이 되어야 비로소 이 말을 쓴다.
그러니 독일제, 특히 자동차나 시계가 세계적으로 그 수준을 인정받을 수
밖에 없는 것이다. 그러므로 독일인들과 상대할 때는 아주 철저하게 준비
된 모습을 보여 주지 않으면 안 될 것이다.

    독일은 현장에서 실무 경험을 철저히 익힌 사람들이 단계적으로 리더
십에 올라간다. 윗사람이 잔소리 하지 않아도 자기 전문 분야에 대한 프
라이드가 대단한 사람들이기 때문에 스스로 알아서 성실하게 노력한다.
그래서 그런지 독일에는 기업 고급 산부늘을 키워 내는 경영대학원
(MBA) 시스템이 거의 없다. 독일인에겐 관리 경영(management)의 개념
이 거의 없다는 말이 있을 정도다.

    이와 연관하여, 독일인들은 질서를 중시한다. 미국인들이 모든 것이
아무 문제 없다고 할 때 '다 괜찮다(Everything is OK)' 라는 표현을 쓰는
데 반해, 같은 의미를 전달할 때 독일인들은 '모든 것이 질서 속에 있다
(Alles in Ordnung)' 고 표현한다. 그만큼 독일인들은 질서를 중시한다.
이 질서 속에는 청결, 정확성, 완벽성, 효율성, 치밀한 조직과 계산, 준비
성이 다 포함되어 있다. 독일인들이 만드는 기계 제품이 세계 제일의 품
질을 자랑하는 것은 이 국민성과도 밀접한 관련이 있다.

    모든 것이 제자리에 있어 예측 가능한 것을 중시하는 독일인들은 미국

에서와는 달리 아무리 유능한 인재라 해도 직장을 자주 옮기는 것을 좋아하지 않는다. 자신이 있어야 할 자리에 진득하게 있어 질서를 파괴하지 않아야 한다고 믿기 때문이다. 그러므로 독일인들을 대할 때는 이곳 저곳에 옮겨 다닌 화려한(?) 경력을 읊어 대지 않는 것이 현명할 것이다. 질서 파괴를 싫어하는 독일인들은 교통 신호 위반이나 청소가 되지 않은 거리 등에 대해 참지 못해 시민 신고 정신이나 민원 접수가 가히 세계 최고 수준이라고 한다. 이렇게 알아서 질서를 지키는 독일인들이기 때문에 독일의 고속도로가 무제한의 속도를 허락하는 아우토반인데도 교통 사고 발생률은 그리 높지 않다고 한다.

독일인들의 병적인 질서 추구의 저변에는 독일의 파란만장한 역사 속에 형성된 총체적 불안감이 자리하고 있다. 이 불안감의 뿌리를 이해하기 위해서는 먼저 독일의 역사적, 지리적 여건을 알아야 한다. 독일은 19세기 중반까지 프러시아와 바베리아를 비롯한 여러 개의 봉건 국가들로 나누어져 있었는데, 이들이 통일하여 하나의 국가를 형성하는 것을 두려워한 주변 강대국들, 특히 프랑스, 러시아, 오스트리아 등의 집요한 방해로 통독이 이뤄지지 못했다. 그러다가 1871년, 철혈 재상 비스마르크의 출현으로 꿈에 그리던 독일 통일을 이루긴 했지만, 강력한 경쟁 국가들 사이에 위치한 지리적 여건 때문에 독일인들은 항상 불안감을 느끼고 있었다. 그래서 1차 세계 대전 때 독일군 작전 참모부의 종합 작전 계획이었던 쉬위푼 플랜(Schieleffen Plan)이나, 2차 세계 대전 때 나치 독일군의 작전이었던 블리츠크릭(Blitzkrieg: '번개' 라는 뜻)의 핵심 내용을 보면 양면에 맞이한 적들에 대한 공포를 전제로 하고 있다. 동서로 사나운 적들이 있으니까, 내가 당하기 전에 내가 먼저 한 쪽을 공격해서 최소한 빠른 시일 내에 한 쪽 적을 전멸시키고 나머지 적과 싸운다는 것이다. 그 후, 두 번에 걸친 세계 대전을 통해 수많은 사람이 죽고 국토가 파괴되고 나라가 둘로 갈리는 시련을 겪으면서, 독일은 현실의 안정과 평안이 언제 사라질지 모른다는 두려움이 있었다. 이 불안함이 다른 민족에게서 찾아 볼 수 없는 독일인 특유의 철저한 조직, 시험, 확인, 기획, 보험, 실험주의를 낳았다.[9]

이웃 나라인 프랑스나 네덜란드 국민들은 국민 각자가 왕이라 할 정도로 개성이 강하고 제멋대로인데 반해서, 안정과 질서를 중시하는 독일인들은 법과 질서와 윗사람에게 아주 잘 순종하는 사람들이다. 거의 절대적 철권을 휘두르는 카이저(Kaiser)와 재상의 권위에 절대 순종하는 국민성 때문에 철혈 재상 비스마르크나 1차 세계 대전을 일으킨 빌헬름 1세 같은 황제도 나올 수 있었다. 오늘날도, 언론의 정부에 대한 비판이나 노조 파업 같은 것도 다른 나라와 비교가 안 될 정도로 적다. 이런 배경이 있었기에 전쟁 후 잿더미가 된 나라였지만, 좋은 지도자들을 순종하고 따름으로써 라인 강의 기적이라 불리는 경제 발전을 일궈 낼 수 있지 않았나 한다.

자기가 맡은 일에 대한 책임감이 투철한 독일인들은 역사적 책임 의식 또한 경탄스러울 정도다. 단적인 예로, 2차 세계 대전 당시 나치 독일이 저지른 만행에 대한 독일 정부와 국민들의 자세를 보면 알 수 있다. 통독의 기초를 닦았던 고(故) 빌리 브란트 서독 총리는 독일 통일은 과거 독일이 저지른 잘못에 대한 유럽 국가들의 진정한 용서에서 시작되어야 한다고 믿고, 1970년에 폴란드를 방문하여 나치가 무자비한 살육을 자행했던 옛 유대인 게토(ghetto)의 전몰자 묘역에서 무릎을 꿇고 용서를 비는 파격적인 장면을 연출했다. 그 후로도 로만 헤어초크 대통령, 요하네스 라우 대통령 같은 독일의 최고 지도자들은 폴란드와 이스라엘을 방문해서

---

9) 한 예로, 독일인들은 7-8월 여름 휴가를 위해 2월경에 대부분 다 예약을 끝내 놓을 정도로 예약 문화가 철저한 민족이다. 휴양지 해수욕장을 가도 꼭두새벽부터 자리를 잡기 위해 나온다. 늦으면 좋은 자리를 못 잡을지도 모른다는 두려움 때문이다.

정중하게 과거의 잘못을 시인하고 용서를 구했다. 그리고 2000년 7월 17일, 독일은 2차 세계 대전 당시 나치에 의해 피해를 본 외국인들에게 배상하기 위해 미국, 이스라엘, 폴란드, 러시아, 체코, 우크라이나 등과 국제 협정을 체결했다. 이는 정부와 민간이 힘을 합쳐 자신들의 과거의 잘못을 솔직히 사죄하고, 그 표시로 1백억 마르크라는 엄청난 배상을 감당하겠다는 의지의 표현이라고 할 수 있다.[10] 아직까지도 2차 대전 당시 조선인들을 혹사했던 일본이 이에 대한 국가 차원의 법적, 제도적 보상을 할 수 없다고 버티는 모습과는 사뭇 대조되는 모습이다.

꼼꼼한 장인 정신과 철저한 완벽주의, 안전 제일주의의 독일인들은 무뚝뚝하고 여간해선 진심을 보이지 않아 처음 만나는 이들에겐 부담스럽기도 하다. 그러나 일단 이 쪽이 어느 분야에서건 확실한 실력이 있고, 성실하며, 약속을 잘 지킨다는 평가를 얻으면 평생 친구가 될 수 있는 이들이 독일인들이기도 하다. 냉정하긴 하나 감정의 기복이 심하지 않고 합리적인 독일인들을 잘 이해하면 그들과 좋은 관계를 맺어 갈 수 있다. 또한, 자기들이 한 일에 대해 핑계대지 않고 솔직히 시인하고 책임을 질 줄 아는 독일인들의 진솔한 모습 또한 본받을 만하다. 하나님이 마르틴 루터라는 독일인 수사를 통해서 종교 개혁의 불을 올리게 하신 것도 다 그만한 뜻이 있어서라는 생각이 든다. 교회사의 새로운 획을 긋는 그 엄청난 일의 이론적, 체계적 기반을 독일인 특유의 철저함으로 완벽하게 다진 것이 그 이유 중 하나가 아닐까?

---

10) 독일 정부와 기업들이 절반씩 부담해서 1백억 마르크의 투자 기금을 조성하여 나치 치하에서 강제 노동에 동원됐던 유대인과 폴란드인들 150만 명에 대한 체계적인 보상을 실시하게 될 것이라고 한다. 이를 위해 독일 전국민이 기부금 모금 운동을 벌이고 있고, 이와 함께 베를린 교회도 외국 노동자들을 강제 노동에 동원하는 나치 정부를 후원했음을 시인했다. 독일 신교 또한 자신들의 잘못을 뉘우치며 사죄 표시로 1천만 마르크를 내놓았다.

4 네덜란드

　원래 네덜란드는 공업과 무역을 중심으로 하는 여러 부유한 자유 도시들이 밀집해서 이루어진 홀랜드(Holland) 공국이 그 모체다. 이들은 적어도 13세기부터 알프스 이북 지방의 상권과 경제권을 장악할 정도로 탁월한 비즈니스맨들이었다. 특히 바이킹의 후예들답게 바다를 이용한 세계무역 시장을 개척하여, 17-18세기에는 영국과 함께 엄청난 해양 부국이 되었다. 요즘 너나없이 떠들어 대고 있는 '세계화'의 선두 주자들이었던 셈이다. 유대인, 스코틀랜드인과 함께 세계 3대 장사꾼으로 통하는 네덜란드인들의 상술은 타의 추종을 불허한다. 네덜란드식 리더십은 전반적으로 대단한 비즈니스 감각, 재정 감각을 갖고 있다고 봐도 된다.

　자유 도시들이 모여서 이룩한 나라답게 네덜란드는 서유럽 최초의 자유 민주주의 국가(1609-1810)를 건설한 나라. 이웃의 독일, 프랑스 등이 강력한 왕권 정치를 펼 때도, 네덜란드는 자유 시민 문화를 유지했다. 네덜란드인들은 국가와 통치자는 시민의 개인적 자유와 권리를 지켜 주기 위해 존재하는 봉사자임을 철저히 함으로써, 리더십의 권력 남용을 원천 봉쇄했다. 그래서 그런지 네덜란드인들은 아주 독창적이고 개방적이다. 미국보다 150여 년 앞서 민주주의 국가를 만든 나라답게 언론 표현의 자유와 개인의 권리 주장이 미국보다 훨씬 강하다. 미국의 경영자-노동자 관계에서의 중점 문제는 수입과 승진 기회인데 반해서, 네덜란드에서는 개인의 창의력 발휘 여부, 개인의 자기 성취, 상사와의 평행적이고 개방적인 대화가 가장 중요하게 여겨진다. 전체 질서에 결정적인 해가 되지 않는 한, 법과 권력은 국민 개인이 하는 일에 별 간섭을 하지 않는다.

　이런 상황에서의 정치 리더십의 역할은 국민들의 삶이 원활히 돌아가도록 관리하는 '매니저' 정도라고 보는 게 정확할 것이다. 미국의 리더십이 적극성을 강조하는데 반해, 네덜란드인들은 겸손과 절제와 모든 이들의 특성을 품어 주는 융화력을 가진 리더십을 선호하는 편이다.

5 미국

미국은 17세기부터 앵글로색슨을 비롯한 유럽의 각 나라 사람들이 이민을 가서 개척한 나라다. 그래서 미국 문화를 가리켜, 유럽의 모든 문화가 다 '섞여서 녹아 있는 가마솥(melting pot)' 이라고 부르기도 한다. 그 중에서도 특히 초창기 이민의 주류를 이룬 영국, 독일, 네덜란드, 프랑스계의 색채가 아직까지도 강하게 미국인들의 정서 속에 남아 있다. 영국의 적극적인 무역, 비즈니스 정신과 합리적인 정부 체제와 법안, 상류층들의 귀족적 매너와 고급 사립 학교의 엘리트 교육은 아직도 미국 리더층의 골격을 형성하고 있다. 또한 네덜란드인들의 거침없는 창조 정신, 스크루지 수준의 철저한 재정 감각,[11] 비즈니스 조직 운영, 모험 정신이 특히 미 중서부 지역 사람들 속에 배어 있다. 기존의 예배에 대한 개념을 완전히 깨버린 독특한 구도자 예배와 어지간한 비즈니스 그룹 뺨치는 세련된 교회 운영을 자랑하는 시카고 윌로우크릭 교회 담임 목사인 빌 하이벨스가 네덜란드계임을 염두에 두자.

프랑스인들의 낭만적이고 열정적인 투쟁 정신, 튀는 개성, 자유 분방

---

[11] 미국에 가 보면 아직도 식사 후에 자기 점심 값을 자기가 내는 것을 가리켜 "Dutch Pay(네덜란드식 지불 방법)" 라고 부를 정도다.

한 삶의 스타일 또한 미국인들의 성격의 일부가 되었고, 독일인들의 꼼꼼하고 철저한 장인 정신은 초창기 미국의 빠른 산업화를 도왔다. 이들 모든 유럽 국가들이 엘리트 교육 기관의 중요성을 강조했던 덕에 오늘날 미국은 세계 최우수 대학 800개 중의 3분의 2가 넘는 대학들을 보유하고 있다. 20세기에 들어서는 히스패닉계와 아시아계의 많은 인구가 대량 이민을 오기 시작함에 따라, 이들 민족들의 특성 또한 신세대 아메리칸의 이미지 재구성에 기여하고 있다.

미국의 가장 큰 강점은 이렇게 끊임없이 새로운 이민들을 통해서 자신들의 수준을 끌어올리고 바꾸어 나간다는 데 있다. 다양성을 수용함으로써 최대 공약수를 산출하고 자신들의 내용을 끊임없이 발전시켜 가는 자세, 이것이 미국식 리더십의 가장 큰 장점 중 하나다.

한 가지 미국을 이해하는 데 있어서 중요한 것은 미국은 대단히 넓은 나라이기 때문에 지역별로 확연히 다른 개성이 있다는 점이다. 국토가 좁은 유럽의 국가들과는 달리, 미국은 동부, 중부, 서부, 남부의 문화가 각각 다르다. 뉴욕, 워싱턴 D.C., 보스톤을 중심으로 한 동부는 오랜 역사와 사계절이 있고, 땅은 좁고 인구가 많은 까닭에 사람들이 아주 보수적이다. 교육과 문화의 수준 또한 대단히 높다. 뉴욕 같은 경우는 사람들이 극히 일 중심적이고 삶의 페이스가 대단히 빠르다. 반대로 로스엔젤레스, 샌프란시스코, 시애틀을 중심으로 한 서부는 따뜻한 날씨가 사계절 계속되는 곳이며, 땅은 넓고 역사는 짧은 까닭에 젊은이들의 비치(beach) 문화가 지배하는 곳이다. 사람들의 생각, 복장도 아주 캐주얼하고, 삶의 페이스도 상당히 느긋한 편이며, 엔터테인먼트 문화가 지배적이다. 한편 시카고 오대호 지역을 중심으로 한 중부 지방은 동부와 서부의 중간형이라고 보면 된다. 애틀란타, 마이애미, 달라스를 중심으로 한 남부는 미국의 그 어느 지역보다 변화에 대해 둔감한 편인데, 연방 정부의 권위에 대해 상당히 회의적이다. 특히 텍사스 주 같은 경우는 스스로의 힘으로 멕시코를 격파해서 독립을 쟁취한 까닭에, '미국인' 이라 불리는 것보다 '텍사스 사람' 으로 불리는 것을 선호할 정도로 지역적 자부심이 대단하다. 이렇게 지역에 따라 차이가 너무 나기 때문에 획일적으로 '미국인은 이렇다' 라고 단정지어 말하기 어려운 경우가 많음을 유념해 두자.

미국인을 설명하는 또 하나의 단어는 개척 정신이다. 미국은 19세기 초반부터 서부 개척을 통해서 그때까지도 어렴풋이나마 가지고 있던 유럽의 때를 벗고 미국인만의 독특한 색깔을 가지기 시작한다.[12] 짧은 시일에 그 광활한 땅을 인디언과 싸우고 질병을 이겨내며 개척한 미국인들은, 그 과정에서 철저한 개인주의, 독립 정신, 자활 정신을 갖게 되었다. 정부나 그 누구도 도와줄 사람 없이 홀로, 또는 몇몇 가족과 이웃들끼리 총을 들고 새 삶을 개척한 미국인들은 운명을 자기 스스로 앞서서 개척해 나가는 적극적인 모험 정신을 갖게 된다. 이러다 보니 느리고, 추상적이고, 학구적인 유럽식 생활 스타일은 영 맞지 않게 되고, 미국인들은 더욱 속도감 있고 융통성 있고 실용주의적으로 변해 가게 된다. 서부의 거친 환경은 미국인들을 조급하게 했고, 무서울 정도로 현실주의적 사고 방식을 갖게 했으며, 반지성주의로 몰아갔다. 지금도 미국인들과 대화해 보거나, 미국인들의 책을 읽어 보면 복잡하고 추상적인 논리보다는 쉽고 분명한 방법론적인 냄새가 물씬 난다. 미국 영화를 보면 어찌되었든 주인공은 마지막에 반드시 승리하는 명확한 권선징악 논리가 주저함 없는 화끈한 액션으로 표현된다. 어떠한 어려움도 두려워하거나 기피하지 않고 정면 돌

---

12) 프레드릭 터너(Fredrick J. Turner)란 학자는 미국과 유럽의 가장 큰 차이의 하나는 넓은 땅이요, 공간이라고 했다. 광활한 서부 개척이 바로 아메리칸 정신을 만들어 냈다고 했다. 서부 개척이 한참 진행되던 1835년, 리온 비춰(Lyon Beecher)라는 학자도 말하기를 "미국의 종교적, 정치적 광대함은 서부에 의해 결정될 것" 이라고 했다.

파하는 과감한 이 개척 정신은 미국의 **빠른** 발전의 원동력이 된다. 이런 미국의 적극적 사고 방식을 목회에 적용시킨 것이 바로 노만 빈센트 필(Norman V. Peale) 박사와 남 캘리포니아 수정 교회(Crystal Cathedral)의 담임 목사 로버트 슐러(Robert Schuller)다. '할 수 있다'의 정신은 바로 오늘의 미국을 있게 했으며, 오늘날까지도 이런 적극적인 도전 정신과 용기는 미국적 영웅, 미국적 리더의 트레이드 마크이다.

그러나 미국의 이 개척 정신에도 어두운 면은 있다. 미국에 관해 쓰여진 책들 중에 가장 탁월한 고전 중에 하나인 「미국에서의 민주주의(The Democracy in America)」를 저술한 18세기 프랑스 학자 알렉시스 드 토커빌(Alexis De Toqueville)은, 세계에서 가장 많은 것을 누리고 있고 가장 적극적이고 개척 정신이 강하면서도, 속으로는 항상 불안해하고 어쩔 줄 몰라 두려움에 떠는 것이 미국인들이라고 지적했다. 시드니 미드(Sydney Mead)란 학자는 여기에 대해 이렇게 설명한다.

"미국인들은 언제나 시간에 쫓겨 왔다. 너무 바빴기 때문에 멈춰 서서 걸어온 길을 돌아볼 여유가 없었다. 오랜 시간의 역사가 유럽 문화를 만들었다면 미국의 문화를 만든 것은 광활한 땅이다. 유럽이 늘 과거의 영광을 돌아보고 있는데 반해, 미국은 항상 미래의 개척지를 바라보고 있었다. 이 광활한 땅의 개척이 우리를 지치게 했다."

미국의 외형적, 기술적, 물질적 발전이 워낙 빨랐던 까닭에 상대적으로 그를 뒷받침해 줄 정신적, 도덕적 발전이 따라가 주질 못했던 것이다. 서부 개척이 가져다 준 급속도의 물질적 풍요와 영토의 확장은 미국인들의 정신적 불안과 도덕성 말살, 깊이 있는 지성의 결여를 가져오게 된다. 미래를 향한 비전만 계속 강조하다 보니, 깊은 자기 성찰과 역사 의식이 상대적으로 많이 결여된 것이다. 유럽인들의 문제가 너무 추상적인 사고 방식에 있다면, 미국인들의 문제는 너무 지나치게 현실주의적이고 방법론적이라는 데 있다고 해도 되겠다.

　또 하나 미국의 개인주의적 실용주의가 안고 있는 양면성은 실력 위주의 효율성 중심의 삶이 가져다 주는 삶의 메마름이다. 경륜이나 혈통보다는 사람의 능력을 중시하기 때문에 리더로 하여금 끊임없는 자기 발전을 하게 하는 동기 부여가 잘 되어 있고, 각고의 노력으로 다듬어진 사람들이 리더의 자리에 오르기 때문에 사람들이 어느 정도 리더들을 인정해 주는 편이다. 그러나 이것은 그 사람의 실력을 인정해 주는 것이지 반드시 그 사람 자체를 인간적으로 존경하고 사랑하는 것은 아니다. 역할적 중요성을 인정해 주는 것이지, 반드시 인격적 존경심을 의미하는 것은 아니라는 얘기다. 일본이나 대만 같은 기업 문화에서는 종업원들을 한 가족으로 자주 부르고 아직까지도 종신 고용제를 실시하고 있는 곳이 많지만, 미국의 경우에 회사는 종업원을 하나의 이익 창출 수단으로 보기 때문에 회사가 경영난에 부딪치면 종업원들까지 얹어서 그대로 다른 회사에 팔아 버리기도 한다. 회사는 필요에 의해 종업원을 쓸 뿐이기 때문에 그 필요를 채우지 못한다고 판단되면 서슴없이 해고해 버린다. 그렇기 때문에 직원들도 더 나은 보수와 혜택을 주는 회사를 찾아서 언제든 주저 없이 직장을 바꾸기로 유명한 곳이 바로 미국이다. 아무리 사람의 능력이 중요하다고 하지만, 조금은 너무 매정하다는 느낌이 들기도 한다. 비즈니스에 있어서는 찬 바람이 날 정도로 실용주의를 추구하는 미국인들이기 때문에, 아무리 웃고 교제하며 지내는 이웃이라 해도 서로간에 차 사고가 나거나 하면 주저 없이 경찰을 불러 사고 경위를 작성하고, 여차하면 상대를 고소해서 자기 이익을 철저히 챙기기를 주저하지 않는다.[13]

　요즘은 미국인들 스스로도 미국에는 너무 비생산적인 법정 싸움이 많고, 변호사가 지나치게 많다는 점을 인식하고 있는 현실이며, 갈수록 이해 관계가 얽히지 않은 따뜻한 인간 관계를 몹시 그리워한다. 한 예로, 80

년대 말부터 미국에서 최고 인기를 기록한 TV 시트콤 코미디 프로그램인 〈치어스(Cheers)〉나 〈프렌즈(Friends)〉, 〈싸인필드(Seinfeld)〉 같은 것들을 보면 거의 다 주제가 각양각색의 사람들이 함께 모여 오손도손 따뜻한 관계를 형성하고 살아가는 이야기들이다. 미국에는 은근히 동네 술집(neighborhood bar)이 늘어나고 있는데, 척 스윈돌 목사는 이것은 미국인들이 점점 술을 좋아해서가 아니라, 마음을 터놓고 지낼 수 있는 따뜻한 인간관계를 갈구하기 때문이라고 분석한다.

19세기 말 초고속으로 서부 개척을 이루고 20세기 중반에는 세계 최강대국으로 급부상한 미국은, 정말 오늘의 한국 뺨칠 정도로 '빨리 빨리'의 숨가쁜 삶을 추구했다. 그러나 그 빠른 외면적 성장에 지친 탓인지 요즘은 미국인들이 자주 쓰는 표현 중에 "Take it easy"라는 말이 있는데, 이것은 "적당히 하라, 너무 심하게 몰아붙이지 말라"는 의미가 담겨 있다. 중대한 일을 할 때, 우리는 "정신 바짝 차려!"라고 말하지만 미국인들은 "Relax", 즉 "긴장을 풀고 부드럽게 해"라고 한다. 거기에는 급성장을 통해 최강자의 자리에 도달한 미국인들이 서 있기 담겨 있고, 동시에 지나치게 빠른 변화의 흐름에 지친 그들 나름의 피로감이 담겨 있기도 하다. 그래서 일할 때는 열심히 일하면서도 일 년에 몇 주씩 되는 휴가만큼은 빠짐없이 꼭꼭 챙겨서, 만사 잊어버리고 가족과 함께 조용한 곳에서 '릴랙스' 하는 게 미국인들이다. 이들의 주말이나 휴가는 천재지변이 아니라면 건드리지 않는 게 좋다. 오히려 20세기 말에 들어서는 대부분의 미국인들이 너무 안일주의, 안전주의에 빠져서 서부 개척 시의 강렬한 모험

---

13) 실제로, 뉴욕에 사는 한 교민은 자기 옆집에 사는 백인 이웃에게 50만 달러짜리 고소를 당한 적이 있다. 이유인즉, 이 백인이 와서 자기 집 지붕을 고치는 데 필요하다 해서 사다리를 빌려 주었는데, 그 사다리를 타고 올라갔다가 넘어져 다리를 다쳤다고 한다. 고소의 이유는 품질이 좋지 않은 사다리를 빌려 주어서 자기가 넘어져 다치게 되었다는 것이다.

정신이 많이 사라져 가고 있는 성향까지도 보인다.

여하튼, 이제 200년을 갓 넘긴 젊은 나라 미국은 초창기 한국 개신교 교회의 골격을 세운 선교사들의 절대 다수를 보낸 나라며, 한국의 현대사에 있어서 정치, 경제, 문화, 교육의 모든 면에서 엄청난 영향력을 끼쳐 온 나라다. 오늘날도 한국의 앞서가는 교회들이 벤치 마킹하고 있는 교회들과 영적 지도자들과 저서들은 미국 교회들과 목회자들, 학자들이 압도적인 우위를 차지하고 있다. 이것은 정계, 재계, 교육계, 스포츠계에 있어서도 마찬가지다.

그렇기 때문에 미국이라는 나라와 미국인들의 특성을 이해하지 않고 무분별하게 그들의 것들을 우리 상황에 그대로 적용하는 것은 위험하다. 예를 들어, 믿지 않는 사람들에 대한 적극적인 전도와 구도자 예배로 유명한 윌로우크릭 교회의 전도 세미나를 가만히 보면, 체계적으로 하나하나 사람들의 의문을 풀어 주고 설득해 나가는 것에 큰 비중을 두고 있다. 논리적이고, 합리적이며, 흑백이 분명한 서양적 사고 방식 때문이다. 그러나 한국인의 경우는 "예"와 "아니오"를 칼같이 가리는 것보다는 음과 양을 다 수용하는 동양의 조화적 개념이 강하다. 터널을 파기 위해 양쪽 끝에서 동시에 파고들어 갔을 때 두 팀이 엇갈리면 미국인들은 실패했다고 하지만, 동양적인 사고 방식으로는 "만나면 다행이지만 그렇지 못했다 해도, 굴이 두 개 생기니 좋지 않느냐?"고 한다.[14] 미국식 변증학은 신이 존재하느냐 않느냐에 상당한 무게를 싣는데 반해서, 한국인의 경우는 이미 옛부터 어떤 형태로든 상당한 신심(神心)이 있었기 때문에, 하나님이 최고의 신이고 정말 바른 신인지가 더 중요한 관건이 된다. 아무리 서구화되었다고는 하나 이런 한국인들을 대상으로 하는 전도 방식은 미국

---

14) 중국의 임어당이 서양과 동양의 사고 방식을 비교하면서 든 예다.

식 전도 방법의 일방적인 답습으론 문제가 있지 않겠는가?

6   중국

한국과는 아주 오래 전부터 밀접한 관계를 맺어 온 중국은 '중국(中國)'이라는 이름이 의미하듯이, 항상 자신들이 세계의 중심이 되는 나라라는 자부심을 갖고 살아왔다. 특히 그들은 적어도 아시아권에서는 자신들이 '큰형님'이라는 자부심이 있다. 안타깝게도 19세기 중반 현대화된 유럽 열강들의 침입 앞에 치욕적으로 개국하고 1, 2차 세계 대전과 공산 혁명을 겪으면서 옛 자존심이 많이 꺾이긴 했지만, 21세기로 진입한 지금, 중국은 다시금 아시아의 패권을 장악하고 유일한 강대국인 미국과 어깨를 나란히 하려 하고 있다.[15]

중국인들은 절대 왕정 체제 속에서 오랜 세월 살아오긴 했지만, 리더십의 자격을 이해하는 데 있어서 아주 독특한 철학이 있다. 한자로 '천명(天命: the mandate of heaven)'으로 표현되는 이 사상은 기원 전 1120년경부터 대대로 전해 내려온 것으로, 군주란 백성을 섬기라고 하늘이 세운 사람이며 군주가 그 사명을 제대로 다하지 못하면 백성이 그 군주를 축출하고 하늘의 뜻을 받들어 나라를 다스릴 새 군주를 세울 수 있다는 것이다. 이것은 1776년 신대륙의 미국인들이 영국에 항거하여 독립 전쟁을 치렀을 때 토마스 제퍼슨이 쓴 독립 선언문의 요지와 놀라울 정도로

---

[15] 소련의 붕괴 이후, 향후 세계에서 미국에 가장 큰 군사적 위협이 될 수 있는 나라는 중국이라는 판단하에, 극동 지역 미군의 모든 군사 작전 계획은 중국을 염두에 두고 있다.

흡사한데, 리더십이 부패할 경우 가장 평범한 국민들에게 그 리더십을 물갈이 할 수 있는 권리를 부여해 준 것이다. 1940년대, 미국의 막강한 군사 지원을 등에 업고도 장개석의 국민당이 결국은 모택동의 공산당에게 패한 것은 바로 이 때문이다. 중국인들이 공산주의 이데올로기를 사랑해서 모택동의 손을 들어 준 게 아니라, 부패한 국민당 리더십이 '천명'을 저버렸다고 여겼기 때문이다. 그래서 중국의 리더십들이 가장 두려워하는 것은 이런 '인민 운동' 이다.

중국 정부가 파룬궁 탄압에 지나칠 정도로 신경을 쓴 것도 그것이 소리 없이 수많은 인민을 움직이는 힘으로 발전하는 것을 두려워해서다. 국민을 제대로 잘 먹이고 입혀야 천명을 다하는 것이기 때문에, 70년대 말 등소평은 정치 체제는 공산주의를 고수하면서 경제 체제는 자유 시장 경제를 과감히 도입하는 위험한 도박을 감행했던 것이다. 중국 지도층이 미국의 핵 폭탄보다 더 두려워하는 것은 민중이 정부에게서 등을 돌리는 것이다.

특히 중국인을 이해함에 있어서 중국 본토인들 외에 싱가폴, 마카오, 대만, 홍콩 등지의 중국계 나라들, 그리고 전세계에 흩어져 살고 있는 화교들을 빼놓을 수 없다. 거의 점조직처럼, 수입이 많은 각지의 중국인들끼리 네트워크를 형성하고 있는 이들의 특징은 지극히 가족 중심적이라는 것이다.[16] 이들의 비즈니스는 거의가 친인척이나 동향계끼리의 개인 인간 관계에 기초한다. 특히 대만에서는 이 현상이 아주 심해서 대만의 기업들은 거의 다 중소 기업 규모인데, 비(非) 가족 출신의 배신을 두려워

---

16) 홍콩 비즈니스 스쿨의 학장을 지낸 고든 레딩(Gordon Redding)의 1990년도 저서 「중국식 자본주의 정신(The Spirit of Chinese Capitalism)」은, 중국인들의 문화와 중국식 경영을 이해하는 핵심은 바로 가족중심주의를 이해하는 것이라고 지적한다.

해서 기업 규모를 의도적으로 작게 한다고 한다. 정권이 바뀌고, 사람이 바뀌는 이 세상에서 피붙이밖에는 믿을 사람이 없다고 믿어서이다.

중국인들은 옛부터 관(官)에 대한 존경이나 신뢰가 별로 없다. 힘을 가졌기 때문에 정부와 권력자들을 두려워하는 하지만, 그들이 진정으로 국민의 안위를 책임져 줄 것이라고 믿지는 않는다. 대만에서는 장개석의 군사가 건너와서 정권의 기반을 확실히 다지기 위해 2-7만에 이르는 대만인들을 학살했다. 중국 본토에서는 60-70년대의 문화 혁명으로 수많은 사람들, 특히 고급 지식인 인력들을 무자비하게 핍박했다. 이런 상황을 수없이 겪으면서 살아 남은 사람들은, 역시 믿을 것은 가족뿐이라는 결론을 굳히게 된 것이다. 이역만리 타국으로 이민을 간 화교들은 더욱 그랬다. 그래서 최소한의 인원으로 최대한의 이익을 낼 수 있는 비즈니스를 선호하는데, 수출이나 부동산이 그 예다. 이들 중국인 화교들의 노동 철학은 유교의 가르침대로 근검 절약과 성실함이다.

또한 중국 본토인들은 역시 대륙인들답게 스케일이 크고 느긋하며, 장기적인 안목을 가지고 끈기 있게 일을 추진한다. 조선족 자치구를 세워 주고, 이들 조선 사람들에겐 일인일아(一人一兒)법에서도 열외시켜 주는 관대함을 보였다. 20세기 초에는 지진으로 하루아침에 150만 명이 죽고, 60년대에는 어느 한 해에 기아로 3,000만 명이나 되는 사람이 굶어 죽었는데도 눈 하나 깜짝하지 않는다. 중국 정부가 기획하고 밀어붙인 경제 개발 정책도 기간이 50년, 100년 되는 상상하기 힘든 장기간 프로젝트가 한두 건이 아니다. 현재 중국 정부가 국책 사업으로 추진하고 있는 대형 프로젝트는 가뭄으로 늘 시달리는 북부 지방과 고질적인 물난리로 피해가 막심한 남부의 양쯔강을 연결하는 수로를 건설하는 일이다. 홍수와 가뭄을 동시에 잡겠다는 이 공사는 빨라도 몇 십 년이 걸리는 큰 공사다. 속도와 순발력을 유능함의 필수 조건으로 생각하는 한국인의 정서로는 이해하기 힘든 느긋함이다. 그러므로 중국인들과 상대할 때 괜히 성미를 참지 못해 조바심을 내면 그들의 페이스에 말려들어 지혜롭지 못한 결정을 내리게 되기 쉽다.

7 일본

컬럼비아 대학의 루스 F. 베네딕트 교수는 2차 세계 대전 당시 미국 정부의 요청으로 「국화(菊花)와 칼(The Chrysanthemum and the Sword)」이라는 탁월한 일본인 연구서를 썼는데,[17] 그녀는 이 책에서 일본 사회는 전통적으로 수직 사회, 즉 계급 사회였음을 지적하고 있다. 이 피라미드식 사회는 최고봉의 텐노(天皇: 천황)로부터 시작해서 쇼군(將軍: 군주), 다이묘(大名), 사무라이(武士: 무사), 평민, 천민으로 내려온다. 이 사회 구조를 찰떡같이 이어 주는 접착제는 바로 옹(恩: '은혜')의 개념이다. 일본인들은 자신이 태어나 편안히 살 수 있는 것은 다 윗사람의 은혜 때문이라고 믿는다. 윗사람은 아랫사람에게 은혜를 베풀어야 사람 구실을 하는 것이고, 아랫사람은 목숨을 걸고 그 은혜를 갚아야만 한다. 이를 지키지 못하는 것은 일본인에겐 최대의 수치로 여겨진다. 그래서 일본인들의 가장 인기 있는 문학인 「쥬신구라(忠臣藏)」는, 47명의 사무라이가 적에게 살해당한 주군의 원수를 갚기 위해 절치부심(切齒腐心)하여 마침내는 복수하고 자기들도 다 할복하는 끔찍한 줄거리를 담고 있다. 그러나 일본

---

[17] 이 책은 프랑스인 롤랑 바르트의 「기호(記號)의 제국(帝國)」과 한국의 이어령의 「축소(縮小) 지향의 일본인(日本人)」과 함께 외국인이 쓴 최고의 일본론으로 꼽힌다.

인들이 이 이야기를 거의 신화처럼 여기는 이유는 수직 계급 사회에서 자기의 직속 상관에게 충성을 다하는 것이 삶의 최고의 긍지라고 믿기 때문이다. 자신의 위치를 벗어남이 없이 그 자리에서 행동하는 것을 최대의 의무로 인식하고 있는 것이다. 이 정신이 일본의 가정, 기업, 정부 등 사회 곳곳에 깔려 있어, 수직 관계의 상하 인간 사이에서의 단결과 화합의 기반이 된다.

이런 이유로 일본인들은 항상 자신을 전체 집단의 일원으로 생각하기 때문에 동료들에게 엄청난 압박을 받는다. 바꾸어 말하면, 서로가 서로에게 상당한 리더십 영향권을 행사하고 있는 것이다. 얼마 전에, 미국 하와이 대학 연구 팀이 중국, 일본, 미국의 유치원 아동들을 대상으로 한 작은 실험 결과를 책과 비디오로 제출했다. 그것에 의하면, 일본에서는 보통 한 명의 선생이 4살짜리 꼬마 28명을 맡는다는 것이다. 특히 그 조사 화면에는 히로키라는 말썽꾸러기 일본 어린이가 등장하는데, 툭하면 싸움을 하고 책을 땅에 집어던지는 히로키를 한 여학생이 선생님한테 이르자, 그 선생님은 "그걸 왜 나한테 얘기하니? 네가 알아서 처리해!"라고 말한다. 이와 반대로, 미국에서는 한 선생님이 보통 9명의 어린이를 가르치는데, 거기에도 히로키와 비슷한 말썽꾼 글렌이란 아이가 등장한다. 그런데 미국 선생님은 글렌과 함께 장시간 대화를 나누고, 그가 마음을 잡을 때까지 교실 구석에 격리시켜 놓는 것이었다. 30년 후에 글렌과 히로키를 다루는 데 똑같은 방식으로 접근할 수 있겠는가?

일본 기업인들은 20년 동안 특유의 리더십 이론 PM[Performance(업무 실적)와 Maintenance(조직 유지)를 합친 말임] 논리를 개발했는데, 여기서 '조직 유지'는 종업원 한 사람 한 사람의 개발과 그들을 돌보는 것보다는 전체 조직의 사원 분위기 안정에 초점을 맞추고 있다.[18]

또한 이런 철저한 수직적 조직 사회 문화에서는 무엇을 하든지, 그야말로 목숨을 걸고 제대로 잘해야 하고 정직해야 한다. 일본인들은 열심히 일하는 것을 '잇쇼켄메이'라고 하는데, 문자 그대로 목숨을 걸고 한다는 뜻이다. 이것은 과장된 비유가 아니다. 막부 시절에는 정말 군주의 밥에 돌 하나라도 잘못 들어갔다가는 그 요리사는 그대로 처형당했다. 이렇게 아무리 작은 일이라도 목숨을 걸고 하는 것이 체질화된 일본인들이니, 불량품 발생률이 한국이나 미국을 포함한 다른 경쟁 국가들과 비교도 안 될 정도로 낮다. 또한 일본 기업들의 정직성, 청결성, 애프터 서비스 정신 또한 세계적으로 유명한데 이것도 다 여기서 기인한 것이다.

2차 세계 대전 때 미군 군함으로 자살 다이빙을 했던 가미가제 특공대가 보여 주듯이, 일본은 집단을 위해 개인을 희생시키는 것을 당연시했다. 그렇기 때문에 거대한 집단의 힘으로 움직이는 일본인들의 결속력, 단결력은 무서운 힘을 발휘한다. 그러나 조직력을 너무 강조하면 창조력과 돌발적인 사태에 대한 순발력이 상대적으로 떨어지고, 개인의 모험 정신이나 재능 개발에 상당한 브레이크가 걸리게 된다. 소니, 산요 같은 굴지의 전자 제품들이 세계 시장을 석권하면서도 그 속에 들어가는 비디오 테이프나 음악은 다 미국의 헐리우드 가수들의 것들이 대부분인 까닭은 그 때문이다. 미국의 젊은이들에게 파는 일본 굴지의 자동차 회사의 차 디자인은 다 미국 현지 젊은이들을 고용해서 시킨다. 튀는 창조력과 개성은 자유 분방한 서양인들을 아직 못 따라가기 때문이다.

또한 지독한 완벽주의적 생산을 추구하다 보니, 일본인들은 사는 것에 여유가 없고 일의 스트레스가 많아 마음이 풍성하지 못하여 다른 이들을 잘 품어 주지 못한다. 겉으로 드러나는 매너는 공손하기 이를 데 없지만

---

18) 한 예로, 일본과 한국의 대기업들은 서구의 기업들에게선 찾아볼 수 없는 사가(社歌) 같은 것이 있어 한 공동체 의식을 고취시켜려 한다.

특히 다른 민족들을 대하는 일본인들의 태도는 여유가 없이 각박하다. 단적인 예로, 2차 세계 대전 때 저지른 만행에 대해 독일은 범국가적인 사과와 보상을 유대인과 폴란드인 등 피해 민족들에게 철저히 한데 비해, 일본은 독일보다 훨씬 많은 것을 갖고 있으면서도 사과와 배상에 지독히도 인색하기 짝이 없다. 일본이 같은 아시아권에서도 자꾸 고립되는 것도 바로 이 때문이다. 한국은 일본을 미워하면서도 은근히 자꾸 일본을 배우자고 하는데, 배울 것은 배우되 이런 일본인의 기본 실체는 정확히 이해하고 배워야 할 것 같다.

8 _____ 한국

반도(半島)라는 한국의 지리적 여건은 한국의 파란만장한 역사적 여정을 말해 준다. 주위에 위치한 강대국들의 끊임없는 침입으로 국토가 수없이 유린당하면서도 살아남은 한국인들에겐 몇 가지 확연한 강점들이 있다. 첫째는 시련을 견뎌 내는 지구력이 대단하다는 것이다. 전쟁과 배고픔과 각종 질병, 시련들을 당해 오면서도 잡초처럼 포기하지 않고 견뎌 온 한국인들은 정말 고통에 대한 저항력이 대단하다. 또한 빠른 순발력과 적응력을 가졌다. 끊임없는 외세의 침입과 정권의 교체 속에서 생존해 오면서 새로운 상황에 대한 대처 능력이 탁월하게 발달했다. 아마 한국인들처럼 새로운 기술을 빨리 습득하고 활용하며, 새로운 환경에 빨리 적응해 사는 사람들도 세계에 드물 것이다. 그러나 이 장점이 또 단점으로 작용해서, '빨리 빨리'를 외치며 폭풍 같은 카리스마로 밀어붙이다 보니, 장기적인 안목을 가지고 체계적으로 준비하는 점이 약화되어 사고가 자주 발생한다. 고통을 잘 견뎌내긴 하지만 직접 나서서 적극적으로 운명을 개척해 나가는 진취성과 낙천주의, 여유, 신중함, 대범함이 결여된 경우가 많다.

게다가 반도라는 위치 때문에 끊임없이 중국, 일본과 접촉을 해오다 보니 두 나라에서 여러 가지로 영향을 받아, 한국인들의 특성 속에는 소리 없이 이들의 문화적 요소들이 배어 있기도 하다. 어떤 이들은 이런 한국의 특성을 가리켜 농담같이 '비빔밥 문화'라고 표현하기도 한다. 먼저, 중국은 무엇보다 우리에게 유교 사상을 전수해 준 나라인데, 이것이 한국으로 건너와서는 더욱 경직된 형태를 띠게 된다.

독일의 저명한 사회 학자 막스 베버(Max Weber)는 유교 정신을 가진 민족이 자본주의를 구축하기 힘든 이유로 두 가지를 들었다. 첫째, 주어진 환경을 받아들이고 적응하긴 하지만, 환경을 나의 꿈에 맞게 이용하고 변화시켜 가는 일은 서투르다는 것이다. 둘째, 전문 능력이나 기능보다 관계와 체면을 더 중시한다는 사실이다. 한국의 선비들은 충과 효를 최대의 덕목으로 알았고, 서양인들이 과학을 발전시키고, 도전적 모험 정신으로 세계 곳곳을 정복하고 있을 때도, 전문성을 닦기보다는 군자(君子)의 트레이드 마크인 풍류를 즐겼고, 잘나가는 사람들과의 인간 관계 형성에 주력하는 정치적 성향이 강했다. 까다로운 매너와 화법을 따지는 영국의 젠틀맨십과 유사한 군자의 도를 한국형 리더십은 강조했다. 실속 있는 내용 이상으로 중요한 것은 바른 모양새를 갖추는 것이었다. 이런 현실을 한탄한 퇴계 이황 선생은 쓸데없는 예절 형식은 최소화하고 실제적인 학문의 깊이를 넓히라고 가르쳤다고 한다.

여기에다, 위아래 수직의 관계가 분명한 일본식 권위주의 체계가 36년 일제 치하 시기와 군사 정권 시대 때 소리 없이 한국인의 의식 속에 스며들었다. 이 점에 있어서 한국은 어쩌면 일본보다 한 술 더 뜨는 것 같

다. 예를 들어서 일본어로는 누구에게나 '상(さん)'이란 말만 붙이면 경어가 되는데, 한국어에서는 남을 높이는 경어도 아주 종류가 다양하고 까다로워서 외국인들이 곤욕을 치르기 일쑤다. 위아래가 분명한 수직의 조직 권위주의 문화가 아직까지도 한국 사회 곳곳에 배어 있다. 무엇을 말하느냐보다 중요한 것은 말하는 그가 어떤 위치에 있는 사람이며, 나와 무슨 관계가 있는가가 중요하다. 이런 비정상적인 수직 사회, 권위주의 체제에 사는 사람들은 속으로는 끓어오르는 한이 많다. 그것이 한국인의 예민한 균등 사상으로 표출이 된다.

막시스트도 아니면서, 누가 자기보다 조금이라도 더 누리고 있다고 생각하면 무조건 나쁘게 생각한다. 너나 나나 뭐가 다르냐고 목청을 돋운다. 이것은 항상 아무 이유 없이 특권층에 착취당해 온 이들의 가슴에 본능적으로 뿌리 박은 박탈감에 기인한 것이다. 그러다 보니 정당한 노력과 능력으로 그 자리에 오른 사람의 권위도 인정해 주지 않는 안타까운 사회 분위기가 조성되기도 한다. 이렇게 제대로 된 리더에게도 힘을 실어 주지 않으면 사회의 활기찬 발견을 기내하기가 어려워진다.

2차 세계 대전 후반부터는 미국의 실용주의와 자본주의 문화에 큰 영향을 받았고, 영국, 프랑스, 이태리 등과도 활발한 문화적 교류를 가져와서, 서울 시내를 돌아다녀 보면 마치 지구촌 문화의 압축판을 이곳저곳서 보는 것 같다. 그러나 다양성을 수용하는 것은 좋지만, 한국의 리더십이 주의해야 하는 것은 확실한 토대도 없이 기대고 있는 축도 없이 무조건적으로 남의 것을 답습하는 것은 극히 위험하다는 사실이다.

유행에 민감하면서도 근본적 사고 방식은 극히 보수적으로 남아 있는 프랑스인들같이, 우리도 정작 중요한 소프트웨어는 놔두고, 껍질인 하드웨어만 쉴 새 없이 갈아치우고 있는 듯한 느낌이 든다. 정확한 목적 의식 없이 충분히 소화하지 않고 시도하는 변화들은 오히려 자신의 정체성을 상실한 열등감의 산물로밖에 볼 수 없다. 무엇을 바꾸지 말아야 할지를 확실히 아는 사람만이 정작 바꾸어야 할 모든 것들을 주저 없이 바꾸어 갈 수 있을 것이다.

리더십을 다루는 책에서 여행 가이드도 아니고 왜 이렇게 많은 페이지를 각 나라의 문화적 특성 이해에 할애했는지 의아해 하는 독자도 있을 것이다. 그러나 지구촌 시대에 사는 우리는 앞으로 세계의 각종 정치, 경제, 교육, 연예계의 리더십들과 활발한 교류를 하면서 살아가게 될 것이다. 나라마다 가진 역사와 문화, 국민성이 현저하게 다른데, 한국식 리더십이라는 렌즈를 끼고 획일적으로 접근하다가는 큰 낭패를 보기 십상이다. 또한 이미 우리에게 알려진 세계 각국의 유명한 리더들을 놓고 케이스 스터디를 할 때도, 그들의 출신 국가들에 대한 사전 이해가 없다면 힘들 것이다.

네덜란드를 알고 미국을 알면 윌로우크릭 교회의 빌 하이벨스 목사의 리더십 스타일을 훨씬 더 자연스럽게 이해할 수 있다. 일본을 알고 미국을 알면 소니(Sony)의 아키오 모리타 회장의 리더십이 훨씬 더 빠르게 다가온다. 프랑스를 알아야 나폴레옹을 제대로 볼 수 있고, 한국 시장을 잠식하고 들어오는 프랑스 패션과 자동차, 항공 산업의 경영 철학에 대한 감을 잡을 수가 있다. 영국을 알아야 처칠의 리더십을 이해하고, 존 웨슬리나 마틴 로이드 존스, 존 스토트 같은 영적 거성들의 리더십의 배경을 이해할 수 있다. 독일을 알아야 종교 개혁을 주도한 마르틴 루터의 리더십을 확실히 숙지할 수 있고, 벤츠와 BMW 같은 자동차 회사들의 탁월한 경영 철학을 이해할 수 있다. 리더십에 관해서 쏟아져 나오는 수많은 책들도 그것이 쓰여진 나라(거의 대부분이 미국 것들이지만)에 대한 배경 지식이 있어야 올바로 이해하여, 우리가 처한 실정에 맞게 적용할 수가 있다.

　각 나라의 문화적 특성과 그 나라의 국민성에 대해서 연구하면서 느낀 것은 각 나라마다 민족적 자부심이 대단하다는 것이다. 국가도 개인과 같아서 자존심이 세기 마련인데, 특히 이 자존심은 실제적인 힘이 더해지면 극단적으로 발전한다. 15-16세기 스페인이 세계의 바다를 제패했을 때는 스페인 민족의 우월감이 대단했고, 그 후 영국, 프랑스가 패권을 잡았을 때는 영국인과 프랑스의 자만심이 하늘을 찔렀다. 19세기 후반기부터는 신흥 강국으로 부상한 독일, 일본의 민족적 자부심이 무서운 세계 대전을 두 차례나 일으키는 토양이 되었다. 이들 유럽의 열강들은 오늘날도 옛날의 영광을 계속 내세우면서 각자의 민족적 우월주의가 은근히 심하다. 20세기 중반기부터 세계 역사의 새로운 초강자로 군림한 미국도 경제력, 군사력이 불어나면서 '세계의 경찰'이라는 자부심이 대단하다. 한국, 중국을 비롯한 동아시아의 국가들도 고속 경제 성장으로 국력이 증강되면서 서서히 민족주의가 상승 기류를 타고 있다. 건강한 자존감을 갖는 것은 좋은 일이지만, 이것이 지나치면 병적인 우월 의식을 낳고, 이렇게 되면 다른 이들과의 대화나 관계 형성에 문제가 생기기 시작한다.

　이어령 씨는 일본의 문제점 중 하나로 바로 이 점을 지적한다.[19] 일본 화폐의 1만 엔권에는 후쿠자와 유키치의 초상화가 그려져 있다. 현대 일본 정신의 선구자로 숭상되는 이 인물은 100여 년 전 한, 중, 일 세 나라의 연대 강화를 역설하다가 그것이 별로 이로울 것이 없다고 판단되자, 즉시 말을 바꾸어 조선과 중국을 '동방의 악우(惡友)'라고 부르면서, 일본은 이 '망한 나라들'과의 관계를 끊고 서구 열강들과 사귀어야 한다는 '탈아론(脫亞論)'을 편 사람이다. 일본 문화의 역사는 항상 강한 자들의 것

---

19) 이어령, 「축소 지향의 일본인 그 이후」에서.

을 흡수하고 옛것은 냉혹하게 버리는 행위의 반복이다. 자신들의 기술이 어느 정도 축척되었다고 판단되자, 그토록 흠모하던 영국과 미국을 대상으로 태평양 전쟁을 일으키지 않았는가? 그렇게 철저하게 계산된 약육강식의 철학으로 살아온 탓인지, 오늘날도 일본을 비즈니스의 대상으론 선호할지 몰라도 친구로 보는 나라는 거의 없다. 결국 국가나 단체나 개인이나 지나친 엘리트 의식, 자기 우월주의는 남과의 관계를 병 들게 하고 전세계가 네트워크화되는 지구촌 시대에 치명적인 요소로 작용할 수 있다는 것이다. 이것은 일본뿐 아니라 세계 어느 나라, 어느 민족에게나 다 적용되는 교훈이다.

요 근래에 코리안 드림을 좇아 한국으로 일하러 온 가난한 동남아 국가들의 노동자들이 한국에서 겪은 인종 차별과 설움은 벌써 심각한 수위를 넘은 지 오래다. 우리도 조금만 힘이 생기면 얼마든지 무서운 민족적 우월주의에 빠질 위험이 많다는 것이다.

각 민족의 병든 자기 우월주의의 특성은 강한 자 앞에서는 비굴하고, 약한 자 앞에서는 오만하고 무례하다는 것이다. 결국 교만과 열등감은 종이 한 장 차이다. 남보다 잘나려고 하는 것은 내가 남보다 못나지 않나 하는 두려움에서 출발한다. 한국의 경우도 보면, 한편으론 '백의민족', '배달민족'으로서 아주 강한 민족적 자긍심을 가지면서, 또 한편으론 외국 것이라면, 특히 우리보다 강한 나라들 것이라면 사족을 못 쓰는 양면성이 있다. 이것은 둘 다 건강한 현상이 아니다. 민족적 자존심이 가장 극심한 민족이 유대인들이라고 볼 수 있는데, 이들의 민족적 우월성 때문에 세계에 복음을 전하라는 하나님의 비전을 제대로 감당하지 못했다.

특정 민족으로 태어나게 하신 하나님의 섭리에 감사하고 자신의 민족적 정체성에 대해서 자신감을 갖는 것은 중요하다. 그러나 자신을 받아들이고 사랑하는 사람은 그만큼 남도 사랑하고 존중해야 함을 배우는 것이 필요하다. 그래서 우리는 자기와 남을 동시에 공부하고 이해하려는 노력을 늘 게을리 하지 말아야 하는 것이다. 하나님은 항상 세계 모든 민족의 아버지셨다.

> ●● **각 문화별 리더십의 특징**
>
> - 문화와 민족의 차이를 생각하지 않고 획일적으로 접근하는 것은 매우 위험하다
> - 다른 문화의 특색을 파악하고 이해하는 것은 리더가 갖춰야 할 중요한 자질이다
> - 남을 공부하고 포용하려는 노력을 게을리 하지 말라

Chapter 6
리더십에도 차이가 있다

1. 성격의 4가지 유형 | **2** 리더십의 6가지 스타일

> 당신이 친구들을 얻고 싶으면 사람들로 하여금 당신에게 관심을 가지게 하려 하지 말고 당신이 먼저 다른 사람들에게 관심을 가져라.
>
> — 데일 카네기(Dale Carnegie)

"우리 목사님은 영 리더십이 없어요."

몇 년 전 미국의 한 유서 깊은 대형 이민 교회의 장로님이 부임해 온 지 얼마 안 되는 담임 목사님에 대해 이렇게 얘기하는 것을 들었다. 나는 그 말을 들으면서 상당히 마음이 착잡해지는 것을 느꼈다. 왜냐하면 그 담임 목사님은 내가 개인적으로 잘 아는 분으로 창조력과 유머 감각, 투명하면서도 겸손한 인격을 갖춘 그 세대에서 찾아보기 힘든 좋은 분이었기 때문이다. 그런데 무엇이 문제가 되었을까?

그분이 새로 부임한 교회는 아주 권위주위적인 카리스마를 가진, 박정희 대통령 스타일의 전임 목회자(그 교회를 창립하고 수십 년 넘게 이끈 분임)에게 익숙해져 있었다. 그러니까 그 장로님이 '리더십이 없다' 라고 한 것은 쉽게 말하면 전임자의 리더십 스타일과 다르다는 것뿐이다. 그런데, 사람이란 이상해서 자기가 익숙한 것이 아닌 것을 '다르다' 로 보지 않고, '틀리다, 아니다, 없다' 로 해석한다는 것이다. 개인적인 관계를 떠나서 그 목사님은 내가 아는 멋있는 리더 중 하나인데, 다만 일을 진행시키거나 사람을 다루는 데 있어서 여러 사람들로 하여금 자유롭게 토론하고, 건설적이고 객관적인 준비를 거치게 해서 부드럽게 처리하는 스타일일 뿐이었다. 그러나, 역사와 전통을 자랑하는 그 교회의 중진들은 그를 '리더십이 없는 사람'으로 평가 절하해 버렸다. 결국, 그는 많은 마음 고생을 하고 그 교회를 사임하고 말았다.

빛이 프리즘을 지나면 보라, 남, 파랑, 초록, 노랑, 주황, 빨강의 7가지 색상이 나온다. 그 7가지 색깔 중에 어떤 것이 진짜 빛의 색깔이냐고 묻는다면 무엇이라 대답하겠는가? 물론, 답은 '모두 다(All of the Above)'이다. 마찬가지로, 리더십도 강한 파쇼적 기질을 가진 스타일 하나만 가지고 리더십이 있다, 없다라고 하는 것은 말이 되지 않는다. 하나님은 우리의 유전자 속에 각각 독특한 특성을 집어넣으신 까닭에, 이 땅에 사는 사람들은 다 외모가 다르고 성격이 다르고 기질이 다르다. 리더십은 사람을 다루는 기술이라 할 수 있고, 리더 자신 또한 사람이다. 사람마다 독특한 성격과 기질들이 있는데, 그것들 중에 어느 것이 옳은 성격이냐 아니냐를 따지는 것은 애당초 문제를 접근하는 방식이 잘못된 것이다. 만약 내게 리더십 학교의 커리큘럼을 짜라고 한다면, 처음이나 마지막 부분에 반드시 인간의 각종 성격 유형과 스타일에 대한 이해 과목을 집어넣을 것이다. 자신의 스타일을 제대로 이해하고, 남의 스타일을 제대로 이해하는 사람만이 폭넓고 지혜로운 리더십을 발휘할 수 있을 것이기 때문이다. 그래서 이 장에서는 사람의 4가지 성격 유형의 차이를 정확하게 이해하고, 거기에 기초해서 리더십의 6가지 스타일의 차이를 함께 보고자 한다.

1 성격의 4가지 유형

요즘은 자신의 성격 유형을 알 수 있는 여러 가지 쉽고 좋은 자료들이 나와 있다. 그 중에 탁월하다고 생각되는 것이 MBTI(Myers-Briggs Type Indicator) 테스트와 워크 스루 더 바이블(Walk Thru the Bible)에서 개발한 피플 퍼즐(People Puzzle)이다. 16개의 성격 유형을 분석하는 MBTI는 상세하긴 하나 기억하고 적용하기에 비 전문가들에겐 다소 무리한 감이 있어, 피플 퍼즐이 제시하는 4가지 기본 유형을 중심으로 보통 사람의 성격 유형을 다루고 싶다.[1]

▪ 주도형(Dominant) 스타일: 담즙질

이 유형은 목적 지향적이며, 불도저 같은 추진력을 가졌고, 일방적이며, 다른 사람의 의견을 잘 듣기보다는 자신이 모든 대화의 주도권을 잡는 스타일이다. 도전을 좋아하고, 누구의 간섭도 받지 않고 자신의 결정과 능력으로 밀고 나갈 수 있는 통제력을 원한다.

주도형의 대표적 성경 인물로는 바울을 들 수 있다. 항상 자신의 능력의 한계 끝까지 가는 목표 지향적인 삶을 살았던 바울은, 단도직입적이고 지시적이었으며, 그 어떤 사람에게라도 자신이 가진 생각을 불같이 표현해 버리는 거침없는 언변을 가졌고, 아무리 힘든 일도 주저하지 않고 실천에 옮기는 결단력의 리더였다. 자신의 신념과 부딪히는 경우에는, 서열로 보면 까마득한 선배인 베드로나 바나바와도 일전(一戰)을 불사하는 사람이었다.

주도형은 어렵고 힘든 일들을 과감하게 이루어 내는 행동파라서 큰일을 이루어 내지만, 그 과정에서 사람들의 마음을 상하게 할 수 있는 위험

---

1) 여기서 소개하는 4가지 성격 유형에 대한 부분은 미국의 "Walk Thru the Bible Ministries"에서 제작, 한국 디모데 성경 연구원에서 번역 보급한 '피플 퍼즐 세미나' 내용을 참조한 것임을 밝힌다.

성을 가지고 있다. 그리고 위기 상황에서는 독재자가 되어 버릴 가능성이 가장 많은 유형이다.

만약 당신이 이 스타일이라면 좀더 인내심을 가지고 남의 이야기를 경청하는 자세를 가지도록 하고, 일의 결과와 함께 과정에서 무리가 없나 생각해 보는 것이 좋을 것이다. 만약 당신과 함께 일하는 이가 이런 유형일 경우, 그와 얘기할 때는 간단 명료하게 바로 본론으로 들어가 결과와 핵심을 찔러 주는 게 좋다. 이런 유형이 당신의 부하 직원일 경우, 일을 맡긴 후에는 나중에 책임만 묻고 과정에서 자질구레한 간섭을 하지 않는 것이 현명할 것이다.

◘ 사교형(Interactive) 스타일: 다혈질

이 유형은 기발한 아이디어를 가졌고, 그 생각을 탁월한 표현력으로 사람들에게 열정적으로 전파하는 스타일이다. 낙관적이고 외향적이이서 늘 좋은 분위기를 만들기 때문에 주위에 사람들이 많이 모인다. 직관에 의지해서 신속하고 순발력 있게 모든 상황에 대처해 나가고, 또 그런 사람으로 알려지기를 원한다. 이런 유형의 사람은 일이 많을 때가 아니라 자신이 사람들에게 인정받지 못한다고 느낄 때 가장 힘들어 한다. 또 이 모든 장점이 동시에 약점으로도 작용해서 너무 말을 많이 하게 되어 지킬 수 없는 약속을 남발하기 쉽다. 또 일의 끝마무리가 부족하며, 충동적으로 행동할 수 있는 위험 소지를 항상 안고 있다.

성경에 나오는 전형적인 사교형이 바로 베드로이다. 항상 감성적이었고 모험적이었던 베드로는 성미가 급해서 일단 생각나는 대로 일을 저질러 놓고 보는 반면, 열정적이고 정이 많아서 열두 제자 중의 수제자가 될 정도로 사람을 많이 모으는 스타일이었다. 그러나 항상 주님을 앞서 가다가 몇 번씩 사고를 치고, 지킬 수도 없는 약속을 남발하다가 예수님의 가장 무서운 위기의 순간에 아무 도움도 되지 못했다. 그러나 그런 그를 예수님이 변화시켜서 다시 쓰셨을 때 그는 한 번의 열정적인 설교로 3,000명, 5,000명의 대군중을 일시에 기독교인으로 만드는 놀라운 감화력을 발휘하게 된다.

이 유형의 사람들에게는 사적으로나 공적으로 그의 튀는 창의력과 능력을 인정해 주는 것이 중요하다. 그들의 의견을 적극적으로 들어 주고, 열정적으로 동감을 표현해 줘야 한다. 유명한 사람들의 이야기를 들려 주면서 도전하면 한층 더 기운을 얻을 것이다. 또한 스스로 일을 해나가는 스타일이기 때문에 일을 맡겼으면 충분한 시간과 자원을 주고 자기 나름대로의 방법대로 처리해 나갈 수 있도록 간섭하지 않는 것이 현명하다. 튀는 창의력과 모험성, 탁월한 대화 능력, 그리고 따뜻한 인간 관계 조성 능력을 가진 이 사교형 리더십은 방송 PD, 벤처 기업 등의 일에서 탁월성을 발휘한다.

■ 안정형(Stable/Submissive) 스타일: 점액질

이 유형은 모험을 싫어하고 안정적이며 사람들과의 원만한 관계를 제일 중요하게 생각해, 때로는 업무에 방해가 될 정도로 사람들과 만나는 것을 좋아한다. 온화하고 다정다감하며 사람들의 이야기를 잘 경청해 준다. 그러나 주도적으로 일하기를 꺼려하는 타입이다. 또 이들은 협조적이고 충성스러우며 리더십에게 잘 복종해 준다. 그러나 평화로운 관계를 유지하기 위해 일의 결과에 소홀히 하게 되는 때가 많다.

안정형의 대표적인 성경 인물로는 아브라함을 꼽을 수 있다. 그는 하나님의 인도하심에 군소리 없이 쉽게 순종하고, 자신에게 안전을 보장해 주는 고향을 떠났다. 아마 주도형이었다면 그렇게 쉽게 순종할 수 없었는지도 모른다. 그는 늘 갈등 상황이 벌어지면 정면 돌파하기보다는 갈등을 회피하는 데 애썼고, 정이 많아서 항상 만만찮은 희생과 모험을 무릅쓰고 조카 롯을 도와 주었다.

이 유형의 사람들과는 항상 따뜻한 관계의 표현을 해주는 것이 중요하다. 같이 시간을 많이 보내 주고, 그들의 사적인 문제까지도 관심을 표해 주는 것이 좋다. 그야말로 '아' 다르고 '어' 다르게 받아들이기 쉬우므로, 갈등 상태를 최소화하고 평화로운 분위기를 조성해 주어야 한다. 그들이 한 일에 대한 문제점을 지적한다고 해서 그들과의 관계 자체가 금이 가는 것이 아님을 늘 인식시켜 줘야 한다. 또한 사람을 배려하는 장점을 격려해 주되, 지나치게 관계에 집중하다가 일을 그르치는 오류를 범하지 않도록 챙겨 주는 것이 필요하다.

◘ 신중형(Cautious) 스타일: 우울질

이 유형은 매사에 꼼꼼하고, 철저하며, 지나치게 신중한 나머지 시간 내에 일을 마치지 못하는 경우가 많을 정도다. 속도보다는 질적 우수성과 정확성을 중시하는 이들은, 질릴 정도로 조사하고 연구하고 검사해 본 뒤에야 조심스레 발을 내딛는 타입이다. 돌다리를 두드려 보는 정도가 아니라 깨물어 보고, 흔들어 보아야 건널 사람들이다. 항상 정돈되어 있고 철저하고 분석적인 장점이 있지만, 도전 정신과 융통성, 결단력이 부족한 약점도 있다.

신중형의 대표적 성경 인물은 모세다. 모세는 매우 박식하고 유능한 사람이었지만, 하나님이 이스라엘 백성을 이끌 지도자가 되라는 도전을 주었을 때 매우 소극적이었고 조심스럽게 반응했다. 그는 이스라엘 사람들에게 율법을 꼼꼼하고 완벽하게 가르쳤으며, 그대로 복종하는지 세심하게 챙겼다. 철저하고 성실하며 책임감이 강한 사람이었지만, 자신이 모든 일을 하나에서 열까지 다 감당하는 스타일로서 탈진 직전까지 갔다가 장인 이드로의 충고로 다른 이들에게 리더십의 일을 위임했던 사람이다.

이런 유형의 사람들은 좀 답답하게 느껴질 수도 있지만 일 하나는 실수 없이 정확하게 해내는 스타일이기 때문에, 일 처리를 어떻게 해야 하는지 차근차근 설명해 주는 것이 좋다. 어설픈 감정적인 호소나 사교적인 언변으론 이들을 움직이기가 어려우므로, 논리적이고 객관적인 자료 제시가 중요하다. 이들에게는 속도와 튀는 창의력을 요구하는 일보다는, 분명하게 명시된 프로젝트를 주고, 정확성 혹은 정밀성을 요구하는 일을 주는 것이 좋다. 신중형은 주도형이나 사교형과는 달리 일의 중간 과정에서 성실하게 보고하게 하고 실수가 없는지 챙겨 주는 것을 오히려 더 고마워할 스타일이다. 또한 일을 최고의 수준으로 하는 것은 격려하되, 병적인 완벽주의로 자기와 남을 지나치게 불편하게 하지 않도록 도와 주는 일이 필요할 것이다. 금융, 검사, 관리 분야에서 아주 발군의 능력을 발휘할 타입이라고 할 수 있다.

우리는 위에서 인간의 4가지 성격 유형의 차이를 살펴보았는데, 여기에다가 그 사람이 처한 문화적, 시대적 상황이 주는 영향을 또한 고려하지 않을 수 없다. 이 책의 전반부에서 우리는 문화적 차이와 리더십을 살펴보았는데, 각 나라와 문화도 이 4가지 성격 유형의 틀로써 어느 정도 이해할 수 있다.

예를 들어, 개인주의와 모험주의, 창조성을 중시하는 미국 같은 나라는 문화 자체가 활발하고 표현적이고, 창조적인 '사교형'이라고 할 수 있다. 요즘은 많이 변했다고는 하나 전통 유교 문화의 오랜 역사를 가진 한국이나 일본 같은 경우는 압도적으로 '안정형', '신중형'이라고 볼 수 있다.

이런 문화권의 차이에 따라 생길 수 있는 오류는, 자기 문화권의 주류 스타일이 아닌 리더십은 리더십이 아니라고 쉽게 판단해 버리는 것이다. 한국 문화와 같은 경우를 생각해 보자. 아직 나이가 어린 '사교형'의 어떤 사람이 회의나 모임에서 활발하고 솔직하게 자신의 창의적 생각을 표현한다고 하자. 요즘은 많이 달라졌다고는 하나, 십중팔구 "아직 이마에 피도 안 마른 것이…"라는 좌중의 분위기에 눌려 버리기 십상이다. 체면과 관계를 중시하는 이런 문화적 상황에서는, 창조적이고 새로운 아이디어가 현실화되기 어렵다.

그 반대로, 미국 같은 경우는 관계를 중시하고 일은 조용히 잘 처리하지만 표현은 잘 못하는 동양적 안정형은 리더십이 없다고 제쳐 놓게 되기가 쉬운데, 이것도 빈 수레가 요란함을 잘 모르는 생각일 것이다. 실용주의가 너무 강하게 작용하는 상황에서는 사람 사는 훈훈한 맛이 나지 않는 법이다.

특정 리더십이 두각을 나타내는 데는 시대적 상황 변화(generational change)도 큰 역할을 한다. 예를 들어 옛날에는 안정형, 신중형 인재가 학교와 사회의 모범생 엘리트로 추앙받았고, 그들이 한국의 정부나 기업 리더십의 핵이었다. 그러다 보니, 힘을 쥐지 못한 주도형이나 사교형은 보헤미안처럼 갈 데 없이 자신을 억누르고, 안정형이나 신중형으로 자신을 변화시키기 위해 고생해야 했다.

그러나 빛의 속도로 변해 가는 21세기 디지털 시대의 리더십은 탁월한 창조력과 순발력, 소탈하면서도 투명한 인간 관계를 할 수 있는 예리하고 유연한 사교형을 요구하는 편이다. 의사나 변호사보다 벤처 기업가를 신랑감 후보로 선호하는 달라진 오늘의 사회 분위기가 그것을 말해 준다. 이런 실정이다 보니 안정형이나 신중형의 얌전한 선비형들이 상대적 박탈감을 느끼면서 어울리지도 않는 사교형 이미지를 가지려고 한다.

아무리 시대의 변화에 적응해 가야 한다고 하지만, 인간의 서로 다른 성격 유형은 시대를 초월해서 우리 모두에게 필요하다. 이 모두는 하나님이 주신 것이므로 지나치게 한 쪽으로 몰려가거나 본성을 거스르는 스타일 변화를 요구하는 것은 바람직한 일이 아닌 것 같다.

위치적 상황 변화(positional change)도 리더십 스타일 변화에 무시 못할 변수로 작용한다. 수직 문화 체계의 동양적이고 산업화된 사회에 살고 있는 사교형 사람이 있다고 하자. 그가 아직 어리고 아랫사람일 경우에는, 어쨌든 철저하게 자신의 사교형 기질을 꾹꾹 눌러 두고, 열심히 안정형이나 신중형인 척해야 할 것이다. 조금만 두뇌 회전이 빠른 사람이라면 그렇게 해야 살아남아서 '높은 자리'에 올라갈 수 있다는 것을 알기 때문이다. 이렇게 하면 그는 윗사람들에게 '괜찮은 친구'라는 인정을 받는다. 정말 성숙하고 겸손해서 그런 사람도 있겠지만, 어쨌든 그렇게 그는 두 얼굴의 사나이가 되어서 조직 사회에서 살아 남을 것이다.

그런데 문제는, 그가 마침내 높은 자리에 올라서 자신의 본연의 모습인 사교형의 기질을 발휘하고 마음껏 일해 보려 할 즈음에는 자신도 모르게 사교형보다 더 강한 주도형 기질을 상당히 많이 나타내게 될 경우가 많다는 것이다. 살아남기 위해 자신의 본성을 꾹 억누르며 가면을 쓰고 있는 동안, 그의 본질적인 성격 유형이 자신도 모르는 사이에 상당히 병들어 버리기 쉽기 때문이다. 철저히 안정형인 것 같은 군인들이 혁명이나 쿠데타를 통해서 힘을 가지면 놀랄 만큼 무서운 주도형으로 돌변하는 것을 우리는 보지 않았는가? 그러니, 애당초 처음부터 각 사람이 하나님이 주신 독특한 성격대로 인정받고 사랑받는 분위기를 만들어 주는 것이 가장 현명한 일이다.

사람의 본질적인 성격 차이와 그 사람이 성장한 문화나 시대나 위치적 변화에 따라 리더십의 스타일도 여러 가지로 나누어진다. 7가지 무지개 색깔이 다 빛의 색깔이듯이, 이 여러 가지 리더십 스타일도 어느 것이 어느 것보다 월등하다 말할 수 없는 분명한 리더십의 모습들이다. 자신과 남이 가진 스타일을 인정하고 거기에 맞춰서 서로를 이해하고 도와 가며 진솔하게 살아가면 된다고 생각한다.

2. 리더십의 6가지 스타일

◘ 창조적, 비전 제시적, 개척자 스타일
(Creative, Vision-Casting, Entrepreneurial)

이것은 우리에게 가장 잘 알려진 형태의 리더십으로서, 암울한 시기에 답답한 상황에 처해 있는 사람들에게 돌파구가 될 수 있는 미래의 새 비전을 제시하고, 불가능한 장애물들을 넘어뜨리는 길을 보여 주는, 모험적인 리더십 스타일이다. 이 스타일의 전형적인 모델이 99년 타계한 소니의 아키오 모리타(Akio Morita) 회장이다.

항상 기존의 틀을 깨면서 생각하는 모리타 회장의 모험심은 '소니'라는 회사의 이름 발상에서부터 엿볼 수 있다. 1950년대 말, 그는 당시 일본 내에서는 이미 상당히 알려져 있던 일본어 회사 이름을 버리고 새로운 상호인 '소니(Sony)'를 도입했다[소니는 라틴어 '소너스(sonus)', 즉 '소리(sound)'라는 단어에 착안한 이름이다]. 은행을 비롯한 여러 전문가들은 이에 대해 펄펄 뛰면서 반대했다. 일본어 상호로 국내 시장에서 신용을 얻기까지 10년이 걸렸는데, 갑자기 그 이름을 바꿔 버리면 어떡하냐는 것이다. 그러나 모리타는 단호했다. 회사가 세계로 진출하기 위해서는 어디서나 쉽게 발음하고 기억할 수 있는 이름이어야 한다는 것이다. 지금 생각하면 아무것도 아닌 것 같지만 거기엔 엄청난 결단이 담겨 있었다. 1950년대 말까지만 해도 국제 무대에서 '메이드 인 재팬(Made in Japan)' 하면 값싸고 성능이 떨어지는 물건이라는 선입관이 팽배해 있던 때였다. 모리타는 단지 자기 회사가 부자가 되는 것보다, 소니가 돈을 많이 버는 것보다, 일본 상품에 대한 세계인의 개념 자체를 바꾸어 버릴 결심을 했던 것이다.

모리타는 1963년, 전 가족을 데리고 미국으로 이사했다. 그래야 미국인을 이해하고 미국 시장을 뚫을 수 있다고 생각했다. 미국에 와서 그는 맨해턴의 아파트에 짐을 풀었다. 그는 거기서 일주일 내내 사회의 각양각색의 사람들을 초청하여 수없이 많은 사람들을 만났다. 그 습관은 그의 평생 동안 계속되어, 정치인, 사업가, 연예인, 운동 선수 할 것 없이 그의 사교 채널과 인맥은 엄청나다.

모리타는 일벌레이긴 했지만 아주 잘 노는 사람이었다. 각종 예술과 음악, 스포츠의 광적인 팬이었다. 1960년대에도 그는 윈드 서핑, 스쿠버 다이빙, 수상 스키를 즐겼고, 겨울에는 빠짐없이 스키를 했다고 한다. 이런 다양한 인간 관계와 취미 생활이 모리타의 기발한 창조력과 탁월한 시대 감각을 조성하는 데 큰 역할을 한 것 같다. 그래서 그는 일본인이면서도 비(非) 일본식 기업가라고 알려져 있다. 오히려 미국형 창조, 모험적 스타일의 리더로서, 많은 일본의 경영인들에게 파격적인 패러다임 전환만이 세계 시장을 뚫는 길임을 몸으로 알려 준 사람이다. 소니의 사훈에도 그것이 여실히 드러난다.

"우리는 개척자이며 결코 남을 모방하지 않는다. 진보와 발전을 통해서 전세계에 봉사할 것이며 언제나 새로운 것을 추구한다. 개인의 능력을 존중하고, 복돋아주며, 각 개인에게서 최선의 것을 이끌어 내기 위해 노력한다. 이것이 소니의 원천적인 힘이다. 계획이란 소비자에게 무엇을 원하는지 묻기보다는 신제품으로 시장을 이끌고 개척하는 것이다. 시장 조사보다는 제품을 개량하고, 소비자와의 의견 교환 및 교육을 통해 신제품에 대한 시장을 창조하고자 노력하자."[2]

1955년에 소니는 트랜지스터 라디오 개발에 성공한다. 그 기술 자체는 미국의 벨 연구소에서 이미 발명한 것이었지만, 그것을 처음으로 작은 포켓 라디오에 1957년 도입한 것은 소니였다. 2000년대에 사는 우리는 소형화를 당연한 것으로 받아들일지 몰라도, 50년대 초반의 라디오는 진공관을 사용했었기 때문에 소형 라디오를 제작한다는 것은 오랫동안의 고통스런 시행 착오와 기술 혁신을 요구했다.

아직 그 어떤 회사도 트랜지스터 기술을 이용한 일반 라디오 제작에 성공하지 못했다. 이부카 마사루와 모리타가 상업용 트랜지스터 라디오 제작에 들어갔을 때, 사람들의 반응은 극히 회의적이었다. 미 국방성에서 군사용으로나 쓰지 상업용으로는 불가능하다는 것이었다. 그러나 그들은 성공했고 소니의 어떤 과학자는 이 트랜지스터 라디오 개발로 노벨상까지 수상했다. 이 라디오의 성공은 후에 같은 기술을 이용한 비디오 카메라의 개발로 이어진다.

항상 모험적인 시도를 두려워 하지 않는 아키오 모리타의 경영 스타일은 워크맨에서도 나타난다. 소니를 세계의 소니로 만든 인기 상품인 워크

---

2) Akio Morita, *Made in Japan*(NY: Dutton, 1986), pp. 147-148, 79.

맨(Walkman)은 우연히 모리타가 아이들과 함께 캘리포니아의 바닷가에 갔다가 큰 스테레오를 매고 음악을 들으면서 걸어가는 미국 젊은이들을 보고 착안한 아이디어라고 한다. 그래서 제품 이름도 영어로 '걸어가는 사람(Walk Man)' 으로 붙였는데, 처음 이 워크맨 개발과 상용화를 제안했을 때 소니의 간부들의 대다수가 너무 모험적이라며 반대했다고 한다. 그러나 이 워크맨은 제품 출시 직후부터 천문학적인 숫자로 전세계의 젊은이들에게로 팔려 나갔고, 순식간에 소니의 세계 정복이라는 꿈의 토대를 닦는 효자 상품이 되었다.

창조적 비전 제시형 리더들, 이들이 있어 사막에 길이 생기고, 바다 속으로 터널이 뚫리고, 달로 사람이 날아가는 불가능한 역사의 돌파구들이 열린다. 어찌 이들의 역할이 작다 하겠는가?

■ 전략가(Strategist)

꿈만 꾸는 사람은 돈키호테와 별 다를 것이 없다. 리더는 비전을 현실화시킬 수 있는 능력을 가진 사람이다. 이것을 전략(strategy)이라고 한다. 전략은 우리가 인간이기 때문에, 주어진 재능과 시간과 인적 물적 자원이 유한하기 때문에 무엇에 먼저 어떻게 그 자원을 쓸 것인가를 결정하는 일이다. 많은 창조적 비전의 지도자들은 전략가의 은사도 함께 가지고 있다. 우리에게 잘 알려진 미국의 자동차 왕 헨리 포드(Henry Ford)가 바로 대표적인 전략가 유형의 리더십이다.

그는 타고난 비전의 사람이었다. 1903년 그가 포드 자동차 회사를 창설했을 때만 해도, 이미 미국에는 50개가 넘는 자동차 회사들이 있을 정도로 경쟁이 치열했다. 그는 단순히 자동차를 팔아서 돈을 벌겠다는 생각보다, 자동차를 민주화(democratize the automobile)시키고 싶었다. 즉 중산층들도 차를 구입해서 가족과 함께 즐길 수 있는 낮은 가격과 좋은 품질의 차를 만들어야 한다고 생각했다. 포드는 생산 라인 시스템을 가동시킴으로써 산업화 시대의 대량 생산을 가능케 했지만, 그는 그것보다 대량 소비에 더 큰 관심을 가지고 있었다. 노동자들의 임금을 올려 주고 더 짧은 시간에 더 많은 차들을 더 낮은 가격으로 생산해 낼 수 있다면, 대다수의 미국 중산층들이 차를 소유할 수 있지 않겠느냐는 것이다. 그렇게 해서 나온 것이 모델 T였고, 이것은 엄청나게 인기를 모아 1914년에는 전 미국의 자동차 중 50퍼센트에 가까운 양을 생산해 냈다.

포드는 차만 판매한 게 아니라 차가 팔릴 수 있는 인프라 시스템 구축에도 발벗고 나섰다. 그는 맥도날드의 레이 크로크보다 거의 50년 앞서, 딜러 프랜차이즈(dealer-franchise) 시스템을 개발하여 전국 판매 시스템을 효율적으로 운용했다. 지역구 관리를 잘해야 하는 정치의 개념을 장사에도 도입하여, 비즈니스도 각 지방의 특성을 잘 파악하는 지사 운영을 잘해야 함을 강조했다. 1912년에는, 이미 미 전국에 7,000개가 넘는 포드 딜러가 있었다. 또한, 말이나 소처럼 자동차도 계속 먹어야 달릴 수 있으므로 곳곳에 주유소를 설치하도록 했고, 고속도로를 확장하고 보수해서 전국의 도로가 원활히 이어지도록 하는 데도 큰 영향력을 행사했다. 그는 급격한 도시화, 산업화로 인해 늘어난 미국의 중산층들이 높은 임금과 여가 시간을 잘 활용할 수 있는 곳에다 자동차를 핵심적인 요소로 부각시키고자 했던 것이다.

T형 자동차는 포드가 자동차 생산 기술과 마케팅을 기가 막히게 조화시킨 작품이다. 그때까지만 해도 노동자들이 모두 달려들어 차를 한 대씩 뜯어 맞추는 생산 방식이었는데, 포드는 노동자들이 늘어서서 기본 골격만 갖추어진 자동차가 레일 위로 천천히 움직여 가는 동안 알맞은 부속품들을 가져다 설치하는 방식을 도입한 것이다. 세계 최초의 이런 컨베이어

벨트에서 1914년도에 이미 93분에 한 대씩 차를 만들어 냈다. 또한, 당시 자동차 공장 노동자의 평균 임금이 하루에 2달러 34센트였는데 반해, 포드는 하루 최저 임금을 5달러로 올리는 조치를 단행함으로써 세계를 놀라게 했다(이것은 후에 하루에 10달러로 올라갔다).

이렇게 전략가형 리더십은 비전을 구체적으로 현실에 적용할 수 있는 전략을 제시하고 실천에 옮길 수 있는 사람이다.

■ 구조 및 방향 재조정자(Re-engineering / Directional)

아무리 잘나가는 단체도, 기업도, 개인도 변하는 역사의 흐름 앞에서 언젠가는 정체 상태에 빠지게 마련이다. 이때는 시대의 흐름을 읽고 분명한 방향 전환, 환골탈태의 과정을 통해 새롭게 재정비하여 태어나는 것이 필요하다. 그러나 이미 항공 모함처럼 커져 버리고 전통에 익숙해져 버린 단체의 방향을 틀어 주는 것은 보통 어려운 일이 아니다. 구조 및 방향 재조정의 은사를 가진 리더는 바로 시대의 흐름에 따라 단체가 바꾸어야 할 새로운 길을 제시하는 사람이다.

앨라이드 시그날(Allied Signal)사(社)의 래리 보시디(Larry Bossidy) 회장은 바로 이런 유형의 지도자이다. 그가 앨라이드 시그날의 지휘봉을 잡기 전, 이 거대한 기업의 주력 업종은 자동차, 플라스틱과 화학 물질 생산, 우주 항공 공학 이 세 분야였지만, 톱 리더십의 경영 철학은 분명하지가 않았다. 그의 전임자였던 에드 헤네시는 분명한 목표 의식이나 경영 철학 없이 이 회사, 저 회사를 기회 닿는 대로 매입해서 공룡처럼 큰 덩치의 기업으로 앨라이드 시그날을 키웠다. 결국 1980년대에는 간신히 현상 유지는 하고 있었지만, 1990년대로 들어오면서 눈에 띌 정도로 경영 적자가 불어나기 시작했다.

제너럴 일렉트릭의 간부 출신이었던 래리 보시디는 1991년 앨라이드 시그날의 신임 회장으로 취임하자마자 이 답답한 상황에 대한 원인 분석에 들어갔다. "내가 처음 이 회사에 와서 느낀 것은 마치 52개의 다른 왕국들이 모두 다 딴 생각을 하며 움직이고 있는데, 아무도 그들을 하나로 묶어 주지 않고 있었다는 것이다. 특히, 세 개의 주력 업종들은 완전히 딴 회사처럼 놀고 있었다"고 보시디는 그 당시 상황을 회고한다. 그래서 보시디는 먼저 앨라이드 시그날의 모든 계열사 간의 커뮤니케이션을 활발하게 하도록 장려하고, 전체가 하나의 팀워크를 가질 수 있도록 일사불란한 체계를 갖추기 위해 조직을 재정비했다. 또한 과거처럼 무조건 다른 회사들을 매입하는 일을 멈추고, 최대한의 이익을 투자자들에게 돌려줄 수 있는 경쟁력 향상에 주력하도록 했다. 보시디는 리더라면 전체 조직이 나아갈 분명한 방향을 잡아 주고, 조직원들을 단결시킬 수 있는 확실한 공통의 목표를 주어야 한다고 강조했다.

보시디의 이런 경영 혁신으로 앨라이드 시그날은 폭발적인 성장 추세로 돌아서기 시작했다. 보시디가 취임하던 1991년까지 연간 2억 7천만 달러가 넘는 적자를 보고 있었는데, 5년 후인 1996년엔 연간 10억 달러가 넘는 흑자를 내게 되었다.[3] 당시 앨라이드 시그날의 계열사 사장이었던 존 바터는 바시디의 탁월한 개혁 성과에 대해 이렇게 말하고 있다.

"앨라이드 시그날은 비대한 몸집을 가지고 있으면서, 아무 생각 없이 다음엔 어떤 회사를 매입할까 하는 일에만 몰두해 있었지, 명확한 방향 설정이 없었다. 그래서 계속 경영 적자를 내고 있었던 것이다. 보시디는 바로 그 문제를 직시하고, 우리가 정말 중요한 일에 초점을 맞출 수 있도록 해주었던 것이다."

---

3) Bloomberg Financial Markets, *Financial Analysis: Allied Signal Annual Report*(1996).

과거에는 성공했었지만 매너리즘과 프라이드 때문에 정체 상태에 빠진 단체는 이런 개혁파 리더십이 반드시 필요하다.

◘ 경영 행정가(Managerial / Administrative)

이 유형은 조직이 비전을 이루어 가는 과정에서 실수 없이 제대로 굴러가도록 점검하고 챙기는 관리 능력을 가진 리더십이다. 상당한 치밀성과 정확성, 성실성을 요구하는 리더십이다. 비전 제시형 리더십이 꿈을 던지고 그 꿈을 전략가나 재조정형 리더십이 다듬어서 좀더 구체적인 실천 플랜을 만들면, 경영 행정가형 리더십은 이것을 조직의 구석구석에서 아주 작은 부분에서부터 실행되도록 챙겨 주는 일을 하는 것이다.

구약 성경의 요셉은 꿈의 사람으로 많이 알려져 있지만, 성경을 자세히 보면 아주 탁월한 경영 행정의 은사를 받았다는 것을 알 수 있다. 그가 이집트의 시위대장 보디발 집의 살림을 총괄한 것만 봐도 그렇다. 그는 이집트 최상류층이며 권력자인 보디발의 살림을 꾸리면서 재정과 인맥 관리에 있어서 탁월한 재질을 인정받았다. 예기치 않은 사고로 감옥에 들어가서도, 그는 감옥의 살림을 총괄했다. 이번에는 이집트의 가장 하류층 사회의 재정과 사람 관리에 대한 경험을 쌓고 탁월한 재질을 인정받은 것이다. 그렇게 극과 극을 경험한 후, 그는 비로소 이집트 전체의 살림을 총괄하는 총리대신이 된다. 7년의 풍년 동안 추수한 곡식의 5분의 1을 국가의 창고에 저장하였다가 다가올 흉년에 대비하는 경제 계획은, 당시 고대 사회에선 전례를 찾아볼 수 없던 탁월한 재정 관리요 행정력이었다. 물론 하나님이 능력과 지혜를 주신 일이었지만, 하루아침에 갖추어지는 일은 아니었다. 보디발의 집과 감옥에서 상당한 시간과 훈련을 통해 다듬어진 경영, 행정력이었음을 우리는 알 수 있다.

보통 리더십이 '옳은 일을 하는 것'이라면, 경영 행정적 리더십은 '일을 옳게 하는 것'이다. 목적의 문제가 아니라 방법의 문제요 스타일의 차이다.

◘ 목양 리더십(Shepherding)

많은 경우 리더들은 위대한 일을 이루기는 하지만, 그러다 보니 자신도 모르게 일 중심이 되어 사람들을 다치게 하거나 희생시키는 수가 많다. 상처 입은 어린 양 한 마리의 독특한 필요를 잘 알아서 싸매어 주고 다듬어 주는 그런 따뜻한 사랑의 목양 리더십이 있다.

몇 년 전 작고한 인도의 테레사 수녀는 참으로 역사에 남을 아름다운 목양 리더십의 표본이다. 알바니아 출신의 이 카톨릭 수녀는 힌두교와 불교가 판을 치는 땅, 인도의 캘커타에서 종교를 초월해서 성자로 추앙받았던 사람이다. 그녀가 한 사역은 거리에서 비참하게 죽어가는 사회 최하층의 사람들이 최소한 인간의 격을 갖추고 따뜻하게 죽어갈 수 있도록 피난처를 제공하는 일이었다. 생명의 존엄성을 변호한 그녀는 미국 국회에서도 담대하게, 미국은 더는 낙태와 같은 살인 행위를 묵인해서는 안 될 것이라고 연설했는데, 기라성 같은 미국 정치인들이 꼼짝도 못하고 그녀의 위엄 있는 메시지를 경청했다고 한다. 그만큼 그녀의 거룩한 사랑의 권위가 강했기 때문이다. 문둥병자도, 죽어가는 이도, 가난한 사람들도 그녀의 따뜻한 보살핌을 받았다.

이 정도까진 안 된다 하더라도, 목양 리더십 은사를 받은 사람들은 상처 난 마음을 위로하고 용기를 주어 다시 시작할 수 있게 하는 따뜻함을 가지고 있다.

■ 위기 대처형 리더십(Crisis-Solving Leadership)

잘나가던 사람도, 단체도, 기업도, 국가도 불가항력이라고 할 정도의 엄청난 위기(전쟁, 경제 공황, 자연 재해)를 만나면 어쩔 줄 모르고 휘청거리다가 침몰하고 마는 수가 많다. 그러나 어떤 리더들은 상황이 위급하면 할수록, 위기가 커지면 커질수록, 당황하지 않고 사람들에게 용기를 주면서, 지혜롭게 힘을 모아 그 위기를 헤쳐 나오게 하는 능력이 있다. 이것은 아무나 할 수 있는 일이 아니다.

윈스턴 처칠은 2차 세계 대전이 아니었더라면 결코 그 위대성이 드러나지 않았을 신화적 위기 대처형 리더다. 역사상 최강의 육해공군을 가진 나치 독일의 침략 앞에 전 유럽이 초토화되었을 1941년, 처칠은 작은 섬나라 영국의 수상으로서, 홀로 단연히 나치의 칼날과 맞섰다. 그리고 독일이 영국 침공 작전을 벌이려고 엄청난 병력을 프랑스 해안에 집결시키자, 라디오 방송을 통해 영국인은 최후의 한 명이 남을 때까지 항복하지 않고 싸울 것이라는 비장한 연설을 했다. 이것은 침체된 영국에겐 용기를, 용기를 가장 중요시하는 아직 참전치 않은 강국 미국에겐 존경을, 기세 등등한 나치 독일에겐 저항이 만만하지 않을 것임을 인식시켜 주는 탁월한 심리전술이었다. 그뿐이 아니었다. 계속되는 공습으로 공포에 떨고 있는 런던 시민들에게 용기를 주기 위해 처칠은 공습이 끝나는 즉시, 때로는 공습 도중에 태연히 파이프를 물고 시내를 걸어 다니면서 특유의 웃음과 승리의 V자를 세워 보였다. 국민이 절망하지 않도록 자신을 치어 리더로 세운 것이다.

동시에 치밀한 전략적인 준비를 한다. 먼저 프랑스와 영국의 65만 패잔병을 도버 해협을 건너 도피시킨후, 그들을 바로 아프리카 전선 및 이탈리아로 보내, 독일과 이탈리아의 군사력을 흐트러뜨렸다. 동시에, 작은 규모의 자살 특공대 폭격 편대를 보내 독일의 수도 베를린을 폭격하는 모험을 감행한다. 이에 격분한 히틀러는 당시 영국의 각 도시에 흩어져서 하던 분산 폭격을 모두 영국의 수도 런던으로 집중시킨다(이것은 처칠의 작전으로서, 런던으로 폭격기들이 집중되는 동안 영국의 지방 도시들에서 건설 중이던 비밀 무기 레이더와 중요 무기, 군수 시설들에 대한 피해를 최소한 줄일 수 있었다). 그리고 전쟁 전부터 독일이 섬 나라 영국을 공격할 수 있는 유일한 무기는 폭격기들임을 감안하여 몸체가 커 움직임이 둔한 독일 폭격기들을 요격할 수 있는 날랜 스피츠 파이터와 허리케인 비행기들을 대량 생산하고, 영국 공군(RAF: Royal Air Force)의 젊은 조종사들 2-3백 명을 철저히 훈련시켜 놓았는데, 이들이 독일군의 집요한 폭격으로부터 영국을 살렸다.

처칠은 외교적으로도 치밀했다. 어머니가 원래 미국 출신이었던 그는 결국 미국의 참전만이 전쟁 승리의 관건이라고 믿어, 각계의 미국 지도층과 관계를 돈독히 했다. 특히 용기를 좋아하는 미국인들의 특성을 이용, 결코 어떤 힘든 상황에서도 비굴하지 않았다. 진주만 사건 이후 바로 루즈벨트 대통령과 끝없는 대화를 통해 미국의 엄청난 인적, 물적 자원을 100퍼센트 전쟁에 활용해서 전선에 투입했다. 또 폭군 스탈린을 잘 회유하여 소련군으로 하여금 몇 십만이 넘는 나치 독일 전투 사단을 동부 전선에 묶어 두게 하여, 노르망디 상륙 작전을 준비하기도 했다.

그러나 처칠은 젊었을 시절, 평화시에 영국 재무장관을 맡은 적이 한 번 있었는데 나라의 경제를 거의 거덜낼 뻔 했다. 전쟁이 아니었으면 결코 그 진가를 몰랐을 인물이 바로 처칠이다. 그래서 그랬는지, 2차 세계대전 전쟁이 끝난 직후, 그는 수상 선거에서 떨어지고 만다. 전시의 비상체제에서 전 나라를 군대화하여 조국을 위기에서 구해 내는 능력은 탁월했지만, 평화시에 나라 전체의 행정, 경제 체제를 잘 관리하는 데는 적합한 리더십이 아니었다. 역사적, 정치적, 경제적, 분야적 상황과 리더십 스타일이 바로 맞물려야 한다.

◘ 조언형 리더십(Advisory Leadership)

몽고의 정복자 징키스칸이 거대한 중국 대륙을 휩쓸어 갈 때 징기스칸의 포로가 된 학자 중에 야율초재란 사람이 있었다. 각종 정치, 역사, 철학, 문학, 과학에 달통한 이 훌륭한 학자는 전쟁의 천재라고 할 수 있는 이 무서운 군주 옆에서 늘 지혜로운 조언을 하여, 정복한 광대한 땅을 잘 다스려 나갈 수 있도록 도와주었다고 한다. 야율초재는 아주 탁월한 조언형 리더십 스타일이라 할 수 있는데, 이 타입은 자기를 드러내지 않고 조용히 드러난 리더의 결정을 도와주고, 용기를 주고, 바른 결정을 할 수 있도록 잡아 주는 역할을 한다. 이들은 지혜롭고 침착하며 따뜻하고 또 용기가 있어, 일대일, 혹은 소그룹 상황에서 분명한 방향 제시를 해주는 스타일이다.

시카고 윌로우크릭 교회의 아시아 담당 디렉터로 있는 채수권 목사님은 나의 좋은 친구로서 침착한 조언형 리더다. 그는 군중보다는 일대일, 혹은 몇 명의 소그룹 모임에서 진가를 발휘하는 침착하고 따뜻한 관계형 스타일이다. 내가 미국에서 한국 온누리 교회에 들어와 사역하는 문제에 대해 여러 가지로 고민하던 무렵, 나보다 앞서 온누리 교회에 와서 사역하고 있는 그에게 내가 한국에 나가는 문제에 대해 어떻게 생각하느냐고 이메일을 통해 물은 적이 있다. 나로서는 그냥 답답해서 그렇게 물어 본 것뿐인데, 이틀 후 3장에 달하는 장문의 이메일 답장을 받고 너무나 놀랐다. 그는 조목조목 상세히 자신이 알고 있는 한에서 최선을 다해 한국의 상황을 설명해 주었고, 이런 저런 이유로 내가 한국에 오면 아주 보람되고 의미 있는 사역을 잘 감당할 수 있을 것이라고 따뜻하게 격려해 주었다. 그 당시 그는 여러 곳에서 세미나를 인도하는 등 눈코 뜰 새 없이 바쁜 것으로 알고 있었는데, 친구를 위해서 그렇게 친절한 조언이 담긴 편지를 보냈다는 사실에 눈물이 글썽할 정도로 고마웠다(나는 근 일 년이 넘도록 그 편지를 간직했다). 그의 지혜와 격려가 담긴 편지는 내가 현실적으로 여러 가지 어려운 문제가 많았음에도 미국 사역을 정리하고 한국으로 들어오기로 결심하는 데 결정적인 역할을 했다.

그는 참으로 따뜻하고 친절한 사람이어서 그 후로도 내가 힘들고 어려울 때마다 늘 격려해 주고, 때로는 따끔한 충고와 조언을 아끼지 않았다. 나는 대중을 앉혀 놓고 메시지를 전하는 경우에는 아무리 큰 자리라도 별로 두려워하지 않는 편이지만, 오히려 소그룹 모임이나 일대일의 관계가 되면 어려운 얘기를 잘 못하는 스타일이다. 그런데 채 목사님 같은 경우는 정반대다. 대중 앞에서는 상당히 스트레스를 받는데 비해서, 일대일의 경우에는 아무리 어려운 이야기도 주저 않고 허심탄회하게 이야기하는 스타일이다. 이런 조언형 리더를 친구로 주신 하나님께 나는 늘 감사하는 마음으로 산다.

서양인들이 자주 쓰는 말 중에 "Be yourself(너 자신이 되라)"라는 말이 있다. 그런데 항상 사람들 앞에 드러나는 존재인 리더들은 사람들의 눈을 너무 의식한 나머지 자기도 모르게 행동이나 표현, 일하는 스타일 면에서 본인의 독특한 개성을 억누르고 가식하는 경우가 많다. 특히 동양권 문화의 리더들이나 아직 톱 리더의 자리에 오르지 못한 중간급 리더들의 경우는 더 더욱 그렇다. 물론 남을 배려하고 스스로를 내세우지 않는 절제의 미덕은 좋지만, 의식적으로 자기의 특성을 부인하며 살아가는 것은 결코 하나님이 원하시는 바가 아니다. 자신의 스타일에 자신감을 가지고 떳떳할 수 있어야 다른 사람의 스타일도 인정하고 사랑할 수 있다. 당신은 하나님이 아니기 때문에 모든 스타일을 다 겸비할 수 없고 그럴 필요도 없다. 그러니 리더여, 어깨를 펴고 자신을 가지고 살아가라.
Be yourself!

●● **리더십에도 차이가 있다**

- 타인의 성격과 기질을 받아들이고 이해하라
- 자신의 스타일에 자신을 갖고 떳떳하라
- 차이를 이해하는 자만이 폭넓고 지혜로운 리더십을 발휘할 수 있다

Chapter 7

리더십 킬러들

1. 외부의 킬러들 | **2.** 내부의 킬러들

> 우리가 모든 일에 괴로움을 당해도 꺾이지 않으며 난처한 일을 당해도 실망하지 않고 핍박을 받아도 버림을 당하지 않으며 맞서서 쓰러져도 죽지 않습니다.
> 우리가 이렇게 항상 예수님의 죽으심을 몸소 체험하는 것은 예수님의 생명이 우리 몸에 나타나게 하려는 것입니다.
> － 고린도후서 4장 8-10절

> 역사는 무적(無敵)의 군대가 결코 없었음을 보여 준다.
> － 조셉 스탈린(Joseph Stalin)

1차 세계 대전 초기에 영불 연합군의 수많은 영관 장교들이 독일군의 저격을 받고 쓰러지는 바람에 지휘 체계에 큰 혼란을 겪었다. 사병들과 너무 구별되는 화려한 장교들의 제복 때문이었다. 뒤늦게야 실수를 깨닫고 장교들도 사병들과 비슷한 복장으로 갈아 입히고 눈에 띄지 않도록 지휘하게 대처했다. 그러나 한동안 지휘 공백이 가져온 충격에서 헤어나지 못했다고 한다. 일단 전쟁이 터지면 양쪽 지휘부의 작전 최우선 순위는 상대의 탁월한 지휘관들을 파악해 제거하는 데 있다. 동시에, 아군의 중요한 지휘관들을 어떻게 해서든지 적에게서 지켜내는 데 사력을 다한다.

우리는 좋은 리더십에 대해 고민을 많이 한다. 그러나 그에 못지않게 중요한 것은 우리가 보유하고 있는 탁월한 리더십을 공격하려 하는 요소들, 즉 '리더십 킬러'들에게서 우리의 현재와 미래의 리더들을 지키는 일이라고 생각한다.

너무나 많은 사람들이 탁월한 리더가 될 수 있는 잠재력을 가지고 있으면서도, 그것을 제대로 다듬어서 발휘하지 못하고 아깝게 사라져 간다. 그것은 리더가 리더되게 하는 것을 막는 여러 가지 방해 요소들을 극복하지 못했기 때문이다. 그러므로 사방에 도사리고 있는 적의 함정을 잘 파악하는 것은 매우 중요하다. 리더십을 공부하면서 중요한 것은 이 리더십 킬러들을 이해하는 것이다. 피해갈 수는 없지만 실체를 파악함으로써 이 리더십 킬러들과의 전투에서 우세를 잡을 수는 있을 것이다.

1   외부의 킬러들

▣ 전통과 관료주의

전통이란 우리는 늘 이런 방식으로 해왔다고 하는 믿음이다. 관료주의는 전통을 유지시키는 시스템이라고 할 수 있다. 역사가 오래된 단체에서 새 리더가 된 사람은 이미 굳어 버린 전통, 관료주의를 해결하는 데 엄청난 스트레스를 받아야 한다. 가령, 옛날 한국의 외교는 사대주의에 기초한 것으로, 중국을 항상 '큰형님'으로 모시고 실리보다는 의리와 체면을 중시했다. 그러다 보니 많은 경우 객관적이고 현실적인 결정을 하지 못하여 큰 재화를 자초하는 수가 많았다.

광해군은 이런 점에서 전통적인 조선 시대 외교 패러다임을 깨뜨린 탁월한 외교 전략가라 할 수 있다.[1] 이때까지 광해군은 조선 시대의 대표적인 폭군으로서 연산군과 비교되는 등 평가 절하를 받았지만, 중국의 명-청 교체기란 미묘한 시점에서 자주적인 등거리 외교를 효과적으로 펼친 군주였다. 훗날 청나라의 태조가 되는 후금의 누루하치가 만주와 중국 대

---

1) 서울대 규장각 특별연구원으로 있는 국사학자 한명기 씨가 펴낸 「광해군(光海君)」은, 탁월한 실리주의 외교 정책을 펼친 임금으로서의 새로운 광해군 이미지를 상세히 소개하고 있다.

류를 휩쓸면서 명나라를 압박하자, 명은 임진왜란 때를 상기시키며 조선에 도움을 요청한다. 그러나 광해군은 "사나운 신흥 세력 후금과 명의 싸움에 끼여들면 망할 수밖에 없다"고 하면서 거부하는 한편, 후금에 대해서는 견제와 균형을 잃지 않는 유연한 중립 외교책을 구사했다. 그러나 인조 반정 이후 광해군을 축출한 조정의 주류 세력들이 "오랑캐와 야합하는 것은 선비의 나라가 할 일이 아니다" 하여 청을 버리고 친명 정책으로 돌아서 버렸고, 이것은 온 국토가 전란에 휩싸이는 병자호란을 자초하고 만다. 틀에 박힌 전통과 관료주의는 이렇게 무서운 것이다.

전통이 모든 것을 정당화시켜 주는 것은 아니다. 무슨 일이 생길 때 선례를 따지지 않고 새 시대의 필요와 변화를 객관적으로 정확히 판단하는 것이 중요하다. 역사 의식이 있는 것은 좋지만 역사가 오늘을 살아가는 절대 기준이 되어서도 곤란하다. 전통과 관료주의는 소리 없는 리더십 킬러가 될 수 있다.

■ 타성에 젖음과 지나친 조심

비전을 실현하기 위해 시스템을 만들었는데, 단체의 역사가 오래되면 자기도 모르게 시스템이 비전을 제한해 버린다. 이것을 타성에 젖는다고 한다. 교과서가 워낙 철저하기 때문에 교과서대로, 매뉴얼대로 하는 것이 거의 체질화되어 버리는 것이다. 너무 교과서가 성전화되면 단체의 리더들은 늘 이런 방식으로 성공할 수 있다는 착각에 빠지게 되고, 새로운 리더가 와도 자신이 기여할 여지가 별로 없다는 것을 감지하고 타성에 젖어 로봇처럼 되어 버린다. 변화를 금기시하고, 돌다리를 두드리고 또 두드려도 건너지 않으려 하게 된다. 그러나 자기가 끓는 물에서 서서히 죽어가는 개구리임을 모르고 있다.

1980년대 초, 마이크로프로세서 테크놀러지가 도입되면서 미국의 컴퓨터 업계엔 태풍이 몰아쳤다. 그때까지만 해도 몇몇 큰 컴퓨터 기업들이 비싼 생산 설비를 통해 컴퓨터들을 생산하여 자신들이 구축한 판매망을 통해서 팔고, 거기에 들어가는 소프트웨어까지 끼워서 팔았다. 그러나 새로 발명된 마이크로프로세서는 기존의 대형 컴퓨터와 맞먹는 힘을 가지고 있으면서 아주 작은 사이즈의 데스크탑 컴퓨터에 장착될 수 있게 했다. 고성능의 소형 컴퓨터들을 생산 판매하는 기술이 획기적으로 쉬워졌던 것이다. 그러나 당시 미국 컴퓨터 업계의 선두 주자, 즉 대부와 같은 존재였던 IBM은 안타깝게도 이 급변한 시장 변화에 발빠르게 대처하지 못했다. IBM의 큰 공급 업체 중의 하나였던 인텔(Intel)의 앤디 그로브(Andy Grove) 회장은 이 당시 IBM의 수동적인 대응에 대해 이렇게 회고한다.

"IBM은 지속적으로 컴퓨터 업계에서 선두 고지를 점령해 온 회사다. IBM의 간부들은 이 오랜 세월의 승리에 도취된 채 살아왔다. 시대가 바뀌고 시장이 바뀌었는데도, 그들은 제품 개발과 경쟁력 향상에 있어서 과거에 자신들이 쓰던 것과 똑같은 방식을 고집했다."[2]

컴퓨터 디자인의 혁신적인 변화에도 둔감했고, 컴퓨터 안의 하드웨어 프로그램인 오퍼레이션 시스템(OS: Operation System)도 구식의 OS/2를 유지했다. 신흥 주자 마이크로소프트가 10개월 만에 1,300만 개의 윈도우 3.0을 팔 때, IBM은 3년 동안 고작 60만 개의 OS/2를 팔았을 뿐이었다.[3]

OS/2의 참패는 IBM의 주무기였던 PC 판매에도 똑같이 되풀이되었다. 90년대 초반부터 IBM의 아성이었던 PC 업계에 막강한 신흥 주자들

---

2) Andy Grove, *Only the Paranoid Survive*(New York: Doubleday, 1996), p. 64.
3) Grove, *Only the Paranoid Survive*, p. 47.

이 추격해 오기 시작했다. 게다가 워낙 미 컴퓨터 업계의 대부 격이던 IBM은 도매상과 소매상에게 아주 교만한 자세를 취했는데, 미국 시장의 PC 판매의 주류를 차지하고 있던 이 도매상과 소매상들은, 오만한 IBM 에게 하나씩 등을 돌리기 시작했다. 1994년에 이르러서는, IBM의 손해액은 몇 십억 달러에 달하고 있었다. 1986년「포춘」지 선정 미국 제1위 그룹이었던 IBM은, 1993년에 가서는 206위로 추락하는 수모를 겪었다. 1996년도에 가서야 IBM은 과거의 오만했던 자세를 버리고 대폭 구조 조정 및 경영 전략 혁신을 했다.[4]

과거의 성공이 IBM의 간부들을 자만에 빠지게 했다. 세월이 흘렀는데도 이들은 옛날 성공했던 기술과 비즈니스 전략을 수정할 생각을 별로 하지 않았다. IBM은 한마디로 급변하는 새 시대의 패러다임 변화를 읽지 못하고 있었던 것이다. 이카루스 모순(Icarus Paradox)의 논리처럼, "기업은 성공했던 요인 때문에 망한다"는 것이다. 70-80년대에 불황이 닥치면 오히려 정부의 금융 지원을 얻어 내어 큰 기업들을 인수하는 공격적인 경영 패러다임을 가졌던 대우 그룹의 몰락 또한 바로 이 논리를 그대로 입증하고 있지 않은가?

◘ 세 종류의 사람들

리더십은 사람을 다루는 일이기 때문에 리더 또한 사람에 의해서 만들어지는 것이 옳을 것이나, 아이러니컬하게도 될 성싶은 리더십 꿈나무들이 사람들 때문에 오히려 피어 보지도 못하고 사장되어 버리는 수가 많다. 우리는 살아가면서 세 종류의 사람들과 늘 관계를 맺고 살아가는데,

---

4) Paul Carroll, *Big Blues* (New York: Random House, 1993), pp. 261-262.

이들이 각각 나름으로 리더십 킬러로 작용할 수가 있다.

첫째, 우리의 위에 있는 리더들이다.

탁월한 리더가 될 잠재력을 가진 사람도 후세를 양성하지 않는 자기 도취적 리더 밑에 있으면, 그의 리더십 자질이 다듬어지지 못하고 메말라 버리기 쉽다. 1930년대 미국의 경제 불황을 몰아내고, 2차 세계 대전을 승리로 이끌었던 프랭클린 D. 루스벨트 대통령 같은 사람도 가능성이 있어 보이는 젊은 인재들을 키워 주지 않고 짓밟아 버리기로 유명했다. 이렇게 좋지 못한 리더 밑에 있으면, 그 팔로워가 가진 리더십 자질도 메말라 버리기 쉽다.

둘째, 질시하고 공격적인 동료들에게 둘러싸여 있어도 그 사람의 리더십 자질이 죽어 버린다.

공산주의 정부들은 빈틈없는 조직을 관리하기 위해서 동료가 동료를 감시하고 고발하는 시스템을 만들었다. 그러다 보니 스파이나 배신의 가능성은 대폭 억제할 수 있었지만, 서로간의 신뢰와 팀워크는 갈수록 메말라 버려서 조직 전체를 기계적이고 생명력 없는 단체로 서서히 만들어 갔던 것이다. 이런 까닭에 많은 탁월한 인재들이 목숨을 걸고 서방으로 망명을 할 수밖에 없었다.

셋째, 불순종하고 부정적인 팔로워들을 만나면 그 리더의 리더십 자질이 죽는다.

팔로워들이 퍼뜨리는 근거 없는 소문, 무례한 언어와 반항, 무책임한 행동들이 얼마나 많은 리더들로 하여금 낙심케 하고 좌절케 해서 리더십의 자리로부터 그들을 몰아냈는지 모른다. 한 저명한 리더십 전문가는 리더십을 공격하는 이런 힘든 팔로워들을 '숨어 있는 상어들'이라고 불렀다. 사람이 모이는 곳에는 다 이런 사람들이 있는데, 이들을 잘 다루지 않으면 리더십 자체가 흔들릴 수 있다.

◘ 문화적, 사회적 제한

어느 개인이나 단체도 자신을 둘러싸고 있는 시대와 나라 특유의 문화적, 사회적 제한에서 완전히 자유로울 수는 없는 법이다. 저명한 미래학자 존 네이스빗은, 겉으로 드러난 사람들의 라이프 스타일은 갈수록 세계 공통화(globalized life style)로 되어 갈지 몰라도 문화적 국수주의 현상은 갈수록 심화되어 갈 것이라고 했다.

그러나 앞에서도 밝혔듯이, 문화적 다양성이니까 무조건 할 수 없이 포용해야 한다는 태도는 버려야 한다. 각 나라의 문화 속에는 다양성이라는 단어 하나만으로는 정당화되지 않는 인간 내면의 깊은 죄성이 담겨 있기 때문이다. 가령, 흑인을 차별하고 모욕하는 미국 남부의 KKK 같은 집단들의 인종 차별적 자세를 단순한 그들의 '문화'라고 생각하여 이해하고 넘어갈 수는 없는 일이다. 북유럽인들의 성적 방종을 단순히 그들의 '문화'라고 방관할 수는 없는 일이다. 반만 년의 역사를 자랑하며 늘 '찬란한 우리 문화'를 내세우는 우리 한국 역시 시대와 문화를 초월하는 하나님의 잣대로 재어 볼 때, 더 이상 묵과하고 넘어갈 수 없는 요소들이 많다.

물론, 중국 공산당이 60-70년대 문화대혁명에서 했던 것처럼 우리의 전통 고유 문화를 모조리 청소해 버리자는 것이 아니다. 다만, 아무리 전통적으로 내려온 문화라 할지라도 하나님이 세우신 원리들을 가지고 검증해 보고, 확인해 보자는 것이다. 그것은 비단 한국뿐 아니라 모든 나라들에게 필요한 일일 것이다. 그 중요한 이유 중에 하나는, 우리도 모르는 사이에 우리 속에 체질화되어 버린 건강치 못한 문화적, 사회적 요소들이 정말 탁월한 내일의 리더감들을 사장시켜 버리는 수가 많기 때문이다.

USC 대학 경영대학원의 교수이며, 4명의 미국 대통령 자문 위원을 지냈던 워렌 베니스(Warren Bennis)는 개인주의와 쾌락주의, 물질주의의 미국 문화가 오늘날 미국 사회의 제대로 된 리더십이 나오는 것을 막는 치명적인 장애물이 되고 있다고 지적했다. 특히 TV 매스컴의 등장과 함께 사람들이 진정한 신념과 비전을 가진 리더보다 쇼맨십을 갖춘 리더를 오히려 떠받들어 주는 분위기가 되었다는 것이다.[5] GE의 잭 웰치 회장도 취임 초창기 GE의 각 부서들 간에 서로 협력이 잘 이뤄지지 않는 이유를 미국인들의 개인주의와 프라이버시 존중에 대한 지나친 집착 때문이라고 했다. 그래서 그는 "워크아웃(Work-Out)"이라는 프로그램을 전격적으로 실시하여, 지위 고하를 막론하고 자신이 가진 생각과 감정을 나누도록 장려해서(내가 보기엔 거의 강압 수준이었다), 그 경직된 분위기를 허물어 버렸던 것이다.

한국의 경우도 보면, 유교의 가부장적 문화의 영향이 리더십의 잠재력을 제한해 버리는 모습들이 아직도 많이 보인다. 그 중에 하나가 여성 리더십을 은근히 견제하고 제한해 버리는 성향이다. 많이 좋아졌다고는 하지만, 아직도 직장이나 단체에서 여성 리더십들이 활발히 움직이는 것에 대해 시선이 곱지 않은 분위기다. 이렇게 되니까 과격한 페미니스트형 여성 리더십들이 자꾸 나오게 되고, 이들은 오히려 여성 리더십에 대한 부정적인 이미지를 심을 위험이 크다.

그러나 이 디지털 시대, 지구촌 시대에 여성 리더십의 중요성은 갈수록 부각되고 있다. 여성들은 대개 남자보다 훨씬 섬세하고, 따뜻하며, 꼼꼼하고, 더 관계 지향적이어서 팔로워들의 얘기를 잘 경청해 줌으로써 팀워크를 잘 살려 나간다. 현재 미국의 톱 비즈니스 리더십들의 상당수가

---

5) Warren Bennis, *Why Leaders Can't Lead*(SF: Jossey-Bass Publishers, 1989), pp. 33-41.

여성들로 바뀌고 있는 것은 바로 이런 이유 때문이기도 하다. 특히 첨예한 대립과 분쟁이 있는 상황을 풀어 나가는 데 있어서 여성 리더십의 외유내강은 뜻밖의 저력을 발휘하는 경우가 많다. 1980년대 초반, 영국의 그 무시무시한 노사 분규 상황을 여성 수상 마가렛 대처가 유연하면서도 단호하게 해결해 내지 않았던가?

한국 사회에서의 젊은 리더십에 대한 은근한 견제도 지적하고 싶다. 첨단 과학 분야나 벤처 기업들, 연예인들 같은 경우를 제외하고는, 아직까지도 한국은 리더십의 자격과 나이를 결부시키는 성향이 짙다. 그러나 역사의 인물들을 보면 꼭 나이와 리더십의 역량이 정비례하진 않음을 알 수 있다. 알렉산더는 20대 초반에 왕으로 등극하여, 30대 초반에 벌써 당시 알려진 세계의 대부분을 정복했고, 칼빈이 기독교 강요를 불어와 라틴어로 완성시킨 것은 20대 중반이었다. 예수님과 예수님의 제자들이 한참 교회의 톱 리더십으로 영향력을 발휘하기 시작한 때도 30대 초반이었다. 물론 나이가 주는 성숙함도 무시할 수는 없지만, 젊은이 특유의 순수함과 용기와 창조력을 문화적 신입관 때문에 사장시키는 것은 바람직하지 않다.

학벌에 관한 선입관도 무시 못할 문화적 리더십 킬러들이다. 교육을 중시하는 것은 좋은 일이지만 배움과 학벌을 혼동해선 안 된다. 졸업은 했지만 지방대 출신이라 해서 취직이 안 되는 제자들을 위하여, 자기가 직접 학생들 이력서를 싸 들고 회사들을 찾아다니면서 호소한 한 지방대 교수의 가슴 뭉클한 이야기를 알고 있다. "한번 써 보고 결정해 달라. 이렇게 좋은 아이들이다. 영어 회화도, 컴퓨터도 잘한다. 왜 기회도 한번 주지 않는가?" 그는 그렇게 피 끓는 호소를 하고 다녔다고 한다. 물론 명문대 출신들이 거기에 들어가기 위하여 남보다 더 노력하고 애를 썼음을 우리는 인정해야 한다고 생각한다. 그러나 동시에 우리가 현재 갖고 있는 학력 평가의 틀이 인간을 완벽하게 제대로 평가할 수 있는 기준이 아님도 인정해야 한다. 좋은 학벌이 있으면 좋겠지만, 그보다 더 중요한 것은 평생 배우겠다는 겸허하고 적극적인 자세라고 생각한다. 마이크로소프트의 빌 게이츠 회장도, 델 컴퓨터의 델 회장도, 시카고 윌로우크릭 교회의 빌 하이벨스 목사도 다 공부를 끝까지 못한 사람들이지만, 누구보다도 열정적인 학생의 자세를 계속 가지고 있는 탁월한 리더들이다.

◘ 인문계 교육 및 커뮤니케이션 훈련 결여

옛날 유교 문화권에서는 지나치게 인문계 교육만 강조해서, 과학과 응용적 기술을 강조한 산업화 사회 교육을 받은 국가들에게 밀리는 현상이 있었는데, 요즘은 정보화 시대의 인재를 키운다고 컴퓨터와 영어에만 신경쓰다 보니 거꾸로 인문계 교육이 한참 뒷전으로 밀리고 있다. 한마디로 젊은이들이 역사와 철학과 문학을 읽지 않고 있는 것이다. 취직과 생존에 별 도움이 안 된다고 생각하기 때문이다. 그러나 내 나라의 역사를 알고 함께 살아갈 다른 나라들의 역사를 모르는 사람이 어떻게 다음 세대의 리더가 될 수 있겠는가? 동서양의 철학가들의 사상을 꿰뚫고 있지 못한 사람이 어떻게 앞으로 다른 사람들의 생각에 영향을 주며 새 역사를 만들어 나갈 수 있겠는가? 동서양의 문학을 통해서 인간의 심리와 지성과 감정, 삶의 변수와 다양성에 대한 이해가 없는 리더가 어떻게 인간을 알아서 이끌고 갈 수 있겠는가?

깊이 있는 인문계 교육은 리더십 양성의 기본이요, 필수 코스다. 해리 트루먼(Harry Truman) 전 미국 대통령은 어렸을 때 작은 동네 도서관의 책을 모조리 다 읽었다고 하지 않는가? 젊은이들에게 역사와 철학과 문학의 책들을 읽히지 않으니까, 똑똑한 사람들은 많으나 폭 넓고 깊이 있는 예지를 가진 인물들이 잘 나오지 않는 것이다.

또 한 가지, 한국의 리더들은 가지고 있는 능력에 비해 그것을 표현하는 커뮤니케이션 기술이 많이 떨어지는 것 같다. 어렸을 때부터 어른 앞에서도 자신의 생각을 거침없이 말하는 것이 체질화된 서양 문화와는 달리, 철저한 장유유서(長幼有序)의 분위기 속에서 나이가 어리고, 계급이 낮은 사람이 윗사람 앞에서 함부로 자기 의견을 개진하는 것은 금기시되어 온 한국 문화는 표현력 개발에 있어서 근본적인 차이가 날 수밖에 없다. 원래 민주주의의 요람이라는 영국이나 미국에서 의회 정치가 일찍 자리를 굳힐 수 있었던 것도 수사학이 리더십의 필수 자질로 강조되어 온 때문이다. 갈수록 세계 각 나라들과 기업들, 단체들의 교류가 잦아질 터인데, 자기의 의견을 조리 있고 명쾌하게 표현하고, 감정의 폭발보다는 합리적인 토의로 문제를 해결해 나가는 능력은 리더십의 필수 조건이 될 것이다. 국제 무대에서 커뮤니케이션 능력이 떨어지면 자신이 가지고 있는 것이나 당연히 누릴 수 있는 것의 반도 챙기지 못하고 상대방에게 기선을 제압당하기 쉽다.

나는 미국에 있을 때 한국계 엔지니어들이 탁월한 프로젝트를 완성해 놓고도, 그것을 상사나 다른 회사에 소개하는 데 서툴러서 백인 동료들에게 모든 영광(?)을 다 빼앗기는 경우를 많이 보았다. 우리의 교육 시스템에 체계적이고 치밀한 커뮤니케이션 훈련을 반드시 포함시켜 놓아야 한다.

2 내부의 킬러들

외부적 리더십 킬러들 못지않게 리더십 성장에 해가 되는 요소들은 바로 리더 자신의 내부적인 문제들이다.

◘ 열등감

성장하면서 주위에서 부정적인 경험을 많이 한 사람들은 커서도 계속 마음속 깊은 곳에 열등감을 가지고 살아간다. 특히 가장 가까운 사람들인 부모, 형제, 친구, 스승들에게서 자신의 외모나 능력, 성격에 대해서 부정적인 말을 많이 들은 사람들의 가슴에 맺힌 상처는 말로 표현할 수 없을 정도다. 이러한 상처가 많은 경우, 남보다 배나 노력하여 대단한 성공을 이룩하기도 하지만, 뜻밖에도 그렇게 성공한 후에도 그들의 가슴에는 끊임없는 열등감이 남아 있다는 것이다. 리더의 가슴속에 내재한 치유되지 못한 열등감은 리더십 잠재력에 결정적인 브레이크를 걸기 쉽고, 이것은 무엇보다도 다른 이들과의 관계에 큰 상처를 준다.

앞에서 각 나라의 문화와 리더십 스타일 차이에 대해 논하면서, 프랑스인들이 유달리 민족적 자존심이 세고, 과시욕이 많으며, 외형적 변화에 민감함을 지적했다. 그런데 가만히 생각해 보면, 이것은 상처 입은 자존심에서 비롯된 은근한 민족적 열등감에서 기인할 수도 있다고 여겨진다. 19세기 중반까지 프랑스에 필적할 나라는 영국, 스페인, 러시아밖에 없을 정도로 프랑스의 기세는 대단했다. 그러나 갑자기 급부상한 이웃 나라 독일에 의해서 프랑스의 자존심은 여지없이 구겨졌다(독일과의 첫 전쟁에서 황제 나폴레옹 3세가 생포되는 치욕을 시작으로 하여 2차 세계 대전에 이르기까지, 프랑스는 독일과의 전쟁에서 한 번도 이겨 본 적이 없다). 영국과 신흥 강대국인 미국의 도움이 아니었다면 두 번이나 멸망할 뻔 했었기 때문에, 영어권에 대해 고마움을 느끼면서도 상처 입은 자존심에 영 기분이 나쁜 것이다.

20세기 초까지만 해도 프랑스어는 표준 세계 외교 언어로 통했는데, 이제는 영어에 밀려 버린 데 대한 상처도 크다. 그래서 미국 관광객들이 프랑스에 여행을 가면 영어를 뻔히 알아 들으면서도 못 알아 듣는 척하는 프랑스인들 때문에 골탕을 먹곤 했었다. 그러다 보니 항상 현재보다는 과거의 찬란한 영광을 따지게 되고, 눈에 보이는 것들은 다른 선진국들에게 뒤지기 싫으니까 열심히 바꾸면서도 정말 중요한 생각의 변화, 내면적 본질의 변화는 없다. 그래서 프랑스인들은 적극적으로 외국 문화를 배우려 하거나, 자기와 다른 외국인들에게 먼저 다가가서 끌어안고 잘 어울리려고 하는 사람들은 아니다. 프랑스인들 스스로도 이러한 모습을 버리지 않으면 21세기의 새로운 프랑스는 없다고 자성하는 분위기다.

이렇게 쓸데없는 열등감은 한 국가의 삶의 자세에도 지대한 영향을 미친다. 열등감이란 결국 상처 입은 교만이며, 이것은 리더십 킬러로 작용하는데, 프랑스인들의 모습 속에서 은근히 우리 한국인의 심리가 반사되어 보이는 것은 무슨 까닭일까?

이런 점에서 유럽 공동체(EC)의 아버지라고 불리는 장 모네(Jean Monnet)는 프랑스인이면서도 그 한계를 초월해 버린 멋진 인물이다. 1차 세계 대전 전에 그는 일찍이 영국으로 유학을 갔는데, 떠나기 전 그의 아버지는 이렇게 당부했다고 한다. "영국에 갔다오면서 절대 책들은 싸오지 말아라. 대신, 그 나라 사람들을 많이 사귀어서 귀중한 친구들의 우정을 가지고 돌아와라."

그래서 모네는 옛부터 프랑스와는 예민한 경쟁 관계였던 영국에 가서 그 누구보다 많은 인맥을 형성한 사람이 되었다. 1차 세계 대전이 발발했을 때, 독일에 대항한 영불 연합 관계에서 모네는 프랑스를 대표하여 영국과 활발하게 협력 체계를 다져 나가는 데 지대한 영향을 끼쳤다. 그뿐 아니라 2차 세계 대전으로 유럽이 불바다가 되어 가는 상황 속에서 모네는 '유럽이 서로 정치, 경제 공동체를 이룩해서 하나가 되지 않으면 계속 이런 비생산적인 전쟁으로 다 망하고 말 것'이라는 생각으로, 처칠에게 영국과 프랑스가 어떻게든 적극적인 협력 체제에 들어가야 한다고 설득했다. 또한 그 당시 전쟁으로 그토록 강퍅해져 있던 사람들을 설득하고 회유하여, 전후 유럽 공동체 체제 구성에 시석을 놓는다. 모네는 늘 주위에 사람들을 모아 함께 특기를 발휘하고 협력하면서 일하게 하는 팀워크의 귀재였으며, 특히 다음 세대를 이끌고 나갈 젊은 지도자들을 많이 양성했다. 이들이 오늘날에 이르러서도 프랑스 정부의 개혁 세력의 노른자 역할을 했다.

모네는 프랑스가 쓸데없는 민족적 자존심을 내세우며 혼자 고립되는 것보다, 유럽 공동체의 적극적인 주도 세력이 되어야 함을 역설했다. 오늘날 프랑스가 꽁하던 자세를 버리고 적극적으로 지구촌화에 뛰어들고, 유럽 공동체에도 활발하게 개입하고 있는 것은 다 모네가 뿌려 놓은 씨앗의 열매들이라고 할 수 있다.

■ 교만

능력이 너무 많은 사람은 과거의 성공의 기억들에 대해 지나치게 집착한 나머지 모든 것을 자기 중심으로 해결한다. 기획, 실행, 점검, 다 자기가 한다. 일을 다 자기 혼자서 하려는 사람은 영광도 모두 자기 혼자 받으려 한다. 팀을 길러서 남을 성공시켜 주는 것이 리더십인데 정반대로 가는 것이다. 교만은 항상 자기 고립을 자초하게 된다.

국가적인 교만도 똑같은 이치로 해석할 수 있는데, 미국의 경우가 그 좋은 예다. 냉전 종식 이후 유일한 슈퍼 파워가 된 미국은 장점이 많은 나라이긴 하지만, 강력한 견제 세력이 사라진 상태에서 지나치게 독단적으로 처리하는 성향을 보이기 시작했다. 걸프 전쟁에서는 많은 아랍권들의 반대를 무릅쓰고 후세인을 철저하게 응징했고, 코소보 사태 때는 중국과 러시아의 반대를 무릅쓰고 나토(NATO)를 이끌고 무력 개입하여 영향력을 발칸 반도로 확대했다. 게다가 미국의 군사미사일방위(NMD) 체제 개발 계획은 그렇지 않아도 심기가 불편한 중국과 러시아를 극도로 자극했다. 또한 미국의 공룡 같은 헤지 펀드가 결과적으로 아시아와 중남미의 금융 시장을 교란했으며, 경제의 글로벌화가 궁극적으로는 미국 대기업들에게 막대한 이득을 안겨 준 데 대한 세계 여론의 비난과 반발이 만만찮게 번지고 있다. 이것은 중국과 러시아를 중심으로 하여 미국에 비판적인 나라들이 규합할 빌미를 주었다. 특히 극동 지역의 국가들과 미국의 관계는 요즈음 대단히 예민하다고 볼 수 있다.

이것은 비단 미국만의 일이 아니다. 사람이나 단체도 힘을 가지면 그 힘에 의해서 적당히 오염되기 마련이고, 그 결과는 약한 이웃들을 배려하지 못하는 오만 방자함으로 나타난다. 만약 한국이 미국 같은 군사력과 경제력을 갖고 있었다면 우리는 어땠을까? 아마, 지난 수년 동안 계속 지적되어 온 국내에 있는 외국인들을 대하는 우리의 매너에서 그 답을 대충 알 수 있지 않을까? 교만은 정말 무서운 리더십 킬러다.

◘ 게으름

너무 일찍 성공한 사람, 능력이 너무 많은 사람, 가진 게 많은 사람은 그것을 믿고 게으름에 빠져 꾸준한 자기 개발에 소홀하기 쉽다. 리더가 공부하기를 포기하면 그의 운명은 마치 시한 폭탄과 같이 되고 만다.

1980년대 말까지, 미국의 고급 중형차 시장은 독일의 BMW, 벤츠, 스웨덴의 볼보, 아우디, GM의 캐딜락, 링컨 타운카 등이 석권하고 있었다. 소형차 시장은 도요타, 혼다 같은 일본 차들이 거의 휩쓸고 있는 상황이었는데도, 미국과 유럽의 고급차 생산자들은 고급차 시장만은 자신들의 영원한 아성이라고 자부했다. 80년대 후반, 도요타가 그 틈을 비집고 들어오기 위해 고급 대형차를 개발중이라는 것을 알면서도 그들은 코웃음을 치면서 별다른 경계를 하지 않았다. 그 결과, 90년대 초반에 마침내 도요타가 출시한 고급 승용차 렉서스(Lexus)는 그 해 미국 고급차 시장의 판도를 완전히 바꿔 버렸다. 기존의 BMW, 벤츠와 같은 고급 차들의 판매량의 30-40퍼센트를 격감시킬 정도로 렉서스 여파는 심했다고 하니, 안일하던 유럽과 미국의 고급차 생산자들이 얼마나 큰 충격을 받았는지 가히 짐작할 만하다. 이후로, 좀체로 차 모델을 잘 바꾸지 않던 이들도 자존심을 꺾고 차 모델을 바꾸는가 하면, 매년 지속적으로 올리던 차 가격도 올리지 않고 렉서스 따라잡기에 총력을 기울였다.

성공은 사람을 교만하게 하고, 교만은 안일주의로 이끌며, 이것은 게으름을 낳고, 게으름은 패망으로 가는 열쇠가 된다.

■ 분주함과 일 중독증

분주함은 현재의 급한 문제들에 집중하느라 미래를 대비하는 일이나 정말 의미 있는 일들을 간과해 버리게 한다. 일 중독증 또한 너무 많은 일을 하느라 더 나은 미래를 설계할 수 있는 여유를 잃어버리게 한다. 이것은 게으름과는 정반대로 너무 부지런한 사람이 자주 겪는 문제로서, 급한 것들을 처리하느라고 정말 중요한 것에 집중하는 지혜를 잃어버리는 것이다.

일 중심의 사람이 범하기 쉬운 첫 번째 실수는, 우선 순위를 가리지 못하는 것이다. 구약 성경에 나오는 사울 왕은 선지자 사무엘이 도착하는 것을 기다리지 못하고 자기가 제사를 치러 버린다. 그것은 자기에게 주어진 선을 넘어서는 불순종의 행위였고, 그의 리더십에 치명적인 금이 가게 했다. 전쟁이 급했기 때문에, 일이 급했기 때문에 저지른 실수였다. 일 중심의 사람은 이렇게 되기 쉽다.

지나친 일 중심의 사람, 항상 급박하게 모든 일을 처리하는 사람에게 나타나는 또 하나의 증세는 조기 탈진 현상이다. 우리의 육체, 정신, 영혼은 다 한계가 있다. 쉴 때는 충분히 쉬어 줘야 하는데, 이 리듬을 무시하고 지나치게 일에 매달린 사람은 육체적, 정신적으로 너무 심하게 탈진되어 자기뿐 아니라 주위 사람들에게 큰 고통을 안겨 주게 된다. 이어령 씨는 한국인은 머리도 좋고 순발력도 탁월하고 능력이 많은 반면에 스태미너가 너무 부족한 것이 큰 단점이라고 지적한 바 있다.[6] 실제로 미국에서도 고등학교, 대학교 때까지는 교포 학생들이 공부를 잘하지만, 대학교 이후부터는 며칠씩 밤을 새워도 끄떡없는 미국 학생들의 체력 앞에 점점 밀리는 현상을 보며 안타깝게 생각했다. 오늘날 한국의 많은 직장 남성들이 40대 중반에 쓰러지는 데는 분명히 문제가 있다. 이렇게 한국의 리더들이 스태미너가 부족한 것은 체력의 문제도 있지만, 적당한 휴식이 체질화되어 있지 않기 때문이다.

한국에서는 휴식이라고 하면 '논다' 라는 상당히 부정적인 개념으로 받아들이는 경향이 있어서, 휴가를 낼 때도 눈치를 보는 분위기가 있는 것 같다. 그러나 건강한 휴식이 없는 끊임없는 전진은 반드시 사고를 유발하게 되어 있다. 고속도로에서 일어나는 교통 사고들의 가장 큰 원인 중에 하나가 운전자가 졸릴 때 쉬지 않고 계속 달렸기 때문이라고 하지 않는가?

하나님이 왜 천지를 엿새 동안이나 걸려서 창조하시고, 일곱째 되는 날에 쉬셨다고 생각하는가? 그분의 능력으로만 치면, 6일 아니라 반나절

---

6) 이어령, 「흙 속에 저 바람 속에: 이것이 한국(韓國)이다」에서.

만에라도 한꺼번에 천지를 뚝딱 창조하실 수 있었을 텐데 말이다. 그분은 우리에게 이 천지의 법칙을, 역사의 법칙을, 삶의 원리를 알려 주신 것이다. 낮의 열기를 반드시 밤의 서늘함으로 식히게 하고, 불의 뜨거움을 물의 시원함으로 식히게 하며, 노동과 휴식의 조화를 유지함의 아름다움이 이 세계를 지탱하고 움직여 나가는 틀이 되게 하신 것이다.

휴가를 영어로 'vacation'이라고 하는데, 이것은 '비운다(to vacate)'라는 동사에서 나왔다. 휴가라는 것은 그야말로 텅 비움이다. 1936년 유급 휴가를 받아 낸 프랑스 노동자들이 전세계적으로 퍼뜨린 '바캉스'라는 말의 뜻도 빈 공백이다. 바캉스의 시조국(始祖國)답게 프랑스인들은 지금도 태산이 무너져도 일 년에 5주 가량의 휴가를 빠짐없이 챙겨서 누리고 있고, 그 정도까진 아니어도 유럽과 미국에서는 꼭 가족과 함께 일 년에 2주 정도는 어디론가 떠나 버리는 '겟 어웨이' 휴가를 철저히 엄수하는 편이다. 그야말로 평소에 하던 일에서 철저하게 떠나는 것이다. 일상에서 벗어나 멀리서 객관적으로 우리가 한 일을 '보기에 좋다, 안 좋다' 평가하며 둘러볼 수 있는 게 휴가요 안식이다.

리더들이여! 열심히 일했다면 푹 휴식하는 것에 대해 죄의식을 느끼지 말라. 더 멀리 도약하기 위하여 날개 접는 일을 기꺼이 하라. 공부 잘하는 아이는 원래 놀 때도 100퍼센트 놀고, 공부할 때도 100퍼센트 집중해서 공부하는 법이다.

■ 독선

리더는 넓은 시야를 갖고 있어야 하는데, 오늘날의 사회가 너무 전문성을 강조하다 보니 폭 넓은 사람이 잘 나오질 않는다. 전문가는 평생 한 우물을 판 사람인데, 한 우물을 판 사람은 자기 우물에 대해서는 잘 알겠지만 남의 우물에 대해서는 무지하기가 쉽다. 더 나아가서, 자기 우물만 우물이라고 주장하기 쉽다는 것이다. 리더가 너무 자신의 전공 분야만을 고집하게 되면 따르는 사람들이 견디기 힘들어진다. 오늘날 너무 전문성(professionalism)을 강조하다 보니까, 전문가는 많은데 그 전문가들을 품어서 큰 심포니를 이루어 낼 지휘적 마인드를 가진 리더가 갈수록 줄어드는 느낌이다. 이것은 전문화(specialization)만을 지나치게 강조하는 오늘날의 교육이나 사회 제도의 책임도 크다.

모든 리더가 꼭 명심해야 하는 것은, 많은 경우 자신의 장점이 오히려 단점으로 작용할 수 있다는 것이다. 예를 들어, 목사님들 중에 설교에는 자신 있다고 하지만, 설교 외에 사람들을 일대일로 만나 돌봐 주는 인간관계나 행정 같은 것에는 소홀히 해서 이것이 목회에 치명적인 아킬레스건이 되는 경우를 많이 본다. 2000년 교회사에서 대부분의 이단들은 영성의 한 부분만을 절대화시켜서 추구했기 때문에 발생했다고 봐도 된다. 당신의 특기와 전문성은 소중한 자산임이 틀림없지만, 그것이 전부라고 생각하거나 그것이 늘 절대적으로 추구되어야 한다는 생각은 버리는 것이 좋다.

◘ 도덕성 상실

리처드 포스터(Richard Foster)의 걸작 중, 「돈, 섹스, 권력(Money, Sex, Power)」이라는 책이 있다. 리더는 정말 이 세 가지 유혹을 조심해야 한다. 특히 이 셋은 어느 정도 입지에 올랐을 때 더욱 무섭게 공격해 들어오므로, 조심하지 않으면 치명적인 상처를 입고 떨어질 수 있다. 세상이 복잡한 것 같지만, 조금만 거품을 들어내고 보면 이 세 가지 요소가 뒤엉켜서 작용하고 있음을 알 수 있다. 그것이 인간이 이룩한 제국의 실체요,

세상을 움직이는 강력한 힘이라고 할 수 있다.

첫째로, 돈은 실로 이 시대를 움직이는 절대적 힘이다. 항상 그래 왔지만, 특히 17세기 자본주의의 부상과 함께 경제력은 곧 개인과 국가의 실제적인 힘을 의미했다. 이제는 이데올로기도, 지위도, 학벌도, 전통도 모두 돈이라는 힘 앞에서 고개를 조아린다. 예수님도 이 돈의 힘을 아시고, "너희가 나와 돈(mammon: 'money')을 동시에 섬기지 못한다"고 하셨다. 여기서 '섬기지 못한다'는 단어로는 '경배, 예배(worship)'라는 말을 썼다. 돈은 거의 신적인 존재일 수도 있다는 것이다. 이 돈이 우리를 파괴시킬 수 있는 것은 우리 속에 있는 욕심(greed)과 완벽하게 연결되기 때문이다. 욕심은 조금이라도 더 가지게 한다. 또한 욕심은 더 가지는 데 조금이라도 방해가 되는 요소들을 가차없이 제거해 버리려 하는 폭력성을 가지고 있다. 역사를 돌아볼 때, 한 개인도 국가도 심지어는 교회도 이 돈의 오용으로 인해 깊숙이 병 들어 무너진 경우가 허다하다.

그렇다고 돈 자체를 적대시하거나 돈에 관해 이야기하는 것 자체를 금기시하는 자세 또한 지혜로운 것도 영적인 것도 아니다. 돈 문제 때문에 타락하는 리더들 중에는 오히려 땀 흘려 돈을 버는 일과 지혜롭게 돈을 관리하고 쓰는 일에 대한 교육을 제대로 받지 못한 경우가 대부분이다. 유교적인 문화권에서는 '황금 보기를 돌같이 하라'고 가르쳤고, 그것이 교회 문화에도 전수되어서 빈곤과 영성을 동일시하는 잘못된 개념이 형성되기도 했다.

그러나 한국의 각계 각층의 리더십이 갖고 있는 물질적 부패는 결코 사그라지지 않고 있다. 돈 문제를 떳떳하고 투명하게 밝히고 노력과 능력만큼의 대가를 정당하게 요구하는 나라들에 비해, 돈 문제에 대해 쉬쉬하는 한국의 금전적인 타락은 더한 감이 있다. 그래서 정치, 경제, 교육, 특히 교회의 리더십은 돈 문제에 대해서 철저하게 객관적이고 분명한 이해와 훈련이 필요하다고 생각된다.

그런 의미에서 「부자 아빠, 가난한 아빠(Rich Dad, Poor Dad)」(황금가지)는 참으로 좋은 필독서가 될 것이다. 이 책을 공저한 미국의 투자분석가 로버트 기요사키와 공인 회계사 샤론 레흐트는 돈에 대한 사람들의 고정 관념을 깨뜨리는 파격적인 접근을 한다. 기요사키의 친아버지는 미국 하와이 주 교육감을 지낼 정도의 고급 인텔리였으나 늘 금전적으로 쪼들리는 삶을 살았는데 반해, 그의 친구 아버지는 초등학교도 제대로 못 나왔지만 물질적으로 상당히 풍성하게 살았다고 한다. 어린 기요사키는 그 원인을 두 사람의 돈에 대한 근본적인 사고 방식에서 발견했다. 그의 아버지는 늘 "돈은 모든 악의 근원이다, 돈은 필요하지만 중요하지는 않다"고 입버릇처럼 말했는데 반해, 친구의 아버지는 "돈이 부족한 것이야말로 모든 악의 근원이다. 돈을 제대로 아는 것이 힘이다"라고 주장했다고 한다. 기요사키는 이 두 사람의 인생을 비교하면서, 가난한 사람들은 오히려 돈에 의해 인생은 물론 영혼까지 통제받지만, 부자는 돈의 속박에서 벗어나 오히려 돈을 지배하고 있다고 말했다(물론, 여기서 그가 말하는 부자는 부정한 방법으로 부를 축적한 졸부가 아니라 건전한 투자와 노력을 통해 만들어진 부자를 가리킨다). 결론적으로, 이 책은 근거 없는 불안감, 경제적 흐름을 열심히 연구하려 하지 않는 게으름, 돈만 생기면 비싼 차와 집을 마구 사들이는 잘못된 재테크 습관을 버리고, 돈에 대해 제대로 알려는 노력을 함으로써 돈을 위해 일하는 것이 아니라 돈이 사람을 위해 일하게 하는 '금융 IQ'를 획득해야 한다고 주장한다.

리처드 포스터도 돈이 우리 속에 있는 욕심과 연결되면 파괴적인 요소로 작용하지만, 하나님의 마음인 나눠 줌(giving)과 연결되면 참으로 건설적으로 쓰여질 수 있다고 주장했다. 정직한 노동으로 일궈 낸 부를 사회에 환원하는 미국의 청교도적 금전 사상이 오늘날의 부강한 미국, 가난한 자들을 위해 비교적 많이 배려하는 미국을 만들었다고 볼 수 있다.

나는 모든 가정과 단체와 교회와 기업과 국가의 리더들은 어렸을 때부터 체험적, 이론적 돈 교육을 철저히 받아야 한다고 생각한다. 돈을 지혜롭게 잘 벌고 관리하는 법을 배우지 못한 리더는 언젠가는 반드시 돈 때문에 문제를 일으킬 위험 소지가 다분하다.

돈 못지않게 중요한 것이 리더십의 성적 부패 문제다. 클린턴 대통령 재임중 꼬리를 물고 따라다녔던 섹스 스캔들을 통해 입증이 되었듯이, 미국과 유럽의 상류층 지도자들의 성적 부패는 어제 오늘 일이 아닐 정도로 심각하다. 이 문제에 있어서는 교회 지도자들도 무관하지 않다. 한 예로, 1991년 조사 결과에 따르면, 미국 목회자들의 37퍼센트에 해당하는 이들이 부적절한 성적 관계에 빠진 적이 있다고 한다. 내가 웨스트민스터 신학대학원을 졸업할 때, 목회학 담당 교수님 말씀이 우리들 중에 3분의 1 정도가 섹스 스캔들 때문에 목회 사역을 떠날 것이라고 하셨다(그 당시 통계 현황으로도 그랬다). 그만큼 영적 리더들도 성적 유혹에 위험하게 노출되어 있다는 것이다.

사람이 성적 문제에서 타락하는 것이 치명적인 까닭은 그것이 하나님이 만들어 놓으신 결혼, 그리고 가정을 파괴시키기 때문이다. 성 자체는 하나님이 인간에게 주신 선물이기 때문에 너무나 아름다운 것이다. 그러나 가장 아름다운 것이 잘못 사용되면 가장 추하고 무서운 존재로 돌변하게 된다. 성적인 타락은 가정의 파괴와 직결되는데, 이것은 그 다음 세대로까지 영향력이 파급된다. 구약 성경에 나오는 다윗 왕이 바로 그 대표적인 예이다. 오랜 고난의 세월을 거쳐 왕위에 오른 그는 깊은 영성과 탁월한 실력을 갖춘 리더였다. 그러나 한 순간의 실수로 말미암아 인생의 내리막길로 치닫게 된다. 밧세바와의 간음 사건의 여파는 그의 자식들간의 분쟁과 아들 압살롬의 반역으로까지 퍼져 나가게 된다. 모든 리더십은 이 문제에 있어서 결벽한 자세로 접근하기보다는 자신도 언제든지 쓰러질지 모르는 연약한 존재임을 인정하고 조심하며 건강한 가정 생활을 지켜 나가야 할 것이다.

마지막으로, 권력(power)의 부패를 경계해야 한다. 막스 베버가 말한 대로 절대 권력은 절대 부패하는 법이다. 권력욕의 핵심에는 스스로 하나님이 되고자 하는 에덴의 야심이 들어 있다.

권력의 무서움은 이것이 오용되면 우리의 관계를 병들게 한다는 데 있다. 우리와 다른 사람들의 관계 그리고 우리와 하나님과의 관계는 자칫 잘못하면 이 권력의 남용으로 인해 부서지기 쉽다. 이 세상은 모든 것을 파워 게임이라는 틀로 풀어 간다. 아주 어릴 때부터 우리는 '누가 보스냐?' '누가 최고냐?'는 질문을 계속 던지면서 살아왔다. 방안에 들어섰을 때 벌써 그 방안의 실질적인 파워가 누군인지 빨리 알아 차릴수록 생존 확률이 높아진다. 누가 최고냐고 묻는 것은 거꾸로 뒤집으면 누가 2등, 3등이고, 누가 꼴찌냐를 묻는 것이다. 누가 제일 잘났는지를 따신다는 것은 결국 누가 제일 못났느냐를 따지는 것이다. 결국 파워 게임의 본질은 경쟁적 교만이요, 전투적 우월감이다.

리처드 포스터는 이 본질에서부터 비롯된 파워는 여러 가지 모양으로 나타난다고 말한다. 섹스도, 돈도 하나의 파워다. 학벌도, 지식도, 정보도 오늘이 세상을 빠르게 장악하고 있는 무서운 파워라 할 수 있다. 종교적 율법주의도 엄청난 파워다. 유대교와 카톨릭, 그리고 일부 개신교 보수 교단들의 율법주의는 2000년 기독교 역사 속에서 교회의 생명력을 앗아 가는 무서운 결과를 낳았다.

테크놀러지도 무서운 현대 문명의 파워다. 테크놀러지가 절대화시킨 가치관은 효율성과 실용주의다. 어쨌든 가장 짧은 시간에 가장 많은 것을 이룰 수 있다면 그것이 최고라는 생각이 팽배해 있다. 과정이야 어찌됐던 결과만 가지고 논하려고 하니까, 돌연성과 따뜻함이 없는 세상이 되어 간다.

오늘날에는 스포츠도 대단한 파워다. 미국에서 미식 축구 중계를 주일날 방영하기 시작하면서부터, 전국의 남성들의 교회 출석률이 격감했다. 매스컴도 20세기 문명이 낳은 거대한 파워라고 할 수 있다. 말콤 메거리지(Malcom Muggeridge)는, 만약 예수님이 오늘날 광야에서 사탄의 시험을 받으셨다면 네 번째 유혹은 아마도 전국으로 방송되는 프라임 타임 TV 프로그램에 출연하는 것이었을 거라고 했다.

교회의 리더십도 엄청난 파워다. 가장 무서운 전쟁이 종교의 전쟁이라고 했듯이, 역사 속에서 교권의 남용처럼 많은 피해를 끼쳤던 것도 없었다.

이 파워의 남용으로부터 스스로를 지키는 첫 번째 방법은 항상 자신이 하나님의 리더십 밑에 있는 사람임을 아는 것이다. C. S. 루이스가 말하기를, 교만한 사람은 밑을 내려다보는 데 급급한 나머지 자기 위에 계신 분을 제대로 보지 못한다고 했다. 나의 가정이나 단체나 교회나 국가의 주인이 내가 아닌 하나님이심을 늘 인정하는 것은 나로 하여금 파워를 함부로 휘두르지 못하게 막아 줄 것이다.

또 한 가지는, 그 단체의 모든 권력을 자신에게 집중시키는 체제를 절대 만들지 말라는 것이다. 아무리 톱 리더라 해도—그가 대통령이든 회장이든 사장이든 담임 목사이든—절대로 자신에게 모든 결정권을 일임하는 체제를 만들어서는 안 된다는 것이다. 피터 드러커는, 정부와 기업의 톱 클래스 리더들의 대부분은 아주 중요한 일일수록 참모진에서 만장일치가 되면 실행에 옮기지 않는다고 했다. 그렇게 중요한 일을 결정하는데 어떻게 갖가지 상황을 고려하는 일이나 거기에 맞는 논쟁과 연구가 없을 수 있느냐는 것이다.

리더라 해도 독단과 판단 착오와 교만의 표현을 견제하고 다듬어 줄 수 있는 책임적 소그룹 속의 일원으로 자신을 포함시켜 놓아야 한다. 다시 말해서, 1500여 년 전 베네딕트 수사들처럼 서로를 절제하게 하고 다듬어 줄 수 있는 그런 복수적(pluralistic) 리더십 그룹 속에서 활발한 교제를 가져야 파워로부터 오염되는 것을 막을 수가 있을 것이다.

중요한 것은 돈과 섹스와 파워가 서로 밀착된 관계를 갖고 있다는 점이다. 돈을 가지면 그것을 가지고 섹스와 파워를 취하려 든다. 섹스는 항상 돈과 파워가 있는 자에게 더 뇌쇄적인 매력으로 달려든다. 파워가 있으면 돈과 섹스를 누릴 수 있는 특권이 주어지고, 그것을 마다하는 사람은 거의 없다. 돈과 섹스와 파워는 리더십에게 주어지는 특권 같지만, 이것이 리더십의 능력을 소리 없이 마비시키고 병 들게 하고 붕괴시키는 원인이 되기도 하는 것이다. 돈은 하나님의 방법으로 벌고 관리하고 써야 한다. 섹스는 하나님이 주신 결혼이라는 축복된 관계 안에 있을 때 비로소 그 진가를 발하는 것이다. 파워는 진정한 파워의 근원이신 하나님을 늘 의식하고 두려워하는 자만이 제대로 조종할 수 있음을 잊어서는 안 된다.

리더여, 당신을 늘 호시탐탐 노리고 있는 이 리더십 킬러들을 조심하라! 조심한다고 해서 완벽하게 다 막을 수는 없겠지만 그래도 이 킬러들의 실체를 당신이 자세히 파악하고 있다는 것만으로도 이미 싸움의 주도권은 당신이 잡고 있는 것이다. 늘 겸손히 하나님 앞에 자신의 약점을 인정하며 살아가도록 하자.

●● 리더십 킬러들

- 탁월한 리더십을 공격하는 방해 요소들을 극복하라
- 외부와 내부의 리더십 킬러들을 파악하라
- 겸손히 자신의 약점을 인정하며 행동하라

Chapter 8
좋은 리더십의 필수 요소

1. 균형 감각 | **2.** 인격/신뢰성 | **3.** 능력 | **4.** 융화력/팀워크 창조력

위대한 자는 결코 위대함을 느끼지 않고 작은 자
는 결코 작음을 느끼지 않는다.

– 유대 격언

1 균형 감각

우리는 이 책 초반부에서, 리더에게 있어서 균형 감각이 얼마나 중요한지 자세히 살펴보았다. 지성, 감성, 역경 지수를 잘 조화시키면 비전 메이커를 준비하는 토양이 된다. 신학과 은혜, 기도와 말씀을 잘 조화시키면 비전을 보는 사람이 된다. 육체와 정신과 영혼의 계기판을 잘 체크하고 있으면 자기 관리가 잘된 리더가 된다. 성경에 나오는 하나님의 비전을 받는 사람들을 보면 하나님이 그 인생을 통해서 지성, 감성, 역경 지수를 골고루 준비시키는 것을 볼 수 있다. 그것도, 급하지도 더디지도 않게 하나님의 정확한 스케줄에 따라서.

하나님이 쓰시는 지도자들을 하나님이 빚어 내시는 그 과정이 바로 균형을 잡아 가는 과정이라고 할 수 있다. 모세만 봐도 그렇다. 사십 년 동안 그는 이집트 최고의 학문을 교육받았다. 그러나 그것만으론 하나님의 비전을 받기에 부족했다. 그는 사십 년의 광야 생활 동안 자아가 깨어지고 부드러워지는 과정을 통하여 '지상에서 가장 겸손한 사람', '가슴이 따뜻한 사람'이 되었고, 역경 지수가 높은 사람이 되었다. 결국, 80세가 되어서야 이스라엘 백성들을 노예의 땅에서 약속의 땅 가나안으로 이끌어 내는 비전을 실행하는 지도력을 발휘하게 되는 것이다. 그의 인생에는 배우고 준비해야 할 때, 숨어야 할 때, 추수해야 할 때가 분명히 있었다. 그는 하나님이 예비한 인생의 계절 변화에 잘 순응해 간 리더였다.

하지만 앞에서도 강조했듯이, 균형 감각을 가져야 한다 해서 모든 것을 다 잘하려고 발버둥쳐서도, 아무 모험 없이 그저 안전주의로만 살아서도 안 된다. 어떻게 보면 균형 감각의 균형을 잡을 필요가 있다.

균형의 원리는 집중의 원리와 함께 이해되어야 한다. 프랑스군은 1, 2차 세계 대전 때 엄청나게 긴 마지노선(Maginot Line)을 그어 놓고 그것을 철옹성이라고 자랑했다. 그러나 독일군은 그 중 한 쪽을 집중적으로 공격해서 그 방어선을 간단히 무너뜨려 버렸다. 마찬가지로 모든 것을 강조하면 나중엔 아무것도 못하게 된다. 그 시대와 상황에서 가장 중요하다고 여겨지는 것에 최선을 다해 집중해 주는 것이 또한 균형이다. 공격할 때는 죽을 힘을 다해 공격하고, 가만 있어야 할 때는 쥐죽은듯이 엎드려 쉬는 집중력이 바로 전체의 시각으로 보면 균형 감각인 것이다.

그렇기 때문에 우리는 우리와 다른 세대, 다른 환경에 살았던 사람들을 함부로 우리의 잣대로 판단하면 안 된다. 한국 전쟁 이후 산업화 세대가 가정을 버려 두고 일밖에 몰랐다고 하지만, 그래도 그들의 그러한 희생적인 노력의 결과로 오늘의 신세대가 여가를 즐길 수 있는 경제적 기반이 생긴 것은 부인할 수 없는 사실 아닌가? 물론 상황이 모든 것을 다 정당화시켜 준다고 보진 않는다. 그러나 우리 모두는 각 세대가 그 시대의 힘든 상황 속에서 나름대로 집중해야 할 것에 집중할 수밖에 없었음을 인정하는 관대함이 필요하다. 그것이 바로 역사 의식이다.

성경에서도 보면, 바울은 진취적이고 모험적인 개척자 스타일이었는데 비해, 그의 후계자 격이었던 디모데는 조금 소심한 성격의 안정형 스타일이었음을 알 수 있다. 그러나 디모데가 안정되고 차분한 목회를 할 수 있었던 것은, 엄청난 추진력을 가진 저돌적인 성격의 바울이 온 세계를 돌아다니면서 미친 듯이 전도하고 곳곳에 복음의 씨앗을 뿌려 놓았기 때문에 가능했다. 리더의 균형 감각 중에서 가장 중요한 것은 자신과 다른 역사의 인물들이 그들의 시대적 사명이나 스타일에 따라 다양한 소명을 가지고 있었다는 것을 인정하고 받아들이는 자세다.

2 인격 / 신뢰성

1960년대 초 케네디 정부에서 미 국방장관을 지냈던 로버트 맥나마라(Robert McNamara)는 출판된 그의 회고록에서 말하기를, 월남전 당시 미국 정부는 철저하게 국민의 신뢰를 잃어서(백악관이 습관적으로 미군의 피해와 전쟁의 부정적인 상황을 항상 축소해서 국민들에게 발표했기 때문임) 1970년대에 마침내 대통령이 의회에 의해 워터게이트를 통해 자리에서 물러나는 수치까지 겪는 동안, 경제적으로는 일본의 추격에 잡히고, 달러는 흔들거리며, 내부에서는 수많은 젊은이들이 허무주의에 빠져 술과 마약과 섹스에 몰두하는 히피 문화에 심취되고 말았다고 참회했다. 그래서 1976년 조지아 주의 시골 출신 카터가 대통령으로 당선될 수 있었던 가장 큰 이유는, 국민들이 무엇보다 지도자의 깨끗한 도덕성을 요구했기 때문이라고 했다. 서방의 언론이 '광적인 독재자'라고 비난하는 리비아의 무하마르 알 카다피(Kadafi)가 어떻게 그토록 심한 외부의 압력 속에서도 27년 간이나 리비아 국민의 절대적인 신뢰를 얻으면서 최고 권력자의 자리를 지킬 수 있었는가? 중요한 이유 중에 하나는 그가 개인 재산이 전혀 없는 철저하게 검소한 사람이라는 것과, 결벽이라고 느껴질 정도로 공무원들의 부패를 엄격하게 다스렸기 때문이다.[1]

공자도 위정자가 나라를 다스리는 데 있어서 꼭 필요한 것 세 가지를 식량, 군대, 위정자에 대한 국민의 신뢰로 들면서, 만약 그 중 둘을 버려야 한다면 식량과 군대를 버리라고 했다. 그만큼 지도자가 신뢰할 만한 인격을 가지는 것이 중요하다는 것이다. 중국의 문호 왕희지도 인격이 안 된 사람에게는 비기(秘技)를 전수해서는 안 된다고 했다. 이렇게 옛부터 동양의 문화는 하나같이 재승덕박(才勝德薄: 재주는 많지만 덕이 부족함)을 경계해 왔다.

이것은 서양 문화권도 마찬가지다. 근래에 컬럼비아 대학 경영대학원과 저명한 콘페리 국제 연구 기관(Korn/Ferry International)이 합작하여, 미국, 일본, 유럽, 남미의 1,500명 최고 경영자들을 대상으로 '21세기형 최고 경영자에게서 가장 필요하다고 생각되는 자질이 무엇인가'를 설문 조사한 적이 있다. 거기에 대해 88퍼센트가 꼽은 첫 번째 항목은 '윤리성'이었다.[2] 다른 연구 기관이 미 전국의 평사원들을 대상으로 한 설문 조사에서도 85퍼센트 정도의 응답자가 자신의 리더에게서 가장 원하는 것은 '정직성'과 '윤리성'이라고 했다.[3] 동서고금을 막론하고 아무리 디

---

[1] 리비아에서 부패 공무원은 무조건 사형에 처한다. 1993년, 한 은행 지점장이 금괴 세 덩어리를 밀수하다가 적발되자, 그는 3개월 만에 공개 처형되었고, 그 광경은 TV로 전국에 생중계되었다.
[2] Korn/Ferry International and Columbia University Graduate School of Business, *Reinventing the CEO*(New York: Korn/Fery International & Columbia University Graduate School of Business, 1989), p. 41.
[3] SteelCase, *Worldwide Office Environment Index Summary Report*(Grand Rapids: Steelcase, 1991), p. 7. 재미있는 것은 세계 지역별로 조금씩 퍼센트가 다르다는 사실이다. 윤리성과 정직성을 리더가 갖춰야 할 최고 덕목으로 꼽은 것은 다 똑같지만, 캐나다가 87%로 가장 높은 수치를 기록했고, 유럽은 80%, 일본은 72%를 기록했다.

지털 시대가 되어도 리더십에게는 깨끗한 인격이 변함없이 요구되고 있는 것이다. 성공률이 1000대 1밖에 안 되는 극심한 경쟁을 뚫고 성공한 미국 실리콘 밸리의 첨단 벤처 기업가들은 '결국 무엇이 벤처가 이 극심한 국제 경쟁 시대에서 살아 남는 가장 큰 힘이냐' 는 질문에 하나같이 리더십이 결국은 정직해야 함을 들었다고 한다. 신약 성경 갈라디아서 5장에서도, 하나님의 영이 충만한 사람에게 나타나는 아홉 가지 열매는 모두 인격을 다루고 있다. 하나님은 내가 어떤 일을 하느냐 하는 것보다, 내가 누구냐에 대해 더 관심이 크시다. 하나님의 일을 하는 것보다 더 중요한 것은 하나님의 사람이 되는 것이다.

스티븐 코비는 리더의 근본적인 자질에 대해 논하면서 부수적 위대성과 본질적 위대성의 차이를 이야기한 적이 있다.[4] 사람의 위대성을 말할 때는 보통 부수적 위대성과 본질적 위대성을 말한다. 부수적 위대성은 그 사람의 학벌, 재산, 외모, 지위, 배경으로 이루어지는데, 대부분의 사람들은 이런 것들을 가지고 그 사람의 위대함을 경솔하게 평가해 버리는 우를 범한다. 그러나 여러 풍파를 이기며 세월이 갈수록 더 큰 영향력을 발휘하는 탁월한 리더들을 보면, 그런 부수적 위대성도 있지만 그 저변에 본질적 위대성이 깔려 있다. 그것은 성숙한 인격의 모습들로서 인내심, 사랑, 이해, 동정심, 비전, 결단력, 포용력 등으로 이루어진다. 이 본질적 위대성을 갖추지 못한 리더는 결코 오래 버티지 못한다는 것이다.

이와 관련해서, 윌리엄스 칼리지의 리더십 교수인 제임스 맥그리거 번스는 상호 교환적 관계의 리더십(transactional leadership)과 상호 변화적 관계의 리더십(transformational leadership)의 차이를 짚어 내는 충격적인 논제를 제시한 바 있다. "도대체 리더는 왜 그 특정 그룹의 팔로워들

---

[4] Steven Covey, *The Principle-Centered Leadership.*

과 함께 있는 것이며, 또 팔로워들은 왜 그 특정 리더와 함께 있기로 한 것인가?"라는 질문으로 번스 교수는 그의 논리를 시작한다. 상호 교환적 관계의 리더십 형태에서는 리더와 팔로워가 서로 함께 있음으로써 얻어지는 이익 때문에 함께 있는 것이다. 예를 들어, 직원들은 사장이 싫지만 월급을 주니까 붙어 있는 것이고, 사장은 직원들이 별로 달갑지 않지만 그래도 그들이 일해서 공장이 돌아가고 자기 수입을 올려 주니까 그들을 데리고 있는 것이다. 서로에게 필요하기 때문에 할 수 없이 서로에 대한 애착이나 관심이 없으면서도 그냥 필요악처럼 서로를 참아 주는 슬픈 현실인데, 유감스럽게도 세상의 대다수의 기업이나 단체들이 이런 상황이라는 것이다. 철저한 이해 관계에 의거한 리더와 팔로워 관계라 할 수 있다.

이에 반해 상호 변화적 관계는 기본적인 이해 관계도 있긴 하지만, 리더와 팔로워들을 밀착시키는 더 근본적인 이유는 그들이 함께 있음으로써 서로의 인격 깊숙한 곳에 자극과 감동과 변화를 체험하기 때문이라는 것이다. 팔로워는 리더를 따라감으로써 새로운 비전을 보고, 자신에게 잠재된 능력이 마음껏 발휘되는 희열을 느끼고, 인격이 다듬어지고 새롭게 발전해 나가는 것을 경험하면서 진심으로 이 리더를 따른다. 또 리더는 팔로워를 이끌어 주면서 자기 자신이 더 많이 배우고 위로를 얻고 힘과 보람을 발견하는 것을 느끼며, 더욱 힘을 내서 이 팔로워에게 자신의 모든 것을 투자한다. 이 둘의 관계는 돈이나 지위만으로 해석할 수 없는 끈끈한 인격, 사랑과 신뢰, 비전과 감동의 아교로 이어져 있는 것이다.

스티븐 코비의 논리와 번스 교수의 논리를 합쳐서 정리해 보면 이런 결론이 나온다. 상호 교환적 관계는 단순히 리더와 팔로워가 서로의 부수적 위대성을 충족시켜 주는 차원인데 반해서, 상호 변화적 리더십은 서로의 본질적 위대성을 깊이 자극시켜 주는 차원이라고 하겠다. 바로 이 상호 변화적 리더십이야말로 예수 그리스도께서 이 땅에 살다 가시면서 우리에게 보여 준 유형이며, 그를 따르는 모든 그리스도인들에게 요구하는 리더십 스타일이라고 할 수 있다. 그렇다면 이 상호 변화적 리더십을 가진 사람은 어떤 인격을 갖추어야 할 것인지를 생각해 보기로 하자.

◘ 배움에 대한 겸손과 열정

리더는 일단 겸손해야 하며 모르는 것에 대한 끝없는 호기심이 있어야 한다. 또한 배우기 위해서는 나이, 시간, 체면을 따지지 않는 적극성이 있어야 한다. 일본의 전설적인 검객 미야모도 무사시는 "가장 강하다고 생각하는 사람이 가장 약한 자"라고 하면서, "진정한 무사는 3살짜리 어린애와 마주설 때도 몸조심을 해야 한다"고 했다. 히브리어에서는 '가르친다(to teach)'와 '배운다(to learn)'를 다 하나의 동사인 '라마드'로 쓴다. 가르치는 자는 계속 배워야 하고, 남을 인도하려면 자기도 인도받아야 한다는 뜻이다. 당신이 리더가 되고자 한다면 먼저 평생 성실한 학생이 될 결심을 해야 한다.

이 대표적인 예로, 언제나 끝없이 새로운 것을 배우겠다는 열정에 가득 찼던 월마트(WalMart)의 창업자 샘 월튼(Sam Walton)을 꼽을 수 있다. 월마트는 「포춘」지가 선정한 500개 기업 중에서 4번째로 큰 회사로서 연간 매출액이 1,200억 달러를 넘어 GM, 포드, 엑손만이 월마트를 앞서 있을 뿐이다. 샘 월튼의 경영 철학은 "우리는 항상 싸게 판다(We sell for less, always)"라는 한마디로 요약될 수 있는데, 언제나 가장 낮은 가격으로 소비자에게 물품을 공급한다는 신념이었다. 그는 미국 대륙에 디스카운팅 스토어의 새 시대를 열었다. 그러나 헨리 포드가 차를 처음 만든 사람이 아니듯, 샘 월튼은 디스카운팅 스토어의 개념을 처음 만든 사람은 아니었다[1962년, 월튼이 아칸소에 첫 디스카운트 스토어를 열었을 때, 이

미 K-마트와 타겟(Target) 체인점들이 시작되고 있었다. 벌써 디스카운팅 스토어가 치열한 경쟁을 벌이기 시작한 것이다. 그러나 그는 이미 나온 그 아이디어를 누구보다 깊이 이해하고, 확실하게 실천에 옮겨 미국 전체의 서비스 시스템과 유통 구조를 혁신했다. 시장의 힘을 생산자로부터 소비자로 옮겨 버린 것이다. 그는 소비자 구매 가격을 최소로 낮추기 위해서 온갖 노력을 기울였는데, 중간상들과 생산자들의 불합리적인 이익 마진을 줄이고, 가게마다 필요 없는 경비를 과감하게 절감하도록 했다.

샘 월튼은 복잡한 계획을 세우고 정교하게 그것을 실행시킨 경영 전략가는 아니다. 다만, 1945년 가게를 열었을 때부터 끊임없이 새로운 것을 시도해서 잘 되는 것은 보존하고 안 되는 것은 과감하게 포기하는 진화론적 발전 과정을 거쳤을 뿐이다. 그는 항상 소년의 열정과 호기심을 갖고 끊임없이 배우려 했고, 배운 것들을 바로 적용했다. 1966년, 그의 가게가 20개가 되었을 때 그는 뉴욕 주 북부에 있는 IBM의 학교를 다녔는데, 목표는 자기 반에서 제일 똑똑한 친구들을 아칸소로 데려와서 간부들로 고용하는 것이었다. 급속도로 성장하는 월마트의 미래를 감당하려면 모든 재무 구조와 현금 시스템을 전산화하여 정리하는 작업이 필수라고 판단한 그는, 이런 신세대 인재들을 대폭 기용해서 정보화 시대를 준비했던 것이다. 오늘날 월마트의 컴퓨터 데이터베이스 시스템은 그 기능과 규모에 있어서 미 국방성 외에는 따를 자가 없다고 한다. 그래서 사람들은 월튼을 정보화 시대의 최초의 보스라고도 부른다. 그는 늘 "한때 좋은 결과를 거두었다고 해서 그것이 계속될 수는 없다. 왜냐하면 우리 주변의 모든 것들은 항상 변하기 때문이다. 성공하기 위해서는 항상 변화의 최전선에 있어야 한다"고 입버릇처럼 말했다고 한다. 새 시대의 변화의 물결을 배우려고 항상 성실히 노력한 그의 열정을 우리는 본받고 싶은 것이다.

■ 정직과 투명함

　신약 성경에서, 하나님이 사람에게 주는 여덟 가지 축복 중 하나는 마음이 청결한(pure in heart) 자에게 주어지는데 그것은 '하나님을 보는 것'이라고 했다. 하나님은 역사를 주관하는 분이시므로 하나님을 본다는 것은 이 시대를 본다는 것이고, 미래를 본다는 것이며, 탁월한 비전을 제시하는 능력을 의미하기도 한다. 시대를 앞서가는 비전을 보는 것은 리더십에 있어서 필수 요건인데, 이것을 가지려면 깨끗해야 하는 것이다. 똑똑한 자가 시대를 앞서가는 비전을 보는 것이 아니라, 깨끗한 자가 보는 것이다. 깨끗하다 함은 완벽하라는 것이 아니라, 하나님과 사람 앞에서 정직하라는 것이고 솔직하라는 것이다.

　빌리 그레이엄(Billy Graham)이 반세기가 넘도록 '미국 개신교의 대변인'이라는 칭호를 얻는 국제적인 복음 전도자로, 또 5명이 넘는 미국 대통령들의 영적 조언가를 지내는 존경받는 영적 리더가 될 수 있었던 가장 큰 이유는 인격의 투명함 때문이었다. 돈, 섹스, 정치 면에 있어서 어떠한 스캔들도 없었던 그의 인격을 나타내 주는 단적인 예를 하나 들어 보자.

　1950년대, 빨갱이 사냥꾼으로 불렸던 극우주의 상원의원 맥카시와 함께 상당히 과격할 정도로 반공, 극우 사상을 옹호했던 그는, 1980년대 들어서 자신이 과거에 지나치게 정치적으로 행동했음을 반성하고, 미소 대립을 종식시키고 화합과 사랑의 역사로 들어가게 하는 데 적극 헌신케 된다. 북한도 방문하고, 구소련의 영향권에 있던 많은 유럽 공산주의 국가들의 복음화에 적극 헌신한다. 이는 자신의 실수를 정직하게 인정하고 고치기 위해 애쓰는 그의 정직함과 투명함을 드러내 주는 좋은 본보기다.

◼ 성실성

　구약에서 하나님을 설명하는 단어로 가장 자주 나오는 히브리어는 '헤세드'인데, 여기에는 '하나님의 사랑하심이 언제나 변함없다(God's ever faithful loving-kindness)'는 뜻이 들어 있다. 예수님은, 하나님은 성실하신 분이시다. 언제나 변함없이 해가 뜨고 지며, 사계절이 분명하게 제때가 되면 찾아오는 자연만 봐도 그것을 알 수 있다. 성실은 상황이 어떻든, 상대가 어떻든 변함없이 자신에게 주어진 일을 최선을 다해 해나가는 자세다. 리더십의 핵심은 성실이다.

　구약 성경에 나오는 다니엘은 성실한 리더의 표본이다. 그가 당시 세계 최고의 강대국이었던 바벨론 정부 최고위층에 있으면서 하루에 세 번 창문을 열고 기도했다는 것은, 그가 얼마나 성실한 사람이었는가를 보여준다. 대개 그 사람이 하나님께 어떻게 하는가를 보면 그 사람이 인생 전체를 어떻게 살고 있는가를 알 수 있다. 하나님에게 성실한 사람은 가정에도 직장에도 성실할 것이다. 다니엘은 탁월한 능력을 가지고 있으면서 성실하기까지 했으니 정말 대단한 지도자다. 능력이 출중한 사람이 성실한 자세로 인생을 살면 엄청난 일을 해낼 수 있다.

　나의 학위 주임 교수였던 풀러 신학대학원 짐 브래들리(Jim Bradley) 교수는 젊은 나이부터 영국과 미국 교회사 부분에 있어서 미국에서 5위 안에 꼽히는 탁월한 학자였다. 나는 그에게 수강한 첫 과목에서 내 딴에는 열심히 써 간 페이퍼를 두 번씩이나 퇴짜를 맞고 다시 쓴 기억이 난다. 그는 "한 장에 담을 수 있는 내용을 문장력이 좋다고 해서 다섯 내지 열 장으로 늘려 써서는 안 된다. 할 말이 없으면 하지 않는 것이 진정한 학자의 양심"이라고 하면서, 철저하게 연구한 자료들을 바탕으로 밀도 있는 글을 써야 한다고 했다. 글을 쓸 때나 말할 때에 벌써 그 사람이 얼마나 성실하게 준비하는 사람인지 드러난다는 것이다. 그래서 그런지 그는 내가 아는 그 어떤 역사학 교수보다 박식하고 예리한 실력을 가졌으면서도, 10년이 지나도록 책을 두어 권도 내지 않았다(그의 책은 세계적인 대학 케임브리지나 옥스퍼드에서 꼭 출판해 준다). 그러나 출판된 몇 안 되는 그의 저서들은 그에 관계된 수십 권의 책을 압축해 놓은 것 같은 풍부한 내용을 담고 있다. 나는 그에게서 성실함이 곧 탁월함의 근원이라는 사실을 배웠다.

▪ 용기

세계 최강의 전력을 자랑하는 이스라엘 장교들은 "돌격"이라는 말을 절대 사용하지 않고, "나를 따르라"는 명령만 한다고 한다. 리더십에 있어서 용기처럼 중요한 것은 없다. 우리가 다 겁쟁이이지만, 리더는 그래도 5분 더 견딜 수 있는 사람이다. 아무리 용감한 사람도 상황이 너무 불리하고 힘들어지면 두려워하기 마련이다. 여호수아 1장을 보면, 가나안 공략을 눈앞에 두고 있는 이스라엘 민족의 새 지도자 여호수아에게 하나님은 계속 용기를 내라고 말씀하신다. 리더는 자신의 고통과 두려움 속에서도 따르는 이들에게 용기를 주는 사람이다. 여호수아 1장에서 "강하고 담대하라"는 말씀을 하나님이 그렇게 자주 하신 것은 그 때문이 아닐까?

대부분의 경우, 이 용기는 액션 영화에서 보는 것 같은 화려하고 극적인 것이라기보다는 매일 순간순간의 삶에서 닥치는 파도를 견뎌내는 힘이라고 할 수 있다. 미국 프로 운동 선수들 중에는 많은 흑인 선수들이 있다. 프로 농구 선수의 80퍼센트, 미식 축구 선수의 70퍼센트, 프로 야구 선수의 17퍼센트가 흑인들이다. 그러나 50년 전까지만 해도 미국 프로 운동 선수 중에 흑인 선수는 단 한 명도 없었다. 그 두꺼운 인종 차별의 벽이 무너지게 된 데는 한 사람의 거룩한 희생과 꺼질 줄 모르는 조용한 용기가 있었다. 이 사람의 이름은 재키 로빈슨(Jackie Robinson)이다.

1947년, 브루클린 다저스의 책임자였던 브랜치 리키(Branch Rickey)는 자신이 눈여겨본 탁월한 재능의 흑인 선수 재키 로빈슨에게 거룩한 실험(noble experiment)을 제안했다. 그것은 프로 야구계에서 인종 차별의 벽을 깨는 것이었다. 로빈슨은 성깔도 있고 힘도 센 사람이었다. 군대에 있을 때, 버스 뒷칸에 앉으라는 것을 거부하다가 영창에 간 일도 있었다. 그런 그를 앉혀 놓고 리키는 「예수 그리스도의 생애(The Life of Christ)」란 책을 읽어 주며(로빈슨은 독실한 감리교 신자였다) 이렇게 다짐시켰다. "이제 자네가 그라운드로 나가면 군중이 매 게임마다 갖은 욕설과 야유를 퍼부을 것이고, 물건들을 집어던질지도 모르며, 증오에 찬 고함과 눈길을 던질지도 모르네. 그러나 그 어떠한 상황에서도 자네는 절대 감정적인 보복적 반응을 해서는 안 된다네. 알겠나? 자네는 자네 자신을 위해 야구를 하는 게 아니라, 차별받는 흑인들 전체의 명예를 걸고 뛰고 있다는 것을 명심하게." 젊은 혈기의 로빈슨은 기도하면서 이 도전에 응했다. 그리고 그는 평생 이 약속을 지켰다.

운명의 날, 1947년 4월 15일부터 그는 브루클린 다저스의 1루수로 뛰기 시작했다. 예상대로 일은 쉽지 않았다. 로빈슨은 팬들로부터 수없이 많은 욕설과 야유와 죽이겠다는 협박이 담긴 편지들을 받았고, 심지어는 몇몇 동료들조차도 그를 곱지 않은 눈길로 흘겨 보았다. 그가 실수라도 한 번 범하면 군중들은 당장 죽일 듯이 야유를 보냈다. 어떤 사람은 후에 기록하기를 "로빈슨은 구장에서 가장 외로운 사람이었다. 그런 모욕과 고통과 따돌림을 당하고도 저렇게 의연히 버틸 수 있는 사람은 아마 로빈슨밖에 없을 것"이라고 했다.

자기에게 모욕적인 편지를 보낸 팬에게 보낸 답장에서 로빈슨은 한 번은 이렇게 썼다. "당신이 나를 좋아하든 싫어하든 상관하지 않겠습니다. 그저 나를 같은 인간으로 대해 줄 순 없습니까?"

그러나 로빈슨은 약속대로 한 번도 감정을 드러내며 보복하지 않았다. 오히려, 그런 처지에 있으면서도 다른 선수들을 격려하고 칭찬하기까지 했다. 뉴욕 양키스의 전설적인 강타자인 미키 맨틀이 아직 신인이었을 때, 로빈슨은 그를 직접 찾아가 악수를 청하며 "너는 정말 대단한 선수다. 반드시 대성할 것" 이라고 격려했다. 훗날 미키 맨틀은 그날을 회상하며 이렇게 말했다. "나는 그때 정신이 멍해지는 것 같았다. 어떻게 그토록 심한 모욕과 야유와 욕설과 따돌림을 당한 사람이, 오클라호마에서 올라온 지 얼마 안 된 시골 풋내기 백인 선수에게 그런 따뜻한 격려를 해줄 수 있단 말인가?"

로빈슨은 10년 동안 다저스 팀에서 뛰었는데, 그가 뛰는 10년 동안 다저스 팀은 6번이나 리그 우승을 달성했다. 1947년에 그는 내셔널리그 최고 신인상을 받았고, 1949년도에는 MVP로 선정되었다. 생애 통산 타율 0.311, 도루 197개, 6번의 월드 시리즈와 6번의 올스타 게임을 뛰는 찬란한 기록을 남겼던 그는, 1962년에는 야구 명예의 전당에 기록되었고, 1972년 53세의 나이에 심장마비로 숨졌다.

그의 거룩한 희생으로 인해 수백, 수천의 흑인 선수들이 미국 프로 스포츠계에 진출할 수 있는 길이 놓이게 되었다. 미국 프로 야구 최고의 홈런 왕이었던 행크 아론은 자신이 제일 존경하는 영웅으로 서슴지 않고 재키 로빈슨을 꼽으면서 이렇게 말했다.

"그는 모든 흑인 선수에게 영원히 꺼지지 않는 횃불을 넘겨 주었다. 그가 아니었다면 야구나 다른 프로 스포츠계에서 인종 차별의 벽이 무너지는 데 몇 년이 더 걸렸을지 모른다. 내가 최고의 홈런 기록을 세우게 된 것도 바로 그의 거룩한 희생이 있었기 때문이다. 그는 자신의 명예를 위해서

가 아니라 모든 흑인의 긍지를 위한 어떤 사명감을 위해서 열심히 뛰었던 것이다."

재키 로빈슨이 보여 준 용기는 헐리우드의 액션 영화에서 나오는 것 같은 일시적이고 시각적인 화끈한 것은 아니었다. 매 순간, 그 모욕과 질시의 그라운드로 뛰어 나가 게임을 한다는 것 자체가 그에게 있어선 워털루요 칸나베 대전과 같은 싸움이었다. 그도 사람인 이상 얼마나 두렵고 떨리고 힘들었겠는가? 리더십이란 이렇게 매 순간 죽음과 같은 고통을 이겨내는 용기의 실천이다.

우린 다 겁이 많은 사람들이다. 그러나 우리가 하나님을 의지하여 5분을 더 참으면 그것이 바로 용기이다. 우리가 그렇게 용기를 잃지 않고 버텨낸 그 자리에, 우리의 다음 세대들이 찬란한 봄날의 푸른 새싹처럼 힘찬 꿈의 발자국을 찍을 것이다.

◘ 결단력

리더십의 용기를 가장 필요로 하는 것은 바로 결단력이다. 제너럴 일렉트릭(GE)의 잭 웰치는 리더가 가져야 할 필수 요소들 중에서도 결단력을 핵심적인 자질로 꼽았다. 그는 딱 잘라서, "리더의 일은 결정하는 것(To lead is to decide)"이라고 말했다. 어찌되었든 간에, 리더가 된다는 것은 싫든 좋든 끊임없이 어떤 결정을 내리고, 거기에 대한 책임을 지는 것을 의미한다. 대개 역사를 움직이는 사상들은 학자들이 만들지만, 역사를 만들어 갔던 사람들은 군인들이 압도적으로 많다. 차이는 오직 하나, 군인들은 신념을 바로 행동으로 옮기는 결단력이 몸에 배어 있기 때문이다. 초대 교회의 시석을 놓았던 탁월한 지도자 바울도 성경에서 리더십이나 제자도에 대해서 얘기할 때 군대의 예를 많이 들었다.

예수님이 왜 예루살렘에 산재했던 탁월한 지식층 엘리트들이 아닌, 어부들을 제자로 선택하셨는지 궁금하지 않은가? 나의 생각으로는 그 중요한 이유 중에 하나가 바로 어부들의 결단력 때문이 아니었나 한다. 그들은 밤새 인내력 있게 기다릴 줄 알았고, 이때다 하고 판단이 되면 조금도 주저하지 않고 그물을 잡아 당기는 결단력의 사람들이었다. 해양학자들은 어떻게 고기를 잡는가에 대해 호텔에서 세미나를 하는 사람들이지만, 어부들은 검푸른 파도 위로 달려나가 구슬땀을 흘리면서 고기들과 직접 온몸으로 부딪치는 행동하는 자들이다. 기독교의 복음은 이런 야성미 넘치는 제자들을 통해서 그 극심한 핍박에도 불구하고 단시일 내에 로마제국 구석구석으로 번져 나갈 수 있었던 것이다.

어부도 군인도 아니지만, 인텔의 앤디 그로브 회장은 결단력있는 리더가 어떤 사람인가를 몸으로 보여 준 사람이다. 인텔은 1960년대 말부터 1970년대에 미국 실리콘 밸리의 총아로서, 컴퓨터 메모리칩 시장의 80퍼센트 이상을 석권하고 있던 탁월한 첨단 그룹이었다. 인텔의 거의 모든 인력과 생산 시설은 메모리칩을 위한 것이었으며, 메모리칩이 아닌 다른 아이템으로 전환한다는 것은 생각도 할 수 없는 일이었다. 그러나 도전은 뜻하지 않게 지구 저편의 극동 지역, 일본으로부터 오기 시작했다. 일본은 질 좋은 물품들을 미국의 경쟁 업체들보다 훨씬 싼 가격으로 생산해 내기 시작했다. 1984년에 이르러서는 시장이 슬럼프에 빠지면서 도저히 일본 업체들의 가격 공세를 견뎌낼 수 없는 정도에까지 이르렀다.

이때 앤디 그로브는 인텔의 창립자 중 한 사람인 고든 무어와 깊이 있는 대화를 한 끝에, 인텔의 주종 아이템인 메모리칩을 포기하고 완전히 새로운 마이크로프로세서를 디자인하자는 엄청난 결단을 내린다.[5] 고통스런 결정이었지만, 이 결정은 인텔이라는 거대한 항공모함을 침몰 직전에 구원한 결정적 전환점이 되었다.

일단 메모리칩을 포기하기로 결정한 후에, 앤디 그로브는 이 결정을 어떻게 실천에 옮길 것인가를 고민해야 했다. 인텔의 기존 고객들에게 끼칠 영향은 어떻게 할 것인가? 기존의 생산 라인들은 어떻게 할 것인가? 새 기술을 어떻게 직원들이 익힐 수 있을 것인가? 이 문제들에 답하기 위해, 그로브를 비롯한 인텔의 간부들과 평사원들은 수없이 많은 토의와 연구를 거듭했다. 어려운 결정을 내렸지만, 누구보다도 앤디 그로브 자신이 이때까지 인텔의 중추적 사업이었던 메모리칩을 피땀 흘려 이룩한 사람이었기에, 이것을 포기한다는 것은 현실적으로도 감정적으로도 너무나 고통스런 일이었다. 메모리칩을 포기하기로 결정을 내린 후에도 새 메모리칩 디자인 연구 계획을 승인하는 등 미련을 버리지 못하던 그로브 회장은, 마침내 인텔의 고객들에게 인텔은 메모리칩을 완전히 포기한다는 공식 통보를 하게 한다. 그야말로 루비콘 강을 건넌 것이다.

옛것을 포기하고 새것을 실천하는 일은 매일매일 아주 미세한 것들에서부터 시작한다. 먼저 리더 자신의 생각과 행동을 바꾸고, 다른 이들에게도 똑같은 변화를 요구해야 하는 것이다. 인텔은 기존의 연구 시설과 공장들을 폐쇄시키거나 대폭 개조함과 동시에, 회사의 최고급 인력을 새 기술인 마이크로프로세서 개발에 투입시켰다. 이 과정에서 인텔의 최고 간부들 중 절반이 다른 부서로 재배치되거나 회사를 떠나야 했다. 새로운 변화를 감당할 수가 없었기 때문이다. 그로브 자신부터 발벗고 나서서 모범을 보였다. 그는 다시 학교로 돌아가, 80년대의 새로운 기술 마이크로프로세서와 소프트웨어의 기본 원리를 공부했다. 그는 모르는 것이 있으

---

5) 메모리칩 시장의 변화로 인한 압박이 인텔을 본격적으로 조여 오기 시작한 것이 1984년 가을이었고, 앤디 그로브와 무어가 운명적인 대화를 나눈 것이 1985년 중반이었으며, 인텔의 미래 사업 방향의 초점을 마이크로프로세서로 바꾸어 나가는 과정 자체는 2년이 걸려, 1986년 중반에야 끝이 났다고 한다. Grove, *Only the Paranoid Survive*, pp. 88, 95.

면 훨씬 젊은 내부 직원들에게도 서슴지 않고 가르쳐 달라고 해서 배웠다. 작은 소프트웨어 개발 비즈니스를 하고 있는 사람들을 찾아다니면서 그들에게도 겸손하고 열정적인 자세로 배웠다. 인텔 리더십의 이러한 뼈를 깎는 노력은 열매를 맺어, 오늘날 인텔은 마이크로프로세서 시장의 88퍼센트 점유율을 자랑하는 실리콘 밸리의 총아로 다시금 우뚝 섰다. 1987년도에 2억 5천만 달러의 매출액을 기록하던 인텔은 1996년도엔 200억 달러가 넘는 매출액을 기록하는 믿기 어려운 성장을 보인 것이다.

결단하기는 어렵다. 그리고 그것을 실천에 옮기기는 더욱 어렵다. 그러나 리더가 그것을 회피하면 리더가 아니다. 똑똑한 소리를 늘어놓는 것은 누구나 할 수 있지만, 리더는 어쨌든 제때에 결단을 내리고 거기에 대한 책임을 져야 한다. 결단은 그 누구도 대신해 줄 수 없다. 오래 고민하고, 자문을 구하고, 기도하며 내려야 하는 리더십의 어쩔 수 없는 숙명이다. 리더여, 결단하라. 그리고 결단한 것에 대해 책임을 지고 나가도록 하라.

3 능력

리더는 인격자라고 해서 다 되는 것이 아니다. 인격과 함께 능력과 실력을 갖추어야만 한다. 이 능력은 다음 몇 가지로 정리해 볼 수 있는데, 이 대부분은 노력과 기도를 통해 만들어지고 다듬어진다.

■ 지적 능력: 정보 분석력과 활용력

GE의 잭 웰치의 성공 요인 중의 하나로 꼽히는 것은 그가 계열사의 상황에 관한 모든 정보를 타사와 다른 방식으로 분석하고, 다른 목적을 위해 썼기 때문이라고 지적되고 있다. 모든 회사가 그렇듯이 대부분 재정 및 마케팅 리포트를 정기적으로 철저히 수집한다. 그러나 그것이 분석되는 방식과 목적은 현저하게 다르다.

일단 장기적 전략 수립에 반영하기 위한 자료로 방대한 정보들을 정리한다. 예기치 못했던 실패와 성공, 그리고 그 이유들, 실제 상황이 리더십의 기획과 틀리게 나온 부분들을 모두 연구한다. 또한 그 해에 전에 보지 못했던 창의적인 사업 아이템을 시도했을 때 얻은 수확을 면밀히 검토해서, 거기에 기여한 간부들과 사원들에게 확실한 보너스와 대우를 해준다. 마지막으로, 방대한 정보들을 통해 사업이 확장되어 가면서 간부들이 사원들을 어떻게 세워 주고 키워서 작년보다 더 탁월한 능력을 발휘하게 했는지를 검토한다(특히, 여기에 좋은 점수를 받아야 최고 경영자들의 후보 명단에 오를 수 있다고 한다).

2000년 7월 20일, 앨런 그린스펀 미연방준비제도 이사회(FRB) 의장이 미 상원 금융위원회에서 미국의 경제 상황을 보고하면서, 아직 인플레 위험이 있긴 하지만 경기는 진정되고 있는 것으로 보인다고 한마디 했는데, 그날로 뉴욕 증시 주가가 일제히 상승했다고 한다. 이렇게 정보 분석력이 탁월한 전문가의 말 한마디는 무게가 있는 것이다.

지적 능력이라 함은 당신이 모든 것을 다 아는 만물박사가 되라는 얘기가 아니다. 쏟아져 나오는 정보들 중에서 정말 중요한 것들을 선별해 내고, 그것들을 당신의 신념과 상황이라는 틀로 정확하게 해석해 내는 능력을 의미하는 것뿐이다. 리더는 계속 공부하는 사람이어야 하고, 공부한 것을 다시 생각해서 실천하는 계획으로 활용하는 사람이어야 한다. 솔로몬의 잠언에서 말했듯이, 지식 없는 열정(zeal without knowledge)처럼 비참한 콤비는 없으니까.

■ 집중력

　GE의 잭 웰치의 경우를 계속 생각해 보자. 1981년 그가 GE의 새 회장이 되었을 때, GE는 괜찮은 회사였다. 90년 역사에 120억 달러의 회사 자산을 가지고 있었고, 주식 시장에서 11위를 고수하고 있었다. 계열사만 해도 350개가 넘는 방대한 대그룹이었다. 그러나 웰치는 공룡처럼 커 버려 이젠 둔해지는 조짐이 보이는 GE를 재정비할 필요를 느꼈다.
　"좋은 지도자는 한 가지 목표에 집중한다. 목표를 장악하는 것이 목표에 의해 장악당하는 것보다 낫다(A good leader remains focused. Controlling your direction is better than being controlled by it)." 잭 웰치가 늘 전 직원들에게 강조하는 말이다. 그가 간부들에게 던진 질문은 350개에 이르는 계열사들 중에서 세계 시장에서 1, 2위를 달릴 수 있는 경쟁력을 가진 회사가 몇 개나 되는가? 하는 것이었다. 그래서 경쟁력이 딸리는 기업들은 과감히 정리해 버리고, 그 돈을 가능성이 있는 회사들에 집중 투자했다. 1989년에는, 350개 계열사들이 14개로 줄어 버렸으니 얼마나 무자비한 구조 조정을 했는지 알 수 있다. 그러나 그렇게 살아 남은 14개 회사들은 모두 세계 최고급 경쟁력을 가진 우량 기업으로 선정되어 그 분야에서 각각 1, 2위를 고수하고 있다. 이제 GE는 「포춘」지가 선정한 미국인들이 가장 존경하는 회사가 되었고, 세계 기업들 중에서 가장 인정받은 경영 체제를 갖춘 그룹이 되었으며, 회사 자산은 2500억 달러로 불어났다.
　일단 승리할 수 있다고 판단되거나 경쟁력이 있다고 판단되면, 잭 웰치는 주저하지 않고 다른 모든 것을 거기에 집중 투자하여 반드시 챔피언으로 만들고야 만다. 거기다가, 과거에 아무리 성공한 방식이라도 오늘날 시대와 맞지 않는 것 같으면 과감히 버리고 새것에 온 힘을 집중시키는 스피드와 결단력에 역시 눈이 돌아갈 정도다. 한 예로, 약 일 년 반 전쯤에 잭 웰치는 GE에 인터넷 판매 방식을 도입할 것을 결심했는데, 현재 GE는 세계 최고의 인터넷 사이트를 통해 비즈니스를 효과적으로 처리하는 기업들 중에 하나가 되었다고 한다. 그 짧은 시간에, 훨씬 오랫동안 웹 사이트를 이용한 비즈니스를 연구해 온 다른 회사들을 능가하는 경쟁력을 갖춰 버린 것이다. 실로 무서운 집중력이요 추진력이라 할 수 있다.

◘ 철저한 준비

화려한 캐치 프레이즈만 내걸고 철저하게 준비하지 않는 지도자는 자기뿐 아니라 그가 이끌고 있는 사람들까지 파멸시킬 수 있다. 미국 교계의 탁월한 리더십 전문가로 알려져 있는 존 맥스웰(John Maxwell) 목사는 리더가 철저히 준비하는 것이 얼마나 중요한가에 대한 예로, 아문센과 스코트의 남극 정복을 예로 들었다.

1911년 두 탐험대가 남극을 정복하겠다는 비전을 가지고 야심 만만하게 길을 떠났다. 하나는 노르웨이의 로널드 아문센(Ronald Amundsen)이 이끄는 팀이었고, 또 하나는 영국의 로버트 팰콘 스코트 경(Sir Robert Falcon Scott)이 이끄는 팀이었다. 이 두 팀의 이야기는 아무리 비전이 위대하다 해도 철저하게 준비하지 않으면 결코 그 비전을 현실화시킬 수 없음을 우리에게 보여 준다.

먼저, 아문센은 에스키모들의 여행법과 남극 지역을 여행한 사람들의 경험담을 철저히 분석해서 탐험 장비와 루트를 연구했다. 그 결과, 모든 장비와 물품들을 에스키모 개가 끄는 썰매로 운반함이 최상의 길임을 알았다. 탐험대원들을 선발할 때도 개 썰매를 모는 전문가들과 숙달된 스키어들을 모집했다. 하루에 6시간씩 15-20마일 정도 움직이는데 주로 개들에게 힘든 일을 맡기는 계획을 짰다. 그것은 개와 사람들로 하여금 다음 날 여행하기에 충분한 휴식을 주었다. 또한 남극점까지 이르는 루트 곳곳에 중간 베이스 캠프들을 세우고 물품들을 가득 채워 둠으로써, 실제 탐험대가 지고 가는 짐의 양을 최소한으로 줄일 수 있었다. 복장이나 장비도 가장 가볍고 튼튼한 최상으로 갖추도록 했다. 이렇게 아주 작은 것까지도 사전에 철저히 준비한 덕분에, 아문센의 탐험대는 대원 한 명이 썩은 이 하나를 뽑은 것 외에는 부상 하나 없이 남극점을 정복하고 돌아올 수 있었다.

그러나 영국 해군 장교였던 스코트는 남극 지방을 몇 번 여행한 경험이 있어서 그랬는지, 전혀 상세한 사전 답사를 하지 않았다. 그는 아문센과는 달리 개 썰매가 아닌 모터 엔진으로 끄는 썰매와 망아지들이 짐을 지고 가게 했다. 길을 떠난 지 닷새 만에 모터 엔진들은 다 얼어붙어서 못 쓰게 되어 버렸고, 망아지들도 이가 딱딱 떨리는 남극의 추위에선 꼼짝을 못했다. 얼마 가지 못해 망아지들은 동상에 걸려 다 죽여야 했다. 할 수 없이 탐험대원들이 200파운드가 넘는 짐이 실린 썰매들을 끌고 가야 했다. 게다가 스코트는 대원들의 복장과 장비를 제대로 챙기지 않아서, 모든 대원이 금방 동상에 걸리는 바람에 매일 아침 발이 퉁퉁 부어올라 장화를 신는 데만 한 시간씩 걸리는 형편이었다. 제대로 된 눈안경도 준비하지 않아서 눈보라 속에서 거의 장님들이 되어 버렸고, 음식과 물이 형편없이 부족했다. 스코트가 설치해 놓은 중간 보급 캠프들에는 충분한 물자가 없었고, 그것도 너무 멀리 뚝뚝 떨어져 있고 표시도 잘 안 되어 있어서 찾아내기가 힘들었다. 게다가 물자는 4명분밖에 없고 대원은 5명을 데리고 가는 바람에 다들 더욱 굶주려야 했다. 그런 식으로 10주 동안 800마일을 걸어서 1912년 1월 17일 마침내 남극점에 도달했다. 그러나 이미 그 곳엔 아문센 일행이 한 달 전에 도착해서 꽂아 놓은 노르웨이 국기와 아문센의 편지가 휘날리고 있었다.

돌아오는 길은 더 끔찍했다. 그러나 스코트는 아직도 사태의 심각성을 인식하지 못한 듯 대원당 30파운드 가량씩의 지질학적 화석 자료들을 짊어지고 돌아갈 것을 명령했다. 이것은 굶주리고 지친 대원들을 더욱 탈진시키는 짐이었다. 돌아오는 두 달 동안 굶주림과 추위에 지친 대원들은 하나씩 죽어갔고, 베이스 캠프로부터 150마일 되는 지점에 이르러 마지막으로 스코트가 죽었다. 그의 마지막 유언은 다음과 같았다. "우리는 영국의 신사답게 죽을 것이다. 우리의 죽음은 역경을 이겨내는 영국인의 의지와 힘이 결코 사라지지 않았음을 입증해 줄 것이다."

멋있는 말을 남기긴 했지만, 스코트는 체계적인 준비 부족으로 부하들을 죽음으로 몰아넣은 지도자임을 지적하지 않을 수 없다. 당신이 아무리 고매한 인격을 가졌고 숭고한 이상을 추구하는 리더라 할지라도 스코트 경처럼 무모한 준비 부족으로 자신과 팔로워들을 죽음으로 몰아넣는 우를 범해선 안 된다.

■ 조직 장악력

교세라의 명예 회장 이나모리 가즈오가 직원이 1만 명을 훨씬 웃도는 대기업 교세라를 작은 중소 벤처 기업처럼 활발하고 유연하게 경영할 수 있었던 비결 중에 하나는 교세라의 아메바(Amoeba) 조직 시스템이다. 원래 '아메바'라고 하는 것은 세포의 기본 구성원을 칭하는 생물학적 용어인데, 전체 회사원들을 평균 20명 정도의 이런 작은 팀에 속하게 해서 500개가 넘는 아메바 조직들을 만들어 움직인다고 한다. 각 아메바의 리더는 담당 아메바 전체 경영에 대한 책임을 진다. 그야말로 회사 내에 또 작은 회사(company within company)를 수백 개 운영하는 셈이다. 1977

년 이나모리 회장은 기존의 부장, 과장, 계장, 반장 등의 전통적인 계급 제도를 폐지하고, 특정 프로젝트 성질에 가장 적합한 인물을 책임자로 임명하는 유연한 조직 개편을 단행했다. 각 아메바는 '시간당 부가가치'로써 그 업무 실적을 평가받고, 거기에 따라서 책임자와 구성원 전부가 공평하게 보상을 받는다. 또한 한 아메바가 지나치게 커지면 신속하게 세포 분열을 시켜서 비대해짐으로 인해 민첩성을 잃는 것을 사전에 방지한다고 한다. 그야말로 대기업의 조직력과 소형 벤처 기업의 민첩함과 창조력과 열정을 절묘하게 조우시킨 셈이다.

이렇게 활발한 소그룹 조직들을 능동적으로 움직이게 해서 전체의 공통된 목표를 이루어 가는 조직 경영은 신약 성경의 초대 교회에서 먼저 찾아볼 수 있다. 바울은 에베소서에서 교회를 사람의 몸에 비유했다. 몸은 각 세포들로 이루어져 된 것이다. 몸의 각 부분들이 각각 다른 일을 하는 것 같지만 팀워크를 이루어 전체의 이익을 추구하듯이, 교회도 성도들로 하여금 각각 주어진 특기와 은사에 맞는 위치에서 서로 활발하게 대화하면서 일하게 하면 최상의 효과를 거둘 수 있을 것이라고 했다. 이렇듯 초대 교회는 오이코스(Oikos), 즉 10명 미만의 작은 인원들이 삭고 수많은 교회 조직들을 이뤄 로마 제국의 그 무서운 핍박을 견뎌냈던 것이다. 중국의 공산 혁명을 일으킬 때, 모택동이 바로 그 조직 운영법을 모방했고, 요즘은 벤처 기업들이나 교세라같이 탁월한 대기업들이 이 조직 운영 스타일을 실천해서 멋지게 성공하고 있다.

19세기 말 미국의 대도시 부흥 운동을 주도한 평신도 부흥사 D. L. 무디 같은 경우도 남다른 조직 마인드를 가진 사람이었다. 그는 뉴욕을 비롯하여 시카고, 보스톤, 뉴잉글랜드의 소도시들, 볼티모어, 세인트루이스, 샌프란시스코 등지에서 대규모 부흥 집회를 가졌다. 그의 특징은 꼭 사전에 그 지역의 목회자들이 먼저 모여 한마음으로 부흥을 기도하는 모임을 갖도록 준비시키는 것이었다. 모든 집회들도 사전에 각 분야의 전문 스태프들이 모여 함께 치밀하게 기획하고 준비했으며, 집회 몇 주 전에는 대대적인 광고를 했다. 집회 후의 회심자들은 작은 방들로 인도되어서, 훈련된 전문 스태프와 자원 봉사자들에 의해 도움을 받았고, 많은 수가 지역 교회로 바로 연결되었다. 이런 치밀한 조직력과 은사에 따른 스태프 활용, 예산 집행, 사전 준비와 이벤트 이후 평가 등이 없이는 그렇게 오랜 시간 동안, 그렇게 많은 사람들을 대상으로, 그토록 효율적인 사역을 하지 못했을 것이다.

적합한 사람을 적합한 위치, 적절한 시간대에 배치하고, 그들이 최고가 될 수 있도록 격려해 주고 훈련해 주고 노력과 능력에 따른 보상을 해 주는 조직 경영 마인드가 리더십에겐 필요하다. 어떤 이들은 기업의 방식을 하나님의 교회에 맹목적으로 도입하는 게 옳은 일이냐고 반문한다. 물론 맹목적인 기업 경영 체제를 교회에 그대로 모방하는 것은 옳지 않다. 그러나 교인 수가 200명을 넘어서면 교회도 체계적인 관리 체제가 필요하다. 효율적인 교인 관리를 위해 컴퓨터를 사고 자료를 정리하는 것을 반대할 사람은 거의 없을 것이다. 또한 갈수록 연령층과 학력, 취향이 다양해지는 교인들을 섬기기 위해 다양한 분야의 사역이 필요하고, 거기에 전문성을 가진 스태프들을 적절한 시간대에 배치하고, 재훈련 시켜야 됨은 말할 나위도 없다. 본질은 보존하되 방식은 현대의 합리적인 경영 관리 개념으로 조직을 관리하는 것이 필요하다.

▣ 의사 전달 능력

리더는 끊임없이 자신이 이끄는 사람들, 또 다른 리더들, 외부의 사람들과 대화하는 사람이어야 한다. 특히 어렵고 힘든 때일수록, 난해한 장애물에 부딪쳤을수록, 단체가 매너리즘과 안일주에 빠져서 도태되어 있을수록, 리더는 새로운 도전과 용기와 따뜻한 사랑이 담긴 커뮤니케이션을 끊임없이 해서 전체의 사기를 진작시켜야 한다. 동시에, 외부 사람들에게는 자신이 이끌고 있는 단체의 이미지를 확실히 각인시켜야 할 것이다. 자신의 성격 유형에 따라 스피치의 스타일은 독특하게 해도 좋지만, 대중을 앞혀 놓고 하는 일방적 연설, 몇몇의 소그룹 모임에서의 대화, 일대일의 설득 등 다양한 환경에서 리더는 커뮤니케이션의 전문가가 되어야 한다. 구약 성경의 잠언에서도 지혜로운 자, 명철한 자, 다스리는 자가 갖추어야 할 덕목의 가장 중요한 요소 중의 하나로 '언어'를 꼽았다.

탁월한 의사 전달 능력을 가진 리더로서, 지난 1997년도에 암으로 사망한 코카콜라사(社)의 전(前) 회장 로베르토 고이쥬에타(Roberto Goizueta)를 들지 않을 수 없다. 지미 카터 전(前) 미 대통령은 고이쥬에타 회장에 대해 이렇게 말했다. "아마 그 사람만큼 아메리칸 드림의 본보기가 된 사람도 없을 것이다. 그는 미국에서는 무엇이든 가능하다는 것을 그 자신이 믿었을 뿐 아니라, 그의 탁월한 리더십으로 인해 수천 명의 다른 이들이 그들의 아메리칸 드림을 실현하는 것을 도와 주었다." 1981년, 그가 처음 코카콜라의 회장이 되었을 때 코카콜라사 자산은 4억 달러 정도였는데, 그의 리더십 아래에서 회사의 자산은 150억 달러 정도로 자랐다.(무려 3500% 성장한 것이다!) GE에 이어 미국에서 두 번째로 탁월한 기업으로 선정되기도 했다. 코카콜라의 주식 소유자들은 벌써 백만장자가 된 사람들이 수없이 많다.

그러나 엄청난 자산만이 코카콜라를 주목할 점이 아니다. 고이쥬에타는 자꾸 현실에 안주하려는 회사의 중역들에게 엄청난 목표 제시를 함으로써 전세계 시장을 석권하는 코카콜라의 이미지 구축의 기반을 닦았다. 그는 이렇게 외쳤다. "코카콜라의 경쟁 상대는 다른 청량 음료들이 아니라 물이다. 물과 경쟁했을 때, 우리의 시장 점유율은 40퍼센트가 아니라 3퍼센트밖에 되지 않는다. 아직 우린 한참 멀었다." 그러니 중역들의 입이 딱 벌어질 수밖에. 그때부터 이미 전세계에 펴져 있던 코카콜라는 더욱 공격적인 경영으로 '지구촌 시대 판매 전략'에 돌입했다. "미국을 모르는 사람은 있어도 코카콜라를 모르는 사람은 없어야 한다"는 말도 유명하다. 그 결과, 1997년도에는 회사 전체 수입의 65퍼센트에 불과하던 해외 시장 수입이 80퍼센트로 올라섰다. 그의 전임자였던 로버트 W. 우드 또한, "내 몸속에 흐르는 것은 피가 아니라 코카콜라"란 말을 해서 유명해진 사람이다. 리더들의 언어 구사 능력은 이렇게 중요하다. 메시지는 곧 리더십이라고 할 수 있기 때문이다.

이런 면에서 볼 때, 목회자들은 아주 독특한 장점이 있다. 적어도 일주일에 한 번씩, 30분에서 1시간 정도는 자신이 이끄는 사람들을 모아 놓고 아주 잘 정돈된 분위기에서 메시지를 전할 수 있기 때문이다. 특히, 주중에 새벽 기도나 특별 세미나 등을 참석하는 핵심 멤버들에겐 거의 매일 적어도 30분씩 메시지를 전할 수 있다. 이것은 이 세상 그 어느 조직이나 단체, 기업, 정부에서도 가지지 못하는 교회 리더십만의 특권이라고 할 수 있다. 리더십은 영향력인데, 매일, 매주 자신의 팔로워들의 시선이 집중된 자리에서 계속 리더 자신의 생각과 마음을 전달할 수 있다는 것은 얼마나 엄청난 영향력을 끼칠 수 있는 기회인가? 이것을 남용하거나 오용하면 큰 해악이 되지만, 잘 준비한 내용 있는 메시지를 명쾌하고 따뜻하게 잘 전달하면 상상을 초월하는 리더십과 팔로워십의 관계를 다져 갈 수 있다. 20세기 중반까지만 해도 미국 정계와 재계, 교육계의 탁월한 웅변가들의 절대 다수가 목회자 출신들이 많았던 것은 우연이 아니다.

◘ 위기 관리 능력

인생은 교과서대로 풀리는 것이 아니다. 전쟁과 같아서 항상 뜻하지 않은 변수가 발생하고, 문제와 역경이 몰아쳐 온다. 베테랑 병사는 이런 역경의 파도에 휩쓸리지 않고 오히려 그 파도를 타고 도약의 기회로 이용한다. 많은 젊은 리더들은 똑똑하긴 한데 이런 위기 관리 능력이 약한 까닭에 무너지는 수가 많다.

탁월한 위기 관리 능력을 보여 준 역사의 인물 중에서 나는 미국의 프랭클린 D. 루스벨트(Frankiln D. Roosevelt) 전(前) 미 대통령을 예로 들고 싶다. 그는 1920년대의 대경제 공황 앞에서 절망에 젖어 있는 미국인들에게 계속 긍정적인 비전과 용기를 심어 주는 연설을 함으로써, 심리적으로 긍정적인 정신을 조성했다. 당시는 영국의 영향을 받아 자유 시장 경제 논리에 따라, 정부가 경제에는 간섭하지 않는 것이 철칙이었다. 그러나 엄청난 불황의 늪 앞에 루스벨트는 케인즈의 경제 논리를 과감히 도입하였다. 정부가 시장 경제에 적극 개입하는 뉴딜(New Deal) 정책을 실시해 노동 시장을 창출하여 실업자를 구제하기 시작했다.

루스벨트도 처음부터 해답을 알고 있었던 것은 아니다. 불경기를 타파하기 위해 그가 실행에 옮긴 여러 가지 안들이 실패를 거듭하면서 줏대가 없다는 비난을 받기도 했다. 정부가 실업자들을 위해 실시한 직장 알선 프로그램도 엉성했고 실패작으로 끝나는 것이 많았다. 그러나 루스벨트는 어쨌든, 어떻게 해서든 절망에 빠진 국민들에게 정부가 적극적으로 나서고 있다는 메시지를 줌으로써, 심리적으로 할 수 있다는 분위기를 국민들에게 심어 주기 원했던 것이다. 그는 입버릇처럼 "용감하고 끈질기게 뭔가를 시도하라. 만약 실패하면 다른 방법으로 다시 하라. 중요한 것은 무엇인가 포기하지 않고 끝없이 시도하는 것"이라고 말했다고 한다. 실제적으로 미국 경제의 숨통이 트인 것은 2차 세계 대전 발발 이후였지만, 할 수 있다는 미국인들의 자신감을 닦아 준 것은 파이프를 물고 앉아 항상 여유 있게 웃고 있던 대통령 루스벨트였다. 리더로서는 천부적인 단점이라 할 수 있는 소아마비 증상도 오히려 어려움에 있는 미국인들에게는 어떤 역경도 견디고 일어설 수 있다는 불굴의 정신과 자신감을 심어 주는 데 유익한 역할을 했다.

셋째로는 히틀러의 나치 독일에 의해 유럽이 전화에 휩싸이고, 일본이 진주만을 폭격하는 위기 상황에서 홀로 분투하는 영국을 지원하면서, 미국 전체를 군수 공장으로 가동시켜 파시즘의 확장을 제어시킨 일이다. 전화(戰禍)의 위기는 오히려 미국 경제를 불황에서 탈출시키고, 세계 최강의 경제 파워로 격상시키는 결과를 낳게 되었다. 1944년 독일과 일본이 패망하기 전에 이미 루스벨트는 유엔이라는 국제 분쟁 조정 단체의 조직을 계획하고, 전쟁 뒤 폐허가 된 유럽과 아시아의 재건설에 미국이 적극 나설 청사진을 계획하고 있었다.

다만 루스벨트의 단점이 있다면(그리고 위기 관리 능력이 뛰어난 많은 카리스마적 리더들의 단점은), 자신의 능력이 너무 강한 나머지 다음 세대의 리더들을 키우지 않았다는 점이다. 나이가 들수록 그는 젊은 리더들을 견제하고, 양성하지 않았다. 그가 부통령으로 해리 트루먼을 임명한 것은, 외교 문제에 대해서는 트루먼이 전혀 문외한이었기 때문에 집안 살림이나 잘 챙기라는 뜻이었다.

엄청난 위기 상황을 넘기고 나서 자신도 모르게 스스로에 대한 지나친 과대 평가와 자기가 아니면 안 된다는 착각에 사로잡히기가 쉬운 것이 바로 이 위기 관리형 리더가 빠질 수 있는 함정이 아닌가 한다. 위기 관리 능력은 엄밀히 말해서 인간의 힘으로 되는 것이 아니다. 그러므로 가장 위대한 위기 관리 능력은 기도하는 무릎일 것이다. 당신도 위기가 닥칠

때 전능하신 그분 앞에 엎드려 성실히 기도하면 그 고난을 이길 수 있는 지혜와 명철과 힘과 자원을 공급받을 수 있다.

4 융화력 / 팀워크 창조력

요즘 우리 사회에 엘리트는 많은데 리더는 적은 것 같다. 엘리트와 리더의 차이는 무엇인가? 엘리트는 자신을 성공시키는 사람이고, 리더는 다른 사람들을 성공시키는 사람이다. 다른 사람들 속에 있는 잠재력을 발견하고 그것을 긍정적인 언어로 지적해 주고 표현해 줌으로써, 그의 자신감에 불을 붙이고, 그 가능성을 현실화시키기 위해 필요한 격려와 훈련을 받도록 해주고, 무대 위에 세워 주고, 성공했을 때 박수쳐 주고, 실패했을 땐 포기하지 않도록 하면서 제 자리에 설 때까지 옆에서 끝까지 힘을 실어 주는 능력이다. 이것이 리더십이다.

많은 천재들이 좋은 선생님은 되지 못한다. 자신의 탁월함을 남에게 쉽고 분명한 언어로 나눠 주는 훈련이 안 되어 있기 때문이다. 천재는 엘리트지만, 그가 선생님이 되기 위해서는 리더십을 요한다. 많은 스타 플레이어 출신들이 감독으로 전향하면 헤매는 경우가 많다(물론, 미국 NBA의 래리 버드나 독일의 베켄바우어 감독 같은 예외도 있긴 하지만). 자신이 워낙 위대한 스타였기 때문에 재능이 탁월하지 않은 선수들의 사정을 잘 이해하지 못하기 때문이다. 그래서 빛 바랜 선수 시절을 보낸 감독들이 오히려 전략을 더 치밀하게 연구하고, 선수들 한 사람 한 사람의 특징을 세심히 연구하여 팀워크를 잘 이끌어 내 뜻밖의 좋은 결과를 이뤄 내기도 한다. 스타 플레이어는 엘리트지만, 감독은 리더십이기 때문이다.

스타 플레이어로 계속 남고 싶다면 리더가 되기를 포기하는 것이 좋다.

빈스 롬바디(Vince Lombardi)는 미국 프로 미식 축구 사상 가장 위대한 감독으로 손꼽히는 인물이다. 그가 부임하기 전에는 승률이 10퍼센트도 안 되던 그린 베이 팩커스(Green Bay Packers) 팀은 그가 지휘봉을 잡은 1959년부터 완전히 새로 태어났다. 그 다음해에 바로 승률을 60퍼센트 이상으로 끌어올리더니, 1961, 62, 65년도에는 NFL 챔피언십에 올랐고, 1967, 68년도에는 수퍼볼 챔피언에 등극하는 1960년대 최강의 팀이 되었다. 롬바디가 이끄는 팀의 승률은 무려 74퍼센트나 되어 NFL 역사상 가장 위대한 코치로 선정되었는데, 특히 그는 게임을 이기는 것보다 선수들의 가슴에 감동을 주고 사람들에 관심을 쏟은 사람으로 유명하다.

그의 생전에 누군가 그에게 무엇이 챔피언십 팀을 만드느냐고 물었을 때, 그는 3가지 요소를 들었다.

" '뛰어난 선수들', '뛰어난 감독', 그 다음은 '선수들이 얼마나 서로를 사랑하느냐' 이다. 예를 들어서, 무엇이 한 선수로 하여금 뛰어드는 300파운드짜리 괴물(상대 선수) 앞에 자신의 몸을 내던지게 한다고 생각하는가? 이기면 약속되어 있는 돈, 우승컵이 주는 영광과 환희, 유명세? 그러나 프로 선수라면 모두 그 정도는 생각하고 있기 때문에, 팀들끼리 맞부딪쳤을 때 그 정도로는 승부를 가려내지 못한다. 나의 팀 선수들은 이렇게 생각한다. '내가 저 녀석을 막아 내지 않으면 뒤에서 공을 들고 있는 내 사랑하는 동료 폴의 다리가 부러지겠지? 난 절대 그런 일은 용납할 수 없어.' 결정적인 순간엔 바로 그 생각이 가장 강한 동기 부여를 시킨다. 그것이 위대한 팀과 평범한 팀의 차이를 갈라 버린다." 그래서 사람들은 빈스 롬바디를 '승부의 마술사' 혹은 '사랑의 코치' 라고 불렀다.

미국의 많은 비즈니스 리더들이 자주 쓰는 말로 이젠 우리 사회에서도 익숙한 용어가 되어 버린 시너지(synergy) 효과, 혹은 윈-윈(Win-Win)의 개념에 대해서 알고 있을 것이다. 그것은 쉽게 말해서 내가 이기면 네가 지는 게 아니라 우리 둘 다 함께 이겨야 한다는 것이다. 개인이 성공하면서, 그 개인이 속한 단체도 함께 성공한다는 개념이다. 적자생존의 세상에서 살아온 탓인지 우리는 주로 '루즈-루즈(Lose-Lose)', 즉 '너 죽고 나 죽자'는 식의 논개 작전 아니면 '윈-루즈(Win-Lose)', 즉 한 쪽이 이기려면 한 쪽이 반드시 져야 한다는 생각에 젖어 있다. 그러나 쉬운 예로 부부 싸움을 생각해 보자. 부부 싸움은 한 쪽이 이겼다고 생각하는 그 순간, 둘 다 지는 게임이다. 양쪽 다 반드시 이겨야 되는 것이 부부 관계이고 결혼 생활이다. 그런데 우리는 바보스럽게도 한 명의 승자를 내기 위해 필사적으로 벼랑으로 사태를 몰고 간다. 노사 관계도 그렇고, 의약 분업 사태도 그렇고, 금융 조정 사태도 그렇고, 남북 회담도 그렇다.

팀워크를 창조해 내는 융화력이라고 하는 것은 어떻게든 둘의 힘을 대립시키지 않고, 한 군데로 모아서 강력한 시너지 효과를 창출해 내는 능력을 말한다. 일방적으로 단체를 위해 개인의 희생을 강요하는 것이 아니라, 팀워크를 이룸으로써 개인도 더 성공하는 길을 찾는 것이다.

그렇다면 어떻게 해야 가장 효과적인 팀 사역을 할 수 있을까? 그 이야기를 다음 장에서 계속해 보자.

> ●● **좋은 리더십의 필수 요소**
>
> - 리더는 조화로운 균형 감각을 가져야 한다
> - 리더는 성숙한 인격으로 사람들의 신뢰를 얻어야 한다
> - 리더는 능력과 실력을 함께 갖추어야 한다
> - 리더는 자신의 탁월함을 남에게 전달해 줄 수 있어야 한다

Chapter 9
리더십과 부드러운 마음

1. 리더십의 어려움 | 2. 부드러운 리더십의 힘 | 3. 마음의 완충 장치

목회는 참으로 어렵다. 사람을 다루는 일은 언제나 너무 힘들다.
― 린 하이벨스(시카고 윌로우크릭 교회 담임 목사 빌 하이벨스의 아내),
「윌로우크릭 커뮤니티 교회(Rediscovering Church)」 중에서

평화란 하나님의 음율에 생애를 조율하는 것이다.
― 스피노자

1 리더십의 어려움

리더십은 화려해 보이지만 실은 너무나 힘든 것이다. 1940-50년대 미프로 야구의 전설적 강타자였던 테드 윌리엄즈(Ted Williams)는 야구의 전당(the Hall of Fame)에 기록된 최고의 타자 중에 하나로, 타고난 야구 천재로 인정받았다. 그러나 어느 날 기자들이 그의 타고난 천재성에 대해 질문하자, 그는 이렇게 대답했다. "태어날 때부터 타격 감각을 타고나는 천재는 없습니다. 내가 강타자가 된 것은 끝없이 연습하고 또 연습하는 혹독한 대가를 치렀기 때문입니다." 보는 사람에게는 그의 스윙이 힘 하나 안 들이고 하는 것같이 쉬워 보이지만, 그 뒷전에는 그토록 뼈를 깎는 노력이 있었던 것이다. 마찬가지로 탁월한 리더십은 그냥 되는 게 아니다. 엄청난 노력과 뼈를 깎는 자기와의 싸움이라는 대가를 치러야만 되는 것이다.

리더십은 어렵다. 사람을 다뤄야 하는 기술이기 때문이다. 사람의 본성 속에는 온갖 죄악된 요소들이 들어 있다. 반역과 시기와 질투와 교만

과 음란과 폭력과 가십과 음모와 방종과 무례함으로 가득 차 있는 것이 사람의 마음이다. 이 더러운 정욕들이 사람의 말과 행동으로 흘러 나온다. 그러니 사람들을 다뤄야 하는 리더십이 얼마나 어려운가를 알 수 있지 않는가?

포커스 온 더 패밀리(Focus on the Family)란 단체에서 30년 가까이 미국의 목회자들을 격려하고 훈련시키는 사역을 해온 H. B. 런던 목사에 의하면, 미국에서는 매달 1,300명 이상의 목사들이 자신들이 섬기던 교회로부터 해고당하고 있으며, 전체 목사의 30퍼센트에 해당하는 숫자가 자신의 인생에서 한 번은 교회로부터 해고당해 본 경험이 있다고 한다. 80퍼센트의 목사들은 목회 사역이 자신의 가정에 부정적인 영향을 미치고 있다고 고백했고, 40퍼센트의 목회자들이 적어도 한 달에 한 번 꼴로 교인들과의 어려운 갈등으로 충돌 상황을 겪는다고 했다. 목회자의 70-90퍼센트가 자신은 목회를 감당할 자격이나 능력이 미달된 사람이라는 심한 열등감에 시달리고 있다고 했다. 현재 미국에 있는 목회자들의 40퍼센트가 10년 후에는 목회를 그만두고 다른 일을 하게 될 것이라고 한다.[1]

이런 충격적인 통계들은 비단 미국만의 일은 아닐 것이다. 목회 리더십의 길이 그만큼 역경의 길이라는 것이다. 끝없이 쏟아 부었는데도 인정받지 못하고, 오해를 사고 배신당할 때 오는 좌절을 모든 목회자들은 수없이 많이 겪었을 것이다. 특히 인간관계의 충돌에서 오는 고통은 형언하기조차 힘들다.

비단 목회뿐 아니라 어느 분야든지 리더의 자리는 만만치 않은 대가를 요구한다. 클린턴의 8년 전 사진과 지금 사진을 비교해 보면, 이 핸섬한

---

[1] Quoted from H. B. London, Jr. & Neil B. Wiseman, *Pastors at Risk*(Victor Books/SP Publications: 1993), p. 22.

대통령이 그 동안 얼마나 늙어 버렸는지 놀랄 것이다. 예수님도 리더십이 얼마나 힘든 것인가를 아셨기 때문에, "만일 네가 살고자 한다면 먼저 죽어야 한다"라고 하셨다.

리더가 어려운 이유는, 싫든 좋든 리더가 된다는 것은 일단 드러나는 것이고, 드러난 존재는 반드시 어떤 종류의 비난이건 받게 되어 있기 때문이다. 특히 이 비난이 전혀 근거 없는 것이거나, 끝이 없이 오래 지속될 때 리더는 참으로 고통스러워진다. 비난뿐 아니라, 리더는 때론 자신이 모든 것을 쏟아 부었던 사람들로부터 오해를 사고 거부당하는 일을 겪게 된다. 이런 와중에서도 리더는 어쨌든 끊임없이 여러 가지 결정을 내리고 실천에 옮겨야 한다. 이 결정들 중에는 사람을 채용하고 해고하는 일, 돈을 동결하거나 투자하는 일 등 괴롭고 힘든 결정들이 많을 것이다. 그러나 그 누구도 대신해 줄 수 없는 일들이다. 그래서 리더는 항상 사람들에 둘러싸여 있는 것 같지만 늘 마음속에 쓸쓸한 고독감이 있다. 리더도 사람인 이상 감정적으로 통하는 사람이 있어야 한다. 리더로서 치러야 되는 고독의 대가는 정말 견디기 어렵다. 그렇지만 정작 건설적으로 생각하고, 연구하고, 자신의 영혼을 다듬을 개인 시간을 내기도 쉽지 않다. 이런 여러 가지 요소들이 겹쳐서 리더를 탈진시킨다. 오죽하면 "세상은 피곤한 사람들에 의해서 돌아간다"란 말이 나왔겠는가?

리더십이 주는 이런 어려움들을 잘 이겨내기 위해서는 영혼의 안전 장치, 혹은 완충 장치가 필요하다. 요즘 나오는 대부분의 차들에 부착된 에어백은 사고시 발생하는 충격을 완화시켜 줌으로써 운전자의 생명을 보호해 주는 역할을 한다. 그런데, 정작 매일 갖은 사고를 겪는 리더들에게는 이러한 충격을 흡수해 주는 완충 장치가 없다. 이것은 마치 시한 폭탄을 안고 사는 것과 같은 것이다. 보통 때는 표시가 나지 않다가도 위기 상황이 오면 감당을 못하고 터져 버리거나 무너져 내리는 리더들을 우리는 주위에서 얼마나 많이 보아 왔는가? 보통 리더는 강해야 한다고 생각하는데, 오히려 약할 때에 강함을 주시는 하나님의 기막힌 만지심을 이 장에서 한번 함께 생각해 보고 싶다.

2 부드러운 리더십의 힘

■ **우리는 사소한 것에 목숨을 건다**

미국의 저명한 상담가 리처드 칼슨(Richard Carlson)이 쓴 베스트셀러에 「우리는 사소한 것에 목숨을 건다(*Don't Sweat the Small Stuff*)」(창작시대)가 있다. 그 책에서 저자는 요즘 사람들이 참을성이 없고, 신경질이 많으며, 양보할 줄 모르고, 조그마한 일에도 쉽게 분노하는 성향이 짙음을 개탄했다. 칼슨은 한 예로, 고속도로에서 빵빵거리면서 여러 차들 사이로 지그재그로 미친 듯이 추월하며 지나가는 픽업 트럭을 들었다. 재미있는 것은 나중에 칼슨이 고속 도로에서 내려서 보니까, 그 문제의 픽업 트럭도 칼슨이 가는 방향으로 들어오더라는 것이다. 그렇게 목숨을 걸고 짜증을 내면서 달렸는데도 결국 1, 2분 정도밖에 빨리 오지 못했다는 얘기다. 오늘날 현대인들의 각박한 삶의 모습의 허무함을 이렇게 지적하며, 칼슨은 우리의 인생을 풍성하게 만들기 위한 여러 가지 실제적인 답들을 준다. "지금 서 있는 그 자리에서 행복을 찾아라, 남을 탓하지 말라, 다른 사람의 잘못을 지적하는 습관을 버리라, 식물을 길러 보라, 때로는 엉뚱한 친절을 베풀어 보라, 일주일에 한 번은 정성이 담긴 편지를 써 보라, 자신의 탁월함을 과시하기 위해 애쓰지 말라, 매일 한 번 이상 남을 칭찬하라, 기분이 좋을 때는 감사하고 나쁠 때는 품위를 지켜라, 평범함 속에서 특별함을 발견하라" 등이다.

사소한 것들에 목숨을 걸 때 오는 가장 큰 피해 중 하나는 정말로 중요한 인생의 큰 그림을 보지 못한다는 것이다. 다음은 새들백 교회의 한 목사님이 들려 준 체험기이다.

한 번은 차를 몰고 가는데, 커브 길을 돌아서니 탁 펼쳐진 지평선 너머로 기가 막히게 아름다운 쌍무지개가 걸려 있더라는 것이다. 너무 아름다운 광경이라, 그 목사님은 자기도 모르게 속도를 낮추고 그 쌍무지개를 바라보며 경탄을 금치 못했다. 다른 운전자들도 다 같은 생각이었는지 차들이 전체적으로 천천히 움직이고 있었다고 한다. 그런데 한 운전자가 갑자기 느리게 움직이는 차들의 흐름에 짜증이 났는지, 클랙슨을 빵빵 울려대면서 왼쪽, 오른쪽으로 차를 몰아대면서 창문을 내리고 소리를 고래고래 질러대고 있었다. 갈 길이 그리 급했던지, 그 운전자의 눈에는 교통 체증만 보이고 그 위로 펼쳐진 기가 막힌 자연의 아름다움은 들어오지 않았던 것이다. 그 광경을 보던 목사님은 문득 '우리 인간들이 많은 경우 저 운전자와 같은 인생을 살지 않나' 하는 생각이 들었다고 한다. 매일 처리해야 할 일들에 너무 예민하게 반응하며 집중하다 보니, 크고 놀라운 하나님의 섭리를 느끼고 즐길 여력이 없는 것이다. 현실에 반응하다 보니 비전 감각이 마비되는 것이다.

초고속 경제 성장, 실용주의, 자본주의, 개인주의가 응집된 미국인들은 세계 최강대국의 자리에 서긴 했지만, 그 과정에서 너무나 많은 가정들이 파괴되고, 젊은 세대의 도덕적 가치관이 땅에 떨어져 버린 것에 대해 요즘 아주 자성하는 분위기다. 그래서 미국의 리더십 관련 책들을 보면, 기독교 서적들이나 정치, 기업, 심지어는 영화계에서도 가족과 공동체 정신을 강조하는 성향이 짙어지고 있다.[2] 그래도 미국인들은 아직 무궁무진하게 넓은 땅과 엄청난 자원, 세계의 고급 인력을 소유한 나라라서 그런지 상당히 여유가 있는 편이다.

한국의 현대화 과정은 거의 대부분 미국과 일본을 벤치 마킹했다고 해도 과언이 아니다. 그런데 비교적 급성장한 그 두 나라보다 더 빠른 속도로 발전하려고 하는 과정에서 너무 많은 소중한 삶의 가치들을 잃었다. 날로 급증하는 이혼율, 폭력과 음란 문화의 확산, 십대의 탈선 등이 이를 증명한다. 우리는 도대체 무엇을 위해서 경제 발전을 이루려고 하는가? 급하고 무리하게 달려가려고만 하면, 그 과정에서 너무 많은 사람들이 상처를 입는다. 특히, 내가 가장 사랑해 줘야 될 사람들이 말이다.

리더여, 이제는 조금 인생에 쉼표를 찍어도 되지 않겠는가? 운동 경기에도 전반에서 후반으로 가는 사이에 하프 타임이 있는데, 왜 당신은 그냥 무작정 달려가려고만 하는가? 달려가기에 급한 사람은 달리는 것에 방해가 되는 것 같은 존재들은 모두 귀찮아 한다. 그러니까 영원의 관점에서 볼 때 아무것도 아닌 사소한 일들을 가지고도 칼같이 예민하게 반응하고 짜증내고 힘들어 하는 것이 아닌가? 당신이 앞으로 10년 후에, 그리고 이 땅에서 마지막 숨을 내쉬기 전에 당신 옆에 서 있는 사람들은 당신의 무엇을 기억할 것이라고 생각하는가? 급한 일과 정말 중요한 일의 차이를 당신은 과연 선별하며 살아가는가?

「우리는 사소한 것에 목숨을 건다」의 원제목을 다시 한번 기억하자.

---

2) 80년대 말-90년대 초 미국 TV 시트콤 사상 가장 큰 히트를 기록했던 〈치어스(Cheers)〉, 〈프렌즈(Friends)〉, 〈사인필드(Seinfeld)〉 같은 것들을 보면 다 가족과 따뜻한 공동체 관계를 주제로 한 것들이다. 2000년 여름에 나온 힐리우드 섬머 대작들인 〈글래디에이터(Gladiator)〉나 〈패트리어트(Patriot)〉도 보면 대형 액션 영화들이면서도 주인공과 그 가족 사이의 끈끈한 관계를 중점적으로 그리고 있다.

"사소한 것에 목숨을 걸지 말라. 모든 일이 다 사소하거늘(Don't sweat the small stuff … and everything is small stuff)."

◘ 용서의 마음

　미국의 강철왕 앤드류 카네기(Andrew Carnegie)는 주위에 자기보다 훨씬 탁월한 인재들을 수없이 많이 두었던 사람으로 유명하다. 어떻게 그런 뛰어난 인물들을 옆에 둘 수 있었느냐는 질문에, 카네기는 그 비결 중에 하나로 '용서의 마음'을 들었다. 카네기가 그런 마음을 갖게 된 데는 아주 특별한 사연이 있다.
　20대 초반이었을 때, 그는 일하던 회사의 공금을 가방에 넣어서 전달하는 일을 맡았다. 엄청난 거금이 든 가방을 가지고 기차를 탄 그는 열차 난간에 앉아 꾸벅꾸벅 졸기 시작했다. 그런데 문득 정신을 차려 깨어 보니 가방이 없어졌다. 졸다가 열차 밖으로 가방을 떨어뜨린 것이 분명했다. 온몸이 얼어붙는 것 같은 충격에 카네기는 사색이 된 채 기관사에게로 뛰어가 사정을 설명하고 열차를 후진시켜 달라고 부탁했다. 요즘 같으면 턱도 없는 일이지만, 그 당시만 해도 사람들의 마음이 비교적 순박하던 때라, 딱하게 여긴 이 기관사는 몇 킬로미터 정도 열차를 후진시켜 주었다. 눈이 튀어나오도록 밖을 주시하고 있던 카네기의 눈에 문득 개울가에 떨어진 낯익은 가방이 들어왔다. 카네기는 비명에 가까운 환호성을 지르면서 열차에서 뛰어내려 가방을 열어 보았다. 다행히 현금이 그대로 다 들어 있었다. 그는 돌아오는 열차에서 계속 보물 단지처럼 그 가방을 끌어안았다. 그 아찔했던 기억을 발단으로 해서, 카네기는 평생 실천에 옮길 중요한 결심을 했다고 한다.
　"그때부터 나는 젊은 사람이 아주 결정적인 큰 실수를 해도, 그가 사기성을 가지고 일부러 한 일이 아닌 이상 용서하고 품어 주기로 했습니다. 사람이 살다 보면, 아무리 성실하게 노력해도 돌연히 당하는 사태가 일어나는 법인데, 그것 때문에 평생의 꿈이 좌절되는 불이익을 주어서는 안 된다는 생각입니다."

나는 이런 너그러운 용서의 마음이야말로 리더에게 있어서 필수적인 자질이 아니겠는가 생각한다. 보통, 머리칼 한 올 흩트러뜨리지 않는 깔끔하고 철저한 완벽주의자들 주위에는 사람들이 모이지 않는다. 인간이 기계가 아닌 이상, 어떻게 조금의 실수도 범하지 않고 살 수 있겠는가? 최고의 질을 추구하되, 성실하고 정직하게 노력하고도 일어나는 사고나 실수에 대해서는 관대하게 품어 줄 수 있는 넓은 마음이 있어야 할 것이다.

리더는 드러나는 존재이기 때문에 공격당하는 수가 많다. 그리고 그 상처는 쉽게 사그라들지 않는다. 그러나 리더는 항상 사람을 용서하기로 결심하고 살아야 한다.

■ 웃음과 여유

보통 TV나 신문에서 보는 우리 나라의 정·재계 인사들과 외국의 리더들을 비교해 보면 눈에 띄게 드러나는 차이점이 하나 있는데, 그것은 한국의 지도자들은 별로 표정이 없고 잘 웃지도 않으며 웃어도 그 웃음이 어색하다는 것이다. 일하는 스타일에서도, 한국형 리더십은 항상 시간에 쫓겨 몰아붙이는 성향이 짙어서 여유가 없어 보인다. 그렇다고 해서 생산성이 높은가 하면 꼭 그렇지도 않다. 원래 전문가들일수록 무슨 일을 할 때 굉장히 부드럽고 완급을 잘 조절한다. 세계 최강의 브라질 축구를 가리켜 '삼바 축구'라고 할 정도로 그들은 춤추듯이 아주 부드럽고 여유 있게 움직인다. 무리하지 않게 전·후반 90분의 리듬을 잘 조절하는데, 일단 기회가 오면 폭풍처럼 몰아붙여서 정확하게 골을 넣는다. 반면, 요즘은 많이 나아졌다고는 하나, 한국 축구는 처음부터 계속 강하게 폭풍처럼 몰아붙이는데, 정작 골 결정력은 약하고 후반전에 가서는 체력이 눈에 띄게 떨어지곤 한다.

우리는 지난 반세기 동안 남들보다 두 배로 일하면서 밤잠도 자지 않고 앞서간 현대화의 선두 주자들을 따라잡느라 뛰어서 그런지, 전체적으로 볼 때 리더십이 너무 조급하고 여유가 없다. 그러나 이제는 리더십이 웃음과 여유를 가지는 것이 필요하다.

1980년대 미국의 많은 항공사들이 파산을 할 정도로 항공업계가 불황이었는데, 유독 한 회사만이 그 시기에 지속적인 매출 성장을 기록했다. 그 항공사는 다름 아닌 사우스 웨스트 에어라인이다. 이 항공사의 특징은 창조적인 유머와 친절한 서비스 정신이다. 회장 허버트 켈러허(Herbert Kelleher) 회장부터가 아주 재미있는 사람이고, 사원들 입사 면접 시험에서 반드시 유머 감각 테스트를 시킬 정도라고 한다. 이 항공사의 스튜어디스들이나 남자 승무원들은 유니폼을 착용하지 않는데, 승객들이 탈 때마다 아주 기상천외한 방법으로 사람들을 즐겁게 해준다. 승객들이 비행기에 다 탈 때까지 승무원들이 아무도 나타나지 않고 있다가 갑자기 천장에 붙어 있는 짐칸에서 나타나 사람들을 놀라게 한다든지, 담배를 피우고 싶은 손님을 위한 좌석이 날개 위에 마련되어 있으니, 거기에서 〈바람과 함께 사라지다〉란 영화를 감상하며 피우라는 우스갯소리도 기내 방송으로 나온다. 10여 년 전 내가 이 항공사의 비행기를 탔을 때는, 스튜어디스가 앞쪽에 당시 유명하던 헐리웃의 젊은 미남 배우 브래드 피트가 탔다고 해서 모두들 놀라 벌떡 일어났더니, 승객 리스트에는 있는데 가만 보니 딴 비행기를 탔다며 시치미를 딱 떼는 것이었다. 이렇게 승무원들 모두가 유머 감각이 탁월했다. 그러면서 동시에 친절이 몸에 배어 있어서, 노약

자나 장애인, 어린아이들에 대한 서비스가 피부로 느껴질 만큼 감동적이었다. 80년대에 한참 미국 사회 전체가 오랜 불경기로 인해 사람들의 마음이 힘들고 어려웠을 때, 사우스 웨스트의 이런 풍성한 유머와 따뜻한 서비스 정신은 참으로 신선한 충격을 주었다. 그 결과, 이 회사는 지난 20-30년 동안 미국 모든 회사를 통틀어 가장 높은 주식 수익률을 기록하고 있는 기업들 중 하나로 인정받고 있으며, 수화물 처리, 고객들 불평 건수, 그리고 정시 도착률이라는 이 세 지표에서 모두 최우수 성적인 '트리플 크라운(Triple Crown)' 을 차지했다.

어렵고 힘들고 바쁜 때일수록, 웃음을 터뜨리도록 하라. 유머 감각을 늘 잊지 않도록 하고, 최상의 가능성을(그것이 비록 1퍼센트밖에 안 될지라도) 늘 생각하도록 하라. 그것이 낙심하고 피곤해 하는 당신의 팔로워들에게 얼마나 큰 힘이 되는지 모른다. 최선을 다해서 노력해도 안 될 때는 안 되는 법이다. 그리고 거기에도 우리가 알지 못하는 축복이 숨어 있을 수 있다. 치밀하게 계획하고 노력하면 모든 것이 교과서대로 다 잘 풀린다고 생각하는 것처럼 무서운 오만도 없다. 자기 자신에 대해서, 남에 대해서 항상 관대하고, 웃음과 부드러운 마음을 늘 갖도록 하라.

■ 자기 반성의 마음

모든 리더십이 싸워야 하는 유혹은 크고 위대한 일을 남보다 빨리 이뤄야 된다는 강박 관념이다. 왜냐하면 그 과정에서 자기 평가 능력을 상실하기가 쉽기 때문이다. 그러나 자신이 이뤄 낸 성공이, 그 위대한 업적이 영원의 관점에서 보면 많은 사람에게 해가 될 수도 있음을 생각해 보는 겸허한 자기 반성의 자세가 필요하다.

얼마 전에 호주 캔버라에서 원자 분리 연구로 핵무기를 개발하는 데 지대한 공헌을 했던 마크 올리펀트(Mark Oliphant) 경이 99세를 일기로 별세했다. 2차 세계 대전이 한창이던 1943년, 그는 영국 과학팀을 이끌고 페르미가 이끄는 맨하탄 프로젝트팀에 합류하여, 원자 폭탄을 개발하는 데 결정적인 역할을 한다. 그러나 그는 일본 히로시마와 나가사키에 떨어지는 핵무기를 보며 너무나 비통한 심정에 사로잡힌 나머지, "위대하고 아름다운 학문으로서의 물리학은 이제 영원히 사라졌다"고 울부짖었다. 자신이 개발한 핵무기가 민간인의 대량 학살에 사용된 데 충격을 받은 그는 그 이후 알버트 아인슈타인과 버트란트 러셀이 주도한 평화 추구 단체인 퍼그워시(Pugwash)에 동참하여, 원자력의 평화적 이용을 위한 각종 활동에 발벗고 나서게 된다. 노벨 물리학상을 비교적 젊은 나이에 수상할 정도로 과학자로서 최고의 명성을 누렸던 그였지만, 평생 양심의 가책 때문에 괴로워하면서 "인류에게 진 빚을 갚아야 한다"고 되뇌이곤 했다고 한다. 1950년, 그는 조국 호주로 돌아와 호주 과학원 창설을 주도했는데, 1959년에 영국 왕실로부터 기사 작위를 받아 '경(卿: Sir)'으로 불리게 되었지만, 그는 그저 참회하는 지식인으로 남길 바랐다고 한다.

사람들은 자극을 원하고, 스릴을 원하고, 화려하고 찬란한 업적과 글래머적인 성공을 이룩하는 영웅을 원한다. 그런 식으로만 따진다면 올리펀트 경 같은 사람은 인생에 후회가 없을 정도로 모든 것을 이뤄냈다고 자부할 수 있을 것이다. 그러나 그는 고뇌했고, 반성했고, 겸허하게 살았다. 그는 세상의 잣대와는 다른 기준으로 자신의 인생을 평가했다. 눈에 보이는 가치들보다 더 깊고 영원한 하나님의 기준으로 늘 자신을 비춰 보았던 것이다. 나는 이것이 진정한 거인(巨人)의 모습이 아닐까 생각한다. 성공보다 중요한 것은 그 성공의 의미이기 때문이다.

3 마음의 완충 장치

◘ **피해 의식을 버리고, 주도적이고 긍정적으로 생각하라**

「성공하는 사람들의 7가지 습관」(김영사)에서 저자 스티븐 코비는 첫 번째 습관으로 '주도적이 되라(Be Proactive)'를 들었다. 항상 부모를 탓하고, 환경을 탓하고, 다른 이들에게 자신의 실패를 책임 전가시키는 사람들은 항상 인생을 어두움 속에서 살아간다는 것이다. 그러므로 바른 신념을 세우고 자신의 신념대로 자기 인생의 환경을 주도해 나가라는 미국적 적극적 사고 방식이다. 그것을 한 단계 더 기독교 신앙적인 차원으로 끌어올린다면, 어쨌든 하나님은 내 인생에서 최고의 작품을 만들어 내길 원하신다는 사실을 믿고 모든 상황에서 감사하는 것이다. "아직 최고의 것은 오지 않았다"라고 늘 되뇌었던 청교도들처럼, 결국 하나님이 함께 하시는 인생의 결론은 승리임을 믿고 어려워도 힘차게 사는 것이다. 구약 성경에 나오는 요셉이 바로 그런 인물이 아니었나 생각한다.

요셉은 인생의 억울함이 무엇인지를 피부로 몇 번씩 체험한 사람이다. 피를 나눈 형제들에 의해 노예로 팔리고, 충성을 다해 섬긴 주인의 아내의 모함으로 감옥에까지 가게 된 정말 억울한 인생이었다. 그러나 요셉은 거기에 대해서 자신을 상황의 피해자로 여기며 원망하고 욕하거나 좌절하지 않았다. 상황을 초월한 그의 믿음 속에서 하나님의 움직이심이 있었고, 결국 그는 세계 최강대국 이집트의 총리 자리에 오르게 된다.

나는 우리 한국인들 한 사람 한 사람은 개인의 능력으로 비교해 볼 때 정말 세계 어디에 내놔도 빠지지 않을 탁월한 사람들이라고 생각한다. 그러나 한 가지 늘 안타깝게 생각하는 것은 총체적 피해 의식이 너무 강하다는 것이다. "우리 나라는 이래서 안 된다", "현실적으로 사회 분위기가 그렇게 가니까 나 혼자 성실하게 살아 봐야 소용없다", "좋은 부모 만나지 못한 사람만 억울하다"란 말들을 너무 자주 듣는다. 모든 것을 환경과 부모 탓, 나라 탓으로 돌리지 자신이 스스로 책임을 지는 경우가 없다. 특히 한국은 외국, 특히 미국이나 일본이나 유럽 같은 선진국들과 늘 비교하면서 스스로 초라하다고 생각하는 경향이 있는데, 좀더 자신감을 가질 필요가 있다.

얼마 전 나는 일본인 언론인 기시 도시로가 쓴 "내가 한국을 택한 이유"란 글을 아주 흥미롭게 읽었다. 일본 NHK 방송의 서울 지국장을 지냈던 그는 3년의 임기를 마치고 일본으로 귀국하게 되어 있었는데, 심사숙고 끝에 NHK를 퇴직하고 프리랜서 저널리스트로 독립해 서울에서 활동할 것을 결심했다. 40대 중반의 이 엘리트 일본인이 몸담았던 조직을 버리고 한국인과 운명을 같이하기로 한 것은 '한국다운 것'에 대한 애착과 '일본다운 것'에 대한 실망 때문이라고 한다. 잘살고 있지만 생기가 없고 어두운 일본인들의 얼굴에 비해, 고난의 역사를 겪어 왔으면서도 앞으로의 미래를 스스로의 힘으로 만들어 나가고자 하는 한국인의 희망과 기개를 사랑한다고 했다. 일본은 서양에서 배운 기초 기술을 개량해 세계 최고 수준의 제품을 만들어 그것을 팔아 잘살게 되긴 했지만, 부를 쓰는 목적과 방법을 배우지 못했다는 것이다. 이것은 자기 이외의 타인을 위해 공헌한다는 비전과 도덕성이 결여되어 있었기 때문이라고 했다. 그러면서 그는 일본인에게 결여되어 있는 한국인의 장점으로서 남북 통일이라는 국가적 목표의 존재, 기업의 기민한 의사 결정 시스템, 디자인의 힘, 개인주의, 낙관적인 민족성 등을 들었다. 국제 사회 전체의 경이의 대상이 되어 온 기적의 경제 성장을 이룩한 일본. 그 일본의 최고 언론인이 보기에 한국은 뜻밖에 '괜찮은 나라'였다는 것이다.

교육만 봐도 그렇다. 우리는 조기 유학 운운하면서 무작정 서구 교육을 따르자고 하지만, 내가 미국에 있을 때는 오히려 미국의 중고등 학생들이 예의를 모르고 교내 폭력이 심하고 학구열이 떨어지니 아시아의 교육 시스템을 배우자는 움직임들이 상당수의 미국 교육 전문가들 사이에서 일고 있었던 것으로 안다. 물론 미국의 종합 대학 시스템은 세계 수준으로 탁월하지만, 배움을 중시하는 아시아의 유교적 교육 시스템에도 대단한 장점들이 있다는 것이다. 정보 기술 분야에서도, 얼마 전 유럽의 한 유력한 비즈니스 전문지는 유럽의 정부들이 반도체 기술 같은 첨단 과학 분야 기업에 아시아의 세 나라 즉 한국, 싱가폴, 대만처럼 적극적으로 지원하지 못해서 유럽이 이 분야에서 낙후되었다고 지적한 바 있다. 다른 관점에서 보면 자기에게도 장점이 많은데, 스스로 늘 환경의 피해자로 자처하며 피해 의식에 젖어 사는 국가나 개인은 바람직하지 않다.

예수님은 "네 이웃을 네 몸과 같이 사랑하라"고 하셨다. 우리가 이웃을 제대로 사랑하지 못하는 것은 스스로를 있는 그대로 사랑하지 않기 때문이다. 자아관(self-image)이 분명하고, 자존감(self-esteem)이 건강한 사람이 세상을 건강하게 보고 남을 잘 배려해 줄 수 있다. 나는 미국에서 십대를 보냈는데, 아버님이 개척 교회를 하셨기 때문에 늘 가난하게 살았다. 방학 때면 늘 햄버거 가게 캐쉬어 일이나 가정 교사를 해야 했지만 항상 긍정적으로 살려고 애썼다. 때로는 물질적으로 나보다 더 부유하고 더 좋은 집과 차를 가진 친구들이 부러웠던 적도 있었지만, 하나님은 공평하신 분이시며 내게는 돈으로 살 수 없는 축복을 주고 계시다고 믿었다.

환경이 힘들수록 생각을 건강하게 하지 않으면, 정말 '슬픈' 인생이 되고 말 것이다. 같은 고난을 당해도 그 책임을 환경에 돌리면 그는 한 많은 인생을 살게 될 것이고, 하나님의 선하신 뜻을 믿고 미래의 꿈을 버리지 않고 긍정적으로 살면 한없는 축복의 인생을 살 것이다.

너무나 많은 리더들이, 그것도 아주 여러 분야에서 탁월한 리더들이 뜻밖에 깊은 열등감을 지니고 살고 있는데, 이것을 내려놓아야 한다. 늘 말로써 자신을 칭찬하고 축복하며 스스로를 사랑하는 습관을 기르는 것이 중요하다. 내가 좋아하는 친구 하나는 아침에 일어나면 늘 거울을 보면서, "나는 내가 좋다! 하나님이 사랑하시는 내가 나는 참 좋다!"고 한 번 소리치고 세수를 한다고 한다. 나르시시즘은 아니라 하더라도, 자신을 하나님의 눈으로 보며 축복하고 사랑하라. 나를 사랑하는 만큼 남을 사랑해 줄 수 있고, 내게 준 것들을 귀하게 여기는 것만큼 남에게 준 것들을 귀하게 여겨 줄 수 있는 것이다.

▣ 좋은 사람들과의 사귐

여기서 좋은 사람들이라 함은 감정적으로 부담이 없는 사람들을 말한다. 감정적으로 부담이 없기 위해서는 일단 일로 이해 관계가 얽힌 사람들은 피하는 게 좋다(목회자는 자기 교회의 교인들에게는 아무래도 부담감이 있을 것이다). 또한 감정적으로 부담이 없다 함은 인격이 성숙하고 부드러운 사람들을 말한다. 목사, 변호사, 의사 같은 직종에 종사하는 사람들은 부정적인 감정을 가진 사람들을 많이 상대하다 보니, 감정이 일반인들보다 훨씬 빨리 고갈된다고 한다. 사람들을 상대하면서 고갈된 감정은 아이러니컬하게도 다시 사람들과의 풍성한 관계를 통해서 천천히 재충전된다. 미국 목사들의 70퍼센트가 자신들이 솔직히 마음을 털어놓을 수 있는 친구가 없다고 고백했다고 한다(이것은 대형 교회 목사나, 성공적인 사역을 감당하고 있는 자들일수록 더하다고 한다). 비교적 탈권위주의적이고 솔직하게 자기 의사를 표현하는 편인 미국 문화권의 목사들이 이러한 형편이니, 보수적인 유교 문화 성향이 강한 한국 교회 목회자들은 더 말할 필요가 없을 것이다. 목회자들과 사모들의 대다수가 심한 스트레스와 정신 질환에 시달리는 것이 당연하지 않겠는가?

이러한 맥락에서, 자기가 몸담고 있는 기업이나 회사나 조직 밖의 세계의 사람들과 접촉하고 어울리는 것이 필요하다. 많은 미국인들이 주말에는 동네 어린이 야구팀 감독이라든지, 걸 스카우트 코치라든지, 문제 청소년 재개발 센터의 파트 타임 상담자 등으로 자원 봉사하는 활동들을 많이 한다. 단순히 남을 돕는 사회 봉사 차원에서만 하는 것이 아니라, 이러한 활동들은 스스로의 삶을 더 넓고 풍성하게 해주는 좋은 경험이 된다고 한다. 목회자들도 교회에서 만나는 자기 교인들 외에, 예수 믿지 않은 이웃이라 해도 주저하지 않고 적극적으로 만나고 그들과 함께 대화하면 자신도 모르는 사이에 생각과 마음이 점점 넓어지게 됨을 느낄 것이다. 우리 모두는 몸담고 있는 세상 외에 다른 세상들을 볼 수 있는 창문들이 필요하다. 특히 리더십에게 있어서 그런 열린 마음, 넓은 생각, 트인 자세는 너무나 소중한 자산이다.

◘ 건전한 취미 생활

사람을 많이 대하는 교수나 목회자들은 감정이 쉽게 고갈되기 때문에 건전한 취미 생활을 가짐으로써 마음을 풍성하게 하는 것이 필요하다. 나와 같은 경우는 차를 마시면서 내 방에 앉아 편안한 자세로 통기타 음악을 감상하는 것을 아주 즐긴다. 요즘은 인터넷 음악 감상실에 접속하면 원하는 곡들을 언제든지 다운로드해서 들을 수 있으니 얼마나 좋은가? 워낙 고등 학교 시절부터 기타 치면서 노래하는 것을 좋아한 까닭에 요즘도 나는 늘 기타를 옆에 놓고 있다가, 여가 시간에는 복음성가, 찬송가, 팝송, 발라드 송을 비롯해 각종 노래들을 신나게 열창하는 편이다. 또 한 가지, 좋은 영화가 나오면 반드시 가서 본다. 켄 가이어가 말한 대로 영화는 내게 있어서 많은 것을 생각하게 하는 좋은 묵상 도구이다. 적당한 운동도 빼놓을 수 없는 취미 생활의 필수 부품이다. 요즈음 우리 교회에 출석하는 한 미국인 엔지니어를 사귀게 되어, 그와 함께 일주일에 한 번씩은 꼭 격렬한 라켓볼을 쳐서 땀을 쫙 뺀다. 그리고 주위 실내 수영장에 가서 일주일에 한 시간 정도 수영을 한다. 운동을 열심히 하고 나면 언제나 기분이 상쾌해지고 성격도 적극적으로 된다.

아무리 사람마다 성향이 다르고 취미가 다양하다 해도 모든 이들에게 적용되는 것이 하나 있는데, 그것은 자연 속에 들어가 파묻히는 것이다. 하나님이 만드신 자연은 인간이 만든 그 어떤 오락보다 더한 신선함과 포근함, 아름다움이 있어 우리의 육체와 영혼을 정갈하게 해준다. 나는 특히 바다 보기를 아주 좋아하는 편이다. 일단 시원하고 가슴이 탁 트이는 데다가 바다는 끝없이 넓어서 좋다. 수녀 시인 이해인 씨가 노래한 대로 바다는 하나님을 닮았다. 수없이 많은 것들을 다 묵묵히 포용하는 그 장엄한 스케일의 자비. 끝을 알 수 없는 그 신비와 무게. 여름 바다는 여름 바다대로 좋고 겨울 바다는 겨울 바다대로 좋다. 장엄한 바다를 보면서 시원한 바다 바람을 들이키면서 크고 넓은 마음을 가지고 생각하고, 보다 많은 사람들을 품어 주는 사람이 되어야겠다는 다짐을 자주 하게 된다. 그리고 이 땅에서 우리가 고민하고 힘들어 하는 일들이 영원의 관점에서 보면 정말 보잘것없는 일임을 깨닫게 된다.

■ **건강한 패밀리 타임**

지난 여름, 이 책을 쓸 일도 있고 해서 나는 아내와 아이들을 미국의 처가댁으로 보내 놓고 거의 6주를 혼자 보냈다. 처음 1-2주는 홀가분한 것 같았다. 그런데 3주째가 되면서부터는 말할 수 없는 쓸쓸함이 마음속을 헤집고 들어오는 게 아닌가? 스스로 생각해 봐도 매사에 힘이 없고 좀 처량(?)하게 느껴지는 것이 영 기분이 말이 아니었다. 평소에 함께 있을 때는 몰랐는데, 정말 가족이 사람에게 있어서 얼마나 중요한지를 피부로 체험하는 시간이었다.

하나님은 자신을 '아버지'라고 부르라고 우리에게 요구하셨다. 아버지와 자녀들, 이것은 가족의 개념이다. 태초에 인간을 창조한 뒤, 국가 정부나 교회를 만들기 전에 제일 먼저 결혼을 만들어서 가족을 형성시키셨던 것도 하나님이시다. 그러므로 가정이란 인간의 본질 깊숙이에 배어 있는, 하나님과 인간 관계의 본질 속에 배어 있는 그 무엇과도 같은 것이다. 우리가 겉으로는 아무리 큰소리를 쳐도 가족으로부터 떨어져 혼자 되면 왠지 모르게 쓸쓸하고 불안하고 힘이 없게 된다.

산업화 시대나 정보화 시대나, 경제가 급성장하고 사회 변화가 빠른 나라들에서는 특히 일과 가족을 대립 관계에 놓고 보는 경우가 많았다. 하나를 잘하려면 다른 하나를 포기해야 한다고 생각했던 것이다. 그러나 앞에서 균형에 대해 얘기할 때 언급했듯이, 이것은 대립의 개념이 아니라 조화와 팀워크의 개념으로 이해해야 한다. 하나를 함으로써 다른 것을 더 잘하게 될 것이라는 확신을 가져야 한다. 왜냐하면 우리에게 일을 주신 것도 하나님이시요 가족을 주신 것도 하나님이신데 이 둘이 서로를 방해하게끔 만들어 놓으셨을 리가 만무하지 않은가? 실제로, 미국의 톱 클래스 기업가들을 자문하고 훈련시키는 스티븐 코비 리더십 센터에서는 건강한 가정을 이끌지 못하는 기업가는 장기적으로 사업에서도 실패한다고 하여, 가정의 중요성을 철저하게 강조한다고 한다.

목회자인가? 당신의 가정이야말로 당신이 제일 먼저 목회해야 할 교회이다. 실제로 나는 한참 성공적인 목회를 하던 중에 정신적 스트레스로

앓아 누운 부인을 치유하기 위해 10년 간 목회를 쉬었다가 다시 목회를 시작한 한 경건한 영국인 목사 이야기를 들은 적이 있다. 사업가인가? 당신의 가정을 잘 경영해야 당신의 기업을 잘 경영할 수 있을 것이다. 정치인인가? 당신의 가족들이 풍요롭고 따뜻하게 살 수 있도록 해줘야, 국민들의 살림도 그렇게 만들어 줄 수 있을 것이다.

모든 리더십은 의식적으로 시간을 내어 늘 자기 가족을 사랑하고, 섬기고, 배려하는 노력을 아끼지 말아야 할 것이다. 당신이 가족을 살리면, 당신이 가장 어렵고 힘들 때 가족이 당신을 살려 줄 것이다.

◘ 독서와 연구

탁월한 기업들은 보통 다른 기업들보다 R&D(Research and Development), 즉 새로운 기술과 프로그램 연구 개발에 30퍼센트 정도의 인적, 물적 자원을 더 투자한다고 한다. 보통 목회자들도 꼭 설교에 써먹어야겠다는 강박 관념에서 떠나, 스스로의 발전을 위해서 편안한 마음으로 공부하고 연구하는 시간이 필요하다. 아르키메데스가 목욕중에 깨달음을 얻고 너무 좋아서 알몸으로 뛰어나가면서 "유레카(Eureka)!"라고 외친 것과 같은 지성의 희열 말이다.

이 책 전반부의 "따르는 일의 중요성"에서 잠깐 언급했듯, 반대의 입장에 서 보는 것도 아주 중요한 연구 경험이 될 것이다. 명지휘자 구스타브 뮐러(Gustav Mahler)는 그의 단원들에게 일 년에 두 번씩은 꼭 방청석으로 내려가서 연주를 들어 보라고 명령했다고 한다. 그래야 청중에게 음악이 어떻게 들리는지를 이해할 수가 있기 때문이다.

미국의 아주 영향력 있는 대형 교회를 담임하고 있는 한 목사는 일 년에 4-5주는 다른 교회들을 돌아다니면서 청중 속에 끼어서 다른 목회자들의 설교를 듣는다고 한다. 다른 도시의 어떤 대형 교회 목회자는 여름이면 꼭 휴식을 하면서 지방의 작은 교회들에 출석하여 설교를 들어 본다고 한다. 내가 아는 또 한 목회자는 교인들이 일하는 일터로 직접 찾아가서 함께 교제를 나누는 것을 습관화시켰다고 한다. 미국의 탁월한 병원 행정 담당관들은 일 년에 한 번씩은 꼭 자신이 환자가 되어 처음 병원에 도착해서 체크인 하는 과정에서부터 나가는 순간까지, 24시간 '환자 체험'을 해본다고 한다. 「하프 타임(Half Time)」의 저자로 유명한 밥 버포드(Bob Buford)는 어떤 종류의 단체를 이끌고 있든지 간에 리더라면 끊임없이 자신이 이끌고 있는 사람들의 상태를 파악하고 있어야지, 그렇지 않으면 그들은 변하는데 리더 혼자 스스로의 전통주의와 선입관에 빠져서 뒤로 처지게 된다고 했다.[3] 리더는 화려한 사무실에 홀로 제왕처럼 앉아 있다고 해서 권위가 서는 것이 아니다. 전쟁터를 떠난 병사는 이미 병사가 아니듯이 당신의 사람들이 있는 현장을 늘 몸으로 뛰어 보지 않는다면 어떻게 제대로 된 리더십이라고 할 수 있겠는가?

■ **맺힌 관계들을 신속히 풀어 가라**

리더는 필연적으로 많은 사람들과 관계를 맺고 살아가야 하는데, 관계가 많은 만큼 거기서 오는 아픔들도 많다. 때로는 정면에서, 혹은 제3자를 통해서 억울한 공격도 많이 당하고 오해도 많이 받는다. 그래서 아이러니컬하게도 리더는 많은 사람들과 관계를 맺고 살면서도, 내심 사람들과의 관계를 힘들어 하고 기피하는 경우가 많다. 자기에게 옛날에 상처를

---

[3] Peter Drucker와의 인터뷰에서. Quoted in Peter Drucker, *Managing the Non-Profit Organization*, p. 208.

주었던 사람을 생각하며 분한 마음에 잠 못 이루는 밤을 보내는 적이 한 두 번이 아니며, 그와 비슷한 유형만 봐도 예민하게 반응하기도 한다.

이런 맺힌 관계들이 해결되지 않은 채로 쌓이고 쌓이게 되면 항상 마음이 무겁고, 하루하루 숨쉬는 것조차 힘들어질 정도로 리더를 고통스럽게 한다. 오래 전 나는 2차 세계 대전 당시 나치 독일의 아우슈비츠 수용소에서 살아 남았던 유대인 부인을 만난 적이 있다. 독일에 대해 복수하고 싶지 않느냐고 했더니, 그녀는 잔잔히 웃으며 "나는 복수에 대한 감정으로 내 인생을 파괴시키고 싶진 않습니다. 그러기엔 내 인생은 너무나 귀하고 아름다운 것입니다" 하고 대답하는 것이었다. 늘 복수와 증오에 젖어 사는 체첸인들이나 아일랜드인들을 보라. 피의 역사, 전쟁과 파괴의 반복이 계속되고 그 와중에서 그들의 삶이 얼마나 황폐해졌는가? 맺힌 응어리를 풀지 않으면 가장 불행해지는 것은 당신 자신이 될 것이다.

구약 성경에 나오는 요셉은 약관 30세에 당시 최강대국이던 이집트의 총리 자리에 오른 입지전적인 인물이다. 그러나 요셉이라는 인물의 진가는 젊은 나이에 최고 권력자의 자리에 오른 데 있지 않고, 그를 노예로 팔아 넘겼던 형들을 용서하는 모습에 있다. 한참 예민한 나이인 17세 때, 그는 피를 나눈 형들의 손에 의해 인신매매 상인의 손에 넘어가는 충격적인 배신을 겪었다. 그 충격은 아마 평생 지워지지 않는 상처였을 것이다. 그뿐인가? 이집트에서 그가 충성을 바쳐 섬겼던 시위대장 보디발의 아내에 의해 억울한 누명을 뒤집어쓰고, 노예에서 더 추락하여 감옥에 갇히는 수모를 겪는다. 얼마나 억울했겠는가? 얼마나 분했겠는가? 우리는 항상 환경을 탓하지만, 요셉만큼 힘든 환경 속에 있었던 사람은 없다. 놀라운 것은 이렇게 상처를 많이 받았으면서도, 요셉은 원망과 자기 변명이 없다는 사실이다. 총리가 된 그 앞에 식량을 구걸하는 초라한 나그네들의 모습으로 나타나 감히 고개도 제대로 못 쳐들고 있는 형들을 바라보면서 요셉의 마음은 어떠했을까? 요셉이 자신을 팔았던 형들을 용서하는 그 순간은 자신을 십자가에 못 박은 사람들을 용서하는 예수님의 모습과 너무나 흡사하다. 인간의 힘으로는 미움과 복수의 응어리를 풀기가 절대 불가능하지만, 오직 하나님이 택하시고 준비한 리더는 이 증오의 수레바퀴를 멈출 수 있다. 리더십의 극치는 맺힌 응어리를 먼저 푸는 데 있다. 리더가 가질 수 있는 최고의 자질은 용서의 능력이다.

미국에서 고등 학교를 다닐 때 나는 빌 고사드(Bill Gothard) 목사의 청소년 세미나에 참석한 적이 있는데, 거기서 용서의 중요성에 대해 엄청난 도전을 받았다. 그리스도인이 세상을 살아가면서 늘 용서를 구하고 진심으로 용서를 베푸는 것이 인간 관계의 핵이라는 것을 그때 배웠다. 그래서, 그 후부터 오늘날까지 아무리 힘들어도 맺힌 관계, 불편한 관계, 껄끄러워진 관계는 내가 먼저 가서 사과하고 푸는 것을 실천하려고 애쓰고 있다. 설혹 내 생각에 상대가 99퍼센트 잘못했다고 느껴도, 갈등하지 않고 먼저 가서 용서를 구하고 관계를 풀려고 한다. 말은 쉽지만 정말 어려운 일이다. 어떤 때는 거의 이를 악물고 발버둥을 쳐야 할 정도로 힘들지만, 그렇게 하고 나면 말할 수 없는 평안함과 기쁨이 서서히 내 마음을 채운다. 리더가 개인의 차원에서 용서를 실천하기 시작하면, 단체와 단체의 관계에도 용서가 적용되고, 나라와 나라, 민족과 민족간에도 부서졌던 관계들이 회복될 것이다. 남아공의 넬슨 만델라 대통령의 용서는 인종 차별 정책으로 유명한 그 땅에 기적 같은 회복을 불러일으키지 않았던가?

리더여, 예수를 묵상하라. 그리고 기도하라. 그리고 용서하라.

미 하버드 대학 케네디 스쿨의 학장인 조지프 S. 나이 박사는 '소프트 파워'란 용어를 처음 사용한 사람이다. 파워, 즉 힘에는 군사력 같은 하드 파워가 있는데 이것은 한 국가가 경제나 군사력 등을 이용해서 자신이 원하는 바를 다른 나라에 강요할 수 있는 능력을 말한다. 반면에, 소프트 파워는 자신이 지닌 매력을 통해 자신이 원하는 결과를 얻어내는 능력을 말한다. 물론, 때론 하드 파워가 필요하기도 하지만, 소프트 파워가 뒷받침될 때 비로소 그 힘은 가장 잘 발휘될 수 있다. 나이 박사는 미국 외교 정책의 원천이 실은 이 소프트 파워에 있다고 주장한다.

이 소프트 파워를 구성하는 첫째 요소는 가치다. 미국이 자유, 인권, 민주주의를 솔선 수범하여 추구하고 지키는 국가로 여겨질 때, 다른 나라들은 미국의 리더십을 따른다. 두 번째는 미국의 대학 교육 시스템이다. 매년 50만 명에 이르는 유학생들이 전세계에서 미국에 있는 3천여 개가 넘는 대학에 공부하러 온다. 이들은 창의력과 성실한 노력을 중시하는 미국의 정신에 소리 없는 영향을 받는다. 미국의 문화 수출도 또 하나의 거대한 소프트 파워이다. 미국의 영화와 TV 프로그램, 예술, 학술 논문들, 그리고 인터넷에 범람하는 미국적 내용들은 지구촌 시대에 무시 못할 영향을 주고 있다. 물리적 힘으로 밀어붙이는 하드 파워보다 이런 조용하고 실속 있는 소프트 파워야말로 예민한 저항을 일으키지 않고, 상대방에 깊은 영향력을 줄 수 있다는 것이다.

나이 박사의 주장은 좀 지나치게 미국 우월주의적인 면이 없지 않지만, 그가 말하는 소프트 파워의 기본 원리는 다른 나라나 우리들의 기업, 혹은 개인의 대인 관계에도 적용될 수 있는 것 같다. 내가 영향력을 행사하려고 해서 되는 게 아니라, 내가 실력과 인격을 갖춘 사람이 되면 사람들이 자기도 모르게 나의 영향력을 받는 것이다. 즉, 내가 무엇을 하느냐(doing)의 문제가 아니라, 무엇이 되느냐(being)의 문제인 것이다. 하나님의 사람이니까 하나님의 일을 하는 것이지, 하나님의 일을 한다고 다 하나님의 사람이 되는 것은 아니다. 남을 야단치고 꾸짖고 명령할 것 없이 깊이 있는 내용을 가진 나를 만드는 데 주력해야 한다. 그것이 사람들을 끌어당기는 소프트 파워가 된다.

앞에서도 말했듯이, 리더십은 사람을 다루는 것이기 때문에 몹시 어려운 일이다. 맥스 디프리가 말했듯이 리더십은 곧 예술이라 해도 될 것이다. 그토록 어렵기 때문에 노련미가 필요하고, 부드러운 자세, 성숙한 유연성이 요구된다고 생각한다. 마치 주사를 놓는 것과 같지 않은가 한다. 아프지만 주사는 꼭 놓아야 한다. 그래서 노련한 간호원은 부드럽게 대화하면서 엉덩이를 툭툭 때려 주면서 순식간에 주사 바늘을 찔러 넣는다. 리더십 또한 어렵고 힘든 결정을 내리고 실천에 옮기지만, 그것을 실행할 때는 부드러운 자세가 필요하다. 부드러운 마음을 가지는 것은 당신의 리더십을 약화시키는 것이 아니라 더 원숙하게 해주는 길이다. 나그네의 두터운 옷을 벗기는 것은 매서운 북풍이 아니라 따뜻한 햇살이기 때문이다.

●● 리더십과 부드러운 마음

- 리더십의 어려움을 이기려면 영혼의 안전장치가 필요하다
- 사소한 일에 목숨을 걸지 말라. 모든 일이 다 사소하다
- 부드러운 마음은 당신의 리더십을 더욱 완숙케 한다

Chapter 10

모든 사람을 살리는
팀 리더십

1. 고도의 개인적 전문성을 키우라 | **2.** 확실한 구심점이 되는 비전의 지도자를 세우라
3. 도전적이고 명확한 공통의 비전과 목표를 만들라 | **4.** 활발한 커뮤니케이션을 형성하라

진정한 친구들은 그냥 서로 눈만 마주보고 있는 이들이 아니다. 그들은 서로를 향해 한없이 따뜻하게 대해 주고, 무엇보다도 한 방향을 바라보고 있는 사람들이다. 그들은 동일한 목표, 일, 관심을 가지고 있으며 무엇보다도 동일한 주인을 섬기고 있다.

— C. S. 루이스

1 고도의 개인적 전문성을 키우라

팀 리더십의 필수적인 첫 번째 요소로 개인적 전문성을 든다는 것이 어떻게 보면 좀 이율 배반적인 느낌도 들긴 하지만 이것은 분명히 사실이다. 모토롤라(Motorola)의 밥 갤빈 회장은 "질이란 지극히 개인적인 의무라고 할 수 있다. 당신이 일인칭의 질을 얘기하지 못한다면 절대적으로 필요한 높은 강도의 질을 이루지 못한 것과 같다"고 했다.[1] 갤빈 회장의 말을 한마디로 정의한다면, 어떤 분야에건 아무리 큰 단체이건 한 사람 한 사람의 탁월성이 가장 중요하다는 것이다. 팀워크가 살아나기 위해서는 각자 자신이 맡은 역할을 훌륭하게 잘해 줘야 한다. 그래야 팀이 된다.

팀 리더십의 가장 큰 장점은, 잘하면 팀 모두가 뜨지만 잘못되면 한 사람의 잘못으로 인해 모든 사람이 다 죽는다는 것이다. 탁월한 공격수는

---

[1] H. V. Roberts & B. F. Sergesketter, *Quality is Personal: A Foundation for Total Quality Management*(NY: Free Press, 1993), xiii.

탁월한 수비수의 중요성을 안다. 존중해 주고, 박수쳐 주고, 도와 주는 것에 인색하지 않다. 고도의 개인적인 실력이 없는 팀 리더십은 솔로 게임보다 더 큰 재앙이다.

세계적인 바이올리니스트 정경화 씨가 지난 번 한국에 왔을 때 얘기다. 정경화 씨에게는 온누리 교회에서 특별 공연을 한 번 하고 또 지방에 있는 열 두서너 도시를 순회 공연하는 빡빡한 일정이 잡혀 있었다. 그런데 정경화 씨 이벤트를 기획하는 관계자의 말에 의하면, 그녀는 매 공연 전날 밤에는 아무리 늦어도 다음날 연주할 곡을 처음부터 끝까지 완전히 리허설을 하더라는 것이었다. 한 번은 하용조 목사님이 정경화 씨를 만나 격려해 주고 기도해 주기 위해서 그 리허설 장소에 다녀오신 적이 있는데, 진짜 연주회처럼 어찌나 혼신의 힘을 기울여 열심히 연습을 하는지 아주 감동을 받았다고 한다. 그러면서 이런 생각을 하셨다고 한다. '야, 내가 설교를 준비하고 연습하는 데 저렇게 열심히 할 수 있을까?' 나는 그 말을 듣고 몹시 놀랐다. 이미 세계적인 거장의 위치에 올랐으니, 한국의 지방 도시에서 하는 공연 한두 개쯤은 몇 번 스트로크로라도 그냥 할 수 있을 텐데 하나하나 다 그렇게 100퍼센트 리허설을 하다니 …. 역시 대가는 아무나 되는 게 아니라는 생각이 들었다. 이것이 바로 '전문성' 이라는 것이다.

그리스도인들이 하나님의 일을 하면서 이 정도의 전문성과 정성을 다하지 않는 것은 상당히 잘못된 신학적 이해에서 기인한다고 생각한다. 개신교의 시조라고 할 수 있는 독일의 마르틴 루터가 종교 개혁을 하면서 세 가지 핵심 강령을 내세웠는데 그것이 '오직 말씀(Sola Scriptura), 오직 믿음(Sola Fiducia), 오직 은혜(Sola Gratia)' 였다. 그런데 세 번째 강령인 '오직 은혜' 를 잘못 받아들여서, 하나님은 늘 이해해 주시고 참아 주시고 용서해 주시는 분이라는 것을 계속 강조하다 보니 문제가 생기기 시작했다. 처음 종교 개혁 당시만 해도 그렇지 않았었는데, 시간이 흐르면서 사람들이 하나님의 일을 함부로 정성도 준비도 없이 하는 성향이 짙어진 것이다. 그러면서 어색하고 민망하면 늘 한다는 말이 "우리가 준비를 잘 못했지만 하나님의 은혜로 이 자리에 섰습니다"라는 것이다. 이 얼마나 무서운 은혜의 오용인가?

은혜라고 하는 것은 하나님의 사랑을 받을 자격이 없는 더러운 인간을 그래도 무조건적으로 사랑해 주는 하나님의 이해할 수 없을 정도의 깊은 사랑을 표현할 때 쓰는 말이지, 우리의 적당주의와 게으름을 정당화시키기 위해서 쓸 말은 결코 아니다. 구약 성경에 보면 이스라엘 사람들은 일주일에 몇 번씩 성전에 와서 예배드리고, 철저히 소득의 십일조를 헌금으로 드릴 정도로 종교적인 사람들이었지만 하나님에게 지독하게 야단을 맞았다. 최고의 가축이나 곡식을 하나님께 드리지 않고, 짜증내는 마음으로 가장 병 들고 상한 가축과 곡식을 마지못해 하나님께 내어 놓았기 때문이다. 제국의 임금에게 그런 것을 바쳤다간 그 자리에서 목이 달아났을 것이므로 감히 그럴 꿈도 못 꾸셨지만, 하나님은 용서의 하나님, 자비의 하나님이시니 만만히 보고 함부로 성의 없이 대한 것이다.

오늘날 교회를 보라. 찬양을 연습하는 성가대원들이 카네기 홀에서 콘서트를 준비하는 사람들 이상으로 준비하고 연습하는가? 설교를 준비하는 목사들이 기업 설명회를 준비하는 사람들 이상으로 정성을 쏟아 준비하는가? 교회를 청소하고 단장하는 사람들이 고급 호텔의 다이닝 홀을 청소하고 치장하는 사람들 이상의 정성을 기울이는가? 그리스도인 한 사람 한 사람이 철저하게 자신의 주어진 은사를 가지고 맡은 일에 완벽한 개인적 전문성과 정성을 발휘할 때, 비로소 교회라는 한 팀은 세상을 변화시키는 무서운 저력을 가지게 되는 것이다. 그렇지 않고, '나 하나쯤이야' 하면서 자신에게 주어진 일을 함부로 처리해 버리면, 교회 전체가 욕을 먹고 흔들리게 되는 것이다.

　탁월한 오케스트라 지휘자는 아무리 작은 악기라도 하나 하나 내는 음을 다 잡아 낸다고 한다. 한 사람 한 사람 솔로를 시켜 보면서 모든 구성원이 최고의 개인적 기량을 발휘하게 한다. 그렇지 않고 그냥 전체 오케스트라의 사운드에 적당히 묻어 가려는 적당주의 단원은 결코 살아 남을 수가 없다. 탁월한 리더십은 아무리 큰 단체라도 구성원 하나 하나의 개인적 기량과 자세를 최고 수준으로 올려 놓지 않고는 못 견딜 것이다. 팀워크의 기본은 확실한 개인의 실력과 자세다.

2 확실한 구심점이 되는 비전의 지도자를 세우라

　나는 MBC 방송국의 기독 직원 신우회 모임을 정기적으로 인도해 오고 있는데, 거기에 참석하는 분들 중에서 드라마를 제작하는 분들로부터 이런 얘기를 들었다. 방송사마다 일일 연속극이나 미니 시리즈 같은 드라마 제작에 몹시 신경을 써서, 막대한 재정과 인력을 아낌없이 투자한다고 한다. 그런데 주판알을 튕겨 보면 투자에 비해 수입 면에서 상당히 적자가 난다고 한다. 그런데도 드라마를 소홀히 하지 못하는 것은, 드라마가 히트를 쳐 줘야 뉴스를 비롯한 다른 프로그램들도 같이 상승세를 타고, 광고 CF도 많이 붙게 되며, 방송국 이미지도 올라간다는 것이다. 폭발적인 시청률을 기록했던 〈허준〉이나 전 국민의 열렬한 호응 속에 막을 내린 〈대장금〉 같은 경우는, 그 주위 프로그램들의 시청률까지도 함께 끌어올려 주는 파급 효과가 있었다고 한다. 이런 파급 효과를 올려 주는 건인차와 같은 드라마들을 방송국 전체가 질투하지 않고 힘을 실어 주고 밀어 준다는 것이다. 이것은 우리에게 중요한 교훈을 준다.

팀워크 중에서도 확실한 중심이 될 비전의 지도자가 필요하다. 권위주의는 나쁘지만 권위는 세워져야 한다. 맥스 디프리는 "가장 잘하는 사람이 뜨게 하라(Let the best run with it)"라고 했다. 이 사람이 주목받는 것을 질투해서는 안 된다. 이 사람의 권위를 세워 줘야 한다. 이 비전의 사람은 펄펄 살아 뛰는 비전을 전달하는 사람이며, 앞에서 끌어가는 견인차이다. 사람들에게 힘을 주고 에너지를 주고 새로운 비전의 언어를 실어 주는 마틴 루터 킹 Jr. 같은 사람이고 루스벨트 대통령 같은 사람이다. 이 사람을 끌어내려서는 안 된다. 이 사람에게 흠집을 내면 안 된다. 이 사람이 제대로 차고 나가 줘야 다같이 살 수 있다. 이 사람이 살아야 전략과 리더십이 살고, 목양 리더십이 살고, 행정 리더십이 사는 것이다. 그렇기 때문에 이 사람을 질투해서는 안 된다. 역할의 문제이지 계급의 문제가 아니기 때문이다. 70년대까지만 해도 미식 축구와 야구에 밀려 미국에서 빛도 없던 농구가 세계적인 스포츠로 탈바꿈하게 된 것은 매직 존슨(Magic Johnson)과 마이클 조던(Michael Jordan)이라는 수퍼 스타가 없이는 불가능했다. 이들 때문에 농구라는 스포츠의 격이 달라져 버린 것이다. 특히 이들은 자기가 속한 팀에서 개인 성적에만 욕심을 냈던 사람이 아니라, 팀 동료들 하나 하나의 플레이를 살려 주는 중추적 게임 메이커 역할도 탁월하게 감당하는 선수들이었기 때문에 더욱 그 가치를 인정받았던 것이다.

이런 비전 메이커로서의 리더십은 구체적으로 어떤 역할을 할까? 첫째로, 그는 비전을 제시한다. 펄펄 살아 뛰는 비전을 정확한 언어로 이끄는 사람들에게 전달해 준다. 이 비전은 도전적이고, 뜻 깊으며, 헌신할 만한 가치가 있는 것이어야 하며, 신뢰감이 드는 것이어야 한다. 이 비전을 통해서 그는 따르는 사람들의 마음에 높은 기대감을 고취시킨다. 그리고 지속적으로 그 비전을 현실화시키기 위한 행동을 모범으로 보인다. 둘째로, 그 비전을 사람들이 감당할 수 있도록 필요한 훈련을 시켜 주고, 인격을 다듬어 주는 일을 도와 준다. 아무리 비전이 감동적이어도 단체의 각 구성원이 자신이 구체적으로 그 비전을 실천하는 데 대한 훈련을 받지 않으면 뜻은 좋아도 현실에서 그냥 흐지부지되어 버리기 쉽다. 마지막으로, 그 비전을 실행하는 과정에 있어서 사람들에게 지치지 않는 힘을 불어넣어 준다. 그는 사람들로 하여금 비전에 계속 동참할 수 있도록 흥분감을 주며 할 수 있다는 자신감을 심어 준다. 사람들이 포기하지 않도록 끊임없이 격려하고, 박수쳐 주고, 밀어 주는 것이 필요하다. 그들을 철저히 믿고 있다는 신뢰감을 표시해 줘야 한다. 조그마한 과정 속의 승리라도 축하하고 높여 주고 그것을 이용해서 다음 단계의 더 강도 높은 승리로 연결시켜 줘야 하는 것이다.

이 비전 메이커의 살아 있는 예로서 나는 미국 디트로이트 시에 위치한 포커스 호프(Focus: HOPE)의 창설자 빌 커닝햄(Bill Cunningham)과 엘레노어 조사이티스(Eleanor Josaitis)를 들고 싶다. 빌 커닝햄은 원래 예수회 수도사로서 신학교 영어 교수였는데, 1967년 디트로이트 시에서 인종 문제로 대규모 시민 폭동이 발생하여 무장한 군부대가 투입되어 진압할 정도로 도시가 아수라장이 되는 것을 보고 도시 빈민가의 참상에 큰 충격을 받는다. 이 소망 없는 빈민가를 위해서 뭔가 해야겠다고 결심한 커닝햄은 뜻을 같이한 가정 주부 엘레노어 조사이티스와 함께 포커스 호프란 단체를 창설하게 된다.[2]

---

2) Father William Cunningham, co-founder of Focus: HOPE, acceptance speech at the University of Michigan Business Leadership Awards, 1995.

초창기, 이 단체의 목표는 가난한 빈민가의 어머니들과 아기들이 영양실조에 걸리지 않도록 음식과 우유를 공급해 주는 것이었다(의학 조사에 따르면 3세가 되기 전까지 제대로 영양 공급을 못 받은 아기들은 두뇌가 제대로 발달하지 않아 심각한 지적 능력 손상을 받는다고 한다). 안 그래도 가난한 아이들이 지적 능력마저 다른 아이들에게 비해 떨어지면 사회에서 살아남을 수가 없겠다고 판단한 커닝햄과 조사이티스는, 이 식료품 무상 공급 프로그램을 시작하게 되었다. 그러나 곧 이 문제는 빙산의 일각일 뿐임을 알게 되었다. 아이들이 못 먹는 이유는 부모들이 직장이 없어서였고, 그들이 직장을 못 구하는 이유는 배운 기술이 없기 때문임을 알게 되었다.

그들은 디트로이트 시의 가장 확실한 직장은 자동차 회사들이었고, 자동차 회사에서 가장 절실히 필요로 하는 일꾼은 기계공들임도 알게 되었다. 여기까지 생각이 미친 두 사람은 빈민가 사람들을 단순한 기계공이 아닌, 세계 최고 수준의 기계공으로 만들겠다고 결심하게 된다.

이들은 먼저 빈민가에서 모집한 지원자들에게 기본적인 읽기와 산수 실력부터 보강해야 했다(고등학교도 제대로 못 나온 사람들이 많았기 때문이다). 포커스 호프는 속성 훈련 프로그램을 통해 학생들의 산수와 언어 능력을 7주 안에 25퍼센트나 증가시킨다고 한다. 그것을 통과하고 나면 일 년 과정의 정식 기계공 훈련원(MTI)에 입학하게 된다. 이 훈련원은 수많은 우수 졸업생들을 각 기업으로 취직시켰을 뿐 아니라, 자체에서 운영하는 기계 부품 센터에서는 부품들을 직접 만들어 각 자동차 회사들에 납품하기도 한다. 이 센터의 부품을 사는 주 고객 중의 하나인 디트로이트 디젤(Detroit Diesel)사의 사장은 "우리가 포커스 호프로부터 물품을 사는 것은 그들을 동정해서가 아니라, 그들이 만드는 제품이 최고 수준의 제품이기 때문"이라고 하면서 포커스 호프 센터의 탁월한 실력을 칭찬했다. 1990년에는 미국 굴지의 6개 종합 대학과 협력하여 고급 기술 훈련원(CAT: Center for Advanced Technologies)을 창설하여, 학생들이 산업공학 및 기계공학의 고급 학위를 취득할 수 있도록 했다. 이 학교에서는 단순히 공학과 기계 기술만 가르치는 것이 아니라, 독일어와 일본어 같은 외국어도 능통하게 구사할 수 있도록 훈련시킨다고 한다.

이 일을 하면서 가장 어려웠던 것은 빈민가 흑인들의 인종적 피해 의식과 총체적 패배감, 열등의식을 버리게 하는 것이었다고 커닝햄은 말한다. 너무나 많은 흑인들이 자신들은 사회에 최고의 기여를 할 수 있는 그런 존재들이 못 된다고 생각하고 있다는 것이다. 오랜 세월 동안 이어져 온 가난과 질병, 폭력과 범죄에 길들여진 그들은 스스로에게 자포자기하고 있었던 것이다. 커닝햄과 조사이티스는 목이 쉬도록 이들 사이를 걸어다니며 건강한 자존감과 새로운 희망을 심어 주면서 격려했다. 특히 그들에게 항상 현실적으로 말도 안 될 정도의 엄청난 비전을 던져 주면서 도전하는 것이었다. 예를 들면, 그는 늘 이렇게 얘기한다. "우리는 단순히 여러분에게 기술을 가르쳐서 직장을 찾아 생계를 유지시켜 주는 게 목적이 아닙니다. 여러분들을 세계 최고의 기계공으로 만들어서 여러분이 만든 제품에 '미국산(Made in USA)' 이라는 딱지가 붙으면 그것이 세계 모든 나라들이 도달하고 싶어하는 수준의 제품이 되도록 할 것입니다. 그래서 세계 경제 시장의 판도를 바꾸는 것이 우리의 목표입니다. 여러분은 '르네상스 엔지니어' 들이 될 것입니다." 1996년 포드 회사의 경영자들에게 한 연설에서 커닝햄은 이렇게 말했다. "리더십은 세일즈맨십과 같다. 사람들에게 비범한 비전을 던져 주고, 그들로 하여금 '우린 문제 없이 이걸 해낼 수 있다' 는 자신감을 가질 수 있도록 옆에서 끊임없이 격려해 주는 것, 이것이 바로 리더십의 진수다."[3]

그러나 커닝햄은 당근과 함께 채찍도 사용해야 했다. 그는 늘 학생들에게, "그 누구도 너희에게 무엇을 줘야 할 의무는 없다. 너희들이 뭔가를 원한다면 그것을 위해 정직한 땀을 흘려야 한다"고 잘라 말한다. 예를 들어, 속성 훈련 프로그램에 등록한 학생들은 예외 없이 모두 아침 8시에는 정확하게 나와서 컴퓨터에 로그인하고 있어야 한다. 1분이라도 늦으면 엄벌에 처해진다. "너희들이 세상에 나가서 일할 직장들은 용서가 없다. 밖의 회사들이 지각을 용납하지 않기 때문에 우리도 용납하지 않는 것뿐이다. 정신을 차려라. 그래야 산다"고 학생들에게 독려한다. 그의 수업에 참가하여 책임감 있게 숙제를 해내지 않는 학생들은 주저없이 퇴교시킨다. 가슴 아픈 일이지만 커닝햄과 조사이티스는 타협하지 않는다. "이미 그들은 남들보다 뒤처진 시점에서 불리한 싸움을 시작했는데, 어떻게 그런 나태한 자세로 저 무서운 세상에 나가서 살아남을 수 있겠습니까? 우리는 그들에게 귀에 못이 박히도록 이야기해 줍니다. '우린 지금 영혼 구원하는 일을 하는 게 아니라, 경쟁력 있는 프로들을 만들어 내고 있다. 만약 너희들이 그것을 받아들일 수 없다면 우리도 너희들을 위해 아무것도 해줄 수 없다.'"

하지만, 열심히 성실하게 최선을 다하려는 학생들을 위해서는 커닝햄과 조사이티스는 세상에서 가장 따뜻한 부모요 스승이요 조언자다. 어린 아기들을 데리고 공부하러 오는 엄마들을 위해서는 넓은 현대식 시설을 갖춘 유아 및 유치원 시설을 갖추어 줌으로써, 수없이 많은 빈민가의 젊은 여인들에게 배움과 자립의 길을 열어 주었다. 또한 커닝햄과 조사이티스 자신들이 솔선하여 학생들과 같은 시간에 출근하여 똑같은 하루를 보내는데, 이들은 자기 개인 사무실도 없이 학생들의 책상들 사이에 똑같은

---

3) Father William Cunningham, speech to executives for Ford Leadership Program, April 22, 1996.

책상 하나씩을 나눠 쓴다. 항상 자존감이 낮은 빈민가의 학생들에게 "너희들은 최고의 사람이 되야 하고, 최고의 대우를 받을 자격이 있다"고 강조하는 커닝햄은, 이를 위해 그들이 공부하는 훈련 센터나 기계숍의 인테리어 디자인과 시설을 최신 장비의 깨끗하고 아름다운 것들로 다 배려했다. 새로 지어진 CAT 센터는 고속 인터넷을 비롯한 최신 첨단 장비를 갖춘 미래형 건물이다. 커닝햄과 조사이티스는 항상 공부하고 일하는 학생들 옆으로 걸어 다니면서 자신감을 심어 주고 함께 땀을 흘리며 꿈을 상기시킨다.

커닝햄 신부는 1995년 미시건 대학 경영대학원의 '올해의 비즈니스 리더십' 상을 수상했다. 그에게 이런 영예가 돌아가는 것에 대해 질투하는 포커스 호프의 리더들은 한 명도 없을 것이다. 그들의 구심점이 되는 비전을 던져 주는 리더십이 없이는 오늘날 그들의 환상적인 팀워크가 없음을 잘 알기 때문이다.

3 도전적이고 명확한 공통의 비전과 목표를 만들라

1960년대 초에 미국의 존 F. 케네디 대통령은 60년대가 가기 전에 미국은 달에 로케트로 사람을 보내고, 그 사람이 무사히 지구로 돌아오게 하겠다고 선언했다. 그 당시 우주공학 관계의 전문가들 중 3분의 2가 불가능할 것이라고 웃어 넘겼던 꿈이었다. 그 꿈을 말한 케네디는 1963년 달라스의 거리에서 흉탄에 쓰러졌지만, 그가 제시한 달 탐험에 대한 놀라운 비전은 당시 미국의 모든 인적, 물적 자원이 동원되어 준비되었다. 결국 1969년, 달의 표면에 아폴로 11호가 안착했고, 닐 암스트롱과 오드린은 인류 역사상 최초로 달에 발자국을 찍은 사람이 되었다. 이 달 프로젝트(Moon Project)가 진행되는 과정에서 미국의 과학, 경제, 교육 시스템 전체가 눈에 띄게 발전했고, 아폴로 11호는 월남전으로 침체되어 있던 미국인들의 사기를 단숨에 진작시키기에 충분했다.

어슴프레한 환상이 아닌 도전적이고 명확한 공통의 비전은 한 나라도 이렇게 하나로 묶는 강력한 팀워크의 원동력이 되는 것이다. 이미 우리가 살펴본 디트로이트의 포커스 호프의 예에서도 알 수 있다. 그가 전혀 가망이 없어 보이는 사람들에게 불가능할 것 같은 비전을 던져 주면서 훈련시키고 격려했을 때, 그들은 정말 기적을 낳지 않았는가? 도전적이고 감동적인 비전은 전염성이 있어서 탁월한 사람들을 강렬하게 끌어당긴다. 포커스 호프의 CAT(고급 기술 훈련원)는 GM의 부회장을 지냈던 로이드 루스를 비롯한 네 명의 저명한 전(前) 자동차 회사 경영인들을 스카우트 해서 그 리더십에 함께 동참시키고 있다. 그들의 전 직장에 비하면 경제적인 대우는 거의 형편없는데도 이들은 혼신의 힘을 바쳐 즐겁게 일한다. 로이드 루스는 이렇게 말한다. "지난 38년 동안 GM에 있을 때는 나는 강철을 빚어 내기 위해 일했지만, 이제 나는 인생을 빚어 내고 있다. 이런 감동은 처음이다." 지금도 이들 스스로 은퇴하는 고급 경영자 출신 친구들을 데려온다고 한다. 명확하고 도전적인 비전은 돈도 끌어 모은다. 미시건 주 상원의원 칼 레빈(Carl Levin)은 국방부 예산 중에서 6천만 달러를 포커스 호프의 CAT 건설 원조비로 아낌없이 배려해 주었다. 완공 기념식에서 레빈은 "여기서 일어나고 있는 일들을 보면 내 숨이 막힐 정도로 감동적"이라고 말했다.

교회가 지난 2000년 동안 온갖 역경과 고난에도 불구하고 이렇게 전

세계 곳곳에서 발전할 수 있었던 중요한 이유 중 하나는, 예수 그리스도께서 주신 교회의 비전이 명확했고 도전적이었기 때문이다. "너희는 땅끝까지 가서 모든 족속과 열방으로 나의 제자를 만들어라." 당시 팔레스타인 밖으로는 한 번도 나가 보지 못한 무식한 어부들에게 예수님은 그때 벌써 세계를 품에 안는 엄청난 비전을 주셨다. 그 꿈은 2000년 동안 수없이 많은 숫자의 탁월한 사람들을 끌어당겨 헌신하게 했고 힘을 주었고 방향을 제시해 주었다.

리더여, 꿈을 회복하라. 불 같은 꿈을 가슴에 품어라. 그리고 그 꿈을 당신의 사람들에게 나눠 주라. 그래야 당신의 팀은 사자같이 포효하며 일어나 하나의 깃발 아래 전진할 수 있을 것이다.

4 활발한 커뮤니케이션을 형성하라

13세기, 징기스칸이 인구 2백만밖에 안 되는 몽골 민족을 거느리고 수십 배의 인구와 영토를 가진 중국과 러시아와 동유럽을 마음대로 유린할 수 있었던 중요한 이유 중의 하나는, 몽골군의 탁월한 정보력과 전령 시스템이었다고 한다. 곳곳에 흩어진 상인들과의 연계로 각국의 동향을 훤히 꿰뚫고 있었으며, 가장 탁월한 기마병들로 구성된 전령들이 하루에 한 번 꼴로 총사령부와 각 점령지를 오가며 소식을 전달했다고 한다. 박정희 전(前) 대통령이 5·16혁명을 성공시킬 수 있었던 이유 중에 하나도, 1950년대 말 한국 사회에서 군대 조직만이 전국적 통신망을 가지고 일사불란하게 움직일 수 있었기 때문이었다. 우리 나라의 노동자들이 1970-80년대부터 전국적인 조직망을 가지고 움직이기 시작할 수 있었던 것은 인쇄물 복사 기술과 비용이 대폭 줄면서, 전단이나 책자 등의 홍보물 인쇄와 배급이 그 전보다 훨씬 용이해졌음이 중요한 원인 중에 하나였다. 1990년대에 국내뿐 아니라 세계적으로 막강한 영향력을 행사하고 있는 NGO들에게는 인터넷이라는 차세대 통신 기술을 통해 거미줄 같은 네트워크를 형성한 것이 주원인이었다. 이런 역사의 보기들은, 한 조직, 단체, 국가의 저력에 있어서 정보 통신망을 통한 커뮤니케이션 네트워크가 얼마나 중요한지를 단적으로 입증해 준다.

정보화 시대는 지구촌 시대요, 지구촌 시대는 개인과 개인, 국가와 국가간의 커뮤니케이션이 필수가 된다. 인(仁)은 사람인(人) 변에 두 이(二)자를 쓴다. 커뮤니케이션은 결코 혼자 할 수 없고, 적어도 둘이 있어야 비로소 트이는 것이다. 아무리 탁월해도 일방적이면 통할 수 없는 것이 커뮤니케이션의 원리이다. 커뮤니케이션 시대는 유아독존하는 시대가 아니라 함께 도우며 살아가는 공생, 즉 네트워킹의 시대다. 자동차 같은 것은 혼자 독점할 때 그 가치가 높아지지만, 전화나 인터넷, 이메일은 타인도 가져야 비로소 자기 소유의 의미가 생기는 법이다. 커뮤니케이션의 핵은 남을 존중히 여기고, 나의 것을 함부로 주장하지 않고, 그의 이야기를 듣는 데 정성껏 시간을 투자하고 섬겨 주는 예수의 마음을 가지는 것이다. 활발한 커뮤니케이션 네트워크는 당신의 단체의 생명력과도 같다. 그렇다면 어떻게 하면 활발한 커뮤니케이션 네트워크를 형성할 수 있을까?

◘ 칭찬을 나누라

정말 타이밍을 맞춘 적절하고 정확한 칭찬만큼 사람을 신나게 하는 것도 없다. 이게 제대로 안 되면 힘이 나지 않는 법이다. 탁월한 차세대 리더들을 많이 키워 내기로 유명한 미국의 한 대형 교회의 목회자는 사람들이 그 비결을 물으면 항상 이렇게 대답한다. "지도자의 가장 큰 사명은 자기가 이끌고 있는 사람들이 칭찬받을 만한 일을 할 때 놓치지 말고 그를 칭찬해 주는 것입니다. 물론, 그가 실수하고 실패할 때도 있겠지요. 그러나 나름대로 열심히 노력했을 때 실패할 경우도 열심히 칭찬해 줘야 합니다. 그 가상한 노력을 말입니다. 수없이 많이 시도하고 실패하면서, 점점 그는 성공하고 승리하는 것을 체질화시켜 가게 될 것입니다."

특히 리더들끼리의 이런 적절한 칭찬과 격려가 얼마나 아름답고 감동적인지 현장에서 피부로 체험한 일이 있다. 1996년 여름, 나는 콜로라도 스프링스에서 북미주 영적 대각성 운동인 자마(JAMA) 전국 집회의 진행팀에서 사회를 보고 있었는데, 그 날 밤의 주 강사는 국제 CCC가 자랑하는 명강사 조쉬 맥도웰이었다. 국제 CCC 총재인 빌 브라이트(Bill Bright) 박사도 그날 참석해서 내 옆에 앉아 있었는데, 조쉬 맥도웰의 메시지가 한참 중반부로 접어들었을 무렵부터 갑자기 메모지를 꺼내서 뭔가 열심히 쓰기 시작하는 것이었다. 강의 내용을 필기하는가 보다 생각하고, 호기심에 슬쩍 그 내용을 들여다봤더니, 노트가 아니라 "Dear Josh …" 하면서 조쉬 맥도웰에게 편지를 쓰고 있는 것이 아닌가? 자세한 내용은 기억나지 않지만, 대충 간추리면 "오늘 오후와 지금 전해지고 있는 당신 메시지의 이런 이런 내용은 너무나 감동적이다. 나를 비롯한 여기 모든 친구들은 이런 비전과 능력의 메시지를 통해 젊은이들에게 도전을 주고 있는 당신이 너무 자랑스럽다"라는 내용이었다. 조쉬 맥도웰이 메시지를 끝내고 내려오자마자 그 쪽지는 조쉬에게 전해졌고, 그것을 받아 들고 읽던 조쉬는 눈시울이 붉어지며 브라이트 박사를 꽉 끌어안았다. 옆에서 지켜보던 나는 형언키 힘든 감동을 받았다. '아, 이것이 바로 팀워크라는 것이구나. 이것이 바로 주님 안에서 이뤄진 동역자의 우정이로구나' 하고 생각했다.

리더여, 당신은 이런 마음에서부터 우러나오는 칭찬을 받아 본 적이 얼마나 오래 되었는가? 또 이런 칭찬을 남에게 준 적이 얼마나 오래 되었는가? 세심하고 정성 어린 칭찬의 교환은 사람을 살아 움직이게 하는 묘한 힘이 있다.

◘ 건설적 비판을 나누라

이런 칭찬이 오고가는 분위기가 형성된 상태에서는 진솔하고 건설적인 비판도 나누는 것이 필요하다. 조선 왕조의 가장 탁월한 임금 중에 하나로 꼽히는 세종대왕은 권위주의적 제왕 정치 체제였던 당시로서는 거의 파격이라고 할 수 있는 자유 토론 형태의 리더십 경영을 펼쳤다. 세종은 22세의 젊은 나이에 왕위에 올라 재임 32년 동안 조선의 정치, 경제, 과학, 사회 제도에 경이적인 발전을 가져오게 했는데, 그 핵심에는 오늘날의 국가 정책 기획 연구소라고 할 수 있는 집현전이 있었다. 과거 시험을 통과한 선국의 엘리트들 중에서 상위권 10퍼센트를 기용했는데, 전체 인원이 100명도 채 되지 않은 이 집현전 학사들은 국가의 수많은 개혁 정책의 두뇌들이었다. 세종은 산재한 각종 현안들에 대해서 학사들이 누구나 자유롭게 의견 개진을 할 수 있는 활발한 토론을 지원했다. 임금이 직접 토론에 참여하는 경연만 해도 거의 2,000회에 가깝게 개최하는 열정을 보였다고 한다. 이것은 전(前) 제왕들에 비해 수백 배에 가까운 횟수이다. 또한 훈민정음이 1443년에 완성되었음에도 불구하고, 3년 후인 1446년에야 비로소 그것을 전국에 반포한 이유에 대해서도, 국사 학자들은 당시 훈민정음의 창제를 반대하던 최만리 같은 사람들의 의견을 일방적으로 무시하지 않고 충분히 수렴하고 설득하는 시간을 두었기 때문이라고 분석한다. 즉위한 지 얼마 되지도 않아 집현전을 폐지해 버리고 독단적으로 모든 정책을 수행한 그의 아들 세조와는 참으로 대조적이다. 임금과 신하의 관계가 그토록 분명했던 그 당시에도 거리낌없는 건설적인 비판들이 오갈 수 있는 분위기를 조성했던 세종대왕. 그는 정말 시대의 한계를 넘은 탁월한 한국의 리더임이 분명하다.

소니(Sony)의 아키오 모리타 회장도 중대한 프로젝트를 결정할 때 한 명이라도 반대가 없으면 절대 그 프로젝트를 바로 실행하지 않았다고 한다. 이렇게 중대한 일을 시도하는데, 어떻게 스태프 중에 한 명도 다른 의견, 다른 생각, 제3의 방안, 위험 가능성에 대해 고려해 본 사람이 없느냐는 것이다. 중요한 사안일수록 건설적인 논쟁과 다양한 의견들의 검토가 이뤄져야 한다는 것이다. 당신이 이끄는 단체의 리더십 회의는 톱 리더의 뜻대로 무작정 밀고 나가는 일방 통행형인가, 아니면 활발한 서로간의 건설적 비판과 의견 교환이 이뤄지는 쌍방 통행형인가?

■ 안팎을 다 나누라

보통 우리는 잘 알고 지내는 사이들이라 해도 삶의 깊은 부분까지는 잘 나누지 않는다. 지식을 나누기는 쉬워도 감정을 나누기는 어렵다. 그러나 거기까지 가야 한다. 업적에 대해 이야기하기긴 쉬워도 인격의 예민한 부분에 대해 이야기하기는 힘들다. 그러나 거기까지 갈 수 있어야 한다. 일에 대해 이야기하기는 쉬워도 관계가 걸린 일에 대해선 말하기가 어렵다. 그러나 거기까지 갈 수 있어야 한다. 말의 표현에는 굉장히 신경을 쓰면서도, 정작 말의 내용을 깊고 알차게 하는 것에는 비교적 소홀히 하기 쉽다. 서로 투명하고 정직하고 따뜻하게 대화하는 분위기가 필요하다. 대화를 얼마나 많이 하고 있느냐가 문제가 아니라, 어느 정도 깊이 있는 수

준까지 대화하고 있느냐가 문제다. 이 정도의 깊이 있는 대화에는 리더와 팔로워들 사이의 진득한 신뢰가 바탕이 되어야 한다.

◘ **지속적이고 다양한 방법으로 트인 대화를 하라**

1995년 일본 기업 경영인들이 세계에서 가장 존경하는 기업인으로 꼽은 교세라의 이나모리 가즈오 회장은 '콤파'로도 유명한데, '콤파'란 근무시간이 끝난 후에 직장 동료들끼리 소그룹으로 모여 앉아 술잔을 주고 받으며, 직장 일이나 자신의 삶에 대해 격이 없는 대화를 나누는 장이다. 초창기 회사 규모가 작았을 때는 이나모리 회장이 이 콤파에 빠짐없이 참석하여 사원들과 대화를 나누었고, 직원 수가 만 명을 훨씬 웃도는 때까지도 그는 될 수 있는 한 많은 콤파에 참석하려고 애썼다고 한다. 이렇게 이나모리 회장은 직접 현장으로 뛰어들어 돌아다니면서 직원들과 빈번한 접촉을 통해 그들의 소리를 듣고 리더십의 가치를 끊임없이 전달하는 리더였다.

리더와 팔로워들은 하루, 일주일, 한 달, 매년 단위로 업무적, 관계적 대화의 장르를 가져야만 한다. 대화의 방법은 다양할수록 좋다. 일대일, 소그룹, 혹은 전체 모임 등에서 끊임없이 서로 대화해야 한다. 직접 얼굴을 마주하고 구두로 해도 좋고, 간단한 편지나 이메일도 좋고, 전화도 좋고, 제스처로도 좋다. 인텔의 앤디 그로브 회장은 사무실 책상도 평직원들 사이에 섞여 있고, 식사도 직원 식당에서 함께 나누면서 늘 회사 안을 부지런히 걸어다니며 직원들과 자유롭게 대화한다고 한다. 1980년대에 수많은 직원들을 감원해서 무자비한 보스로서 외부에 알려져 있는 GE의 잭 웰치는, 실은 함께 일하는 직원들에게는 대단히 마음 씀씀이가 따뜻한 보스다. 한 번은 실패한 직원에게 "실패가 당신을 좌절시키게 하지 마세요. 당신은 할 수 있습니다"라는 즉석 편지를 보내기도 했고, 잘하는 직원들한테는 신나게 등을 두드리며 격려해 주고, 한 직원의 어머니가 몸이 아프다는 말을 듣고는 회장 전용 헬기를 내어 주어서 병원으로 공수하게 까지 할 정도로 직원들에게 자신의 사랑과 관심을 세심하게 표현하는 멋진 리더다.

노래는 불러지기 전까진 음악이 아니라고 했고, 시는 읽혀지기 전까진 문학이 아니라 했으며, 사랑은 표현되기 전까진 사랑이 아니라 했다. 너무 점잖은 유교, 불교 문화권의 영향이 아직도 강한 탓인지 우리는 아직 서로간의 신뢰와 사랑의 표현이 약하다. 그러나 위선이 아닌 한, 우리는 적극적으로 서로간의 사랑과 격려를 표현해 줘야 한다. 팀워크는 그렇게 조금씩 다져지는 것이기에.

팀 리더십의 중요한 요소를 우리는 탁월한 비전 제시형 리더, 팀 구성원 각자의 개인적 전문성, 명확하고 도전적인 비전, 그리고 활발한 커뮤니케이션으로 정의했다. 나는 이 네 가지 요소를 골고루 가지고 있는 감동의 팀 리더십의 표본을 몇 개 알고 있는데, 그 중에서도 시카고 윌로우크릭 교회의 목회자 팀을 소개함으로써 이 장을 마칠까 한다.

구심점: 담임 목사 빌 하이벨스

침체되었던 미국 교회에 혜성과 같이 나타나 새로운 교회의 꿈을 제시한 시카고의 윌로우크릭 교회. 현재 출석 교인이 2만 명을 훨씬 넘어가고 있는 이 교회는, 교인들의 90퍼센트 이상이 이 교회를 통해 그리스도인이 된 싱싱한 교회로 이름나 있다. 겨우 25년 전에 시카고 근교의 한 극장을 빌려서 시작했던 교회가 오늘날 이런 파격적인 성장을 하기까지는 뭐니뭐니해도 담임 목사 빌 하이벨스가 확실한 비전 제시형 리더로서 구심점으로 서 있었기 때문이다. 트리니티 신학교 시절, 은사 빌지키언 교수의 살아있는 교회에 대한 비전 메시지에 감동을 받은 하이벨스는 교회에 다니지 않고 있는 사람들을 '구도자(seeker)'라고 명명하고, 그들을 위한 교회를 개척했다. 그때부터 지금까지 그의 모든 삶과 사역과 메시지의 초점은 단 두 개, 잃어버린 영혼 전도와 살아 있는 교회 만들기다. 세계의 주목을 받는 교회의 담임 목사가 된 지금도 조깅을 하면서 예수를 믿지 않는 사람들에게 생활 전도를 실천하고 있는 그의 전도에 대한 열정은 타의 추종을 불허한다. 또한 오직 교회가 제대로 된 교회가 될 때만이 이 암울한 세상에 유일한 소망이 될 수 있다는 뜨거운 비전이 펄펄 살아 뛰는 사람이다.

그러나 그와 개인적으로 만나 보면 그는 상당히 신경질적이고, 예민하고 찬 바람이 느껴지는 스타일이다. 나는 그가 한국에 왔을 때 함께 상당한 시간 동안 대화하고 인터뷰해 본 적이 있는데, 내가 접했던 미국의 다른 영적 지도자들에 비해 상당한 거리감이 느껴질 정도로 가까이 가기가 힘들어서 목회 주신러있다. 나중에 들으니, 그와 함께 일하는 스태프들도 그를 대할 때는 몹시 어려워 한다고 한다. 이런 이야기를 하는 이유는, 우리는 리더를 볼 때 너무 환상적인 그림을 갖고 봐서는 안 된다는 것이다. 모든 탁월한 리더에게도 다 존경받지 못할 만한 일면도 있음을 인정하자는 것이다. 그런데도 불구하고, 하나님은 그와 윌로우크릭 교회를 전세계에 영향력을 주는 위치에 놓으셨다.

나는 빌 하이벨스의 이러한 인간적인 단점에도 불구하고 그것을 덮는 장점을 세 가지로 본다. 첫째는, 앞에서 말한 바 있는 전도와 교회에 대한 순수한 열정이다. 리더는 동기가 순수해야 하고, 마음이 이것저것에 흔들릴 만큼 복잡해선 안 된다. 빌 하이벨스의 메시지 주제는 정말 우직할 정도로 그 두 축에 초점을 맞추고 있어, 교회의 모든 자원이 거기로 집중된다. 뭐든지 10년만 하면 전문가가 된다고 하는데, 그는 25년이 넘도록 전도와 교회에만 집중해 왔으니 그 파워가 대단할 수밖에.

둘째는, 그가 자신의 리더십을 개발하기 위해 끊임없이 노력한다는 점이다. 그는 그 바쁜 중에도 리더십과 관련된 수많은 책들과 세미나를 섭렵하고, 세계 각국의 탁월한 리더들과 계속 사귐을 가지며 자신을 끝없이 발전시키려고 노력한다. 자신의 부족함을 늘 인정하며 노력하는 그의 모습에서 나는 앞으로도 무한대로 발전할 수 있는 원숙한 리더십의 잠재력을 보았다.

셋째는, 그가 솔로 게임을 하지 않고 파격적이라 할 정도로 자신의 일과 권한을 다른 스태프들에게 대폭 위임하는 팀 사역을 한다는 것이다. 빌 하이벨스가 어떻게 자신의 목회 핵심 스태프들 몇 명을 스카우트하고, 격려하고, 멘토하고, 자리에 세워서 함께 사역하는지에 대한 이야기들은 실로 감동 그 자체다.

우리는 모두 단점이 많고 약해서 혼자 서 있으면 쓰러지기 쉽다. 그러나 빌 하이벨스는 특유의 추진력으로 박차고 나가면서도, 주위에 좋은 사람들을 두어 함께 형제와 같은 우정과 사랑을 나누며 윌로우크릭이라는 거대한 배를 이끌고 간다. 다음에서는 그의 동역자들을 몇 명 소개하고 싶다.

리 스트로벨

「시카고 트리뷴(*Chicago Tribune*)」이라는 저명한 신문사에 근무하고 있던, 예일대 출신의 탁월한 언론인 리 스트로벨(Lee Strobel)은 아주 냉소적이고, 교회에 대한 적대감으로 가득 찬 무신론자였다. 그러다가 윌로우크릭 교회의 구도자 예배에 아내를 따라 나오기 시작하면서 예수를 믿고 교회를 다니게 되었다. 그 후 윌로우크릭 교회의 스태프가 되었고, 타고난 가르침의 은사를 인정받아 빌 하이벨스와 함께 구도자 예배 설교를 하는 설교 목사가 되었는데, 그가 처음 설교 훈련을 받을 때의 이야기는 놀랍다.

당시 이미 만 명이 넘는 교회의 담임 목사였던 빌 하이벨스는 일주일에 평균 10-15시간을 투자해서 리 스트로벨과 함께 설교 원고를 검토하고, 조언을 해주고, 설교 후에는 격려와 비판을 해주기를 2년 반 동안 했다고 한다. 빌 하이벨스 스스로 말하기를, 2년 반 정도가 지나자 리 스트로벨은 자기보다 더 탁월한 구도자 예배 설교자가 되었고, 이제는 일 년에 3분의 1 정도의 설교를 마음놓고 맡겨도 되었다고 한다. 아직도 그때 이야기를 하면 리 스트로벨은 자신을 좋은 설교자로 키워 주기 위해 온 정성과 시간을 쏟은 빌 하이벨스라는 리더에 대한 고마움에 눈물을 글썽인다.

특히 리 스트로벨은 언론인 출신답게 글 쓰는 능력이 탁월해서 그가 집필한 *What Would Jesus Say To*(예수님은 과연 뭐라고 말씀하실까)?와 「예수는 역사다(*The Case for Christ*)」(두란노)는 모두 미국 크리스천 도서 부분 베스트셀러를 기록했다. 빌 하이벨스에게는 책 쓰는 은사는 별로 없는지 아직 그의 책 중에 베스트셀러가 된 것이 하나도 없는데도, 그는 질투하기는커녕 스트로벨의 책이 나오기 전부터 어떻게 하면 모든 윌로우크릭의 자원을 동원해서 그 책을 잘 선전해 줄 수 있을까를 스태프들과 의논할 정도였으며, 베스트셀러를 기록하자 자기 일보다 더 기뻐했다고 한다. 2000년 1월부터 리 스트로벨은 캘리포니아에 있는 새들백 교회로 자리를 옮겨, 본격적인 구도자 사역과 구도자 전도를 위한 책 집필에 전념하고 있는데, 아직까지도 윌로우크릭 교회 이사회의 일원으로서 윌로우크릭 교회와 활발한 교류를 갖고 있다.

존 오트버그

월로우크릭 교회의 토요일과 주일 예배는 교회에 익숙하지 않은 구도자들을 위한 열린 예배 스타일인데 비해, 주중인 수요일과 목요일 저녁 예배는 기성 신자들을 위한 좀더 높은 차원의 영성을 담은 예배라고 할 수 있다. 월로우크릭 교회의 평신도 지도자들의 영성 훈련의 장이라고 할 수 있는 이 예배의 주 설교자는 바로 존 오트버그(John Ortberg)였다.

시카고 휘튼 대학을 졸업하고, 캘리포니아의 풀러 신학대학원에서 목회학 석사와 심리학 박사를 몇 년 만에 우수한 성적으로 받을 정도로 수재인 존 오트버그는 깊은 영성과 냉철한 지성이 합쳐진 수준 높은 메시지를 가진 사람이다. 거기에다가 유머 감각과 감정의 완급 조절도 탁월하여, 메시지를 전하는 시간 내내 청중의 시선을 붙들어 놓는 설교의 귀재다.

그런데 그는 가르치는 은사에 비해 목회 리더십 은사에 있어서는 신통치 않았다. 캘리포니아에서 그가 담임했던 두세 군데 교회는 어느 선상에서 계속 정체 상태에 머물러 있었다고 한다. 그러던 중 1994년, 주중에 열리는 기성 신자 예배에 좀더 영성 있는 메시지를 전할 목사를 구하던 빌 하이벨스는 설교에만 집중하는 조건으로 오트버그 목사를 모셨다. 그리고 그에게 설교만 시키는 게 아니라, 빌 하이벨스 자신도 예배 시간에 반드시 앞줄에 앉아 그의 설교를 들으며 눈물을 흘리면서 은혜를 받았고, 또 열심히 듣고 설교를 기록하면서 피드백을 주곤 했다고 한다. 존 오트버그는 구도자 예배에 집중하던 월로우크릭 교회 교인들의 영성을 눈에 띌 정도로 한 단계 높였다는 평가를 받았다. 특히 국제 월로우크릭 협회가 주관하는 유럽에서의 교회 리더십 컨퍼런스에서는 빌 하이벨스 못지않은 인정을 받은 탁월한 강연가이다. 현재 존은 샌프란시스코의 멘로 파크 교회(Menlo Park Presbyterian Church)에서 사역하고 있다.

낸시 비취

윌로우크릭 교회를 방문하는 모든 사람들은 윌로우크릭 교회 특유의 구도자 예배의 탁월한 기획에 혀를 내두른다. 거의 브로드웨이 뮤지컬과 비교해도 떨어지지 않는 수준의 드라마, 번뜩이는 재치의 영상, 경탄스러울 정도의 격조 높은 찬양. 그 모든 것을 지휘하는 사람은 바로 예배 기획 담당 책임자 낸시 비취(Nancy Beach)다.

미국 교회도 여성 리더십에 대해 그리 개방되어 있지 않던 1970년대, 중고등부를 지도하던 빌 하이벨스는 당시 학생이었던 낸시 비취에게 리더십의 은사가 있는 것을 보고 일찍부터 격려하며 키워 주기 시작했다고 한다. 자기 프라이드가 강한 예술인들을 다루는 데는 부드럽고 섬세한 낸시의 여성 리더십이 기가 막히게 적절했던 것이다.

여성 리더십을 키우는 데 있어서, 능력도 안 되는데 여성이라 해서 어떤 위치에 두는 것보다는, 그녀가 최고의 능력을 보일 수 있도록 일단 보이지 않는 곳에서 키운 다음 자연스럽게 실력으로 그녀의 리더십을 입증시켜 보여야 한다. 이제 낸시 비취는 미국과 유럽 전역에서 예배 기획 분야에 있어서는 현대 감각을 갖춘 최고의 인기 강사가 되었다. 나는 그녀가 윌로우크릭 교회의 리더십 서미트(Leadership Summit)에서 빌 하이벨스 강의 전에 15분 정도 간증하는 것을 들은 적이 있다. 여성 리더십에 대한 미국의 사회적 분위기가 아직 냉랭하던 시절부터, 자신이 이름 없는 한 중학생이었을 때부터, 끝없이 자신을 믿어 주고 리더십의 자리에 세워 주었던 빌 하이벨스에게 정말 감사한다고 하면서 울먹였다. 내가 알기로는 교회 초창기에 스태프들 상당수가 교회를 떠날 정도로 힘든 때가 있었는데, 낸시는 그때 하이벨스를 반대하는 사람들 틈에 끼어 교회를 떠났던 리더였다(하이벨스는 대단히 쓰라린 배신(?)으로 느낄 수도 있었을 것이다). 그러나 하이벨스는 낸시가 다시 돌아오는 것을 기다려 너그러이 받아 주었고, 곧 윌로우크릭 교회의 핵심 리더십 중의 하나로 기용했다.

이렇게 빌 하이벨스를 구심점으로 하여 뭉친 이 리더들은 일주일에 적어도 한두 번은 정기적으로 만나 아주 깊은 인생 이야기, 가족 이야기를 거리낌없이 나누면서 활발한 교제를 한다고 한다. 그리고 바로 각자가 담당하고 있는 사역 분야에서 서로의 잘한 것은 칭찬해 주고 못한 것은 여지없이 지적해 주는 시간을 가지는데, 이 시간은 참으로 진지하고 서로에게 감동을 주는 시간이라고 한다. 한국식 새벽 기도나 철야 기도 같은 특별한 영성 훈련이 없는데도, 리더십 그룹끼리의 이러한 지속적이고 뜨거운 교제는 '철이 철을 날카롭게 하듯' 이들을 갈수록 원숙하고 탁월한 리더들로 만들어 가고 있다. 나는 거의 일 년에 한 번씩 윌로우크릭 교회에서 개최되는 교회 리더십 컨퍼런스에 참석하는데, 갈 때마다 교회 전체의 사역 수준과 이들의 메시지의 수준이 피부로 느껴질 정도로 쑥쑥 높아지는 것에 경탄을 금치 못한다. 그들에게 물어보면 항상 이 리더십 공동체 모임을 그 이유로 들곤 한다. 윌로우크릭 교회는 단순히 규모에 있어서만 미국 최고의 대형 교회가 아니라, 그 톱 리더들의 팀 사역이 주는 감동 또한 미국 최고 중에 하나가 아닌가 한다.

●● 모든 사람을 살리는 팀 리더십

- 먼저 각 개인이 전문성을 가져야 한다
- 확실한 중심이 될 비전의 지도자가 있어야 한다
- 다른 사람들을 끌어당길 도전적이고 감동적인 비전을 갖춰야 한다
- 활발한 커뮤니케이션과 네트워킹이 형성되어야 한다

Chapter 11
다음 세대에게 힘을 실어 주는 리더십

1. 당신은 시계를 만드는가, 시간을 알려 주는가? | 2. 시오노 나나미의「로마인 이야기」
3. 로마와 미국 | 4. 나눔의 축복 | 5. 다음 세대를 어떻게 키울 것인가?

당신의 리더십이 어느 정도인지 알고 싶으면, 당신이 이끌고 있는 사람들이 어떻게 하고 있는지 보면 된다. 그들은 항상 배우고 있는가? 그들은 고객들의 상황을 계속 점검하고 있는가? 대립 상황을 잘 조종하는가? 계속 변화를 주도해 나가는가? 그들은 성장하고 있는가? 승진하고 있는가? 당신이 은퇴할 때, 1994년 분기에 당신이 어느 정도 일을 잘했는지는 기억하지 못해도, 당신이 다듬어 준 사람들에 대해서는 분명히 기억할 것이다. 얼마나 많은 사람들이 당신의 헌신과 보살핌으로 보다 나은 위치에 이르게 되었는가? … 당신이 과연 리더로서 잘하고 있는지 혼란스러우면 당신이 이끌고 있는 사람들을 보라. 거기에 답이 있다.

— 엘라이드 시그날 사(社) 회장, 래리 보시디(Larry Bossidy)

위대한 스승은 영원 속으로 파장을 보낸다. 그 자신도 그의 영향력이 어디쯤 가서 멈출 것인지 전혀 짐작할 수 없다.

— 헨리 아담스(Henry Adams)

전설적인 자동차 왕 헨리 포드(Henry Ford). 그는 폭 넓은 시각과 탁월한 비전과 창조력을 가진 사람이었지만, 안타깝게도 스스로의 능력에 도취되어 자신의 비전의 노예가 되고 말았다. 많은 주위의 권유에도 불구하고 그는 모델 T외엔 그 어떤 새로운 모델의 자동차도 제작하지 않았다. 자동차 색깔도 검은 색 외엔 만들지 않았다. 모델 T에 철저하게 취해 있던 그는, 어느 날 회사 디자이너들이 자기 모르게 새로운 모델을 만들어서 보여 주자, 직접 망치를 들고 달려들어 차를 때려 부쉈을 정도다. 1927년까지 근 20년 동안 포드는 한 종류의 디자인만 고수했다. 1927년도에 내놓은 모델 A도 경쟁사들이 내놓은 디자인에 비해 너무 경쟁력이 떨어지는 것이었다. 그 동안 포드의 주가는 급속히 하락하여 1931년에는 종전의 28퍼센트도 되지 않았다.

그는 노조 결성에도 결사적으로 반대했다. 자기만큼 노동자들의 권익을 챙겨 주는 사람이 없다고 믿었기 때문이다. 자기가 사라져도 그들의 권익을 계속 유지시켜 줄 수 있는 제도의 필요를 몰랐던 것이다. 포드가 옛것만 고집하고 있는 사이에 GM의 젊은 회장 알프레드 P. 슬로언(Alfred P. Sloan)은 여러 자동차 회사들을 통합하고, 소비자의 취향을 십분 고려한 다양한 종류의 차 디자인과 저렴한 가격의 차들을 생산 판매하여 급속도로 포드를 따라붙었다.

포드는 결코 남을 세워 주는 리더(empowering leader)가 아니었다. 모든 것을 자신이 다 통제하려 했고, 새롭고 참신한 아이디어를 가지고 자신의 기존 사고 방식과 다른 것을 내놓는 것을 용납하지 않았다. 어느 정도 괜찮아 보이는 지도자감이 보이면 가차없이 짓밟아 버렸다. 그의 아들 에젤도 아버지의 압제(?)에 눌려 많이 괴로워하다가 1943년에 세상을 떠났고, 2대 회장에 취임한 그의 손자 포드 2세 또한 할아버지를 닮아 다음 세대 지도자들을 키우기는커녕, 탁월한 사장들을 서로 이간질 시키기까지 했다. 텍스 쏜톤, 어니 브리취, 루이스 크루소 등의 탁월한 사장들을 서로 이간질시켜 갈라지게 하여 차례로 회사에서 제거해 버렸다. 그래서, 리 아이아코카 같은 사람도 이 정치 게임의 희생물이 되고 만다.

헨리 포드는 항상 이런 철학을 고수했다. "너를 위해 일하는 사람들을 절대 편하게 두지 말라. 그의 방식에 안주하게 놔두지 말라. 전혀 그가 예상치 못한 것을 찔러서 그를 괴롭혀라. 항상 그들로 하여금 불안하게 하고 조심하게 하라."

탁월한 발명가였고 비전 메이커였으며 전략가였던 헨리 포드였지만,

포드 회사를 자기 개인의 왕국으로 만들어 버렸다. 자신이 사라지고 난 다음 세대를 준비하지 않았기 때문에 포드는 결국 GM에게 추월당했고, 1970년대 중반부터는 일본차, 독일차, 스웨덴차에게 밀리고 말았다. 리더가 할 수 있는 가장 이기적인 일은 자기가 없으면 그 단체가 무너질 정도로 그 단체를 자기 혼자에게 의존하도록 만들어 놓는 것이다.

1 당신은 시계를 만드는가, 시간을 알려 주는가?

몇 년 전, 「성공하는 기업들의 8가지 습관(*Built to Last: Successful Habits of Visionary Companies*)」이라는 책을 우연히 읽었을 때, 나는 첫 페이지를 넘기면서부터 책 안으로 빨려 들어가 밤을 꼬박 새우면서 마지막 페이지를 끝내기까지 책을 내려놓지 못했다. 그만큼 멋진 책이었다. 이 책의 저자 짐 콜린스(Jim Collins)는 캘리포니아의 팔로 알토에서 경영 상담 전문 회사를 운영하고 있고, 스탠포드 경영대학원에서 폭발적인 인기를 누리며 교수로 재직했다. 그가 6년의 연구 과정을 거쳐 집필한 이 책은 「비즈니스 위크(*Business Week*)」지의 베스트셀러 목록에 무려 29개월 동안이나 올라 있었고, 30개 국어로 번역되어 출반되기도 한 국제급 슈퍼 베스트셀러다.

이 책을 쓰기 위해 그의 스탠포드 연구팀은 모토로라(MotorRola), 휴렛 팩커드(HP), 프록터 앤 갬블(Proctor & Gamble), 월트 디즈니(Disney) 등 18개 우수 기업들의 역사를 6년 동안 조사했는데, 이 회사들의 공통점은 모두 평균 100년씩의 역사를 가진 회사들로, 1926년 이후 주식 시장 평균 주가의 15배 이상 발전을 이뤄낸 저력 있는 기업들이다. 짐 콜린스는 리더십을 "한 조직으로 하여금 장기간 동안 계속 탁월한 성과를 올릴 수 있게 하는 능력의 열쇠"라고 정의하고, "무엇이 한 기업이나 단체로 하여금 탁월한 한 리더가 무대에서 사라져도 계속 끊임없이 발전하고 성공할 수 있게 할까? 무엇이 세대를 초월해서 지속되는 뛰어난 단체를 만드는가?"라는 질문을 던지면서 이 책을 썼다고 한다. 탁월한 질문은 탁월한 답을 낳는다고 했던가. 짐 콜린스가 얻어낸 결론은 우리 모두가 두고두고 기억해 둘 만한 금쪽 같은 진리이다.

시대를 초월해서 계속 자기를 발전시켜 가는 탁월한 기업과 그렇지 못한 기업의 차이는 '시계를 만드는 사람(clock-builder)'과 '시간을 알려 주는 사람(time-teller)'의 차이라는 것이다. 옛날 어느 마을에 칸트처럼 기가 막히게 정확히 시간을 알려 주는 사람이 있었다고 가정해 보자. 언제 어디서나 그에게만 달려가면 정확한 시간을 알 수 있었으니 너무나 편리했을 것이다. 그러나 그가 불사신이 아닌 이상 그는 언젠가는 사라질 것이었다. 그러므로 그가 없어도 언제 어디서나 사람들이 변함없이 시간을 알 수 있도록 하는 시계를 만들어 놓는다면, 이것은 훨씬 더 위대한 일이 될 것이다. 잠깐 반짝하고 금방 사라져 버리는 기업들에 비해서, 장기간 동안 계속 발전해 나가는 기업들을 만든 리더들이 꼭 남보다 재능이 많거나 카리스마적 위압감을 주는 타입은 아니었다. 하지만 자기 자신을 단순히 그 시대에 시간을 알려 주는 사람으로서가 아닌 영구히 지속될 시계를 만드는 사람으로 보았다.

이 책을 위한 연구를 하기 전만 해도, 짐 콜린스는 한 기업이나 단체의 흥망성쇠는 한 사람의 걸출한 카리스마적 리더에 달려 있다고 믿었다고 한다. 그러나 실제 기업들의 역사를 놓고 6년 동안 케이스 스터디를 하면서 내린 결론은 놀랍게도, 지나치게 개성이 강하고 자기 주장과 생각이 강한 카리스마적 지도자는 장기적으로는 그 기업의 지속적인 발전을 오히려 저하시킨다는 사실이었다. 이 예로서, 짐 콜린스는 1920년대 말에 시카고 근교에서 비슷한 규모로 비슷한 아이템(TV와 라디오 제작)을 주종으로 해서 시작한 두 회사 제니스(Zenith)와 모토로라를 비교했다. 제니스사의 창업주는 유진 맥도널드(Eugene McDonald)란 사람이었는데 별명이 '사령관' 이었다. 별명만 들어도 짐작하겠지만, 그는 머리가 비상해서 아이디어가 컴퓨터처럼 넘쳤고, 성미가 급하고 추진력이 강하여 직원들을 자신이 원하는 방향으로 폭풍처럼 몰아가는 스타일이었다. 이에 비해, 모토로라의 창업주인 폴 갈빈(Paul Galvin)은 엔지니어 출신이 아닌데도 탁월한 엔지니어들을 모아서 이때까지 존재했던 첨단 기계 회사들 중에서 가장 탁월한 회사 중에 하나를 세웠다. 그는 매니저들에게 주도적으로 일을 처리해 나갈 수 있도록 파격적인 재량권을 주었고, 매니저 회의에서는 찬반 의견들을 활발하게 개진하는 것을 좋아했다. 그는 스스로 탁월한 공학 발명가는 아니었지만 사람들을 세워 주는 재능이 탁월했다. 그의 아들로서 회사를 맡은 로버트 갈빈은 이렇게 회고한다. "나의 아버지는 경영자들은 어떻게 해서든 사람들을 끌어안아야 하고, 그들이 창의적인 리더십을 발휘할 수 있는 장을 만들어 줘야 한다고 가르치셨다."

처음엔 두 회사 다 엇비슷하게 갔다. 그러나 1950년대 말, 18개월 사이에 폴 갈빈과 유진 맥도널드가 세상을 떠난 뒤 다음 세대로 리더십이 옮겨가면서 두 회사는 판이하게 다른 길을 걸어가게 된다. 모토로라는 비퍼와 핸드폰을 비롯 각종 최첨단 통신 장비를 생산해 내는 세계 최일류 기업으로 발돋움한데 비해서, 제니스는 몇 번씩 경영 적자를 겪으면서 아직까지도 TV와 라디오만 만들면서 간신히 현상 유지나 하는 기업이 되었다. 처음에는 비슷한 규모로 시작한 이 두 회사가 왜 이렇게 다른 길을 걷게 되었을까? 제니스사의 창업주인 유진 맥도널드는 군대 사령관 같은 강한 카리스마로 모든 결정을 자기 혼자 다 내렸고, 자기가 없이는 버틸 수 없는 회사로 제니스를 끌고 갔기 때문에 그가 사라진 때부터 회사가 휘청거릴 수밖에 없었던 것이다. 그는 자기가 없는 제니스사를 준비하지 않았다. 다시 말해서 그는 '시간을 알려 주는 사람' 일 뿐이었다. 이에 비해, 모토로라의 폴 갈빈은 자신의 재주는 그리 탁월하지 않았지만, 다른 이들의 리더십을 키워 주고 세워 주는 일을 함으로써 자신이 없어도 더 발전해 나갈 수 있는 터를 닦았던 것이다. 그야말로 '시계를 만드는 사람' 이었던 것이다.

다음 세대를 준비하는 시계를 만드는 또 하나의 예로서, 짐 콜린스는 제너럴 일렉트릭(GE: General Electric)이란 기업을 꼽았다. 1981년에 GE의 회장이 되어, 그룹을 재계 최고 1위에 올려놓으며, '20세기 최고의 경영자' 로 평가받은 잭 웰치(Jack Welch). 많은 사람들은 웰치가 GE를 위대하게 만들었다고 하지만, 엄밀히 따진다면 오히려 GE의 톱 경영자 훈련 시스템이 웰치를 만들었다고 보는 게 옳다. 그는 25세에 대학원을 졸업하고 바로 GM에 입사하여 회사에서 계속 성장해 온 토종 GE맨이다. GE 외에 다른 회사에선 일해 본 적도 없고 오직 GE에서만 20년 근무해서 최고 간부직에 올랐다. 그의 전임자들도 다 마찬가지였다.

특기할 만한 사실은 웰치의 전임 회장들도 다 그들의 세대에선 최고의 혁명적인 경영 마인드를 재계에 소개하며, GE를 톱 클래스 기업으로 이끌었다는 것이다. 웰치의 전임자였던 레지널드 조운즈(Reginald Jones)는 정부와 기업의 관계에 혁신적인 대안을 제시하여, 70년대 말 '미국에서 가장 영향력 있는 기업가' 로 뽑혔고, 그가 회장으로 재임한 8년 동안 GE는 웰치의 회장 임기 첫 8년 이상의 실적을 올렸다. 그의 전임자 후레드 보취(Fred Borch) 또한 제트 비행기 엔진과 컴퓨터 등 최첨단 사업에 과감한 투자를 시도하여, GE를 21세기형 그룹으로 도약시키는 시석을 놓았다. 또 그의 전임자 랄프 코르딘(Ralph Cordine)은 회사의 리더 시스템을 분산시키면서, 크론트빌(Crontville)이라고 불리는 GE의 유명한 매니저급 간부 사원 훈련 시스템을 만들었다. 그리고 그의 전임자 제럴드 스워프(Gerald Swope)는 GE를 가정용품이라는 새로운 시장에 도전하게 했고, 종업원과 주식 투자자들, 그리고 손님들에게 골고루 책임을 부여하는, 당시로는 획기적인 경영 시스템을 도입한 탁월한 리더다. 이들 모두는 계속 자신들의 재임 기간동안 라이벌인 웨스팅하우스(Westinghouse)를 확실히 눌렀다. 그래서 GE 내에서 역대 회장들의 성적을 평가해 보면, 5명 회장 중에서 웰치는 2위에 머무른다고 한다. 그만큼 매 세대마다 그 세대의 주목을 받는 탁월한 리더들이 GE에서 양성된 것이다.

웰치의 전임자 조운즈 회장이 어떻게 웰치를 자신의 후계자로 선정했는지 그 과정을 보면 이 회사의 리더 선발 과정이 얼마나 과감한지를 알 수 있다. 그가 회장직을 사임하기 7년 전부터, 조운즈는 2년에 걸쳐 96명의 후보들을 사내에서 신발했다. 그리고 그들을 다시 12명, 마침내는 마지막 6명으로 추렸다. 그들을 각각 지사장으로 임명했다. 그리고 3년에 걸쳐서 조운즈가 직접 이들을 여러 가지 인터뷰와 숙제, 리포트 작성, 시험, 도전적 프로젝트들을 주어서 테스트했다. 그 5-6년에 걸친 엄격한 과정 끝에 잭 웰치라는 사람이 뽑혔으니, 어찌 탁월한 사람이 나오지 않았겠는가? 그리고 놀라운 것은 이 12명 후보에 오른 사람들은 다 미국의 각 굴지의 기업의 전문 경영인 회장으로 스카우트되어 갔다는 사실이다.

주목할 것은 라이벌인 웨스팅하우스사가 자주 외부에서 전문 경영인을 데려오는 데 비해, GE는 이렇게 거의 모든 톱 리더들을 회사 내부에서 발굴하여 양성했다. 그래서 GE의 간부 양성 스쿨 크론트빌은 '미국 기업체의 하버드'로 불린다. 이렇게 엄선된 과정을 거쳐 내부에서 톱 리더들을 양성했기 때문에 일단 그 자리에 오른 사람에게는 장기간 동안 능력을 발휘할 수 있도록 힘을 실어 준다. 이런 까닭에, 라이벌인 웨스팅하우스의 평균 회장 임기가 8년인데 비해, GE는 보통 14년이다. 리더를 엄격한 과정을 거쳐 검증해서 뽑은 곳은 일단 선택된 리더에 대해서 장기간 동안 신뢰와 존경을 준다. 반면, 리더십 양성 과정이 자타가 인정할 정도로 엄격하지 않으면 뽑아 놓고서도 그 리더에게 존경을 주지 않고 단시일 내에 실적을 올리지 못하면 대체시켜 버리는 경우가 많다. 리더를 함부로 뽑으면 함부로 버린다. 쉽게 얻은 것은 쉽게 버리는 법이기에. 이것은 정말 바람직한 일이 아니라고 생각한다.

2 시오노 나나미의 「로마인 이야기」

짐 콜린스의 책을 접한 것과 비슷한 시기에 큰 감동을 받은 또 하나의 책이 바로 일본인 여(女)작가 시오노 나나미가 쓴 「로마인 이야기」이다. 현재까지 총 12권에 달하는 이 장편 대작은 지은이가 철저한 이탈리아 원어 자료 조사를 거쳐 집필한, 이때까지 나온 로마 제국 연구 중에서 단연 톱클래스에 속하는 작품이다. 이 책의 주제도 짐 콜린스의 책이 다루고 있는 주제와 일맥상통하는 바가 있다. 시오노 나나미는 다음과 같은 글로써 이 대작의 서론을 삼았다.

"지성에서는 헬라인보다 못하고, 체력에서는 켈트인이나 게르만인보다 못하고, 기술력에서는 에르투리아인보다 못하고, 경제력에서는 카르타고인보다 뒤떨어지는 것이 로마인이라고 로마인들 스스로도 인정하고 있었다. 그런데 왜 그들만이 마지막 승자로 남아 번영할 수 있었을까?"

◘ 융통성 있는 인재 양성 및 관리 시스템

나나미는 로마인의 인재 등용 및 관리 시스템을 한마디로 '유연성' 이라고 표현하고 있다.[1] 로마의 정계나 군대에서는 상위직에 있었던 사람도 필요에 따라서는 하위직에서 일하는 것을 결코 부끄럽다거나 부적절하게 생각하지 않았다고 한다. 예를 들면, 로마에서는 오늘날의 국무총리에 버금가는 최고 관직인 집정관을 지낸 사람도, 후에 재무관에 선출되면 거기에서 성실하게 일했다. 이렇게 직위에 대해 유연했던 그들의 사고 방식은 서로 다른 직에 있는 사람들에 대한 이해를 넓히고, 서로간의 커뮤니케이션을 활성화하는 계기가 되었던 것이다.

로마는 그 당시 고대 국가들 중에서 거의 유일하게, 전쟁에 패한 장수를 죽이지 않고 다시 기회를 주는 나라였다.[2] 또한 전에는 적이었다 해도 능력만 있으면 신분, 국적, 인종에 상관없이 출세할 수 있었다. 실제로 로마군에게 오랜 세월 치욕을 주었던 삼니움족의 장군 한 명은 능력을 인정받아, 후에 로마 최고의 벼슬인 집정관에까지 올랐다. 이렇게 실력 중심의 탁 트인 인재 등용으로 인해 각국의 인재들이 앞을 다투어 로마의 지배 아래 무릎을 꿇었던 것이다. 또한 같은 라틴족에 대해서는 출신지를 따지지 않고 시민권을 부여했으며, 적국 출신도 일정 기간 로마에 거주하기만 하면 시민권을 딸 수가 있었다. 로마인은 싸울 땐 무섭게 싸웠지만, 일단 로마의 점령국이 되면 아주 자비로운 통치를 베풀어서 타민족이 쉽

---

1) 시오노 나나미, 「로마인 이야기 1권: 로마는 하루아침에 이루어지지 않았다」, p. 47.
2) 당시 로마의 라이벌이었던 카르타고(Carthage)만 해도 패장(敗將)은 십자가에 못을 박아 죽였다고 한다.
3) 한 역사학자는 말하기를, "로마인처럼 무섭게 싸운 이들도 없지만, 로마인처럼 자비롭게 통치한 민족도 없다(Nobody fought as viciously as the Romans, but nobody governed as leniently as the Romans)"고 했다.

게 로마에 동화될 수 있게 했다.[3] 이 같은 포용력이 로마로 하여금 편협했던 아테네나 스파르타와는 달리 도시 국가의 한계를 넘어 세계 제국으로 가게 했다는 것이다.

▪ 두터운 리더층

이렇게 유연한 인재 등용 및 관리 시스템으로 로마에는 탁월한 리더들이 요소 요소에 많았다. 분야 분야마다 리더층이 두꺼웠다고 할 수 있다. 먼저, 로마를 건국하고 초대 임금이 된 로물루스가 모든 일을 혼자 처리하지 않고 국정을 3개 기관에 나눔으로써 시작한 것이 로마 특유의 통치 체제의 틀을 잡았다. 로마는 이탈리아 반도의 한복판인 작고 낮은 일곱 개의 언덕에서 시작되었는데, 바다를 접하고 있던 아테네와는 달리 육지에서 계속 적들과 마주하고 있어야 했다. 벌써 위치적으로 늘 전쟁을 치르고 살 수밖에 없었던 것이다. 그러나 그 오랜 전쟁 경험을 통해서 공동체에는 유능한 리더의 존재가 필수적이라는 것을 충분히 이해하고 인식하게 되었다고 한다. 어떤 일이 있어도 탁월한 리더십을 양성하고 그들이 능력을 십분 발휘할 수 있는 통일된 지휘 체계를 만들어야 함을 갈수록 깨닫게 된다. 그러나 어느 사회나 그렇듯이, 인종과 타고난 신분이 실력 위주의 인재 양성 시스템에 브레이크를 걸었다. 로마도 귀족파와 평민파로 나뉘어져 문제가 상당히 심각했다. 그런데, 이 상황을 종식시키는 일대 사건이 외부로부터 발생한다.

바로 게르만계 켈트족의 대침입이다. 기원전 390년 용맹스런 켈트족은 로마군을 연파하며 마침내는 수도 로마로 진입, 일곱 달이나 로마를 점령하고 철저하게 도시를 파괴시켰다. 건국 이래 수도가 짓밟힌 것은 처음 있는 일이었다. 이 수치로 잠에서 깨어난 로마인들은 귀족파와 평민파로 나뉜 국론 분열이 나라의 힘을 약화시켰음을 깨닫고 뭔가 획기적인 조치가 필요함을 인식한다. 마침내 기원전 367년, 로마가 세계 제국으로 발돋움하는 발판이라고 할 수 있는 리키니우스 법을 통과시키게 된다. 이 법은 모든 관직을 평민, 귀족이라는 신분의 차이 없이 전면 개방하는 혁신적인 인재 등용 시스템이었다. 국가 요직의 전면 개방은 완전히 자유 경쟁 체제 속에서 오직 실력만으로 리더십의 자리에 오를 수 있는 시스템을 탄생시켰음을 의미한다. 이런 개방성을 바탕으로 로마인은 당시 고대 사회에서는 전무후무한 공화적 정치 체제를 확립했다. 집정관을 통해 왕정의 독재성을 보완했고, 신분의 차이 없이 경험과 능력 위주로 선발된 인재들이 원로원을 구성했다. 또한 민회라는 국가 최고 결정 기구를 두었다. 기원전 4세기 중엽에 벌써 귀족 계급의 아성에서 벗어난 것이다. 소수의 사람이 다수를 다스리는 것은 다른 나라들과 같지만, 귀족 정치와는 달리 그 소수의 혈통을 문제삼지 않고 오직 실력과 경륜을 따지는 과두 정치 체제로 돌입한 것이다. 이 시스템의 특징은 신분을 초월한 공평한 자유 경쟁의 기회, 그리고 서로의 녹수와 단점을 견제하고 보완해 줄 수 있는 힘의 분배라고 할 수 있다.

이렇게 그 당시로는 거의 파격적인 인재 양성 시스템을 도입한 로마는 다른 나라들과는 비교가 안 되는 양질의 인재들을 많이 배출해 낼 수 있었고, 이렇게 해서 다져진 로마의 두터운 리더층은, 국가적 위기 상황에서 엄청난 플러스 요소로 작용하게 된다. 후에, 로마의 라이벌인 카르타고가 낳은 희대의 전략가 한니발이 알프스를 넘어와 10년이 넘게 로마를 공략했을 때도, 로마는 탁월한 장군들이 여럿 있었던 까닭에 한니발 한 사람밖에 없는 카르타고의 후방을 교묘히 공략하며 마침내는 승리를 거두고 만다. 그래서 로마의 역사가 리비우스는, 전설적 영웅이었던 마케도니아의 정복자 알렉산더 대왕이 살아서 로마와 부딪쳤다고 해도 결국엔 로마가 이겼을 것이라고 했다. 왜냐하면 알렉산더의 군대에는 탁월한 리더가 알렉산더 한 명뿐이지만, 로마에는 적어도 그를 견제할 11명의 뛰어난 장군들이 있기 때문이라는 것이다. 리더층이 두터운 로마는 한 영웅의 죽음이 당장 국가적인 손실과 결부되지는 않는다는 것이다.[4]

◘ 매뉴얼에 담긴 로마인의 배움에 대한 열정과 개방성

양질의 리더들이 많이 배출되었을 뿐만 아니라, 이 리더들은 자신들의 탁월한 실력과 경험을 다 체계적인 매뉴얼로 정리해서 후손들에게 물려주었다. 로마인들은 규범(manual) 만드는 것이 습관화된 민족이다. 야영 텐트 하나 치는 것까지도 철저하게 교과서화되어 있었다. 어지간한 능력의 지휘관이면 교과서대로만 하면 전멸은 면하게 되어 있다. 또한 이 교과서는 그대로 죽어 있는 것이 아니라, 새로운 전쟁을 치르거나 새로운 학문이 소개될 때마다 생생한 현장의 경험과 이론을 바탕으로 해서 끊임없이 개선되었고, 이것은 또 바로 현장에 적용되었다. 한 예로, 로마가 산악 민족 삼니움족과의 싸움에서 패했을 때, 삼니움족이 사용한 무기가 투창의 효과가 높았던 것에 주목하여, 그 다음 전투부터는 바로 그것을 즉시 로마군의 무기로 개조하여 사용했다고 한다. 나만의 것을 고집하지 않고, 야만족들에게서도 탁월한 것은 거침없이 배우고 수용하는 로마의 개방성이 그들의 빠른 발전을 가능케 했을 것이다.

이 로마인의 매뉴얼 만드는 습관은 그들의 끝없는 자기 개혁과 배움에 대한 개방성의 산물이라고 할 수 있다. "로마는 하루아침에 이루어지지 않았다(Roma non uno die aedificata est)"란 말이 있듯이, 로마가 이토

---

4) 시오노 나나미, 「로마인 이야기(1권)」, pp. 234-235.

록 탁월한 리더십 양성 시스템과 매뉴얼을 가지게 되는 데에는 오랜 세월의 노력과 나름대로의 시행착오를 통한 자기 각성이 필요했다. 그들은 새롭고 탁월한 것이면 누구에게든지 배웠고, 배운 것들을 더욱 개량하고 발전시켜 나갔다. 로마인들은 나라의 기초를 세우면서 사찰단을 각국에 보내어 그들의 장점과 단점을 유심히 관찰하고 배워 오게 하였다. 특히, 이들은 지혜롭게도 아테네와 스파르타의 잘못된 점들 또한 잘 꿰뚫어 보고 그들의 것을 일방적으로 답습하지 않았다. 또한 실패를 통해 얻은 교훈들을 바로 현실 개혁에 도입시켰다. 앞에 말한 켈트족의 로마 점령이라는 혹독한 시련을 통해 그들은 연합 종교 행사가 주목적이었던 기존의 허술한 라틴 동맹을 강력한 군사 협력 관계를 기초로 한 로마 연합이라는 새로운 체계로 만들어 낸다. 로마인들은 정적(政敵)이 죽어도 그가 남긴 업적이 탁월하면 그것을 계속 보존하고 개발시켰다고 한다(당시 다른 나라들은 정적이 죽으면 그가 쓴 책을 비롯하여, 그의 손길이 간 모든 업적들을 다 파괴해 버리는 게 관습이었다). 로마가 얼마나 배움에 대해 개방적이고 적극적인 자세를 취했는지를 알 수 있다.

다시 말해서, 로마는 한 명의 천재에게 나라의 운명 전체를 거는 우를 범하지 않았다고 할 수 있다. 그 어떠한 인간도 완벽한 능력을 갖춘 사람은 없으며, 아무리 탁월한 사람도 영원히 존재할 수 없다는 것을 알았기 때문일까? 또 거대한 세계 제국을 꾸려 나가기 위해서는 다수의 탁월한 리더들에 대한 필요성을 절감했기 때문일까? 귀족 정치와 왕족 정치로 일관했던 그 당시 대부분의 고대 국가들과는 달리, 전 국민에게 관직을 개방하여 신분에 상관없이 실력만으로 자유 경쟁케 해서 인재를 발탁했음은 그만큼 많은 사람들에게 자기 능력을 발휘하며 국가의 이익에 기여할 수 있는 기회를 주었다는 뜻이 된다. 이렇게 엄선된 리더들이 또한 좋은 것이면 적에게서라도 배워서 내 것으로 만든다는 열린 마인드를 가지고 자신의 실력을 끊임없이 키워 나갔다. 그리고 적당한 힘의 분배와 견제 체제를 통해 서로의 실수와 잘못을 억제하고 발전시켜 나갈 수 있게 했다는 것은 로마가 역시 보통 나라가 아니었음을 보여 준다. 한마디로 말해서, 살아 있는 핵심 리더십 시스템을 갖고 있었다고 할 수 있다.

3 로마와 미국

로마의 이런 점들은 바로 오늘날 세계 최강대국의 자리에 서 있는 미국의 체제에서도 발견할 수 있다. 미국을 여행해 본 사람은 알겠지만, 솔직히 겉으로만 슬쩍 보면 미국에도 문제는 많다. 도시 범죄, 마약, 타락한 도덕성, 인종 차별, 십대들의 방종 등 여러 가지 문제들이 많은데도 불구하고, 모든 것을 품고 끄떡도 않는 바다처럼 정치, 경제, 군사, 문화, 교육 등 각 분야에서 세계 최고의 실력을 유지하며 굴러가고 있다. 그 비결은 미국을 움직이고 있는 기본 시스템의 틀, 그 틀 속에서 빚어진 소수의 리더십들의 탁월함 때문이라고 생각한다.

처음 미국의 정부를 만들 때, 제임스 메디슨(James Madison)과 토머스 제퍼슨(Thomas Jefferson), 벤저민 프랭클린(Benjamin Franklin) 등 미국 건국의 아버지들은 몇 백 권의 책들을 쌓아 놓고 유럽과 아시아를 비롯한 세계 각국의 정부 형태를 연구하며 과연 어떤 정부를 만들어야 할지 고심을 거듭했었다. 국왕에게 모든 힘을 실어 주는 제왕 정치는 어떨까? 아니다. 왕이 탁월하면 몰라도 그렇지 못할 경우, 너무 위험 부담이 크니까 안 된다. 그럼, 귀족 정치는 어떨까? 혈통만 가지고 인재의 등용을 제한하면 평범한 가문 출신의 탁월한 수많은 인적 자원은 사장되고 말

것이니까 그것도 바람직하지 않다. 그러면 아테네와 같은 완전한 시민들의 정부, 민주 정치는 어떨까? 민주 정치는 좋지만, 너무 힘을 분산시켜 놓으면 아테네가 스파르타에게 패했듯이 국가의 힘이 약해지기 쉽다. 결국 그렇게 해서 민주주의 체제의 정부를 세우되, 삼권분립 체제를 만들어 각 부서가 전문성을 가지고 소신 있게 일할 수 있도록 힘을 실어 주되 권력을 남용하지 않도록 서로 견제할 수 있는 시스템을 만들었다.

이 미국 정부의 기초 틀을 짠 개념이 미국이라는 나라 전체를 움직이는 리더십의 틀이라고 할 수 있다. 미국은 여러 인종과 민족들이 이민 와서 함께 살면서 발생할 수 있는 혼란을 그들 모두에게 평등한 자유 경쟁 기회를 줌으로써 극복한 나라다. 혈통과 가문, 과거 국적에 상관없이 자신이 갖고 있는 재주를 가지고 땀 흘려 노력하면 그만한 보상을 주는 것이다. 이것을 가리켜 소위 '아메리칸 드림(American Dream)' 이라고 부르는 것이다. 성실하고 실력 있는 사람을 인정해 주고 박수쳐 주는 풍토, 이것이 로마와 마찬가지로 세계의 인재들을 미국으로 끌어들이게 한 원동력이 되었다고 볼 수 있다. 사람을 귀하게 여기고, 사람의 가능성을 최대한 끌어내어 발전시켜 주는 리더십 시스템, 이것을 갖춘 나라는 세월이 흘러갈수록 강한 힘을 축척하며 빛을 발하게 되는 것이다. 그런 나라는 현재는 어려워도 갈수록 소망이 있다고 하겠다.

지금 당장 당신이나 당신의 단체가 반짝 성공하는 것이 문제가 아니다. 다음 세대에도 그 다음 세대에도 더욱 찬란한 빛을 뿜으며 발전해 나가야 한다. 그렇다면 당신이 사라진 다음 당신이 이끌던 단체는 어떻게 될 것인가? 예수님은 항상 자신이 없는 상황을 제자들에게 준비시키셨다. 열두 제자에게 자신의 모든 것을 쏟아 부으셨다. 그 어떤 교과서나 제도도 남기지 않았던 예수 그리스도가 남겼던 오직 하나의 유산은 열두 명의 사람들뿐이었다. 그들에게 모든 것을 걸었다. 그리고 그들을 통해 기독교는 확산되었고 300년도 못 되어 세계에서 가장 강한 제국 로마를 뿌리째 흔들어 놓고 말았다. 그리고 2000년이 지난 오늘까지 그분이 세워 놓으신 교회는 세계 각국에서 더욱 강하고 빠르게 번져 나가고 있다.

리더십의 하이라이트는 다음 세대에게 힘을 실어 주는 것이다. 그들을 준비시키는 것이다. 그들에게 모든 것을 주는 것이다. 리더는 보이지 않은 곳에서 썩어지는 밀알이요 커텐 뒤의 감독 같은 존재이지, 무대에서 스포트라이트를 받는 배우가 아님을 기억해야 한다. 리더는 다음 세대를 키워 주는 존재이며, 이것은 나누어 줌의 축복을 깨닫는 데서부터 시작한다.

4 나눔의 축복

스티븐 코비는 내 것을 나눠 주면 내가 더 가난해진다는 고갈의 개념(scarcity mentality)을 버리고, 어렵고 힘들더라도 자꾸 남과 나누려 하면 후에는 나도 더욱 부유해진다는 풍성의 개념(abundance mentality)을 역설했다. 삭막한 비즈니스계에서 이것은 지나치게 이상적이라고 생각하는가? 그렇다면 나는 당신에게 머크(Merck)라는 미국의 유명한 제약 회사의 스토리를 들려 주고 싶다. 이 회사의 기업 운영 철학 1항은 "병을 퇴치하고 인류를 돕는 데 최우선 순위를 둔다"였다. 그런데 항상 이상과 현실이 맞아떨어지기 힘든 수가 많다. 2차 대전 직후 패전국 일본에 만연한 결핵을 퇴치하는 치료약 스트렙토마이신을 머크 연구팀이 개발하여 엄청난 양의 제품을 생산해 냈다. 그런데 수요도 폭발적이었고 공급도 얼마든지 할 수 있었지만, 문제는 소비자들인 일본 국민들은 전쟁 직후라서 돈이 한 푼도 없었다는 사실이다. 당황한 머크사는 미국 정부나 국제 적십자사 등 공공 기관들이 헐값으로라도 약값을 지불해 줄 수 없을까 하고 알아 봤지만 모두 오리발을 내밀었다.

머크의 경영진은 고심을 거듭했다. 그러다 마침내 도달한 결론은 "우리가 돈 버는 것보다 먼저 인류의 병을 퇴치하는 것이 우선한다는 사훈을 걸어 놓고, 이 약을 필요로 하는 사람들이 지금 돈이 없다고 해서 공급하지 않는다는 것은 위선이고 죄악이다"란 것이었다. 그래서 그 엄청난 양의 약을 무상으로 일본인들에게 기부해 버렸다. 물론 그 당시 머크는 이 일로 해서 엄청난 손해를 감수해야 했다. 그러나 오늘날 일본에 있는 가장 큰 미국 제약 회사는 다름아닌 머크다. 머크의 중역은 이렇게 말한다. "일본인들은 자기들이 아주 어려운 상황에 있었을 때 우리가 베푼 은혜를 결코 잊지 않았던 것이지요."[5] 거저 받았으니 거저 주면 우리의 곳간이 다시 풍성하게 채워질 것이라던 예수님의 말씀을 생각나게 한다.

다음 세대 리더십을 키우자고 하면 많은 기존의 리더들은 겉으로는 동의하면서도, 속으로는 덜컥 겁부터 낸다. 젊고 능력 있는 다음 세대에게 힘을 실어 주고 내 것을 나누어 주고 나면, 나는 어떻게 되나 하는 두려움 때문이다. 그러나 선수는 선수로서 아름답고 코치는 코치로서 아름다운 법이다. 역할의 변화가 정체성의 상실을 의미하진 않는다. 낙엽은 때가 되면 떨어질 줄 아는데, 왜 인간은 영원히 살 것처럼 자기에게 주어진 계절의 흐름에 순응할 줄을 모르는 것인가? 앞에서도 말했듯이 자연의 사계절처럼 인생에도 계절이 있는 법이다. 40대 초반, 그러니까 인생의 초가을부터 이미 다음 세대 리더십 양성을 위해 고민하기 시작했던 빌 하이벨스 목사처럼 우리는 다음 세대에게 바통을 넘겨 줄 준비를 우리 인생

---

[5] David Bollier and Kirk O. Hansen, MerckCo. (A-D), *Business Enterprise Trust Case*, No. 90-013, case D, 3.

의 가을이 되면 서서히 시작해야 할 것이다.

정말 강한 자는 남을 세워 주고 키워 주기를 두려워하지 않는다. 그러면 실제적으로 어떻게 다음 세대를 키우고 힘을 줄 것인지 생각해 보자.

5 다음 세대를 어떻게 키울 것인가?

■ 본을 보인다

"사람은 자기가 말하는 것보다 말하지 않는 것으로 더 많이 가르친다"는 말이 있다. 예수 그리스도의 리더십은 철저한 모범의 리더십이었다. 겸손을 가르치기 전에, 이미 보잘것없는 말구유에 태어나 조용히 가난한 목수의 집안에서 30년을 사신 이 하나님의 아들의 모습에는 깊은 겸손이 배어 있었다. 그가 열두 제자들을 훈련시킨 가장 기본적인 방식은 함께 데리고 다니면서 자신의 삶을 관찰하게 한 것이었다. 그는 역동적이면서도 깊이 있는 메시지를 전했고, 몸이 아픈 병자들을 보면 그냥 지나치지 못하고 늘 고쳐 주고 축복해 주었다. 사람을 성격과 상황에 따라 다양하고 섬세한 방법으로 다루었다. 후에, 열두 제자가 초대 교회의 지도자가 되어서 행한 일들은 다 스승인 예수님의 삶에서 보고 배운 것들을 그대로 따라 하는 것뿐이었다. 초대 교회의 가장 영향력 있는 지도자 중에 하나였던 바울도 "나를 본받는 자가 되라"고 했다. 다음 세대 지도자를 키워야 한다고 말로만 떠들지 말고, 당장 나의 삶이 다음 세대가 따라 할 만한 것이 되도록 내가 살면 된다.

비전을 제시하라

오래 전 「리더스 다이제스트(Readers' Digest)」에서 이런 실화를 읽은 적이 있다. 미국의 한 중환자 병동에 아주 심한 화상을 입고 생사의 기로를 헤매는 십대 초반의 어린 소년이 있었다. 이 병원에는 어린이나 청소년 환자가 많았던 까닭에 이들이 병이 나아서 학교에 돌아갔을 때 뒤처지지 않도록 공부를 가르쳐 주는 자원 봉사자들이 많았다. 그런데, 그날따라 처음 자원 봉사를 나온 대학생 한 명이 멋모르고 중환자 병동에 들어와서(원래 이 학습 프로그램 자원 봉사자들은 중환자 병동에는 들어오지 않도록 되어 있었다) 이 소년의 기록을 보고 나이를 확인한 다음, 중학교 2학년 과정에 해당되는 영어 문법의 동사 변화를 가르치기 시작했다. 물론 소년이 알아듣는지 못 알아듣는지를 확인할 수는 없었지만, 이 순진한 대학생 자원 봉사자는 며칠 동안을 열심히 가르쳤다.

그런데, 놀라운 일은 의사들이 회복 가능성이 아주 희박하다고 판정을 내렸던 이 소년의 상태가 기적같이 나아지기 시작한 것이다. 한 주, 두 주가 지나면서 안전히 고비를 넘기고 정상으로 돌아오고 있음에 모두가 놀랐는데, 경험 많은 의사 한 사람은 이렇게 결론을 내렸다. "뭔지 모르지만, 이 소년의 마음에 살아야겠다는 강렬한 욕구, 살 수 있다는 아주 긍정적인 믿음이 생겼음이 확실하다. 환자 본인의 적극적이고 건강한 생각이 결정적인 요소로 작용하고 있다." 다들 이 소년의 회복 원인에 대해 궁금해 했다. 얼굴의 붕대를 풀던 날 소년에게 그 원인이 뭐냐고 물었다. 소년의 대답이 걸작이었다. "사실은 저도 가망이 없다고 스스로 포기하고 있었는데, 한 대학생 형이 들어와서 다음 학기 영어 시간에 배울 동사 변화를 가르쳐 주기 시작해서 놀랐습니다. 그 형은 '네가 나아서 학교에 돌아가면 이것들을 알아 둬야 공부에 뒤떨어지지 않을 거야'라고 하더군요. 그때 저는 확신했죠. '아, 의사 선생님들이 내가 나을 수 있다고 판단했나

보다. 그렇지 않고서야, 이렇게 붕대를 칭칭 감고 있는 나에게 다음 학기 동사 변화를 가르쳐 줄 리가 없지.' 그때부터 마음이 기쁘고 소망이 생기기 시작했습니다."

비전의 힘은 이렇게 놀라운 것이다. 리더는 비전을 가진 사람, 꽉 막힌 현실을 헤치고 나가는 미래의 길을 보는 비전을 제시하는 사람이어야 한다. 이 비전의 모범을 자꾸 보여야, 따르는 사람들이 주도적이고 적극적인 태도를 갖게 된다. 비틀거리던 사람이나 단체에겐 위로도 필요하지만, 보다 근본적인 해결책은 비전의 회복이다.

인격을 갖추라

교세라의 이나모리 회장은 사람을 평가하는 기준으로 능력, 노력, 태도의 세 가지를 뽑았는데, 그 중에서 가장 중요한 것은 태도이고, 그 다음이 노력, 그리고 능력이라고 했다. "범죄 의식을 갖고 일하는 천재가 가장 위험하다"는 것이다. 그러므로 리더는 항상 정직하고 성실하며 겸손하고 남을 용서하는 태도를 가지고 인생을 살아가는 것이 중요하다. 이 성숙하고 멋진 인격은 리더로서 그 어떤 돈이나 설득으로 할 수 없는 사랑과 충성을 팔로워들로부터 이끌어 낼 것이다.

시카고의 윌로우크릭 교회와 함께 차세대 미국 교회의 새로운 패러다임을 제시하는 교회로 이름난 캘리포니아의 새들백 교회(Saddleback Community Church)의 릭 워렌(Rick Warren) 목사는 2만 명에 이르는 대형 교회의 목사로 아주 활발한 사역을 하고 있는데, 언제 어디서 쓰러질지 모르는 심한 간질 증세가 있다고 한다. 하루 하루 설교하고 사역하는 것이 기적이라고 했다. 그런데도 그는 미국과 전세계의 목회자들에게 큰 도전을 준 「새들백교회 이야기(The Purpose Driven Church)」, 「목적이 이끄는 삶(The Purpose Driven Life)」이라는 초대형 베스트셀러들을 집필했고, 미국의 침체된 많은 교회들의 영적 멘토로서 엄청난 사역을 감당하고 있다. 어떻게 그는 그런 개인적인 장애를 극복할 수 있었을까?

물론 하나님의 은혜지만, 릭 워렌은 자신의 인생에 잊지 못할 감동을 준 사람 중에 하나로, 초등 학교 4학년 시절 그의 주일학교 선생님이었던 가스 헌터(Garth Hunter)를 꼽았다. 주중에는 거대한 레드우드 나무들을 벌목하는 사람이었던 헌터는 나무를 하다가 손가락 두 개를 잃었고, 학교를 제대로 못 다녀서 글도 읽을 줄 몰랐다. 그래서 주일학교 시간에는 4학년 꼬마 학생들이 주일학교 교재를 대신 읽었고, 헌터는 그것을 듣고 모임을 인도하곤 했다. 그런데도 어린 학생들에게 깊은 영적 감동을 주었다. 후에 릭 워렌은 이렇게 회고한다.

"그는 정말 예수님처럼 우리를 사랑해 주었습니다. 저는 그로부터 하나님의 사랑으로 가득 차 있으면 어떠한 장애도 극복할 수 있음을 배웠습니다. 리더 자신이 아무리 약해도 정말 사람들을 예수님처럼 사랑하는 마음이 있으면 아름다운 영향력을 줄 수 있음을 그에게 배웠습니다."

인격은 이렇게 소리 없는 감동으로 전달되어, 다음 세대의 가슴에 불을 붙이는 것이다.

실력을 갖추기 위해 노력하라

1999년 「월스트리트 저널(Wall Street Journal)」은 차세대 기업 리더십에 관해 이렇게 말했다. "기업들간의 경쟁이 치열해지면서 CEO들의 신속하고 정확한 경영 판단이 요구되고 있다. 이제 '스타'나 '신화적인 존재'는 더 이상 필요치 않다. 철저하게 실무적인 CEO들이 주름잡는 시대가 도래했다."

비단 이 말이 아니더라도, 리더는 인격으로 신뢰를 얻고 실력으로 그 권위를 인정받는다고 볼 수 있다. 인텔의 앤디 그로브 회장은 "당신이 그 부서의 리더라면 자신이 리더가 될 자격이 있음을 매일 현장에서 입증해 보여 줘야 한다"고 했다.

여기서 중요한 것은 실력의 본을 보인다 해서, 리더가 모든 것을 다 꿰뚫고 있는 전지전능한 존재가 되라는 것은 아니라는 사실이다. 오히려 리더가 지나치게 모든 것을 잘 알아서 일일이 간섭하기 시작하면 스태프들이 견뎌내질 못하는 경우가 많다. 다만, 리더는 전체의 그림을 이해하기 위해 끊임없이 자신을 발전시키는 노력하는 모습을 늘 보여 줘야 한다. 각 부서의 역할과 상황 변화를 수시로 체크해서 전체를 이끌어 나가는 청사진을 지혜롭게 그릴 수 있어야 한다는 것이다. 이것을 위해서 가장 중요한 일은 팔로워들을 깊이 이해하고, 그들과 늘 대화하고, 그들로부터 배우려 하며, 그들이 하고 있는 일을 파악하려는 성실한 자세를 가지는 것이다. 리더십의 실력이란 자신이 이끌고 있는 사람들을 이해하고 다룰 수 있는 능력이다. 모토로라의 폴 갤빈 회장은 자신은 엔지니어가 아니었지만, 엔지니어들을 이해하고 돌볼 줄 알았기 때문에 최첨단 정보 통신 기기를 생산하는 회사를 성공적으로 이끌어 나갈 수 있었다.

자신의 스토리를 들려주라

사람은 사람 이야기를 좋아한다. 어떠한 논리적인 교재보다도 더 효과적인 매뉴얼은 그 사람의 삶의 이야기다. 리더는 자신의 삶의 경험 자체가 가장 훌륭한 교과서다. 그렇다고 해서 자기과시적인 무용담을 부풀려서 이야기하라는 것은 아니다. 진실하고 소탈하게 자신의 실제 삶의 경험에서 배운 진리들을 다음 세대 리더들에게 들려주라는 것이다.

GE의 탐 틸러(Tom Tiller) 사장은 미국 기업계에서 가장 촉망받는 젊은 기업가들 중에 하나다. 불과 33살에 제너럴 일렉트릭의 가정용품 부서(자산 60억 달러)의 책임자가 되었고, 34세에는 GE의 실리콘 사업의 총수가 되었다. 그는 경영 천재라고 불리는 GE의 잭 웰치 회장이 가장 아끼는 간부 중 하나다. 그가 어떻게 자신의 라이프 스토리를 다음 세대 리더십을 양성하는 교과서로 쓰고 있는지 한번 보도록 하자.

따뜻한 관계의 중요성

나는 북부 버몬트 주의 아주 작은 마을에서 자라났다. 그 곳은 아주 작은 곳이었고, 사람보다 소가 더 많을 정도로 촌 동네였다. 그러나 나는 거기서 가족들과 정다운 이웃들이 함께 모여 살면서 오는 축복을 배웠다. 옳다고 믿는 것은 주저 않고 실천하고, 사람들을 대할 때는 마치 이들과 20-30년은 앞으로 함께 살 것처럼 대하는 것을 배웠던 것이다. 이것이 오늘날까지도 나로 하여금 따뜻한 대인 관계를 유지하는 원동력이 된 것 같다. 사람들을 인종이나 나이, 학력에 상관없이 똑같은 존경심과 사랑으로 대하는 것을 나는 항상 중요하게 생각하고 있다.

실패를 두려워하지 말고 용감히 도전하라

어린 시절 내게 지대한 영향을 미친 리더는 바로 나의 할아버지였다. 할아버지는 중학교 교육 과정도 제대로 못 끝내신 분이셨지만, 자수성가하여 몇 개의 성공적인 비즈니스를 운영하던 분이셨다. 할아버지는 남들이 생각도 못한 기발한 아이디어를 실천에 옮기는 것을 두려워하지 않으셨다. 내가 8살도 안 되었을 때 자신의 지프를 내주며 운전해 보라고 하셨고, 내가 11살이 되었을 때는 5만 파운드짜리 불도저를 몰게 하셨으며, 내가 17살이 되었을 때는 경비행기 활주로를 만들게 하셨다. 한 번은 어린 나에게 대뜸 전기톱을 안겨 주시더니, 눈앞에 펼쳐진 수백 그루의 나무들을 가리키며, "자, 주말이 되기 전까지 저걸 다 잘라 놔라"고 하신 적도 있었다. 그는 항상 내 나이와 능력으로는 도저히 감당할 수 없는 엄청난 일을 맡기면서, "어쨌든 가서 네가 알아서 해봐. 뭐든지 하면서 배우는 거란다" 하면서 밀어 넣으셨다.

제너럴 일렉트릭에서는 늘 불가능한 목표를 향해 '스트레치(stretch)' 하는 것을 강조하는데, 우리 할아버지가 바로 그런 분이셨다. 할아버지는 인생에서 여러 번 실패와 실수를 경험하면서 30대 중반까지는 고생을 많이 하시다가 30대 후반에서야 비로소 사업이 성공을 하여 재정적으로 안정을 이룩하셨다. 그래서 그분한테는 불가능이란 개념이 없었다. 실수를 두려워하지 않아야 한다고 가르치셨다. 아무리 힘든 일이라도 일단 덤벼서 해보고, 해가면서 요령을 체득해야 한다고 했다(뭐든 하기 전에 수십 명의 전문가들과 상의하고, 회의하고, 컴퓨터로 자료를 일일이 보고 나서야 실행하는 오늘날의 수많은 비즈니스맨들은 상상도 못할 일이다). 할아버지는 내 속에는 무한한 잠재력이 있으니, 스스로를 결코 과소평가해서는 안 된다고 늘 강조하셨다. 그리고 이 세상에서 가장 나쁜 일은 다른 사람이 무엇을 할 수 있고 무엇을 할 수 없다고 단정짓는 일이라고 했다.

오늘날, 나는 GE의 수많은 직원들이 가지고 있는 엄청난 잠재력에 매일 놀라고 있는데, 할아버지의 말대로 이 잠재력을 마음껏 발휘할 수 있게 해주는 열린 리더십이 되려고 노력 중이다. 너무 모든 것이 완벽히 갖추어진 후에야 시작하지 말고 용감하게 도전하라.

팀워크의 중요성

나는 고등학교 때 우리 학교 레슬링 팀의 선수였다. 거기서 나는 팀워크에 대해 중요한 교훈을 배웠다. 보통 레슬링 경기를 지켜보는 사람들은 레슬링은 일대일로 하는 것이기 때문에, 별로 팀워크가 필요 없는 운동이라고 단정짓기 쉽다. 그러나 결코 그렇지 않다. 레슬링 경기에서 내가 얼마나 잘할 수 있느냐는 내가 얼마나 잘 연습했느냐가 결정한다. 내가 얼마나 잘 연습했느냐는 나의 연습 상대가 얼마나 탁월하느냐에 달려 있다. 대개, 한 체급에서 전국 레슬링 챔피언을 배출하는 학교에서는 다른 몇 개 체급에서도 챔피언이나 메달권에 드는 탁월한 기량을 갖춘 선수들을 배출하게 마련이다. 한 사람 한 사람의 개인 기량은 팀 전체의 기량과 이렇게 밀접한 관계를 갖고 있다.

회사나 공장의 생산 라인에서도 같은 원리가 적용된다. 물건을 만들어 내는 팀과 포장을 맡은 팀이 함께 잘 해줘야 좋은 완성품이 나온다. 개인 개인의 실력을 향상시키는 것은 팀 전체의 시너지 효과를 창출하게 된다. 개인이 못하면 팀도 죽고, 팀 수준이 내려가면 개인도 내려온다. 나는 이 교훈을 고등학교 레슬링 팀에서 배웠다.[6]

■ 관계를 형성한다

자신이 모범적인 삶을 보이는 것도 중요하지만, 어떤 시기가 오면 다음 세대의 리더감들을 키우는 일을 시작해야 한다. 그 일의 시작은 바로 관계 형성이다.

기도

관계의 준비는 바로 기도다. 사람을 사랑하는 방법의 열쇠는 기도에 있다. 헨리 나우웬은 모든 목회자들이 명심해야 할 참된 리더의 모습에 대해 이렇게 언급한 바 있다. 누가복음 6장을 보면 예수님께서 열두 제자를 선택하시기 전에 혼자 산에 가서 조용히 기도하신 후에 제자들을 모으셔서 공동체를 형성하셨고, 그들을 훈련시키고 사역에 투입하셨다. 다른

---

[6] From Interview by Noel Tichy and Eli Cohen in May 1996.

사람을 진정으로 돕기 전에 하나님과 나와의 거룩한 고독의 시간이 먼저 있어야 한다는 것이다. 우리의 문제는 이 순서를 역행하는 데 있다. 혼자 감당할 수도 없는 일을 덜컥 맡아서 해보다가 너무 힘이 들면 그때서야 허겁지겁 다른 이들을 끌어 모아서 해보려 시도한다. 그래도 안 되면 그제서야 하나님 앞으로 나아서 살려 달라고 엎드리기 일쑤다. 다음 세대 리더십을 양성하기 전에 우리는 무엇보다 먼저 간절히 기도해야 한다.

먼저 우리에게 깨끗한 마음과 명철을 주셔서 미래의 리더감들을 선별할 수 있는 지혜를 구해야 한다. 마태복음 5장에 보면, "마음이 청결한 자는 복이 있나니 저희가 하나님을 볼 것"이라고 했다. 리더는 사람을 보는 눈이 있어야 한다. 그러나 솔직히 말해서 그 누구도 하나님의 도우심 없이는 사람을 제대로 볼 수 없다. 기도할 때에만 우리는 하나님의 눈으로, 하나님의 기준으로 사람을 볼 수 있게 된다. 하나님의 눈으로 사람을 보라 함은 그 사람의 과거와 현재에 너무 집착하지 말고 앞으로 어떻게 발전할 수 있을지, 즉 그의 잠재력과 가능성에 초점을 맞추는 것이다.

원래, 옛 유대 문화에서 랍비들은 자신의 명성을 듣고 찾아오는 학생들을 받아 가르쳤지, 체통 없이 자신이 학생 후보들을 찾아다니지 않았다고 한다. 그런데 예수님만 유독 그 전통적인 패러다임을 깨고 자신이 직접 열두 제자 후보들을 찾아다니며 스카우트하셨고, 뽑힌 후보들이라고 하는 사람들은 당시의 기준으로 보면 전혀 아니올시다 하는 사람들이 대부분이었다. 혈기 왕성하고 거친 뱃사람 베드로, 불 같은 성격의 요한, 의심 많은 도마, 정치 색깔이 짙은 시몬, 사회적 지탄의 대상이 되던 세리장 출신의 마태 등등, 아무도 리더감이라고는 상상도 못할 사람들이었다. 그러나 예수님은 그런 사람들을 통해서 교회의 기초를 닦으셨고, 세상을 변화시키는 데 크게 사용하셨다.

윌로우크릭 교회의 빌 하이벨스 목사도 말하기를 "보통 사람들은 이

미 완벽하게 만들어진 100점짜리 사람들을 찾는 경향이 있다. 그러나 윌로우크릭의 대부분의 100점짜리 일꾼들은 처음엔 10-20점짜리에서 시작했다"고 했다.[7] 사람은 준비된 사람을 택하지만, 하나님은 택한 사람들을 준비시키신다.

섬김

아무리 좋은 선생이라도 일단 자신이 선생이라는 것을 주장하기 시작하면, 지식이라는 것도 힘을 가진 우월한 자가 힘이 없는 낮은 자에게 주는 것처럼 느끼게 되므로 배우는 쪽이 부담감이 많다. 누구나 어떤 사람이 다짜고짜 자기를 가르치고 영향을 주려 하면 싫어한다. 기독교의 선교도 어떤 각도에서 보면 상당히 침략적인 것이다. 일단 네 종교, 네 문화 풍습, 네 생각, 네 생활 방식을 포기하라는 것이기 때문이다. 그렇기 때문에 선교는 섬김에서부터 시작해야 한다.

얼마 전 누가 KBS TV 다큐멘터리 프로그램에 소개된 몽골에 간 한 한국 선교사의 이야기를 들려주어서 조용한 충격을 받은 적이 있다. 육식만 하는 몽골 사람들이 비타민 부족으로 평균 수명 50세를 못 넘기고 단명하는 것을 보고 안타깝게 여긴 이 선교사는 이들에게 비닐 하우스를 세우고 각종 배추를 재배, 요리해서 먹는 법을 가르치고, 특히 김치를 소개하는 일만을 묵묵히 하면서 그들 틈에 섞여서 산다고 한다. 그러면서, 그는 "이제 내가 이렇게 하고 나면 내 다음에 오는 분이 복음을 전할 때 이 사람들의 가슴은 그것을 잘 받아들일 수 있는 토양으로 준비되어 있을 것입니다" 하더란다. 이것이 바로 리더십의 엑기스가 아니겠는가? 섬기는 리더십(servant leadership)으로 자기보다 못한 자의 위치에 스스로 내려가

---

7) WillowCreek Audio Tape Series, "Defining Moments"에서 빌 하이벨스와의 인터뷰.

주고, 하기 싫어하는 일, 힘들어 하는 일들을 솔선수범해서 도와 주면 마음의 문이 열리기 시작한다.

기업 운영도 똑같은 이치가 적용된다. 일본의 유명한 MK 택시의 유동식 회장은 MK의 역사를 회고하면서 이런 이야기를 했다. MK 기사들 중에 지각하는 사람들, 이유 없이 결근하는 사람들이 많아서 웬일인가 싶어서 알아 보았더니, 다들 집이 너무 멀거나 좁아서 밤새 울어대는 갓난아이들과 함께 자다 보니 잠을 설쳐서 제대로 능률을 올리지 못하는 경우가 많다는 것이었다. 그래서 유 회장은 그때부터 온 힘을 기울여서 깨끗하고 좋은 시설의 직원용 아파트를 지었다고 한다. 이 후로 MK 기사들의 능률과 사기가 엄청나게 올랐다고 회상한다. 리더십이 팔로워들의 사정을 알아서 잘 섬겨 주는 것이 얼마나 중요한지를 입증하는 이야기이다.

보통 기업들의 경우, 고객을 섬기는 서비스 정신은 강조하면서 자신의 직원들을 섬기는 서비스 정신은 거의 바닥인 경우가 많다. 이것은 장기적인 안목으로 볼 때 스스로 발등을 찍는 일과 같다. 당신의 사람들을 잘 보살펴 주면 그들이 당신을 잘 보살펴 줄 것이다. 섬김은 행동으로 표현되지만 또한 마음가짐과 자세에서부터 시작한다. 그들을 일을 이루기 위한 수단으로 생각하기 전에 그들의 필요와 고민을 먼저 이해하려 하는 태도를 가져야 한다.

교제

탁월한 리더는 항상 팔로워들과 함께 따뜻하고 진솔한 교제의 시간을 많이 가진다. 탁월한 리더십은 늘 자신이 이끄는 사람들의 삶의 현장에서 함께 대화하며, 그들의 기쁨과 슬픔을 함께 나누는 것이 중요하다. 총체적 품질 향상 시스템을 개발하여 20세기 후반의 가장 예리한 경제 전문가 중의 하나로 평가받는 W. 에드워즈 데밍(Deming)은, 실용주의를 추구하는 미국식 기업 운영의 가장 치명적인 약점은 사람을 이익을 창출하는 하나의 수단으로 보는 것이라고 했다. 자동차에 기름을 넣듯이 적당한 수당을 주면 그만한 이익을 창출해 주는 도구로 보기 때문에 미국 기업들의 직원들은 회사에 대한 충성심이나 마음에서부터 우러나오는 리더에 대한 존경심 없이, 그저 이해 타산으로 모든 것을 따지는 경우가 대부분이라는 것이다. 미국 기업들은 자신들이 갖고 있는 가장 소중한 자원인 사람들을 존중해 주고, 가치를 인정해 주고, 그들을 이해해 줌으로써 그들이 갖고 있는 잠재력을 100퍼센트 발휘하게 해줘야 한다고 데밍은 강조했다. 그리고 이 개혁은 항상 톱 리더십이 주도해야 한다(top-down)는 통렬한 지적을 했다.

미국 기업들 중에는 데밍의 말대로 사람들, 특히 직원들의 깊은 인격적인 가치를 존중하면서 경영에 성공한 기업들이 서서히 늘어나고 있는데 이 중에 하나가 1996년 세계 최고의 비행기 회사로 선정되었고 가장 높은 입사 경쟁률을 자랑하는 사우스웨스트 에어라인이다. 폴 켈러허(Paul Kelleher) 회장은 종업원들의 이름을 거의 다 외우고 다닐 정도로 그들 개개인과 개인적인 친분을 쌓고 있으며, 항상 모든 직원들을 믿고 존중하면서 그들에게 힘을 실어 준다. 사우스 웨스트의 회사 운영 철학에는 "우리의 종업원들은 내부 고객으로 외부 고객에게 부여하는 것과 똑같은 존경과 배려와 애정을 받을 권리가 있다"라고 크게 명시되어 있을 정도이다.

예수 그리스도의 삶의 스케줄을 보면 아무리 바빠도 열두 명의 제자들을 항상 데리고 다니면서 그들과 함께 보내는 일에 정말 많은 시간을 투자했음을 알 수 있다. 그가 하늘로 돌아가시고 난 뒤에도 초대 교회의 멤버들은 늘 떡을 떼면서 함께 교제하면서 기뻐했다고 했다. 이 교제는 단순히 웃고 마시며 떠드는 것이 아니라, 서로가 서로에게 정직하게 속마음을 털어놓고 깊이 상대방을 이해해 주려는 자세가 기초가 되어야 한다.

칭찬과 격려

미국인들과 사귀어 본 사람이면 누구나 다 이들이 얼마나 조그만 일에도 "원더풀(Wonderful)! 굉장하다(Awesome)!" 하면서 호들갑스러울 정도로 감격을 하고 칭찬을 하고, 휘파람을 불고, 박수를 쳐대는 사람들인지 알게 될 것이다. 한국 문화가 원래, 좋은 걸 봐도 그렇게 직설적으로 과격하게 표현을 안 하는 점잖은 문화라 그런지는 몰라도, 우리는 그런 것을 보면 '별거 아닌 거 가지고 무슨 호들갑을 저렇게 떠나?' 하겠지만, 이렇게 잘하는 사람을 칭찬하고 격려해 주는 것은 미국 문화의 아주 큰 장점이기도 하다.

나는 중학교 2학년 때 미국에 이민을 가서 학교를 다녔는데, 거기서 내가 느낀 한국과 미국식 교육의 가장 큰 차이점은 미국 선생님들은 학생에게서 하나라도 장점을 찾아서 그것에 대해 칭찬을 아주 많이 해준다는 것이었다. 영웅을 잘 만드는 문화라고나 할까?

그런데 이것이 인물을 키워 내는 좋은 토양이 된다. 사람은 자꾸 야단치고 고치려 해서는 잘 변하지 않는다. 나는 결혼 초기부터 '남편 개발 5개년 계획'을 세워 남편의 모든 단점을 확실하게 고쳐 보겠다고 나선 한 부인을 알고 있는데, 부부 관계만 나빠지고 남편은 더 소심해지고, 결국 고쳐진 것은 아무것도 없었다. 사람은 칭찬해 주고, 격려해 주고, 인정해 줘야 변하는 존재다. 빌리 그레이엄 목사님의 아내인 루스 그레이엄 여사는 말하기를 "빌리를 변화시키는 일은 하나님이 하실 일이고, 내가 할 일은 빌리를 사랑해 주는 것"이라고 했다. 얼마나 현명한 지혜의 말인가.

텔레비전을 잘 보진 않지만, 몇 년 전에 방영한 MBC의 〈칭찬합시다〉라는 프로는 정말 좋았다고 생각한다. 두 인기 개그맨들이 진행했던 이

프로그램은 한국 사회 곳곳에서 이름도 없이 아무도 알아주지 않는 선한 일을 하면서 힘든 이웃들을 섬기는 훌륭한 사람들을 찾아가서 칭찬해 주는 프로그램이었다. 학교와 집을 박차고 나온 불우 청소년들을 돌보는 분들, 오갈 데 없는 노인들을 돌보는 분들, 자신도 장애인이면서 정상인 부인과 결혼해서 다른 장애우들과 함께 집을 짓고 살아가는 분, 미장이일과 보일러일을 하시면서 고아원에 가서 자기 돈과 시간을 들여 시설을 고쳐 주는 분 등등, 세상에 저런 분들이 우리 사회에 있나 할 정도로 아름다운 사람들이 계속 등장했다. 특히 보는 이들의 눈시울을 적시는 것은 이렇게 힘든 이웃들을 돕는 선한 일을 하는 사람들도 별로 경제적으로나 육체적으로 여유가 있는 사람들이 아니라는 사실이다. 힘든 이들이 더 힘든 이들을 헌신적으로 돕는 모습을 보면서 우리의 고개가 숙여진다. 이 프로그램의 묘미는 칭찬을 받은 사람이 또 다른 칭찬받을 사람들을 추천함으로써 이어지는 칭찬 릴레이 형식의 진행이다. 진정으로 칭찬받을 만한 일을 했을 때 아낌없는 박수를 보내 주는 것, 이것이 그와 비슷한 일들이 더 생겨나도록 하는 파급 효과를 가져온다.

사람을 키우는 데에 있어서 때에 맞는 풍성한 칭찬과 격려처럼 큰 무기는 없다. 탁월한 리더는 이것을 누구보다 잘 알고 있다.

예수님은 때에 맞는 칭찬의 대가이셨다. 존 오트버그는 신약 성경의 누가복음 10장을 예로 들어 이 사실을 설명한다. 이 본문을 보면 예수님은 70명의 제자들을 둘씩 짝을 지어서 각지로 사역 훈련을 보내신 적이 있다. 그런데 자세히 보면 그들을 보냈을 뿐만 아니라, 그들이 돌아왔을 때에 다 모아 놓고 그들이 각자 사역 현장에서 체험한 생생한 보고들을 함께 나누는 자리를 가진 것을 볼 수 있다. 성경에는 칠십 인들이 모두 기뻐 돌아왔다고 했으니, 다들 사역 실습 현장에서 크게 성공하고 돌아왔음을 알 수 있고, 이로 미루어 보아 그 자리는 서로 흥분되어 각자의 승전보를 나누는 축제의 분위기였음을 짐작할 수 있다. 그때 결론적으로 예수님은 "나는 사탄이 뱀처럼 하늘에서 떨어지는 것을 보았다"라고 선언하셨다. 이것은 제자들의 활동으로 인해서 하나님의 나라가 그만큼 확장되었고, 암흑의 세력이 그만큼 기가 꺾여서 뒤로 물러나게 되었다는 이야기이다. 제자들이 이뤄 낸 일에 대한 영적 의미를 이렇게 장엄하고 멋진 언어로 확인해 주심으로써, 주님은 아직 견습생에 불과한 제자들의 용기를 한껏 부추겨 주신 것이다.

리더는 이렇게 타이밍을 놓치지 않고 팔로워들의 발전과 업적을 축하하고 인정해 주는 센스가 있어야 한다.

◘ 가르치라

리더가 된다는 것은 안내자가 된다는 것이요, 선생이 된다는 것이라고 생각한다. 예수님은 열두 제자들을 3년 동안, 24시간 함께 데리고 다니시면서 끊임없이 각종 방법을 다 동원해서 가르치셨다. 그들이 바라보는 자연 만물을 통해서, 그들의 생활에 익숙하고 쉬운 이야기들을 통해서 심오한 영원의 진리를 전달했다. 동시에, 그들의 눈앞에서 사람을 치유하고 힘을 주는 사역을 보여 주셨고, 그들을 짝을 지어 곳곳에 보내어 똑같은 일을 실습해 보게 하셨다. 다른 바쁜 일이 많았지만, 예수님의 3년 공적 인생의 엑기스는 바로 이 제자들을 가르치는 데 쏟아 부었다고 해도 과언이 아니다. 그 결과로, 예수님이 이 세상을 떠날 때 그 어떤 건물도 교과서도 남기지 않았지만, 그 소수의 제자들이 로마 제국을 뿌리부터 흔들어 버렸고, 오늘날까지 기독교는 세계 역사의 흐름을 주도해 왔다. 리더십은 곧 가르치는 것이다.

훈련

우리는 "모로 가도 서울만 가면 된다"고 한다. 그러나 무엇을 이루는 것 이상으로 중요한 것은 그것을 어떻게 이루느냐다. 한국 리더들의 탁월성은 대개 천재성과 경험에서 비롯된 경우가 많고, 체계적인 훈련에 의한 경우는 대체적으로 적다. 대부분 리더들은 직관적이고 반응적이다. 천재는 이러한 직관과 반응에 의지할 수 있다. 그러나 사회의 대다수를 이루는 보통 사람들은 그럴 수가 없다. 그렇다면 리더는 천재성을 메뉴얼화해서 팔로워들을 그리고 다음 세대 리더감들을 훈련시켜 주는 수밖에 없는 것이다.

나는 이런 점에서 펩시콜라(PepsiCola)사(社)의 로저 엔리코(Roger Enrico) 회장에게 박수를 보내고 싶다. 그는, 최고의 리더는 최고의 스승이어야 함을 온 몸으로 보여 준 사람이다. 원래, 펩시의 전임 회장이었던 웨인 캘러웨이(Wayne Calloway)는, 펩시는 곧 1500명의 톱 사장들이 필요할 텐데, 제대로 훈련받아 제 역할을 하고 있는 사람은 현재 추세로 볼 때 20퍼센트도 안 되므로 기존의 사장들이 정신을 차리고 차세대 리더들을 키워 내기 위해 전력투구해야 한다고 역설했다. 그 당시 펩시 회사 내에서 능력을 인정받아 고속 승진을 거듭하여 젊은 나이에 부사장의 자리에 있던 엔리코는 문득 이런 생각을 했다고 한다. "나는 기록적으로 많은 숫자의 청량음료를 판 사람으로 기억되기보다는, 사람들의 마음을 열어 주어 그들이 깨닫지 못했던 것들을 보게 해주는 사람으로 기억되고 싶다."[8] 그것이 그로 하여금 캘러웨이 회장이 선언한 본격적인 펩시의 차세대 경영인 육성 프로그램 개발에 헌신하게 한 동기가 되었다.

---

8) Noel M. Tichy and Chrisopher DeRose, "The Pepsi Challenge," *Training & Development*, May 1996, p. 58.

이를 위해 갖가지 조류의 리더십, 경영 책자들을 독파하고, 외부의 강사들과 전문인들의 강의를 들었다. 그러나 그러던 중에 그는 왠지 허탈감을 느꼈다. 그러면서 문득, '왜 펩시콜라에 대해서 전혀 모르는 외부인들의 강의와 책에만 의존하여 우리 내부의 차세대 리더들을 훈련시켜야 한단 말인가?' 하는 생각이 들었다. 다른 중역들도 엔리코에게 이렇게 권유했다. "당신이 직접 가르치는 게 좋겠다. 펩시의 사람들은 적용이 희미한 다른 상황의 리더십 모델들을 배우면서 헷갈릴 필요가 없다. 그들은 펩시의 리더십을 당신의 경험과 지혜에서 직접 배우는 게 나을 것이다." 그 말을 듣는 순간 엔리코의 눈에는 불이 번쩍했다. "그렇다. 생생한 현장 감각이 있는 펩시의 간부들 중에서 탁월한 이들을 뽑아서 이들이 직접 다음 세대 리더들을 가르칠 수 있도록 준비시키자." 그래서 8주 동안 엔리코는 자신의 경험 속에서 얻어낸 리더십 지혜들을 정리했고, 펩시의 다른 탁월한 사장들과 인터뷰해서 더 많은 자료들을 확보했다.

이렇게 해서 그는 "비즈니스를 쌓아 올리는 일(Building the Business)"이라는 차세대 리더십 훈련 프로그램을 탄생시키게 되는데, 한 기당 9명씩 해서 18개월 동안 10기, 즉 90명의 젊은 리더들을 훈련시킨다고 한다. 여기서는 스승의 생각을 그대로 전수하거나 주입시키는 게 아니라, 각종 상황 속에서 학생들 자신이 창의력과 결단력을 가지고 해답을 찾을 수 있도록 훈련시킨다.[9] 도시에서 동떨어진 곳에 위치한 훈련원에서 아침부터 밤까지 엔리코는 주로 자신의 어린 시절부터 펩시콜라 평직원을 거쳐 오늘에 이르기까지 살면서 배운 삶의 교훈과 비즈니스의 지혜들을 솔직하고, 정확하고, 따뜻하게 젊은 매니저들에게 얘기해 준다고 한다.[10] 동시에 그는 학생들에게 계속 질문과 대안을 제시하고, 그들 스스로 생각

---

9) Roger Enrico, interviewed by Noel Tichy, February 1995.

하고 고민해 낸 아이디어들을 토해 내게끔 유도한다. 그는 이 프로그램을 다음과 같은 멘트로 시작한다고 한다.

"이제 너희들은 더 이상 일이 안 돌아 가는 것에 대해서 위에 앉아 있는 머저리들을 욕할 수 없다. 이제 너희도 그 중에 하나가 되었으니까."[11]

또한 살아 있는 교육을 시키기 위해서, 엔리코는 모든 학생에게 장차 펩시콜라의 생산가를 낮추거나, 수입을 올리거나, 품질과 고객 만족도를 향상시키는 창조적인 아이디어를 하나씩 실천 계획이 붙은 프로젝트로 만들어 오게 한다. 각자가 발표를 하면 엔리코를 포함한 모든 참가자들이 그 안을 놓고 난상 토론을 해서 그것을 다듬어 주고, 입안자는 그것을 가지고 현장으로 돌아가서 90일 동안 실행에 옮겨 본다고 한다. 한 반이 이렇게 90일 동안 각자의 프로젝트를 현장에서 실습하는 동안, 엔리코는 또 다른 반을 데리고 수업을 진행시켜서 다시 현장에 투입하고, 그들을 보낸 다음 또 다른 반을 데리고 수업하여, 계속 연쇄적으로 훈련원을 활발하게 움직여 간다. 90일 후에, 각 반들은 현장 실습 결과를 가지고 와서 엔리코에게 3일 동안 평가를 받고 다시 토론을 한다. 펩시 그룹의 계열사인 켄터키프라이드치킨(KFC)의 전체 수입을 눈에 띄게 증가시킨 가족식사 패키지(family meal package)도 엔리코의 이런 훈련 반에서 탄생시킨 작품이다. 엔리코는 이렇게 1994년도부터 일 년의 3분의 1에 해당하는 120일을 펩시의 차세대 리더들을 가르치고 다듬어 주는 일에 매달렸다고 한다.

이 과정에서 펩시의 젊은 차세대 리더들의 기량이 놀랍게 향상되기도

---

10) Noel M. Tichy and Chrisopher DeRose, "Roger Enrico's Master Class," *FORTUNE*, 27 November 1995, p. 105.
11) Eli D. Cohen, Lynda St. Clair, and Noel M. Tichy, "Leadership Development as a Strategic Initiative," *Handbook for Business Strategy 1996*(NY: Faulkner & Gray, 1997), p. 151.

했지만, 무엇보다도 엔리코 자신이 원숙한 리더로 거듭나는 계기가 되었다. 원래, 콜라업계에서 엔리코는 농구로 치면 마이클 조던같이 발군의 개인기를 갖춘 스타였다. 그는 코카콜라와 치열한 혈전을 벌인 '콜라 전쟁'에서 전통의 강자인 코카콜라로 하여금 새로운 제품을 개발하지 않으면 안 될 정도까지 몰아붙인 펩시의 선봉장이었다. 그러나 타고난 실전 비즈니스 감각을 가졌던 엔리코는 혼자만이 탁월한 스타였다. 타고난 실력으로 골은 집어넣었지만, 자신도 그것을 어떻게 했는지 설명하지 못했었다. 그는 차세대를 위한 훈련 프로그램을 다듬고 실천하는 과정에서 그의 많은 현장 경험과 방대한 지식을 쉽고 분명하게 정리하여 말해 주어야 했다. 남을 가르쳐 주기 위해서 자신이 먼저 명확하게 이해하지 않으면 안 되었던 것이다. 그 과정에서 엔리코는 외로운 스타 플레이어에서 자신도 모르게 진정한 리더로 바뀌어 가고 있었던 것이다. 펩시의 차세대 리더십 훈련을 담당한 지 2년이 흐른 뒤, 엔리코는 마침내 펩시콜라의 신임 회장의 자리에 오르게 된다.

미 해병대에서도, 실전에서 탁월한 실력을 발휘한 장교들은 고급 장교나 장성급으로 승진하기 위해서 반드시 해병대 훈련 캠프의 교관으로 2년 간 근무해야 한다고 한다. 그래야 신병들에게 가장 현장감 있는 훈련을 시킬 수 있고, 그래야 실전에 강한 병사들이 만들어진다는 것이다. 또 교관 자신들도 남을 가르쳐 봐야 실전에서 익힌 경험과 지혜들이 완전히 자기 것이 된다고 하니, 일석이조의 효과가 있는 셈이다.

같은 원리로, 미국의 많은 신학교들도 목회를 잘하고 있는 목사들을 과목마다 강사로 초빙해서 학생들에게 생생한 목회 현장 감각을 익히도록 한다고 한다. 또한 교수들에게는 실제 목회 활동을 병행하도록 권유하여 목회 현장과 끊임없는 터치를 유지하게 한다는 것이다. 가르치는 사람도 영성과 신학의 첨예한 균형이 이루어지는 탓에 효과가 그만이라는 것이다. 탁월한 설교자요 목회자였던 척 스윈돌 목사가 달라스 신학교의 총장으로 부임한 이후, 안 그래도 좋던 학교가 훨씬 더 좋아졌다고 하지 않는가? 모든 리더는 어쨌든 최선을 다해 팔로워들을, 다음 세대 리더감들을 훈련시켜야만 한다.

위임과 실습

훈련의 가장 중요한 부분은 현장 실습이다. 행동하지 않는 지성인은 아무 쓸모가 없다. 살아 있는 교육은 현장 교육이다. 좋은 학교일수록 선생님과 학생 비율이 낮고 실습 시간이 많다. 자기가 직접 해보지 않은 것은 쉽게 자기 것이 되지 않기 때문이다. 많은 기업들의 자체 경영자 훈련 프로그램을 명문 경영 대학원의 MBA 코스보다 갈수록 더 신뢰하는 것은, 실제 현장에서 수없이 많은 임상 실습을 병행할 수 있기 때문이다. 사람의 리더십 자질을 키우는 가장 좋은 방법은, 처음엔 쉬운 수준에서 시작하더라도 그 사람을 일단 실제 현장에 투입시킨 뒤 지켜보면서 차츰 강도 높은 책임감을 주는 것이다. 미국의 한 저명한 교단은 신학교를 졸업하고 나서 시험을 통과했다고 해서 바로 목사 안수를 주지 않고, 실제로 목회 현장에 투입해서 어느 정도 열매를 내는 사람에게만 목사 안수를 준다고 할 정도로, 현장에서의 능력을 중시한다.

내가 알기로, 현장에서 책임을 단계적으로 위임하면서 사람을 강하게 훈련시키는 곳 중에 하나가 미국 대도시 병원의 응급 치료 센터가 아닌가 한다. 잭 웰치의 멘토 중에 하나요, 미국의 저명한 리더십 전문가인 노엘 M. 티쉬(Noel M. Tichy)도 자신이 목격한 가장 생생한 현장 교육으로 1976년 방문했던 뉴욕 시립 병원 응급실을 꼽았다.[12] 범죄율 높은 뉴욕 한가운데 위치한 이곳은 매 순간 순간이 전쟁이다. 심장마비 환자, 교통사고 환자, 총에 맞은 환자들이 비명을 질러대며 시시각각 실려 들어오는 그 상황을 장악하는 절대 리더십은 바로 응급실 담당 간호장에게 있다. 응급실에 실려 들어오는 환자들은 다 급한 상황이고 즉시 가동시킬 수 있는 의사와 간호원, 장비들은 한정되어 있기 때문에, 환자가 실려 들어오는 즉시 간호부장이 그 상태를 보고 최우선 순위로 치료해야 할지, 아니면 더 심각한 다른 환자들을 보는 동안 기다리게 할지를 결정해야 한다. 그것도 몇 십 초라는 짧은 시간 내에 말이다. 환자와 가족들이 살려 달라고 소리지르고 피가 사방에서 흐르는 이 정신 없는 상황에서 그녀는 가장 냉정하고 정확한 결정을, 어쩌면 한 사람의 생과 사가 오고가는 결정을 끊임없이 내려야 하는 것이다.

이런 엄청난 일을 감당하는 간호장은 어떻게 만들어지는가? 응급실로 투입되는 견습 후보생 간호원에게 먼저 숙달된 간호부장을 옆에서 일정 기간 지켜보면서 배우게 한다. 그 다음에는 별로 환자들이 많지 않아서 충분히 결정할 시간이 있을 때, 노련한 간호부장과 의사들이 지켜보는 상황에서 이 견습생에게 결정을 내려 보게 하고, 거기에 대해 코멘트해 준다. 그러다가 점점 환자들이 많이 들어오는 시간대에 일을 해보게 하는데, 그 때에도 계속해서 만약의 경우 실수를 고쳐 줄 수 있는 노련한 선배들이 옆에서 지켜봐 주게 한다. 그들은 이것을 '안전 그물(safety net)'이라고 부른다. 그 과정에서 선배들은 계속 정확한 사태 파악을 위한 의학 지식과 급박한 실제 상황에서 냉정함을 유지할 수 있는 감정을 조절하는 일을 계속 견습생에게 강조한다. 견습생의 실력이 점차 높아질수록 안전 그물은 신속하게 치워지고, 마침내는 완전히 스스로의 힘으로 우뚝 서게 된다.

다음 세대 리더십은 하늘에서 그냥 떨어지지 않는다. 당신의 피와 땀으로 쌓아 올린 노하우를 정성껏 상세히 현장에서 코치해 주는 수밖에 없

---

12) Noel M. Tichy, *The Leadership Engine*, p. 170.

다. 심지 않고 거두겠다는 안일한 생각은 결코 하지 않는 게 좋다.

한계를 넘을 수 있도록 도전하라

사람은 너무 많이 일해서 피곤한 게 아니라, 정말 의미 있고 가치 있는 일, 자신에게 주어진 재능과 노력을 마음껏 불사를 수 있는 일에 종사하지 못해서 피곤한 것이다. 이미 여러 번 소개한 바 있는 GE의 경영자 잭 웰치는 GE를 움직이는 경영 철학의 첫 번째 요소로 '스트레치(stretch)'를 꼽는다. 이것은 '쭉 뻗는다'는 뜻인데, 항상 자신의 한계를 넘는 높고 도전적인 비전을 향해서 나가라는 뜻이다.

세계적인 비행기 제작 회사 보잉(Boeing)의 역사는 항상 자신의 한계를 넘어 스트레치하는 도전의 스토리라고 해도 과언이 아니다. 1930년대 초에 보잉은 사람들이 꿈 같은 이야기라고 코웃음쳤던 대형 폭격기인 '나는(flying) 요새 B-17'을 개발하여, 미국 공군의 위력을 엄청나게 키웠다. 그리고 1952년 보잉사의 최고 경영진은 세계 최초로 민간 제트 항공기를 운항하자는 결심을 한다. 당시 회사 거래선의 80퍼센트를 미 공군에 의존할 정도로 민간 항공 경험이 전혀 없는 보잉으로서는, 안전한 기존의 프로펠러형 비행기를 버리고 개발비만도 회사 전체 자산의 25퍼센트를 잡아 먹을 제트 여객기 제작은 누가 봐도 무모한 짓인 위험천만한 결정이었다.[13] 그러나 보잉의 리더십은 굽히지 않았다. 결국 이렇게 해서 태어난 보잉 707은 전세계를 제트 항공기 시대로 끌고 가는 선두 주자가 된다. 이에 비해, 라이벌인 맥도널 더글라스(McDonnell-Douglas)사는 안전 제일주의로 프로펠러형을 계속 고집한다. 1958년에 가서야 비로소 DC-8이라는 제트 항공기를 시장에 내놓지만, 이미 그때는 세계 제트 항

---

13) "How Boeing Bet the Company and Won," *Audacity*, Winter 1993.

공기 시장을 보잉이 석권한 뒤였다.

보잉의 불가능한 새로운 목표에 대한 도전은 여기서 그치지 않았다. 1960년대 초에, 보잉은 회사의 엔지니어들에게 아주 짧은 활주로에 이착륙이 가능하면서도 뉴욕에서 마이애미까지 논스톱 운항을 할 수 있고, 넓은 의자 6개는 들어갈 정도의 너비를 가졌고, 승객 131명을 동시에 태울 수 있으며, 보잉의 자랑인 안전성 면에서 최고인 새 여객기 모델 제작을 요구했다. 처음 이 요구를 듣고 엔지니어들은 뒤로 나자빠졌지만, 결국 그들은 해냈고 이것이 바로 대형 항공기 시대를 본격적으로 연 보잉 727이다[14](만들면서도 보잉 경영진도 설마했는지, 시장의 수요가 대략 300대 정도 될 것이라고 예상했었다고 한다. 그런데 실제로 보잉은 727기를 1,800대가 넘게 팔았다고 한다).

꿈을 꾸고 투자하는 자에게 오는 보답은 반드시 있는 법이다. 보잉 727이 나오고 2년이 지날 때까지도, 라이벌인 맥도널 더글라스는 다음 모델인 DC-9를 내놓지 않고 주저하다가 점점 제트 항공기 업계에서 주도권을 잃어 갔다.

1965년, 보잉은 또 한 번 사운을 건 엄청난 모험을 한다. 바로 747 점보 여객기 개발이었다. 천하의 보잉도 이때만은 회사가 휘청할 정도의 위기였다고 스스로 인정할 정도로 엄청난 개발비와 인력, 자원 투자가 들어가는 프로젝트였다. 이미 시장의 인정을 받고 지속적으로 잘 나가고 있는 707, 727에서 들어오는 수입을 다 쏟아 부어도 모자랄 정도였다. 그러나 회장 윌리엄 알렌은 "보잉이 비행기를 한 번 새로 개발하겠다고 하면 가진 모든 것을 쏟아 부어서 최고의 비행기를 만든다"고 하면서, 언제나 그

---

14) Robert J. Serling, Legend and Legacy: *The Story of Boeing and Its People* (NY: St. Martin's Press, 1992), pp. 180-192.

래 왔듯이 자신의 한계를 넘어서는 높은 목표에 대한 도전을 임직원들에게 요구했다. 그렇게 해서 다시 한번 세계 제트 여객기의 수준을 대폭 올리는 꿈의 여객기, 보잉 747이 태어나게 된다.

꿈은 그 사람의 크기를 결정한다. 하나님이 주시는 꿈에 헌신하는 사람은 아무리 현실이 어려워도 절망하지 않는다. 자신이 가진 모든 것을 쏟아 부어서 그 꿈에 헌신하고, 주위의 사람들에게도 그렇게 하게 한다. 우리는 너무 안전 위주로 일을 한다. 교육을 많이 받은 사람일수록 실수에 대한 감정적인 두려움 때문에 행동하기 직전에 마비되고 만다.

그러나 리더십은 이룰 수 있는 일이 무엇이냐를 묻는 것이 아니라, 이뤄져야 할 일이 무엇인지를 사람들에게 도전해야 한다. 할 수 있는 일을 하는 게 아니라, 해야 할 일이 무엇인가를 제시하고 필요하면 없는 능력이라도 끌어다가 할 수 있도록 격려하고 도전하고 노력하는 리더, 그가 바로 다음 세대를 이끌고 갈 사람이다.

◘ 평가하라

1993년 IBM은 미국 기업들 중에서 최악의 적자를 기록할 정도의 경영난을 겪고 있었다. 사실 그렇게 된 데는 컴퓨터 업계의 대선배로서의 자긍심과 무사안일주의도 상당한 기여를 했다(미국 회사로서는 드물게 IBM은 평생 고용제를 유지하고 있었다). 그때 새 회장으로 영입된 루 거스트너(Lou Gerstner)는 실적 절대 우선주의 시스템을 도입하여 몇 년 만에 IBM을 침체에서 구해내는 데 성공한다. 이 달라진 경영 시스템의 핵심 중에 하나는 바로 최고위 간부들로부터 시작해서 평직원들에 이르

---

15) 이것은 당시 한국 IBM의 김형회 수석 전무와의 개인 인터뷰 내용에서 발췌한 것이다.

기까기 일 년에 한 번 이상씩 실시되는 360도 직원 평가 시스템이다.[15]

보통 세 가지 분야 즉, 이기려는 긍정적인 태도(winning spirit), 실천 능력(execution), 그리고 팀워크(team) 부분을 1에서 3까지의 수치로 사람을 평가하는데, 평가하는 사람들은 8명 정도로 그 사람과 가장 가까이서 일하는 상사, 동료, 부하 직원들로 구성된다고 한다. 물론 결과 수치는 본인에게 알려 주는데, 다른 직원들의 평균 수치와 함께 알려 준다고 한다. 누가 몇 점을 줬는지는 전혀 모르고 각 분야별로 평균 수치와 비교해서 자신의 수치가 정확하게 찍혀 나오니까, 보여 주는 것만으로도 대단한 충격을 준다. 그래서 낮은 점수를 얻은 부분이 다음 해에는 상당히 많이 회복한다고 한다. 각자 알아서 그만큼 분발하고 신경을 쓰는 것이다. 이 평가 점수는 직원들의 승진과 월급 조정에 20-30퍼센트나 되는 영향을 미칠 정도로 회사에서 중요하게 생각한다고 한다. 이뿐 아니라 IBM에서 행해지는 모든 세미나나 프레젠테이션, 프로젝트도 다 이런 식으로 자체 평가를 즉시 즉시 실시하여 본인들에게도 통보하고 회사의 톱 리더십이 참조해서 경영에 즉시 반영한다는 것이다.

우리는 사람이 사람을 평가하는 것에 대해 별로 탐탁지 않게 생각하는 경향이 많은데, 그렇다면 평가하지 않음으로써 오는 결과는 어떠한 것인지 생각해 보자. 객관적인 평가 시스템이 없으니 아니라고 생각하면서도, 그 사람 안 보이는 데서는 욕하고 마음에 응어리를 품을 뿐이다. 당사자도 괴롭기는 마찬가지다. 뭔가 제대로 안 되는 것 같은데, 아무도 말해 주는 사람은 없으니 어쩔 수 없이 계속 그 식으로 하긴 하면서도 영 마음이 어렵고 답답해지는 것이다. 이런 상황이 지속되면 생산성도, 효율성도, 팀워크도 다 급속도로 저하되기 마련이다. 그럴 바에는 아예 분명한 객관적인 평가 시스템을 통해서 일단 스스로 무엇을 잘하고 있고, 무엇을 잘못하고 있는지를 깨닫게 해주는 것이 백배 낫다는 것이다. 사람은 항상 착각을 잘하는 존재이므로, 자기가 잘하고 있다고 생각하는 분야에서 의외로 남이 보기에는 못하고 있을 수 있고, 못하고 있다는 분야에서 또 의의로 잘하고 있을 수가 있다. 이것이 궁극적으로는 자신의 실력과 인격과 또 팀워크를 향상시키는 좋은 발판이 되는 것이다.

당신이 이끌고 있는 단체의 리더들의 수준을 지속적으로 발전시키고 싶다면 이런 효율적인 평가 시스템을 신속하게 가동시키는 길이 최선이다.

◘ 인계하고 파송하라

이제 우리는 다음 세대 리더십 양성의 가장 마지막 단계인, 결코 쉽지 않은 졸업식이라는 지점에 도달했다. 어쩌면 다음 세대를 훈련시키고 키우는 일은 조금만 마음을 쓰면 그리 어렵지 않은 일일 수 있다. 아직까지는 내가 우월한 자이기 때문이다. 그러나 이제 훈련이 완료된 그들이 마음껏 자기 기량을 펼칠 수 있는 장을 열어 주기 위해서, 그들을 내가 있던 자리에 서게 히고 나는 내려오는 일에는 쉽지 않은 자아와의 싸움을 해야 한다. 너무나 많은 세상의 리더들이 그 싸움에서 졌기 때문에 어차피 떨어질 낙엽이면서 추한 모습을 보이면서 떨어진 적이 얼마나 많았던가? 그러나 당신이 그 싸움을 이기면 역사가 축복을 받으며 발전해 간다.

나는 그 어떠한 말보다도 하나의 실화를 여기에 소개하는 것으로 이 장을 매듭짓고자 한다. 바로 미국 남캘리포니아의 갈보리 채플(Calvary Chapel)의 척 스미스(Chuck Smith) 목사와 하비스트 펠로우십(Harvest Fellowship)의 그렉 로리 (Greg Laurie) 목사의 이야기다.[16]

잘 알려진 대로, 그렉 로리는 현존하는 미국의 가장 탁월한 대형 전도

---

16) Greg Laurie, *The Upside Down Church*, pp. 3-13.

컨퍼런스 강사 중 한 명이며, 미국에서 가장 급성장하는 십위권 교회 중에 하나인 하비스트 펠로우십의 담임 목사다. 그는 마약도 하고, 주먹도 쓰고, 가출도 하며 방황의 청소년 시절을 보냈다. 그러다가 예수를 믿고, 갈보리 채플의 척 스미스 목사에게서 성경 공부를 하게 된다.

그러던 중, 그 당시 성경 공부 교재들이 너무 당시 젊은이들의 문화와 언어에 맞지 않다는 것을 발견하고, 스미스 목사의 요한복음 4장 설교 말씀을 주제로 해서 만화가 그려진 쉽고 재미있는 교재를 만들어 "생수(Living Water)"라는 제목을 붙였다. 이 젊은이는 이것을 들고 척 스미스 목사에게 갔다. 스미스 목사는 심각하게 그것을 들여다보더니, "이거 대량으로 찍어야겠군" 하는 것이었다. 단순히 목사님에게 재미삼아 자기 아이디어 작품을 보여 준 것뿐인데, 이것을 대량으로 출판하겠다고 하니 그렉 로리로서는 입이 쩍 벌어질 수밖에 없었다. 그렇게 해서 출판된 「생수」전도 책자는 그 주에만 1만 부가 넘게 팔려 나갔고, 결국은 남가주 전역에 2백만 부가 넘게 팔렸다. 그렉 로리로서는 그냥 스미스 목사의 의견을 물으러 간 것뿐이었는데, 스미스 목사는 그의 탁월한 가치를 발견하고 엄청난 사역의 장을 열어 준 것이다.

그 후, 체계적인 성경 공부 훈련을 받으면서 그렉 로리는 갈보리 채플의 젊은 설교 목사 후보들 중에 하나가 되었다. 아직 신참이었기 때문에 외부에서 초청이 오면 별로 지명도가 없는 작은 지방 교회는 다 그의 몫이었다. 어느 날 LA 카운티 동부의 리버사이드 지역의 한 교회에서 강사 청빙을 했다. 아무도 그 곳에 가려 하지 않아 결국은 그렉이 가게 되었다. 한 주, 두 주 지나면서 사람들이 늘어나기 시작했고 사람들이 그를 어느새 "그렉 목사님"이라고 부르기 시작했다. 예수 믿은 지 아직 3년도 채 안 된 20살 갓 넘긴 신참에게 목사님이라니! 그는 기절할 뻔했다고 회고한다. 마침내 그 작은 교회 건물이 다 차서 사람들을 수용할 만한 새 장소가 필요하게 되었다. 옆 동네에 큰 침례교회 건물을 내놓은 것을 알고 있었지만 돈이 없었다. 그러자 척 스미스 목사가 그 주에 즉시 차를 몰고 내려왔다. 스미스 목사는 아무 말없이 그를 데리고 부동산 중개인에게 데리고 가더니 수표 한 장을 건네 준 뒤, 그렉 로리의 등을 두드려 주면서 이렇게 말했다. "자, 이 교회 건물은 자네 것일세. 잘 해보게." 척 스미스 목사가 차를 몰고 사라진 뒤에도, 그렉 로리는 놀라서 그 자리에 멍하니 서 있었다고 한다.

이렇게 해서 그렉 로리는 새 건물에서 계속 목회하게 되었고, 이 교회는 주일과 수요 예배를 꽉꽉 채울 정도로 급성장하기 시작했다. 그는 척 스미스 목사에게서 배운 대로, 성경의 진리를 쉽고 분명한 언어로 실생활의 예화를 들어가면서 설교했다. 이것은 수많은 사람들의 마음에 믿음의 불을 당겼다. 그때, 척 스미스 목사는 자신의 본 교회인 코스타메사(Costa Mesa) 갈보리 채플의 월요일 저녁 성경 공부 시간에 그렉 로리를 주 강사로 대신 세우기 시작했다(이 월요일 저녁 성경 공부는 오랜 세월 동안 척 스미스 목사가 전도 설교를 통해 수많은 사람들을 기독교인으로 만든 명성 높은 집회였기 때문에, 처음에 그렉 로리는 너무나 큰 영광으로 여겼다고 한다). 그렉 로리의 혼신을 쏟은 전도 메시지가 계속됨에 따라, 월요일 저녁 집회 참석 인원은 평균 2,500명을 웃도는 파격적인 성장을 기록했다. 매주일 수십 명이 넘는 사람이 그리스도를 구주로 영접했다.

이 월요 전도 성경 공부를 시작한 지 일 년이 안 되어, 척 스미스는 그렉 로리에게 또 다시 엄청난 도전을 주었다. "그렉, 내가 보니 하나님께서 자네에게 놀라운 전도 메시지의 은사를 주셔서 월요 집회가 지난 일 년간 놀랍게 성장한 것이 나는 너무 기쁘네. 우리 이 전도 집회를 빌리 그레이엄 집회같이 좀 큰 규모로 발전시켜 보는 것이 어떤가? 퍼시픽 앰프 극장 같은 데서 말일세."

그렉은 그 얘기를 듣고 다시 한번 기절하는 줄 알았다. "거기가 얼마나 큰 곳인지 알고 계시죠?" "물론이지. 그렇지만 우리가 섬기는 하나님은 크신 하나님 아닌가?" 결국 이것은 후에 퍼시픽 앰프 극장의 규모도 초과한 4-5만 명이 앉을 수 있는 엔젤스의 에너하임 스타디움을 꽉꽉 채우는 사상 초유의 대형 전도 집회 하비스트 크루세이드(Harvest Crusade)의 시발점이 된다. 지난 10년 간 2백만이 넘는 사람들이 여기에 참석하여, 15만 명이 넘는 사람들이 예수를 자신의 삶에 구주로 영접한 믿을 수 없는 열매를 맺게 된 것이다. 특히 감동적인 것은 보통 사흘에서 닷새 동안 계속되는 이 집회의 매일 밤 주 강사는 계속 젊은 그렉 로리이고, 사회를 보며 그렉 로리를 소개하는 일은 척 스미스 목사가 담당한다는 사실이다. 나이로 보나 미국 교계 지명도로 보나 연륜으로 보나 상대가 안 되는데도, 척 스미스는 매번 자신의 제자요 아들 같은 그렉 로리를 소개할 때 "이 시대에 하나님이 가장 크게 들어 쓰시는 전도 설교자 중에 하나인 그렉 로리, 우리들의 자랑 그렉 로리를 소개하는 것을 기쁨으로 여깁니다"라고 말한다. 나는 마음 좋은 할아버지 같은 척 스미스의 그 모습을 볼 때마다 형언키 힘든 감동에 휩싸이곤 한다.

오늘날 그렉 로리의 하비스트 펠로우십 교회는 척 스미스의 갈보리 채플보다 5-6배는 크게 성장했고, 그렉 로리와 비슷한 경로를 거쳐 척 스미스 밑에서 성장한 마이크 매킨토시 같은 수많은 젊은 목사들이 캘리포니아와 미 전국 곳곳에서 척 스미스 목사의 본 교회보다 더 큰 규모의 교회를 아주 성공적으로 목회하고 있다. 그러나 이것을 보는 그 누구도 그들과 비교해서 척 스미스를 무시하지 못하는 것은, 오늘날 그들이 있을 수 있는 까닭은 척 스미스의 그 넓은 포용력과 다음 세대를 세워 주는 마음 때문임을 알기 때문이다. 지금도 그렉 로리나 마이크 맥킨토시 같은 목사들이 척 스미스를 언급할 때면, 진심으로 존경하는 스승이요 아버지요,

성자 같은 존재로 이야기한다.

　1980년대 후반부터 갈보리 교회란 이름을 걸고 목회하는 교회 치고, 안 되는 교회가 거의 없을 정도로 이들의 목회적 영향력은 대단하다. 가능성 있는 차세대 리더에게 항상 자신의 자리를 양보하면서 내려섰던 척 스미스. 인계와 파송이 예수님처럼 분명한 그는 분명 거인의 발자국을 이 시대에 찍은 사람이다.

　더글러스 맥아더 장군은 "노병은 죽지 않는다. 다만 사라질 뿐이다"라고 했지만, 당신은 결코 사라지는 것도 아니다. 당신의 피와 땀을 투자해 만들어 놓은 새벽 이슬 같은 젊은 리더들의 모습 속에, 당신을 사랑하는 영원한 아버지 하나님의 역사 속에, 당신의 발자국은 영원히 남아 있을 것이기 때문이다.

●● 다음 세대에게 힘을 실어 주는 리더십

- 남을 세워 주고 키워 주는 사람이 진정한 리더다
- 다음 세대를 키우려면 먼저 나눠 줄 수 있어야 한다
- 격려하고 도전하고 노력하는 리더가 다음 세대를 이끈다

Chapter 12 리더십과 부르심

1. 구원에로의 부르심 | **2** 사명으로의 부르심

> 내가 태에서 나옴으로부터 나를 부르셨고 내가 어미 복중에서 나옴으로부터 내 이름을 말씀하셨으며.
>
> – 이사야 49장 1절

1999년 3월의 어느 폭풍우 치던 오후. 내가 한국에 들어와 온누리 교회에서 사역하기 시작한 지 2달이 채 못 되던 때였다. 내가 탄 KAL기는 서울을 떠나 포항으로 향하고 있었다. 한동 대학교에서 기독교 기초학부의 특강 하나를 맡아 내려가던 길이었다. 서울을 떠나면서부터 폭풍우가 심하게 치는 것이 날씨가 심상치 않더니, 비행기가 포항 상공으로 진입할 때쯤에는 바람이 걷잡을 수 없게 몰아닥쳤다. 첫 번째 착륙 시도가 용이하지 않자 기장은 회항하겠다고 하더니, 한참 가다가 다시 한번 시도하겠다는 것이었다. 이어 비행기가 하강하는데 얼마나 심하게 흔들리던지, '위험하다'는 생각이 얼핏 스쳤다. 좌석 앞부분을 단단히 거머잡고 있는데, 비행기가 아주 불안정하게 착지하는 느낌이 오더니 한참을 달리다가 옆으로 미끄러지기 시작했다. 순간, "하나님, 살려 주십시오"라고 짤막하게 기도하기 시작했다. 그리고 그 순간 비행기 앞부분의 불이 나가면서 우지직 기체가 꺾어지는 소리가 나고 비행기가 쿵하고 서 버렸다.

잠시 후, 누군가 비행기 날개 옆 비상구 문을 밀쳐 내어 승객들은 한 명씩 밖으로 빠져나올 수 있었다. 나도 그 속에 섞여서 날개 밑으로 조심스럽게 뛰어내렸다. 코트 자락이 휙휙 날아갈 정도로 강한 바람이 불고 있었고, 바람을 타고 빗방울이 투두둑 얼굴을 때리며 부딪쳐 왔다. 폭발할지도 모르니까 비행기에서 떨어지라고 누군가 고함을 치는 바람에 우리는 서둘러 걸음을 옮겼다. 한참을 걸어가다가 뒤돌아보니, 내가 탔던 비행기가 활주로 가장자리 밑 고랑에 처박힌 채로 두 동강이 나 꺾어져 있었다. 나는 뒤쪽에 탔었기 때문에 별로 큰 외형적인 부상을 입지 않았지만, 앞에 탔던 일부 미군들과 승객들은 머리에 피를 흘리는 등 보기에도 많이 다친 흔적이 역력했다. 관제탑 주변에서 공항 요원들이 얼굴이 사색이 되어서 달려오고 있었고, 소방차와 앰블런스들이 사이렌을 토해 내며 몰려오고 있는 와중에, 나는 무슨 생각에서였는지 마중 나온 한동대 직원을 재촉해서 차를 타고 공항을 떠나자고 했다. 강의 시간이 촉박했기 때문이다. 눈을 감았다. 정신이 하나도 없었다.

그날 저녁 강의를 끝내고 한동대 게스트 하우스에서 하룻밤을 묵게 되었는데, 뉴스를 들어 보니 그것이 얼마나 무서운 대형 사고였는지 실감할 수 있었다. 전문가들은 기체가 두 동강으로 갈라지는 큰 사고에서 사망자 한 명 없이 부상자들만 수십 명 나오는 경미한 피해로 끝났다는 것은 기적이라고 했다. 엔진에 불이 안 붙은 것이 기적이라는 것이었다. 기적? 그 말을 듣는 순간, 가슴 속 깊숙이에서부터 알 수 없는 조용하면서도 분명한 음성이 들리는 것을 느꼈다. "홍아, 내가 너를 살려 주었다. 그리고 너를 살려 주기 위해서 그 비행기에 탔던 백여 명의 사람들도 함께 살려 주었다." 그 음성을 듣는 순간 마치 전광석화처럼 내 머리를 스치는 성경 말씀이 있었는데 바로 사도행전 27장이었다. 초대 교회의 톱 리더 중에 하나였던 바울을 태운 배가 로마로 가다가 무서운 폭풍우를 만나 표류하기 시작한 내용을 다룬 장이었다. 그때 지치고 겁에 질려 떠는 사람들에게 바울은 일어서서 자신이 로마로 가서 하나님의 복음을 전해야 하기 때문에, 하나님이 자신을 살려 줄 것이며, 자신을 살려 주는 과정에서 배에 함께 탄 사람들도 살려 줄 것임을 확신시켜 준다. 그 순간 내 눈에서는 눈물이 왈칵 솟구쳤다.

살아 있을 수 있는 것은 살려 주시기 때문이요, 살려 두시는 것은 아직 내게 시키실 일, 사명이 남아 있기 때문이다. 모든 하나님의 사람에게는 각자에게 주어진 하나님의 사명이 있는데, 그것을 이루기 전까진 그는 이 땅에서의 삶을 끝내지 못한다. 그리고 그를 살려 주기 위해서 그가 몸담고 있는 단체, 사회, 국가를 축복해 주신다. 결국, 역사는 백악관이나 청와대를 중심으로 돌아가는 것이 아니라, 하나님의 사람들을 중심으로 움직이는 것이다. 나는 왜 그것을 잊고 있었단 말인가? 하나님이 뜻이 있으셔서 나를 살려 주셨구나. 불바다가 될 수 있었던 비행기 사고의 현장에서 나를 산성같이 보호해 주셨구나. 인생이란 발버둥친다고 해서 되는 것이 아니고 그분의 손에 완전히 의지하고, 그분의 리듬에 유연하게 나를 맞출 때 비로소 도약할 수 있는 것이구나. 이 모든 깨달음들이 문신처럼 선명하게 가슴에 새겨지고 있었다.

앞에서도 수없이 강조했듯이, 리더십은 참으로 힘든 것이다. 엄밀히 말해서 아무리 강인한 정신과 육체를 가진 인간도 리더십이 주는 그 엄청난 스트레스와 부담을 끝없이 이겨낼 수는 없다. 그래서 너무나 많은 리더들이 상황이 어려워지고 또 어려워져서 자신의 한계를 넘어 버리면 쓰러져 버리거나 백기를 들어 버린다.

그러나 하나님이 세우는 리더십은 다르다. 인간의 한계를 초월해 버리는 그 무엇인가의 힘에 의해 이끌려 간다. 아무리 상황이 힘들어져도, 자기 마음대로 포기하고 싶어도 그러지를 못한다. 자기가 원하고 계획해서 그 자리에 선 것이 아니라, 하나님의 부르심으로 시작했기 때문이다. 이 부르심에 대한 확신이 분명하면 아무리 상황이 힘들어져도 비틀거릴지언정 쓰러지지는 않는다.

1. 구원에로의 부르심

하나님이 사람을 부르시는 부르심(calling)에는 두 가지 종류가 있다. 하나는 구원에로의 부르심이다. 한 인간이 자신을 자기 인생의 주인으로 여기며 살아가는 것을 포기하고 하나님을 믿는다는 것은 보통 일이 아니다. 쉽게 말해서, 사람의 힘으로 되는 일이 아니라는 것이다. 그가 아무리 착하고 선한 일을 많이 한다고 해도 되는 것이 아니고, 하나님의 택함이 있어야 하고 부르심이 있어야 한다. 이 부르심을 한 번 받으면, 아무리 싫어서 포기하고 도망가도 포기하지 않는 사랑의 추적자처럼 쫓아오시는 하나님에게 반드시 잡히게 되어 있다. 그리고 잡히는 그 순간부터 그의 인생은 새벽이다.

나는 그 부르심을 받고도 35년 동안 하나님에게 등을 돌리면서 도망자의 삶을 살다가 인생의 벼랑 끝에서 마침내 백기를 들고 항복한 한 사람을 알고 있다. 이 책의 최종 원고 작업을 끝내고 디스켓을 두란노로 넘기기 바로 직전의 어느 주일 아침, 나는 사무국 간사에게서 메모지 한 장을 건네 받았다.

"오늘 새벽 2시경 금종성 씨 사망하셨습니다. 동생 금종연 집사에게 연락 바랍니다."

순간 나는 정신이 멍해지는 것 같았다. 마침 양재동 횃불회관에서 드리는 온누리 교회 3부 예배에 설교하러 가야 했기에, 차를 몰고 가면서 금종연 집사님과 연락을 취했다. 집사님은 조금 울먹였지만 밝은 목소리로, "목사님, 오빠는 식구들이 찬송 부르는 가운데 잠자듯이 평안하게 가셨어요. 목사님에게 너무 고맙다고 전해 달라고 했어요. 감사해요" 하는 것이었다. 나도 모르게 목이 콱 잠겨 오는 것을 느꼈다. 정말 너무나 평안하고 축복된 죽음을 하나님께 받았다고 생각했다.

　금종성 씨를 내가 처음 만난 것은 2000년 2월 교회 수요 강단에서 "사랑의 추적자"란 제목으로 8주 시리즈 메시지를 시작하던 무렵이었다. 내가 섬기고 있던 공동체의 금종연 집사님이 울먹이는 목소리로 전화를 걸어 왔다. 대전에 사는 자신의 친오빠가 몸에 이상이 생겨 서울 삼성 의료원으로 와서 진단을 받았는데, 암 말기라는 것이었다. 그날 오후 즉시로 금 집사님과 공동체의 다른 집사님들과 함께 삼성 의료원으로 달려갔는데, 가는 차 안에서 금 집사님은 울먹이면서 자신의 오빠가 너무 불쌍하다고 했다. 종가집 장손이기 때문에, 당시 대학을 나와 서울의 좋은 직장에 다닐 수 있었는데도 어쩔 수 없이 대전에 눌러 앉아 고향을 지켰다는 오빠. 동생들을 제대로 공부시키고 시집 장가 보내기 위해 정말 헌신적이고 희생적이었다는 오빠. 그는 대학 시절 대전 지역 UBF라고 하는 선교 단체 창단 멤버였을 정도로 기독교에 심취해 있었는데 어찌 된 일인지 사회 생활을 시작한 후부터 오늘까지 교회와는 담을 쌓고 지냈다는 것이다. 어쩌다 동생이 전도라도 할라치면, 교회 얘기는 꺼내지도 못하게 불호령을 내릴 정도였단다. 이제 다들 살 만하게 되었고, 아직 자식들 시집 장가도 못 보냈는데 암 말기라니 …. 나는 그녀의 얘기를 들으면서 안타까운 마음에 눈을 지긋이 감았다.

　병실로 들어서 보니, 침대에는 강렬한 인상을 가진 50대 후반의 남자가 형형한 눈빛으로 이쪽을 응시하고 있었다. 옆에는 가족들이 핼쑥한 얼굴로 서서 훌쩍거리고 있었다. 나는 쉽지 않을 거라고 생각하고 마음을 단단히 먹었다. 그런데 그는 의외로 자진해서 자신의 인생 여정 스토리를 피를 토하듯 털어놓기 시작했다. 그러면서 주춤주춤 품에서 빛 바랜 옛날 사진 하나를 꺼내 내게 보여 주었다. 35년 전, 대전 지역 UBF 선교 단체 창설 멤버들이 모여서 찍은 단체 사진이었다. 서울로 진단을 받으러 올라

오면서 벌써 심상찮은 느낌을 받았던 그는 어떻게 된 셈인지 옛 사진 앨범에서 이 사진이 계속 생각이 나서 고이 들고 올라왔다는 것이다. 그러면서 스스로, "나도 옛날에는 열심히 성경도 공부하고 그랬어요. 그저 주위에 예수 믿는다는 인간들이 워낙 위선자 같아서 그때부터 교회와 담쌓고 살아왔을 뿐이지요. 그런데, 이제 새삼 그때 그 시절이 그렇게 기억이 나네요" 하는 것이었다.

나는 그의 곁에 앉아 차근차근 복음의 진리를 간단하게 설명해 주며 말했다. "금종성 씨, 하나님은 사랑의 추적자입니다. 당신은 그를 버리고 살 수 있을 것 같았지만, 그는 당신을 결코 포기하지 않으셨습니다. 35년 동안 당신도 하나님께 등 돌리고 사느라고 속으로는 몹시 괴로웠을 겁니다. 이제 도주를 포기하십시오. 그분의 사랑을 있는 그대로 받아들이십시오. 이제 더는 피곤해하고 두려워하며 살 이유가 없지 않습니까?" 이상하게도 그의 눈에 눈물이 홍건히 고이기 시작했다. "그래요, 이제는 때가 되었나 봅니다." 그는 그 자리에서 내 손을 잡고 하나님 앞에 무릎을 꿇었다. 35년 만의 도주가 드디어 끝이 난 것이다. 옆에 선 가족들이 믿기 어렵다는 듯한 표정으로 지켜보고 있었다. 그의 얼굴에는 기쁨이 환했다 (나중에 알고 보니 삼성 의료원에 원목으로 있는 김정숙 목사님이란 분이 몇 번 방문해서 이 분의 마음을 상당히 많이 열어 놓았다고 한다. 그럼 그렇지. 이래서 팀워크가 중요하다니까).

몇 주 후에 그는 온 가족을 모아 놓고 나를 초청했다. 내게 세례를 받고 싶다고 했다. 가족들이 다 모인 원목실에서 나는 그에게 세례를 베풀었다. 그리고 바로 성만찬을 나누었다. 처음부터 끝까지 그의 얼굴에는 이제 죽음의 빛이 사라지고 기쁨과 평화로 가득 차 있었다. 지켜보는 가족들은 계속 줄줄 고장난 수도 꼭지처럼 울고 있었다. 이상하게도 내 눈에서도 계속 땀(?)이 났다. 그는 축하객들이 들고 온 꽃다발을 받아 들고 이렇게 말했다. "이제 하나님한테 잡히고 나니까 너무 좋습니다. 이제 아무 것도 두렵지 않습니다. 죽음도 겁이 나지 않습니다. 마음이 너무 편합니다. 예수님의 사랑이 너무나 좋습니다."

의사는 한 달을 넘기기 어려울 것이라고 했지만, 그는 그 후 6개월이나 더 살았다. 그리고 그 시간 동안 그는 철저한 유교 정신으로 무장한 집안을 그리스도의 복음으로 흔들어 놓았고, 주위 사람들에게 죽음을 대하는 자세가 이렇게 다를 수도 있음을 보여 줌으로써 조용한 충격을 주었다. 그렇게 삶을 정리하고 주위의 수많은 사람들에게 하나님의 사랑과 임재하심을 나타낼 기회를 하나님은 주셨던 것이다. 그가 숨을 거두기 3주 전, 나는 대전 그의 집으로 전화해서 기도해 준 적이 있는데, 그는 힘찬 목소리로 말했었다. "이제 다 준비가 끝났습니다. 하나님을 다시 만나게 해주셔서 너무 감사합니다. 이제 이 땅에서 영원한 저 집으로 갈 준비가 되었고 마음은 강같이 편합니다."

나는 아직도 귀에 생생한 그 목소리를 생각하며, 차창 밖으로 하늘을 쳐다보았다. "큐종성 씨, 언젠가 그 빛나고 아름다운 곳에서 다시 만나게 되겠지요. 당신이 사랑의 추적자이신 하나님에게 붙잡히지 않았더라면 어쩔 뻔했습니까?"

역시 인생에서 가장 황홀한 만남은 하나님을 만나는 것이다.

2 사명으로의 부르심

내게 이르시되 너는 나의 종이요 내 영광을 나타낼 이스라엘이라 하셨느니라(사 49:3)

구원에로의 부르심 외에 두 번째 부르심은 사역, 혹은 사명으로의 부르심이다. 나는 대학교 3학년 여름 방학 때 이 부르심을 받고 목회자가 되기로 결심했다. 그때까지 나의 오리지널 꿈은 국제 변호사가 되는 것이었다. 14세 때 미국으로 이민을 가서, 가난한 개척 교회의 목사인 아버지를 둔 까닭에 정말 가난하게 살았던 어린 시절이 너무나 지긋지긋했기에 다른 건 다 해도 목사만은 절대 되지 않겠노라고 큰소리 뻥뻥쳤던 나였다. 그러나 대학교 3학년 여름 방학, 남캘리포니아 지역 교포 대학생들이 모인 여름 컨퍼런스에서 나는 다음 세대에게 영원한 가치가 있는 비전을 던져 줄 목회자와 교수가 될 도전을 받았다. 그리고 한 달의 기도 끝에 그 부르심에 응했다. 그러나 내가 선택한 그 길이 얼마나 어려운 길인지를 그때는 상상도 하지 못했다.

내 입을 날카로운 칼같이 만드시고(사 49:2)
능력을 다듬어 주심

사람은 만들어진 자를 택하지만, 하나님은 먼저 택하시고 만들어 가신다. 그 당시에는 모르지만 인생의 모든 부분 부분이 후에 부르심을 감당할 수 있도록 준비하는 과정이라고 할 수 있다. 나는 어렸을 때부터 책 읽고 글을 쓰는 것을 좋아했다. 글씨는 못 썼지만 글짓기에는 거의 불 같은 열정으로 몰두했다. 시험 성적으로 매기는 학교 공부는 늘 전교 1등을 놓치지 않던 형에 비하면 상대도 안 되었지만, 각종 위인전과 문학 전집 등을 독파하는 데는 거의 타의 추종을 불허했다. 어렸을 때 미국에 갔을 때도 영어를 잘 못했지만 워낙 책 읽기를 좋아해서 뜻도 모르면서 동네 도서관에 가서 쉬운 영어 소설이나 잡지들을 시도 때도 없이 읽어 댔고, 특히 영한 성경을 들고 무조건 읽어 내려갔다(적어도 성경은 무슨 이야기인지 알고 있었으니까). 그래서 지금도 나는 어떤 책이든지 읽고 정리하고, 주제를 뽑아 적용하는 데는 별 스트레스가 없다. 그리고 그것을 글로 표현하는 것도 아주 즐기는 편이다.

읽은 책들을 재미있는 이야기로 만들어서 친구들에게 말해 주는 것도 좋아했는데, 한 가지 문제가 있었다. 나도 모르게 너무 말을 빨리 하고, 그러는 통에 말을 많이 더듬게 된 것이다. 그래서 십대 때 나를 알던 어떤 장로님은 "홍이는 말이 그래서 변호사나 목사 같은 직업은 못할 것 같다"라는 충격적인(?) 말도 던지곤 했었다. 나는 이것을 고치고야 말겠다고 결심했다. 처음 미국에 가서는 어차피 영어를 좀더 확실하게 배워야 했기에 중학교 때부터 계속 스피치(speech) 수업들을 택해 들었다. 처음엔 억양이 서툴러 백인 친구들의 놀림도 많이 받았지만, 이를 악물고 참았다. 나는 그 스피치 수업들을 통해서 서양식 교육의 파워라고 할 수 있는 각종 종류의 스피치 - 회의 진행, 즉석 연설, 세미나 프레젠테이션, 주제 토론, 드라마, 이야기형 연설 - 의 이론과 실제를 철저하게 훈련받을 수 있었다. 그러면서 당시 지도해 주었던 선생님들로부터, "중학교 때 이민 온 한국인이라 아직 영어 억양에 문제가 있긴 하시만, 창조적이고 정확하게 자기 의사를 전달하는 커뮤니케이터로서는 백에 하나 나올까 말까 할 정도의 뛰어난 자질을 타고났다"는 칭찬도 들었다. 실제로, 고등학교 졸업반 때는 LA 카운티 각 학교 대표들이 모여서 겨루는 학력 10개종 올림픽 (Academic Decatholon)에서 나는, 스피치 부분에서 그 학교 사상 처음으로 참가 학생 1,000여 명 중에서 10위권에 진입했다. 지금 생각하니 늘 말로 남들에게 의사를 전달해야 하는 목회자로서, 교수로서의 오늘을 위해 하나님이 준비시키셨다는 생각이 든다. 나는 대학교에서 스피치를 가르치면서, 어떠한 장애도 극복하고 탁월한 커뮤니케이터가 될 수 있음을 강조한다. 특히 21세기 지구촌 시대의 리더에게 있어서 이것은 거의 필수적인 조건이 될 것이기 때문이다.

대학교에서 나는 미국과 유럽의 현대 역사를 전공했다. 워낙 어릴 때부터 그쪽 방면으로 글 읽기를 즐겼던 까닭도 있고, 국제 변호사가 되기 위해서는 필요한 전공일 것이라는 생각에서였다. 알다시피 버클리 대학은 60-70년대 히피 운동, 반전 데모의 본산지라고 할 정도로 기독교와는 거리가 먼 대학이다. 그러나 학문으로는 10여 개 분야에서 미국 최우수 대학 3위권을 다투는 명문이고, 역사에 있어서는 예일 대학과 함께 늘 전국 랭킹 1위를 고수할 정도로 탁월한 교수들이 많았다. 특히 미국과 유럽 현대사 교수들 중에는 실제로 미국 행정부 고위 관료를 지냈던 사람들이 많아서 그들의 해박한 지식과 풍성한 실제 경험을 통해, 미국의 정치, 경제, 군사, 외교, 교육의 기본 인프라가 어떻게 움직이는지에 대해서 자세히 배울 수 있었다. 이때 시대의 흐름을 냉정하게 분석하고 이해할 수 있는 능력을 몸에 익힌 것 같다. 그리고 이것은 후에 내가 목사가 되고 교수가 되어서도 정말 중요한 자산이 되었다.

또 한 가지, 처음 미국에 갔을 때는 영어를 좀더 잘하기 위해 갖은 노력을 다 기울였는데, 고등 학교를 졸업할 무렵이 되어서는 한국말을 잊어버리지 않아야겠다는 생각을 하게 되었다. 그래서 생각해 낸 아이디어 중에 하나가, 영어를 배우기 위해 영한 성경을 읽던 방법을 거꾸로 바꿔서 한 것이었다. 즉 매일 QT를 한글 성경으로 하고, 한글로 QT 노트와 그날의 일기를 적는 것이었다. 그러면서 동시에 이어령, 안병욱, 김형석, 이해인 씨 같은 정상급 한국의 문학적 거성들의 책을 계속 읽으면서 격조 높은 한국말 감각을 계속 가다듬어 갔다. 그때는 내가 다시 한국으로 나와서 일하리라고는 꿈에도 생각하지 못하던 때였는데, 돌이켜보면 그래도 내가 이렇게 부족하나마 한국어로 직접 책을 쓸 수 있게 된 것도 그때의 준비 때문이 아닌가 한다. 정말 하나님의 섭리에 감탄할 뿐이다.

끝으로, 정말 중요한 능력의 준비가 있었다면 돈에 관한 훈련, 노동에 관한 훈련이었다. 앞에서도 밝혔듯이 내가 14세 때 미국으로 이민 간 우리 집은 아버님이 개척 교회를 하시느라 늘 가난하게 살았다. 우리는 내가 대학교를 졸업하기 직전까지 좁은 아파트를 빌려 살았다. 중학교 때부터 나는 부모님과 함께 장난감 회사 청소를 하청 받아, 밤새 수많은 사무실들을 청소하느라 녹초가 되어 잠든 날들이 많았다. 고등 학교 때는 방탄 유리에 총알 자국이 박혀 있는 주유소에서 점원으로 일했고, 일주일에 세 번씩 최소 임금을 받고 햄버거 가게에서 밤늦게까지 일하기도 했다. 여름 방학 때 친구들이 SAT(미국 대학 입학 능력 평가 시험) 준비를 위해 학원을 다니거나, 여행을 떠날 때 나는 매일 하루에 8시간씩 가정 교사를 해서 용돈을 벌고 살림에도 보탰다. 그것은 형과 누나도 마찬가지였다. 대학교에 가서도 여름 방학 때는 하루도 제대로 놀아 보지 못하고 그렇게 일해서 학비와 기숙사비를 벌었다.

그때는 힘들다고 생각했지만, 이제와 생각해 보니 그것은 내 인생에 있어서 정말 돈 주고도 살 수 없는 소중한 경험이었다는 생각이 든다. 당시에는 내 자신이 고생을 한다거나 비참하다는 느낌이 그렇게 많이 안 들었다. 원래 미국이라는 나라는 재벌집 아들들도 낡은 청바지를 입고 햄버거 가게에서 일하는 것이 흉이 안 될 정도로 노동 정신이 건강한 나라인 탓도 있었다. 그러나 그 무엇보다도 나는 돈은 땀 흘려서 버는 것이기 때문에 귀하게 써야 하고, 어떤 분야에서건 성실하게 일하는 사람들은 존중 받아야 한다는 것을 배웠다. 땀 흘려 버는 돈의 귀중함을 모르는 사람이 정치인이 되고 이 사회의 지도자가 되면 그는 반드시 돈으로 부정 부패하는 데 휘말리게 된다. 이제 나는 목회자가 되었고, 교수가 되었기 때문에 옛날같이 노동 일선(?)에서는 한걸음 물러나게 되었지만, 그래도 그때의 경험들이 내가 설교하고 목회해야 하는 교인들, 가르쳐야 하는 대학생들을 이해하고 준비시키는 데 큰 도움이 되고 있다.

하나님이 우리의 인생에 허락하시는 체험들과 훈련들은 정말 하나도 버릴 것이 없다. 물론, 그 귀중함을 깨닫는 데는 시간과 지혜가 필요하지만.

나를 그 손 그늘에 숨기시며 나로 마광한 살을 만드사 그 전통에 감추시고(사 49:2)

광야

능력은 칼과 같다. 칼이 좋을수록 칼집이 좋아야 한다. 그렇지 않으면 삐져 나가서 아무나 막 찔러 버리기 때문이다. 아무리 능력이 탁월해도 그것을 제어할 수 있는 칼집, 즉 겸손하고 성숙한 인격이 없으면 그는 아직 리더의 역할을 제대로 감당할 수가 없다. 그래서 하나님은 자신이 불러서 능력을 다듬은 리더를 '숨기고 감추는' 과정을 반드시 거치신다. 이 수련장이 바로 광야이다.

광야는 히브리어로 '미드바르'라고 하는데 이것은 '불모지, 사막, 거친 들'을 의미한다. 그 곳은 자신의 자아가 부서지는 곳이며, 교만과 독선이 녹아 내리는 곳이다. 그 곳은 억울한 누명을 쓰고, 독한 공격을 당하는 곳이며, 끝없는 듯한 방황 속에 탈진되는 곳이다. 사람들이 나를 전혀 알아 주지 않는 곳이며, 나의 계획이 실패하고, 나의 생각이 전혀 먹히지 않는 그런 곳이다. 한없이 외로운 곳이며, 한없이 서러운 곳이며, 정말 서글픈 마음이 드는 그런 힘든 곳이다. 엘리트는 고급 시설을 갖춘 명문 학교에서 나올지 몰라도, 리더는 반드시 광야라는 학교를 통해서 빚어진다. 이집트 최고의 학문과 무술을 40년 간 익힌 모세도 40년이라는 광야를 거쳐야 했고, 어린 나이에 블레셋 최고의 전사 골리앗을 거꾸러뜨린 영웅 다윗도 불같이 뜨거운 엔게디의 광야를 십 년이 넘도록 도망다녀야 했다. 내게도 예외 없이 이 광야는 혹독한 모래 폭풍처럼 밀어닥쳤다.

나는 전도사 시절의 거의 대부분을 대학생 사역에 보냈는데, LA 지역의 대형 교회 두 곳에서 대학부를 맡아 지도했다. 처음 교회는 좀 고생을 많이 했고, 두 번째 교회의 대학부는 10명에서 시작해서 순식간에 100명에 육박하는 부흥을 체험했다. 특히 리더가 된 제자반 12명은 정말 내 인생에서 피를 나눈 형제 외에 정말 생명같이 사랑하고 믿을 정도로 좋은 아이들이었다. 까만 밤을 하얗게 지샐 정도로 함께 성경을 공부하고 삶을 나누면서 그 아이들의 인생이 확확 변해 가는 것에 나는 시간 가는 줄을 몰랐다. 동시에 LA 지역 CCC에 적극적으로 참여하면서, 나는 어느새 제법 젊은이들 사이에서 인기 스타(?)가 되어 있었다. 그런데 바로 그것이 문제였다.

광야의 바람은 뜻하지 않은 곳에서 불어왔다. 함께 일하던 동역자들이 나를 질시하고 뜬소문을 퍼뜨리면서 코너로 몰아붙이기 시작한 것이다. 이유인즉슨, 너무 튀지 말라는 것이었다. 소리 없이 그러나 피부로 느껴질 정도로 내 주위를 압축하고 들어오는 그들의 분위기에 나는 숨이 막힐 듯이 괴로웠다. 내 딴에는 그들을 만나 대화해 보려고도 하고 여러 가지로 노력해 보기도 했다. 그러나 변명하려고 하면 할수록 문제는 더 꼬이게 되어 있었다. 가만히 견디는 수밖에 없었다. 마침내 나는 내가 그토록 피땀을 쏟았던 대학부를 포기해야 했다. 그렇게 하지 않으면 도저히 교회의 평화가 지켜지지 않을 것 같았다. 밤잠을 못 자고 가슴을 치며 힘들어하는 날들이 지나갔다.

아이러니컬하게도 그토록 힘들던 그때에 나는 아내를 만나 결혼하게 되었다. 그리고 풀러(Fuller)에서 박사 학위 과정을 시작하게 되었다. 남들이 보면 신혼이다 박사 코스 시작이다 해서 인생에서 정말 행복한 때라고 해야겠지만, 내게는 너무나 힘든 광야의 나날들이었다. 사람은 아무리 다른 것들이 잘 풀려도 자기 인생의 부르심과 연관된 바로 그 일이 막히면 아무것도 눈에 들어오지 않는 법이다. 풀러 신학대학원에 가 보면, 재학생들이 조용히 기도하고 말씀을 묵상하는 '기도의 뜰(Prayer Garden)'이라는 곳이 있다. 그 곳에 가면 남들은 다 와서 조용히 기도하는데, 나는 땅이 꺼져라 한숨만 쉬면서 처량하고 답답한 심정으로 멍하니 있다가 돌아오곤 했다. 공부가 제대로 되지 않는 적도 많았다. 마침내 나는 교회를 조용히 떠나게 되었고, 아내는 직장 생활을 하면서 내가 공부에 집중할 수 있도록 가족의 생활을 책임지게 되었다. 그렇게 일 년 가까이 보냈다. 그 많던 강사 요청도 씻은 듯이 사라져 버렸다. 나는 세상이 나를 잊어버린 게 아닌가 하는 쓸쓸함과 답답함을 느껴야 했다.

"나는 말하기를 내가 헛되이 수고하였으며 무익히 공연히 내 힘을 다하였다 하였도다"(사 49:4). '내가 왜 쓸데없이 목회의 길에 들어서서 이 고생을 한단 말인가' 하는 생각을 하루에 열두 번도 더 했다. '도대체 이 세상에서 교회가 있든 말든, 목회자가 있든 말든, 내가 있든 말든 무슨 상관이란 말인가?' 철저한 허무주의의 탄식도 많이 던졌다. 광야의 초창기에는 이렇게 속에 있던 독소들이 그냥 여과되지 않고 쏟아지는 법이다.

그러나 시간이 지나면서 하나님은 내게 서서히 광야의 의미를 깨닫게 해주셨다. 이제까지는 나를 힘들게 한 사람들을 원망했지만, 시간이 지나면서 보다 근본적인 원인은 내게 있었다는 것을 알게 되었다. 스스로 외형적으로 잘 나가고 있다고 생각했기 때문에 내 자신의 진실한 모습이 다른 사람들의 눈에, 하나님의 눈에 어떻게 비춰지고 있는가는 잘 몰랐던 것이다.

나는 국제 변호사가 되어 돈과 명예를 한꺼번에 거머쥐겠다는 야심을 갖고 있었는데, 목회자가 되고 교수가 되려고 결심한 후에도 은근히 그 생각이 내 안에 남아 있었던 것이다. 하나님의 이름으로 나도 모르게 스타가 되려고 하고 있었던 것이다. "내가 세상을 변화시키리라"는 결심으로, 설교를 하면서도 모든 사회 문제를 용기 있게 다 다루며 정의의 사자처럼 목소리를 높이곤 했다. 젊은이들이 상담을 하러 오면 나는 항상 내가 하나님인 것처럼 그 자리에서 답을 주고 똑똑한 대안을 제시하려고 했다. 교회에서 일을 할 때는, 마치 사업체를 운영하듯이 기도보다는 기획에 더 신경을 쓰면서 일을 처리해 나가곤 했다. 사역도 내가 맡은 사역이 잘되는 데에만 관심이 있었지 남의 사역에는 신경을 쓰지 않았다. 쉽게 말해서, 내 자신의 일은 최고의 수준을 이뤄 내려고 했지만, 남이 최고가 되도록 도와주는 데에는 별 관심이 없었던 것이다.

리더십은 남을 성공시켜 주는 사람일진대, 나는 자격 미달의 리더였던 것이다. 심방을 가면 그 집 어른들과 세계 복음화나 사회 개혁 같은 거시적인 큰 문제들을 놓고 괜히 흥분했지, 그 집 아이가 몇 주일째 아파서 안색이 핼쑥한 것은 전혀 눈치채지 못할 정도로 나는 불균형한 일 중심의 사람이었던 것이다. 이런 모습들이 하나님 보시기에는 대단히 좋지 않았던 것이다. 하나님의 일을 하는 사람이 하나님을 이용해서 은근히 유명해지려고 하는 그 가당치도 않은 꿍꿍이속을 하나님이 오래 용납하실 리가 만무했던 것이다.

언젠가 우리 교회 열린 예배에 참석했다가, 가수 강인원 씨가 〈가시나무〉라는 노래를 부르는 것을 들었다. 이 노래는 원래 '시인과 촌장'의 하덕규 씨가 그리스도인이 된 뒤에 자신의 옛 모습을 간증하는 마음으로 쓴 것인데, 가수 조성모가 특유의 감미로운 음성으로 불러서 다시금 히트시킨 곡이다. 그 노래를 들으면서 왠지 가슴이 찡하게 울리면서 나도 모르게 볼을 타고 한 줄기 눈물이 흘러내리는 것을 느꼈다. 그 노래의 가사 하나하나가 너무나 내 마음에 와 닿으면서, 한참 어렵고 힘들었던 내 광야 시절이 주마등처럼 눈앞을 스쳤기 때문이다.

내 속엔 내가 너무도 많아 당신의 쉴 곳 없네

내 속엔 헛된 바램들로 당신의 편할 곳 없네
내 속엔 내가 어쩔 수 없는 어둠 당신의 쉴 자리를 뺏고
내 속엔 내가 이길 수 없는 슬픔 무성한 가시나무 숲 같네
바람만 불면 그 메마른 가지, 서로 부대끼며 울어대고
쉴 곳을 찾아 지쳐 날아온 어린 새들도 가시에 찔려 날아가고
바람만 불면 외롭고도 괴로워 슬픈 노래를 부르던 날이 많았는데
내 속엔 내가 너무도 많아 당신의 쉴 곳 없네.

그랬다. 나는 정말 너무나 시퍼런 자아로 가득 차 있었다. 내 속엔 나로 꽉 차 있어서 그 누구도 들어갈 틈이 없었다. 하나님까지도 내 안에서 얼마나 불편하셨을까? 하나님의 쉴 곳이 내 안엔 정말 없었던 것이다. 내 속엔 하나님이 준 비전이 아닌 스스로의 야심으로 가득 차 있어서 하나님의 편할 곳이 없었다. 알면서도 어찌해 볼 수 없는 더럽고 추악한 어둠 같은 죄가 하나님의 쉴 자리를 뺏고 있었다. 내 속은 날카로운 가시들로 가득 찬 가시나무 숲같이 예민하고 핏발이 곤두서 있었다. 그러다 보니, 내 주위로 하나님이 보내 주신 사람들, 내가 정말 사랑하고 아껴 줘야 할 가족들, 친구들, 동역자들, 내게 맡겨 주신 사람들 모두 가시에 찔려 날아가는 어린 새들처럼 내게서 상처를 입고 멀리 떨어져 갔던 것이다. 그러면서 괜히 하나님을 원망하고 환경을 원망하면서 슬퍼했고 절망했고 고독해 했다. 문제의 원인은 나의 시퍼런 교만과 독선 때문이었는데 말이다.

광야에 모래 바람만 있으면 죽고 마는데, 그래도 광야에서 숨을 쉬고 살아남을 수 있는 것은 곳곳에 숨겨져 있는 오아시스들 때문이다. 하나님은 그 힘든 광야에서 내게 격려와 용기와 가르침을 준 좋은 오아시스 같은 사람들을 보내 주셨다. 첫 번째는, 사랑하는 아내 정현이었다. 내가 정말 아무것도 가진 것이 없었을 때, 다른 좋은 신랑감 후보들을 마다하고

나를 선택해 준 그녀. 가장 남편의 따뜻한 사랑이 필요한 신혼 초에 늘 집에 와서 한숨만 쉬고 힘들어하는 한심한 나를 그녀는 늘 끝없이 격려해 주었다. "나 목회고 박사 학위고 다 집어치우고 딴 일이나 해볼까?"라는 말을 일주일에도 서너 번씩 툭툭 던지곤 했지만, 그녀는 그때마다 "지금은 좀 힘들지만, 나는 하나님이 당신에게 정말 탁월한 지식과 커뮤니케이션 능력을 주셨다고 믿고 있어요. 이제 이 고통을 통해서 깊이 있는 인격을 만드셔서, 언젠가는 수많은 사람들에게 좋은 영향력을 줄 사람으로 쓰실 것이라 믿어요. 포기하지 마세요"라며 내게 힘을 주었다. 많은 젊은이들이 결혼 상대를 고를 때, 남자는 외모를, 여자는 남자의 경제력을 많이 따지는데, 나는 그때 아내에게서, 사랑은 계산기를 두드리는 것이 아니라 가장 어렵고 힘든 상황 속에서도 자기의 최선을 아낌없이 상대에게 주는 것임을 배웠다.

두 번째는, 나의 박사 학위 주임 교수 짐 브래들리(Jim Bradley) 박사였다. 덥수룩한 수염에 한없이 자비한 눈을 가진 그는 예리한 지성과 따뜻한 감성, 깊은 영성을 겸비한 덕월한 학사요, 목회자다. 그는 한치의 양보도 없는 서릿발 같은 학적 예리함을 나에게 요구하는 엄격한 스승이었지만, 내가 장학금을 타서 계속 공부할 수 있도록 배려해 주는 반면, 내가 낙심되고 힘들어할 때마다 결코 포기하지 않도록 아버지처럼 격려해 준 고마운 분이다. 나는 그를 평생 잊지 못할 것이다.

지금 동양 선교 교회에 계시는 강준민 목사님과 그 당시 동양 선교 교회를 담임했던 박광철 목사님도 그때 만난 오아시스 같은 아름다운 분들이다. 나는 우연히 알게 된 강준민 목사님과 풀러 신학대학원 옆의 이태리 카페에서 만나 3시간이 넘도록 대화했는데, 젊은 나이에도 불구하고 범접키 힘든 영적 깊이와 성실함이 그에게 있음을 보았다. 속으로 '코리안 리처드 포스터(Richard Foster) 감이군' 하고 생각했는데, 요즘 보니 정말 그런 것 같다. 늘 일 중심적이고, 목표 지향적으로만 달리던 내게 내면 세계의 깊숙한 영성을 추구하는 그는 또 다른 각도에서 나를 점검하는 큰 도전이 되었다. 나는 그와 만난 영향으로 그때부터 영성과 묵상, 심리학에 관한 책들을 깊은 관심을 갖고 읽어 오고 있다.

당시 LA 교포 사회의 대표적인 교회라 할 수 있는 동양 선교 교회의 담임 목사였던 박광철 목사님 또한 우연히 알게 되어 사무실로 찾아가서 처음 만났다. 그토록 큰 대형 교회 담임 목사이면서 그토록 소탈하고 겸손하고 자유로운 분을 나는 처음 보았다. 그는 내게 손수 커피를 따라 주고 소년 같은 미소를 지어 주면서 아주 소소한 일상생활 문제까지 걱정하며 나와 대화를 나눠 주었다. 분명히 일 때문에 갔는데, 그는 일보다 아직 젊고 보잘것없는 나와의 관계를 더 소중히 하는 듯한 느낌을 주었다. 그렇게 시작된 우리들의 관계는 계속 이어졌고, 특히 이상은 사모님과도 아주 친해져서 일 년에 서너 번씩은 부부 동반으로 바닷가로 놀러 가는 등 격의 없는 만남을 갖게 되었다. 아무리 바빠도 마치 나를 만나는 것 외에는 세상에 할 일이 없는 것처럼 몇 시간씩 즐겁게 대화하며, 늘 긍정적인 언어로 격려하시는 박 목사님 내외분을 뵈면서 '나도 저 나이가 되면 다음 세대 리더에게 저렇게 겸손하고 소탈하게 대할 수 있을까' 하는 생각을 많이 했다. 이해 관계로만 따지면 전혀 아무것도 내놓을 것 없었던 내게 그가 보여 준 따뜻한 마음은, 사랑은 무조건적이어야 한다는 것을 가슴 깊이 느끼게 해주었다.

그런 고마운 분들이 있어 나는 광야에서 힘들긴 했지만, 쓰러지지 않고 어떻게 어떻게 버텨낼 수가 있었다.

네가 나의 종이 되어 야곱의 지파들을 일으키며 이스라엘 중에 보전된 자를 돌아오게 할 것은 오히려 경한 일이라 내가 또 너로 이방의

빛을 삼아 나의 구원을 베풀어서 땅 끝까지 이르게 하리라(사 49:6)
파송

광야는 고통스럽지만 결코 영원하지 않다. 하나님이 뜻하시는 목적을 이루시고 나면 일분일초도 낭비하지 않으시고 그 사람을 광야에서 끌어내신다. 그리고 전에 그 사람의 자아가 살아서 뛰어다닐 때보다 훨씬 무게 있고 아름다운 일들을 맡겨 주신다. 나는 하나님께서 나를 서서히 광야에서 이끌어 내셔서 본격적인 사역의 자리로 파송하고 계심을 확연히 느낄 수 있었다.

못난 나를 들어 쓰시는 하나님의 손길을 절절이 체험한 곳은 바로 온누리 교회였다. 내가 온누리 교회를 처음 접한 것은 고통스런 광야의 한가운데를 지나고 있던 1994년 여름이었다. 나는 40여 명의 미주 지역 1.5세대, 2세대 교역자들과 함께 두란노서원 초청으로 한국을 방문했다. 나는 한국에 이토록 살아 있고 자유로운 예배, 다양한 사역을 하고 있는 교회가 있다는 사실에 엄청난 충격을 받았다. 그때 나는 LA 두란노서원의 오성연 장로님의 소개로 온누리 교회에 와서 몇 년 정도 사역하기로 되었는데, 여러 가지 개인적인 사정이 여의치 않아 그 당시는 못 오게 되고 말았다. 하지만, 그 후로 미국에서 우연찮게 하 목사님을 여러 번 만나 뵙게 되었다. 그러는 과정에서 미 동부 뉴저지에 있는 조영진 목사님이란 분도 만나게 되었고, 그분이 담임하고 있는 뉴저지 초대 교회로 가서 영어 목회를 하면서 박사 학위 논문을 마저 끝내게 되었다. 아직 젊은 나이인데도 한없이 너그럽고 따뜻한 심성, 그리고 투명함과 열정적인 비전을 가진 조영진 목사님에게서 나는 기존의 전통적 교회에서 보지 못한 신선한 충격을 받았다. 지금도 내가 가장 사랑하고 존경하는 목회자 중에 한 분이시다.

어쨌든 학위 논문이 거의 완성되어 가던 1998년 가을, 이제는 꼭 한국에 들어와서 함께 사역했으면 좋겠다는 하 목사님의 연락을 수 차례 받았다. 나는 확신이 서지 않았다. 그 때, 앞에서 말한 사랑하는 친구 채수권 목사님의 이메일 편지가 결정적인 자극제가 되었고, 나는 아내와 상의하고 함께 기도한 끝에 결심을 굳혔다. 그리고 2000년 2월, 정들었던 뉴저지의 사람들에게 작별을 고하고 태평양 위를 날아 서울로 들어왔다. 20년 만의 귀향이었다. 비행기 안에서 나는 참으로 여러 가지 생각이 들었다. 과연 한국에 잘 적응할 수 있을까? 또 뭐 잘못되는 일은 없을까? 과연 나를 하나님께서 잘 사용해 주실 수 있을까? 아직 모든 것에 너무 자신이 없었다. 그러나 이미 던져진 주사위였다. 기도하고 온전히 맡겨 버리는 수밖에 없었다.

한국에 들어온 그 순간부터, 하나님은 내가 생각지도 못했던 곳곳에서 나를 세워 주시고 사용하기 시작하셨다. 축복의 시작은 온누리 교회에서부터였다. 나는 무엇보다도 먼저 하용조라는 내 인생에 잊을 수 없는 은인이요, 스승이요, 리더와 함께 동역하게 된 것을 너무나 큰 기쁨으로 알고 산다. 그가 가진 많은 자질들 중에서 무엇보다도 내게 큰 감동을 주는 것은, 앞 부분에서 언급한 것처럼 다음 세대에게 힘을 실어 주는 그의 파격적인 리더십 스타일이다. 한국 교회 상황에서, 이 정도의 대형 교회의 담임 목사가 부목사들과 강단을 공유하는 것이 결코 쉽지 않은 일인데, 그분은 능력만 된다고 판단되면 전혀 갈등 없이 무게 있는 자리에 젊은 목회자들을 세운다. 나이나 경력, 경험의 서열도 뛰어넘는 파격적인 세움을 그는 거리낌없이 한다. 앞 장에서 그렉 로리에게 파격적으로 위임한 척 스미스 목사의 이야기를 다루었는데, 내가 본 한국 목회자들 중에서 하용조 목사님처럼 파격적인 위임을 하는 분은 없었다.

나는 온누리 교회 목회자들 중에서 교회에 온 연수도 적고, 모든 면에서 부족한 것 투성이었다. 그러나 한국에 온 지 얼마 되지 않아서 온누리 교회의 전체 순장 수련회를 비롯하여 각종 대형 집회와 중량급 세미나에서 메시지를 전할 기회를 받았다. 그때마다 자신이 없어 사양하곤 했으나, 그분은 개의치 않고 내 등을 두드리며 도전하시곤 했다. 그래서 나는 8주짜리 수요 강단 시리즈인 "그 황홀한 만남을 위하여"를 시작으로, "사랑의 추적자" 시리즈, 1999년 온누리 여름 비전과 리더십 축제 "거인들의 발자국" 특강, 장로 리더십 스쿨 강사 등을 계속 맡을 수 있었고, 이에 대한 온누리 교인들과 동역자들의 격려와 호응은 내 상상을 뛰어넘을 정도로 대단했다. 하루하루가 그저 축복의 나날들이었고 감사의 순간들이었다. 거기다가 2000년에 온누리 신문의 시론 위원이 되어 내가 그렇게 좋아하는 글쓰기를 마음껏 할 수 있게 되었다. 그 외에도 온누리 교회는 교회가 이런 것도 할 수 있나 할 정도로 기존의 틀을 깨버리는 창조적인 사역 투성이라서 매일 매일이 흥분과 도전의 연속이다.

무엇보다 감사하는 것은 너무나 좋은 동역자(목회자)들을 온누리 교회에서 만나게 되었다는 사실이다. 다들 각자의 분야에서 탁월한 실력을 갖고 있어서 그런지 자존감이 건강하다. 그들은 내겐 정말 맘 좋은 형님같이, 친구같이, 아우같이 따뜻한 사랑을 베풀어 주었고, 내가 조금만 뭘 잘하면 자기 일처럼 기뻐해 주고 격려해 주었다. 한 번은 세미나를 마치고 내려오는데 한 선배 목사님이 내가 너무 자랑스럽다고 꼭 껴안아 주었는데, 눈물이 나서 혼났다(광야를 거치고 나온 뒤 내게 일어난 현상 중에 하나는 조그만 일에도 감동을 잘 받아 잘 운다는 사실이다). 옛날에 동역자들 때문에 마음 고생을 많이 했던 내게 이것은 너무나 큰 축복이었다. 사람으로 인해 받은 상처는 사람으로 인해 치유기 된다더니 …. 특히, 내가 온누리 목회자들을 좋아하는 것은 서열이나 위계 질서 같은 것을 잘 따지지 않고, 전체적인 분위기가 탈권위주의적이고 아주 자유스러우면서도 서로에게 향한 격 있는 매너를 지켜 준다는 것이다. 옛날에 한참 힘들 때는 사람 기피 증세까지 있었던 내가 이제는 함께 기타 치며 노래를 부른다거나, 같이 밥 먹으러 가는 데 바람잡이 역할이나 분위기 메이커 역할까지 자원해서 할 정도로 변했다. 이 기회를 통해 사랑하는 나의 온누리 동역자들에게 영어로 한마디 하고 싶다. "I love you all. You are the best."

2만 명에 달하는 온누리 교인들 중에 만 명이 20-30대일 정도의 젊은 교회 온누리는 비전이 살아 넘치는 곳이며, 동시에 교인들 사이에 사랑이 따끈한 모닥불같이 훈훈한 곳이다. 나는 이곳에서 이때까지 하나님이 내게 담아 주신 은사와 열정을 원 없이 쏟아 낼 수 있는 장을 끊임없이 발견하게 되어, 전에 없던 기쁨과 정열을 가지고 일하고 있다. 그러나 하나님의 부르심은 교회만이 아니었다.

> 이스라엘의 구속자, 이스라엘의 거룩한 자이신 여호와께서 사람에게 멸시를 당하는 자, 백성에게 미움을 받는 자, 관원들에게 종이 된 자에게 이같이 이르시되 너를 보고 열왕이 일어서며 방백들이 경배하리니 이는 너를 택한 바 신실한 나 여호와 이스라엘의 거룩한 자를 인함이니라(사 49:7).

사역

한국으로 들어온 지 얼마 되지 않아서, 나는 국제산업디자인대학(IDAS: International Design Advanced School) 최고 경영자 과정 담당자로부터 전화를 받았다. 아직 국내 사정에 문외한이었던 나는 거기가 무엇을 하는 곳인지도 몰랐다. 하지만 얼핏 설명하는 얘기를 들으니, 만만치(?) 않은 곳이라는 느낌이 들었다. 가만히 그쪽 얘기를 들어 보니, 그곳 총장, 부총장이 다 온누리 교회 교인이라는데 그쪽도 나에 대해 별로 아는 것이 없는 것 같았다. 다만 하용조 목사님을 원래 초청했는데, 하 목사님이 나를 적극 추천했기 때문에 나를 초청하는 것이었다. 주제는 "비즈니스 리더십"이었다. 그 담당자는 내게 강의를 들을 학생 명단을 팩스로 보내 주겠다고 했다. 그때까지 강의 나가면서 학생 명단을 팩스로 보내 주겠다는 곳은 처음이었다. 이상한 생각이 들었지만, 그러라고 했다. 교회로 돌아와 보니 팩스가 도착해 있었는데, 사무실에 있던 다른 목사님들이 먼저 그것을 읽어 보았는지 다들 웅성거리고 있다가, 나를 보더니 다들 웃음 반, 걱정 반 표정으로 괜찮겠느냐고 했다. 대체 왜 그러나 싶어서 그 명단을 받아들고 훑어보았는데, 정말 대단한(?) 명단이었다. 매스컴에도 자주 이름이 오르내리는 한국의 저명한 정계, 재계, 교육계 톱 리더급들이 60명 가량 가득 열거되어 있었던 것이다. 알고 보니 특정 종교계에서 강사를 초청하기는 한 달 전 하용조 목사님을 모시고 "하나님과 디자인"에 대해 특강을 들은 이후로 내가 두 번째라는 것이다. 그저 하 목사님에게서 내가 리더십 전문이라는 얘기를 들었으니, 기독교적 종교 용어를 쓰지 말고 객관적인 자료를 근거로 강의해 달라는 요청이었다. 늘 내 능력에 어울리지 않는 큰 자리에 도전해 보는 것을 좋아하시는 하 목사님은 불안해서 찾아간 내게, "아, 내가 당연히 한 박사를 자신 있게 추천했지. 가서 기독교계에서도 이런 강의를 할 수 있다는 것을 보여 줘. 잘 할 거야" 하시면서 어깨를 한 번 툭 쳐 주시고는 방으로 들어가 버리시는 것이었다.

　당일 저녁 그 곳에 도착해 보니 예상했던 대로 만만찮은 분위기였다. 주차장에는 고급 승용차들이 가득 들어 차 있었고, 강의실 세팅도 최고급이었다. 강의실에 앉아 있는 학생들(?)은 이미 다른 강사의 첫 번째 강의를 듣고 5분도 못 쉬고 내 강의에 들어와서인지 다들 피곤한 기색이 역력했다. 게다가, 국내에서 명성 있는 전문가들만 강사로 오는 곳에 전혀 무명인 데다가 나이도 젊고 교회 목사라는 사람이 왔으니, 바라보는 눈초리들이 대단히 만만찮았다. 나는 강의에 들어가기 전에 잠깐 속으로 기도했다. "하나님, 저는 저분들에 비해 인생 경험도 짧고 유명하지도 않습니다. 그러나 어린 소년 다니엘이 당시 세계 최강대국 바벨론의 왕궁에서 그 뛰어난 석학들과 견주어서 오히려 열 배나 탁월한 지혜와 명철을 보였듯이, 오늘 제게도 그런 지혜를 주십시오."

그리고 나서 용기를 내어 척척 걸어 들어가 강의를 시작했다. 앞에서 말한 바 있는 짐 콜린스의 「성공하는 기업들의 8가지 습관」이란 책을 주제로 한 강의였다. 상당히 복잡한 정보들이 많은 강의라 철저하게 강의 노트를 의존하면서 해야 하는데, 이상하게도 그날은 거의 강의 노트를 보지 않고 했다. 그런데도, 내가 생각해도 놀랄 정도의 데이터와 인용 문구들이 그림처럼 척척 떠올라 내 입으로 흘러나오고 있었다. 그토록 만만찮은 학생들을 놓고 강의하기 처음인데도, 나는 내가 했던 그 어떤 강의 때보다 차분하고 안정되어 있었다. 순간, 나는 어떤 강하고 거룩한 힘이 그 자리에서 나를 지켜 주고 있음을, 도와주고 있음을 직감할 수 있었다. 강의 중반에 접어들면서 사람들의 자세가 달라지기 시작하더니, 강사에게로 빨려 들어오고 있었다. 정해진 시간을 5분 남겨 놓고, 나는 처음으로 예수님 이야기를 꺼냈다. "이 모든 비즈니스 리더십의 탁월한 포인트들이 집약된 것이 바로 예수 그리스도"라는 주제로 5분 결론을 낸 다음, "여러분은 그리스도인이 아닌 분들이 대부분이지만 제가 여러분들의 비즈니스와 가정을 위해 축복 기도하고 싶습니다" 하고 대뜸 기도를 해버렸다.

강단에서 내려오는 내게 다들 거의 기립 박수에 가까운 열렬한 박수를 보내 주었다. 그리고 강의실을 나오는 내게 다투어 악수를 청해 왔다. 어떤 분은 "하나님이 그런 분이시라면 나도 한 번 기독교에 대해 생각을 달리 해봐야겠다"고 했고, 또 어떤 분은 "나도 교회에 한 번 나가 봐야겠다"

고 했다. 어떤 분은 "이번 학기에 들은 강의 중에 가장 탁월한 강의였다. 그런 강의를 교회 목사님에게서 들을 줄은 상상도 못했다"고 했다. 나는 그들의 너무 열렬한 반응에 어안이 벙벙했다. 그날 집으로 돌아오는 차 안에서 나도 모르게 흘러내리는 눈물을 닦았다. 정말 이사야 49장 7절 말씀같이 나같이 못난 사람을 통해서 "열왕이 일어서고 방백들이 경배하게" 하신 하나님이 너무 고마웠기 때문이다. 광야에 있을 때는 상상도 못했던 일이었다. 하나님의 우리 인생을 향한 계획은 우리 자신의 야심보다도 훨씬 크고 아름답고 숭고하다.

그 후, 나는 IDAS의 인기 강사 중의 하나가 되어 마지막 종강 강의를 맡아 꼭 강의하곤 하는데, 그때마다 과분한 격려와 찬사를 받았다. 그것을 계기로 해서 세브란스 병원 간부 경영자 훈련 프로그램에도 가서 강의하는 등, 교회 밖의 기업인 리더십 강의를 자주 하게 되었다. 아직 기독교를 잘 모르는 구도자들을 위한 온누리 교회 열린 예배의 설교를 맡아 아직 믿지 않는 사람들을 위한 전도 메시지도 전했다. 생각도 못 했던 교회 밖의 사역의 장을 하나님이 열어 주신 셈이다. 이 일을 감당하는 데는 내가 대학 시절 미국과 유럽의 현대사를 공부했던 것이 아주 큰 도움을 주었다. 급변하는 세상의 정부, 기업, 언론, 연예의 흐름을 객관적으로 볼 수 있는 노하우가 나도 모르게 축적되어 있었던 것이다. 그것은 결코 낭비가 아니었던 것이다. 앞으로도, 아직 하나님을 모르는 사람들에게 소탈하고도 예리한 메시지를 잘 준비하여 접근해서 기독교의 범사회적 영향력 확산에 조금이나마 도움이 되고 싶다.

하나님이 나를 들어 세우신 곳이 또 하나 있다. 내가 한국에서 온누리 교회 다음으로 좋아하는 포항의 한동 대학교다. 이름부터 좋다. '한동(韓東)', '한국의 동쪽'이라는 뜻인데 동쪽은 해가 뜨는 곳이므로, 한국의 새벽, 한국의 미래를 준비하는 곳이라는 의미를 담고 있다. 아주 멋진 비전을 담은 이름이다. 그러나 개인적으로 내가 그 이름을 좋아하는 이유는 내 이름과 거의 비슷하기 때문이다. 원래 내가 태어났을 때 삼촌께서 '홍(弘)' 이라는 외자 이름을 지어 주셨는데, '한국의 큰 인물' 이 되라는 의미라고 한다. 큰 인물이 될지 안 될지는 아직 두고 봐야 알겠지만, 어쨌든 처음 한동 대학교 안으로 차를 타고 들어갈 때마다 입구에 크게 '한동 대학교' 라고 붙인 것이 마치 '한홍 대학교' 인 것 같은 착각에 빠지기 일쑤다. 그래서 김영길 총장님 내외분에게 한 번 그 이야기를 했더니 두 분 다 기가 막힌다는 듯 함박웃음을 터뜨리는 것이었다. 처음 한동 대학교에 내려가던 날 비행기 사고로 기적적인 하나님의 손길을 경험한 후, 나는 이 대학교와 내가 보통 인연이 아니구나 하는 생각이 더욱 강하게 들었다.

매주 화요일이면 포항으로 내려가 한동대에서 미국 역사, 리더십, 스피치(speech) 강의를 했는데, 하루에 비행기와 차를 5시간 이상을 타야 할 정도로 힘든 길이다. 그러나 나는 학교에 갈 때마다 학생들의 빛나는 눈에서 불처럼 살아 숨쉬고 있는 한국의 미래를 보는 듯한 엄청난 흥분에 사로잡혔다. 깨끗한 신앙인의 인격과 실력을 겸비한 21세기 한국의 인재들을 양성하겠다는 목표로 시작된 이 학교는 '한동 고등학교' 란 별명이 생길 정도로 1학년 때부터 강도 있는 공부를 시키는 곳이다. 특히 컴퓨터와 영어를 집중적으로 강조해 실제 한동대 학생들을 써 본 회사마다 '아주 탁월한 일꾼들' 이라고 칭찬이 자자하다. 그러나 그보다 더한 한동대의 멋은 1학년 때부터 기숙사 생활에서부터 일일이 강조되는 인성 교육이다. 모든 학생이 교수님들이 이끄는 소그룹에 배속되어 함께 기도하고, 인생의 여러 가지 문제들을 허심탄회하게 나누는 한동의 따뜻한 공동체 시스템. 그렇게 잠 많은 때의 대학생들이 그렇게 많이 새벽에 기도하고 하루를 시작하는 대학교가 한동 말고 또 있을까?

지난 번, 미국 바이올라 대학 총장이 한동대를 방문하고 나서, 한국에 이렇게 영어 메시지를 잘 알아듣는 대학, 이렇게 학생들 행동에 따뜻함과 격이 넘치는 대학이 있었느냐고 감탄을 금치 못하는 것을 들었다. 나와 친숙한 MBC 뉴스의 이인용 앵커는 서울 모 대학의 교수로 있는 자기 친구가 한 번 학교를 갔다 오더니, "어떻게 대한민국에 그런 대학이 있느냐?"며 놀라더라고 했다. 그가 감탄한 이유는 다른 그 어떤 것보다도, 방문한 다른 어른들과 마주치는 학생들이 인사를 하는데, 그것도 형식적인 인사가 아니라 마음에서 우러나는 밝고 친절하고 힘있는 인사를 하더라는 것이었다. "요즘 한국 대학에 어른 보고 학생들이 그렇게 인사하는 곳이 어디 있습니까? 담당 교수와 마주쳐도 그냥 지나치는 경우가 허다한데 …" 하더라는 것이다. 그 이야기를 듣고 나는 즉시로 대답했다. "그건 보통이죠, 뭐. 얼마나 훌륭한 애들인데 …."

처음 채플 강의 차 내려와서 비행기 사고를 당해서 유명세(?)를 탄 때 문인지, 나의 강의는 항상 수강 신청이 쇄도해 일찌감치 정원 마감되기 일쑤였다. 한 명이라도 더 넣고 주고 싶지만, 일방적으로 강의만 하는 것이 아니라 소그룹으로 프로젝트 발표도 하게 하고, 또 스피치 클래스 같은 경우는 학생 한 명, 한 명의 스피치를 일일이 다 듣고 코멘트해 줘야 하므로 일정한 숫자밖에는 못 받는 안타까움이 있었다. 항상 학기가 끝나는 마지막 강의 때는 학생들로부터 그 동안 고마웠다는 편지들을 받았는데 그것들은 내가 가장 아끼는 재산이요 보물이 된다(이사를 다니면서 딴 건 다 버려도 사람들이 내게 고마움을 표시한 편지들은 가능한 한 끝까지 간직하는 편이다).

"교수님, 교수님 수업을 들으면 정말 감동과 은혜가 파도처럼 밀려와요. 사랑해요."

"매 수업 시간마다 너무 많은 것을 느낍니다. 가슴이 뜨거워지고 비전과 열정이 생겨요. 쉬는 시간에는 마음의 뜨거운 열정을 발산해 내려고 폭풍의 언덕에 혼자 올라갑니다 … 감사합니다."

"시간마다 재주보다는 하나님의 지혜를 배우는 것 같습니다."

"이 강의를 사랑합니다. 제 20대에 정말 좋은 복음을 들었다고 평생 기억할 것입니다."

"강의 때마다 새로운 은혜와 감격에 가슴 뜨거워지곤 합니다. 교수님의 겸손과 지혜로움과 목사님의 하나님을 향한 진실함을 닮고 싶습니다."

"강의 '넘넘' 좋고 시간 시간이 '넘넘' 좋아요 … 저희가 얼마나 교수님 존경하고 사랑하는지 아시죠?"

"정말 뭔가 많은 것들을 생각하게 만드는 수업이었습니다. 해주시는 말씀들이 저를 얼마나 새롭게 살아나게 하는지 … 진심으로 존경하고 사랑합니다."

"앞에서 이끈다는 것, 리더십이 그토록 힘든 것인지 미처 몰랐습니다."

"하나님의 사람도 진짜 지식과 공존할 수 있음을 알게 됐습니다."

"눈물의 강의를 들으며 많은 도전을 받았습니다. 지금 이 시간이 훈련이 되어 후에 사회에 나가서 하나님의 아름다운 리더가 되길 소망하며 기도하고 있습니다. 너무너무 사랑함다."

"졸업이 늦어져서 교수님의 강의를 듣게 된 것을 엄청난 행운으로 생각합니다. 주신 말씀들 새록새록 되새기며 살겠습니다."

"교수님 기대에 어긋나지 않는 한동인이 되겠습니다. 교수님은 저의 라이벌입니다."

그 편지들을 읽으면서 나는 늘 많이 운다. 내게 주신 하나님의 부르심이 바로 이런 때를 위한 것이었구나 하고 문득 깨닫게 되기 때문이다. 이 학생들의 인생에 이런 감동을, 이런 변화를 주는 데 쓰게 하시려고 나를 광야도 통과케 하시고, 불 같은 사고에서도 살려 주셨구나 하면서 감동에 젖어 주책스럽게도 울어 버리는 것이다. 이 세상에서 가장 보람 있는 일, 죽었다 깨어나도 다시 하고 싶은 일은 역시 사람을 살리는 일, 사람을 변화시키는 일이다. 이것은 리더에게 주어진 엄청난 특권이기도 하다.

오래 전 한 영화를 보면서 이와 비슷한 이유로 울어 본 기억이 난다. 바로 〈홀랜드 오퍼스(Mr. Holland's Opus)〉란 영화다. 이 영화는 평생 작곡에만 몰두하며 자신이 작곡한 오페라를 한 번이라도 뉴욕 브로드웨이에서 연주하고 지휘하는 게 꿈이었던 홀랜드 씨가 가족의 생계를 위해 할 수 없이 별로 내키지 않는 고등학교 음악 선생 일을 하면서 평생을 보내게 되는 과정을 애틋하게 그려내고 있다. 홀랜드 씨는 결국 수십 년이 지나도록 자신의 꿈을 이뤄 보지 못하고, 마침내는 학교 음악 교사직도 내려놓게 되는데, 마지막 장면인 그의 은퇴식이 이 영화의 압권이었다. 조용히 집으로 돌아가던 그를 이때까지 그의 밑에서 배웠던 제자들이 강당으로 데려가서 '깜짝쇼'를 해주는데, 모두들 밴드복을 입고 악기들을 들고 그가 브로드웨이에서 연주할 날을 기다리며 삭혀 놓은 오페라를 연주할 준비를 하고 있었던 것이다.

홀랜드 씨가 놀란 입을 다물지 못하고 있을 때, 그의 옛 제자였다가 이제는 어엿한 그 주(州)의 주지사가 된 여인이 강단에 올라가 그를 바라보며 울먹이는 목소리로 말한다.

"선생님, 당신은 평생 브로드웨이에 진출하지 못한 당신이 인생의 실패자라고 생각하며 살았습니다. 당신의 오페라가 브로드웨이에 울려 퍼지지 못한 것을 항상 서러워하며 살았습니다. 그러나 당신은 당신의 인생이 실패라고 생각할지 모르지만 그것은 사실이 아닙니다. 여기 서 있는 우리들을 보세요. 당신이 사랑하며 꿈을 주고 가르쳐 준 이 수많은 제자들을. 바로 우리 하나하나가 당신이 작곡한 가장 멋진 교향곡의 음표요,

쉼표요, 악장들인 것입니다."

우레와 같은 좌중의 박수 소리와 함께 홀랜드 씨는 철철 흘러내리는 눈물을 닦지도 못하고 단 위에 올라가 그의 마지막 오페라를 지휘한다.

예수님이 열두 제자들에게 준 가장 큰 비전은 '사람을 낚는 어부'가 되라는 것이었다. 사람을 낚는다는 것이 무슨 말인가? 꿈이 없는 자에게 꿈을 주고, 절망이 가득 찬 자에게 소망을 주고, 미움으로 가득 찬 자에게 사랑을 주고, 이 땅의 것에만 심취한 자에게 영원한 하늘의 비전을 심어 주라는 말이다. 사람을 사랑하고, 사람에게 진리를 가르쳐 주고, 사람을 다듬어 주고, 사람들에게 최선의 비전으로 나가게 해주는 것이 바로 리더의 사명 아니겠는가? 언젠가 우리가 영원의 나라에서 역사의 주관자이신 하나님 앞에 설 때, 우리에게 오페라를 연주해 줄 제자들이 있겠는가? 그것이 당신의 삶의 가치를 평가하는 진정한 기준일 것이다.

●● 리더십과 부르심

- 인생에서 가장 황홀한 만남은 하나님을 만나는 것이다
- 하나님이 허락하신 체험과 훈련은 하나도 버릴 것이 없다
- 사람을 살리고 사람을 변화시키는 일은 리더의 엄청난 특권이다

13 Chapter

거인들의 발자국

> 나는 알파와 오메가요 처음과 나중이요 시작과
> 끝이라.
>
> — 요한계시록 22장 13절

    숙달된 사냥꾼들은 발자국을 보고 실로 많은 것을 알아낸다고 한다. 발자국을 보고 그것을 남긴 사람이나 동물의 특성을 금방 안다고 한다. 사람인 경우는 남자인지, 여자인지, 아이인지, 어른인지를 아는 것은 기본이고 이 사람이 얼마나 단련된 사람인지 아닌지, 무게가 어느 정도인지, 걸음걸이가 어떤지, 몸 상태는 어느 정도인지, 얼마나 빨리 걸어갔는지, 언제 그 자리를 지나갔는지까지도 안다고 한다.

    마찬가지로, 우리는 역사의 수많은 인물들과 단체들, 교회들, 국가들이 이 땅에서 살아가면서 남기고 간 발자국들을 통해, 마치 누에에서 명주실을 뽑아 내듯이 리더십의 귀중한 원리들을 뽑아 낼 수 있었다. 사람들의 삶의 역사는 참으로 귀중한 교과서이기 때문에 우리가 조금만 열린 마음을 가지고 들여다보면 하나님의 기가 막힌 메시지들을 발견할 수 있다. 리더십은 균형임을 배웠고, 따르는 이들이 제대로 따라 줘야 리더가 제 힘을 발휘할 수 있음도 배웠다. 시대 상황을 읽은 잇사갈 족속의 통찰력이 있어야 하며, 각 문화의 특성과 성격들의 차이가 리더십 스타일에 지대한 영향을 미침도 알았다. 리더십이 귀중한 만큼, 좋은 리더십을 파괴시키는 리더십 킬러들을 조심해야 한다는 것도 알게 되었다. 균형과 인격과 능력과 융화력이 탁월한 리더십의 구성 요소임을 인식하게 되었다. 동시에, 리더십은 부드러움으로 강함을 이기는 힘임을 배웠다. 또한 리더십의 핵은 자기가 스타가 되는 것이 아니며 함께 성공하는 팀 스피릿의 정신임을 알았고, 자신이 사라진 후를 준비하며 다음 세대에게 모든 것을 투자하는 한 알의 썩어지는 밀알임을 배웠다. 그렇기 때문에 리더십은 참으로 어려운 것이며, 하나님의 부르심에 대한 움직일 수 없는 확신 없이는 감당키 어려운 사명임도 알았다. 그러나 이 모든 리더십의 교훈을 완전케 하는 마지막 보석 같은 진리가 또 하나 남아 있다.

2000년 7월 25일, 파리 샤를르 드골 공항 근처에서 파리를 떠나 미국 뉴욕으로 향하던 콩코드기가 이륙 직후 추락했다. 사고기에 탑승했던 승객 109명은 전원 사망했다. 지난 1969년부터 비행을 시작한 이래로 무사고 비행을 자랑하던 초음속 여객기 콩코드의 신화가 무너지는 순간이었다. 고위층과 거부들, 대중 스타들과 같은 최고의 VIP들만 모시는 최고의 비행기를 자랑했지만, 그것이 오히려 화근이 되었다. 기체가 워낙 비싼 탓에 평균 22년에 달하는 노후한 기령 때문에 항상 안전 사고의 우려가 있었다고 한다. 인간이 만드는 것은 역시 완전한 것이 없다. 그것은 인간 자체가 완전하지 못하기 때문일 것이다.

리더십, 특히 탁월한 리더십, 성공한 리더십이 범하기 쉬운 가장 무서운 오류는 자신이 무적이라고 생각하는 것이다. 이때까지 논했던 리더십의 모든 노하우를 다 축적했다고 해도, 스스로의 힘으로 모든 상황에 완벽하게 대응하며, 모든 사람을 다 완벽하게 다룰 수 있다고 생각하는 것처럼 바보스런 일은 없다. 리더십의 가장 중요한 자질은, 모든 것을 갖추었으면서 역시 자신의 힘으로는 아무것도 할 수 없음을 겸허히 하나님 앞에 인정하는 자세일 것이다. 아무리 뛰어난 리더도 과정 동안 전혀 굴곡

없이 수직 상승하는 사람은 없다. 때로는 넘어져서 땅을 짚고 고통스럽게 기어갈 때도 있고, 때로는 할 수 없이 뒤로 몇 걸음 물러섰다가 다시 나아가야 하는 때도 있다. 그러나 그것이 넓은 시야로 보면 반드시 마이너스만은 아니다. 스포츠 전문가들에 의하면 뒤로 열 발자국 걷는 것은 앞으로 열 발자국 걷는 것만큼 몸에 좋다고 한다. 우리는 어쩌면 인생의 실패와 좌절의 순간들에서 더 많은 것을 배우는지도 모른다. 중요한 것은 하나님을 믿고 어떠한 순간에도 포기하지 않는 것이다.

2000년 8월 10일, 나는 시카고 윌로우크릭의 리더십 컨퍼런스를 참석하고 있었다. 첫날 오후 특별 게스트 초청 시간은 시작하기 전부터 팽팽한 긴장감으로 가득 차 있었다. 그것은 바로 미국 대통령 빌 클린턴이 그날의 초대 손님이었기 때문이다. 미 전국에서 모여든 4,000여 명의 영적 지도자들이 장내를 꽉 메우고 무대를 뚫어지듯이 응시하는 가운데, 윌로우크릭의 담임 목사 빌 하이벨스가 들어섰고, 그의 소개로 대통령이 박수를 받으며 등장했다. 대통령이 종교 지도자들이 모인 자리에 온다는 것은 얼핏 들으면 대단한 영광(?)으로 여겨질 사건이었지만, 클린턴의 경우는 사정이 달랐다. 취임 직후부터 끊임없이 그를 둘러싸고 일어난 섹스 스캔들, 특히 몇 년 전 모니카 르윈스키 사건으로 땅에 떨어져 버린 그의 도덕성도 문제였거니와 낙태법 통과, 동성 연애자 권리 옹호 지지 등으로 인해 클린턴에 대한 미국 개신교 교회들의 감정은 악화될 대로 악화되어 있었다. 그런 그가 전국의 톱 기독교 지도자들이 모여 리더십을 배우는 자리에 특별 게스트 강사로 오다니 …. 클린턴이 온다는 소식이 발표된 이후, 며칠 동안 매스컴은 떠들썩하게 이를 다루었고, 윌로우크릭 교회는 거의 모든 전화선과 팩스가 마비될 정도로 미국의 기독교인들의 엄청난 항의에 시달렸다고 한다. 윌로우크릭 교회 자체 내에서도 교인들의 반응이 심상찮았다. 그런데, 무슨 생각으로 빌 하이벨스는 이런 위험 부담을 안고 클린턴을 초대했던 것일까?

　이야기의 발단은 8년 전으로 거슬러 올라가는데, 당시 미 대통령으로 막 당선된 (아직은 아칸사스 주의 주지사였던) 빌 클린턴이 미국의 저명한 종교 지도자 수 명을 주지사 관저로 초대해서 교제의 시간을 가졌는데, 빌 하이벨스도 거기에 끼어 있었다고 한다. 그때 클린턴은 하이벨스 목사에게 개인적으로 부탁하기를 앞으로도 자기와 한 달에 한 번씩 만나서 영적인 조언자 역할을 해달라고 했고, 하이벨스는 이것을 수락했다고 한다. 그러나, 지난 8년 동안 이 관계는 수없이 많은 위기에 부딪혔다. 특히 클린턴이 뒤통수를 때리는 스캔들을 계속 일으키자, 전국의 기독교 지도자들은 빌 하이벨스에게 "당신은 어떻게 그런 추악한 죄인과 계속 만날 수 있느냐?"라고 빗발치는 항의를 했고, 하이벨스 자신도 과연 내가 이 사람의 인생에 긍정적인 영향을 미치고 있느냐는 문제로 많이 갈등해야 했다고 한다. 그러나 그가 기도하면서 내린 결론은 이 사람 또한 한 명의 외롭고 힘든 죄인일 뿐이며, 대통령이기 전에 하나의 죄인으로서 하나님의 용서와 회복을 받아야 할 불쌍한 영혼이라는 사실이었다. 그래도 자신이 한 달에 한 번씩 만나서 그의 이야기를 들어주고, 말씀에 입각해서 예리하게 잘못을 지적해 주고 함으로써, 아주 조금씩이나마 하나님이 클린턴의 마음에 역사하시고 계심을 믿었다는 것이다. 클린턴이 입장하기 1시간 전에, 하이벨스는 우리들에게 이렇게 호소했다.

　"우리는 하나님의 용서를 필요로 하는 한 인간을 볼 뿐입니다. 그 어떤 인간도 완전하지 않으며, 교회만은 진리와 함께 사랑과 용서의 덕을 실천해야 하지 않겠습니까? 그와 견해가 다르고 그가 저지른 과오들에 대해 분노하고 있다 할지라도, 그래도 하나님이 허락하신 권위인 그에게 최소한의 존경을 표하면서 늘 실수하기 쉬운 한 인간의 정직한 얘기를 한 번

들어보도록 합시다."

드디어 시간이 되어 클린턴 대통령이 무대 위로 올라왔고, 빌 하이벨스 목사는 처음부터 가슴이 섬뜩할 정도의 예리한 질문들을 그에게 던져댔다. 내가 놀란 것은 세계에서 가장 강한 나라의 지도자에게 한 목사가 그렇게 솔직하고 강한 질문들을 던질 수 있다는 것이었고, 또 하나는 거기에 대해 답하는 대통령이 비교적 아주 솔직하고 겸손했다는 사실이었다. 임기 초의 자신 만만하던 모습과는 달리 많이 초췌해진 모습의 클린턴은 1915년 독일의 정치인 막스 베버가 한 말을 인용하면서 말문을 열었다.

"정치에 뛰어드는 모든 사람은 자신의 영혼을 잃어버릴 각오를 해야 한다."

그러면서 파워가 얼마나 사람의 내적 세계를 황폐하게 만들 수 있는지를 몰랐다고 했다. 클린턴은 자신이 정말 씻을 수 없는 도덕적 실수를 저질렀고, 그로 인해 부서진 자기의 삶, 가족의 삶을 지금 아주 힘겹게 조금씩 재건해 올리고 있는 중이라고 솔직하게 말했다. 그리고, 자기와 만나는 것 때문에 빌 하이벨스 목사가 미국의 교회 시노사들의 많은 비난을 감수한 것을 마음 아프게 생각한다고 했다. 그러나 자신은 정말 외로웠고 힘들어서 누군가와 얘기할 사람이 필요했고, 그때 빌 하이벨스는 자신을 포기하지 않았다고 했다.

"정치가에게는 정말 목사가 곁에 있어 줘야 합니다. 저만 봐도 그것을 잘 알 수 있지 않습니까? 병자에게 의사가 필요한 것처럼, 저 같은 사람한테는 교회가 더욱 필요하다고 생각합니다."

그날 인터뷰가 끝난 뒤, 빌 하이벨스는 클린턴의 어깨에 손을 얹고 뜨거운 격려의 기도를 해주었다.

나는 그날 알지 못할 이상한 감동에 사로잡혀 다른 4,000여 명의 참석자들과 함께 일어나서, 퇴장하는 클린턴에게 박수를 쳐 주었다. 이제 임기가 얼마 남지도 않은 대통령, 기독교 지도자들에게 그토록 미움을 받고 있는 대통령을 위험 부담을 무릅쓰고 초청한 빌 하이벨스의 용기와 목회적 마음에 나는 깊은 감동을 받았다. 후에 나는 윌로우크릭 실무자 한 사람에게서 당장 그 주 헌금이 25퍼센트가 줄고, 적지 않은 수의 교인들이 화가 나서 교회를 떠나 버릴 정도로 반대하는 입장이 만만치 않다는 이야기를 들었다. 수없이 많은 항의 편지와 팩스, 전화들이 윌로우크릭 교회에 쇄도했다. 그 모든 것을 빌 하이벨스는 각오하고 있었을 것이다.

나는 어렴풋이나마 그의 마음을 이해할 것 같다. 인간의 눈으로 보기에 아무리 거대한 리더라도 그는 역시 인간일 뿐이다. 자신이 무적이 아님을 인정하는 것, 그것이 거인의 리더십으로 도약하는 첫걸음일 것이다. 조금의 파워를 쥐었다고 해서 마치 자신이 스타인 양, 신인 양 착각하기 쉬운 이 세상의 모든 리더십들을 정화시키고, 용서하고, 다듬어 줄 거룩한 사명이 바로 교회에게 주어져 있다고 생각한다.

이 책의 제목인 "거인(巨人)들의 발자국"은 내가 좋아하는 시 "발자국(Footprints)"을 음미하면서 생각한 것이다.

어느 날 밤, 나는 한 꿈을 꾸었다.
나의 주님과 함께 바닷가를 거닐고 있었다.
어두운 하늘 저 편으로 나의 생애의 순간 순간들이 흘러 지나가고 있었다
한 장면이 지날 때마다 나는 발자국 두 쌍이 모래 위에 찍혀 있음을 보았다
내 것과 주님의 것, 이렇게 두 쌍이었다
그런데, 마지막 장면이 지나갈 때

내가 보니 모래 위에는 한 쌍의 발자국밖에 찍혀 있지 않았다.
순간 나는 그때가 내 인생에서 가장 힘들고 슬픈 때였음을 기억했다.
나는 이것이 늘 마음에 걸려서 주님께 내 딜레마에 대해 물어 보았다.
"주님, 제가 처음 주님을 따르기로 했을 때,
당신은 제 평생 동안 함께 해주시겠다고 하지 않았습니까?
그런데 제가 보니 제 인생의 가장 고통스러웠던 때에는
발자국이 한 쌍밖에 없군요.
저는 이유를 알 수가 없습니다.
제가 당신을 가장 필요로 할 때, 당신은 제게서 떠나 있었군요."
그때, 주님은 내게 그렇게 속삭여 주셨다.
"나의 사랑스런 아이야, 나는 너를 사랑하고 네가 그 어떤 고통과 시험을 당할 때에도 절대 너를 떠나지 않는단다.
네가 한 쌍의 발자국밖에 보이지 않는다고 하는 그때는
내가 너를 등에 업고 걸어갔던 때란다."

- 마가렛 피쉬백(Margaret Fishback)

클린턴 대통령의 경우에서도 보았듯이, 이 땅의 기준으로 거인(巨人)이라고 평가된 사람들은 다 존경받지 못할 만한 일면이 있다. 자유와 평등을 외치며 피를 끓는 독립 선언문을 작성했던 토마스 제퍼슨은, 영국으로부터 자유를 주장했지만 많은 흑인 노예들을 거느렸던 양면성을 지녔다. 노예 해방의 주역으로 추앙받는 미국의 에이브러햄 링컨 대통령은 인디언들을 그들의 영토로부터 몰아내고, 보호 구역에 가두게 하고, 반항하는 자는 학살하라는 명령에 서명을 해주었다. 1960년대 초반 미국인들에게 새로운 비전의 개척자 정신을 던졌던 젊은 대통령 존 F. 케네디는 여성 편력이 극심했던 사람이었다.

「내면 세계의 질서와 영적 성장(Ordering Your Private World)」이라는 기독교 베스트셀러를 쓴 고든 맥도널드(Gordon McDonald)는 탁월한 설교가요 저자였지만, 섹스 스캔들로 인해 교단의 징계를 받고 말할 수 없이 고통스러운 참회의 기간을 거쳐야 했다. 빛이 강할수록 그림자가 진하듯, 모든 인간은 강한 만큼 약하다. 탁월한 만큼 부끄러운 면면들을 다 가지고 있다.

그렇기 때문에 우리는 모두 스스로의 힘으로는 제대로 된 리더가 될 수 없는 것이다. "발자국"이란 시가 던져 주는 의미 그대로, 우리 인생의 가장 어렵고 힘든 때에 우리 자신의 힘으로 할 수 있는 일은 아무것도 없다. 탁월한 지도자일수록 도저히 인간의 힘으로는 어찌해 볼 수가 없는 상황이 있음을 인정하고 산다. 가장 완벽한 능력과 사랑의 리더이신 예수 그리스도에게 전적으로 신뢰하는 것이 최상의 선택이다.

지구에서 사막이나 바닷가, 땅에 찍은 발자국은 비가 오고 바람과 파도가 지나가면 금방 없어지는데 반해서, 진공 상태인 달의 표면에 찍힌 발자국은 수백만 년을 간다고 한다. 인간의 역사에 화려한 발자국을 찍은 사람들, 인간의 잣대로 거인(巨人)이라고 평가된 사람들은 자신의 야심과 권력과 무력과 지식과 돈과 인기로 열심히 발자국을 찍었다. 그러나 바닷물이 몰려오면 흔적도 없이 지워지는 바닷가의 발자국들처럼, 영원 속에 거하시는 하나님의 역사에 그들은 아무 흔적도 남기지 못한다. 이집트의 람세스 2세는 피라밋마다 자기 이름을 새겨 놓을 정도로 스스로를 거인으로 칭했던 사람이지만, 그도 역사의 뒤안길로 사라졌다.

2000년 전 한 보잘것없는 나사렛 사람 예수 그리스도가 남겨 놓고 간 발자국은 전능자의 영원한 시간 속에 불타는 한 정점이 되었다. 33년이라는 짧은 삶이었지만, 예수님은 이때까지 우리가 다루었던 최고의 리더십의 모든 자질들의 본보기를 보여 주고 가신 분이다. 그는 일방적으로 힘을 내세우거나 자신의 지위로 억압하려 하는 리더십이 아닌, 본질의 위대함을 갖춘 리더의 모습이 어떤 것인지 우리에게 보여 주었다. 지성과 감성과 영성의 완벽한 균형을 잡고 있었으며, 침묵할 때와 일어서서 일할 때를 아는 계절의 균형을 잡는 리더였다. 그는 높고 편안한 하늘의 왕자 자리를 박차고, 불편하고 더러운 이 땅으로 내려와 그가 사랑하는 팔로워들과 함께 호흡하고 움직이며 사랑의 리더십을 실천했다. 자신이 처한 상황과 사람들의 성격을 정확하게 파악하고 항상 그들의 입장에서 접근했던 그는 실로 뛰어난 마케팅 감각을 가진 리더십이었다. 또한 자신의 민족만을 선민이라고 생각했던 유대인들에게 열방을 품고 사랑하는 세계화의 비전을 불붙여 주었던 글로벌 리더였다.

이 세상에서 가장 강한 자였으면서도 한없이 부드러운 사랑과 용서를 몸으로 실천한 예수 그리스도. 등에 업은 아기 거미에게 자기 속까지 다 파먹게 해서 자신은 속이 텅 빈 채로 죽어간 어미 거미처럼, 그는 자신의 목숨보다도 세계의 모든 사람들을 위해 십자가 죽음이라는 길을 택했다. 그의 리더십의 절정은 열한 명의 제자들에게 자신의 모든 것을 쏟아 부어 버린 자기희생의 멘토링이다. 한낱 보잘것없는 어부들에 불과했던 그 제자들이 또 다른 수많은 제자들을 만들었고, 이들이 2000년 동안 전 세계에 살아 있는 교회 네트워크를 구성하는 엄청난 파장을 일으키게 된다.

인류 역사가 낳은 가장 위대한 거인의 발자국을 남기고 간 예수 그리스도. 그를 만나면 삭개오 같은 난쟁이도 엄청난 거인이 된다. 그를 의지하고 그의 발자국을 따라가는 순종의 사람들이 가는 길 뒤엔 영원 속에 남는 거인들의 발자국이 찍혀지는 것이다. 당신이 스스로 아무리 탁월하다고 믿어도, 당신의 인격과 능력만 가지고는 안 되는 일들이 세상엔 너무나 많다. 좋은 사람들이 당신의 리더십을 따라 주어야 하고, 또 적절한 역사의 바람이 맞아 떨어져야 한다. 그 모든 것을 뒤에서 지휘하시는 전능자 하나님의 도움 없이는 그 어떤 리더십도 가능하지 않다.

이제 자기 힘으로 안간힘을 쓰며 살아 보려 했던, 다른 사람을 내 마음대로 움직여 보려 했던 그 가련한 인간적 리더십의 과거에서 벗어나자. 그리고 사랑과 능력의 하나님, 리더 중의 리더이신 그분의 발자국을 따라 함께 영원으로 걸어가자.

에필로그
■ 「거인들의 발자국」 출판 이후 내게 일어난 일들

세상 한가운데서

정말 두렵고 떨리는 마음으로 썼던 이 책 「거인들의 발자국」은, 나오자마자 서점 가에 일대 센세이션을 일으키며 날개 돋친 듯 팔렸다. 당시 사랑의 교회 담임목사셨던 옥한흠 목사님은 이메일을 통해 "내가 지금 「거인들의 발자국」에 빠져 있어요 … 앞으로도 좋은 책을 많이 쓰기 바랍니다"라는 말씀으로 까마득한 후배를 격려해 주셨다. 연대 세브란스 병원의 강진경 의료 원장님은 나를 보고 너털웃음을 지으시면서 "난 그 책 밑줄 쳐 가면서 다 읽고 우리 인원들도 다 한 번씩 읽게 했어요. 안 믿어지면 내가 그 책 핵심 내용을 한 번 요약해 볼까요?" 하시며 내 손을 잡아 주기도 하셨다. 국회의원 유재건 장로님은 2번 내리 읽으시고는 모든 동료 의원에게 한 권씩 나눠 주시도 하셨다. 숙명여대 이경숙 총장님은 온누리 교회 다니는 교수분에게 이 책을 선물 받아서 밤을 새워 다 읽으셨다. 후에 나를 만난 자리에서 "제가 리더십은 이래야 한다고 생각하는 것들을 그 책에 다 써 놓으셨더군요"라고 말해 주셨다. 하나님은 보잘것없는 이 책을 이처럼 광범위한 분야의 리더들에게 사랑을 받게 하셨다.

거기다 국제 산업디자인대학원(IDAS) 최고경영자 스쿨 프로그램에 정기적으로 출강하면서, 어느새 사람들은 나도 모르는 사이에 나를 리더십 분야의 전문가로 인정해 주기 시작했다. 각 기업체, 대학교, 병원, 정부 기관의 간부 훈련 프로그램에서 엄청난 강의 요청이 쇄도했다. 정말 송구한 일이었다. '책이야 썼지만, 실제로 나는 참 보잘것없는 리더인데 이걸 어떡하나?' 걱정스러웠다. 나는 나 자신을 잘 파악하고 있었기 때문이다. 축구 해설 위원에게 직접 축구장에서 뛰라고 하면 과연 잘할 수 있을까? 「손자병법」을 쓴 뒤에 기어코 자신이 일선의 장군이 될 것을 자원한 손무(孫武)의 심정을 알 것도 같았다.

게다가 우리나라처럼 장유유서(長幼有序) 개념이 강한 나라에서 아직 마흔도 되지 않은 내가 어디 가서 그 분야의 중진급 지도자들에게 리더십 강의를 한다는 것이 늘 민망했다. 금방이라도 누가 벌떡 일어나서 "당신이 한 번 겪어 봤어? 그렇게 직접 해 봤냐구?" 하고 따질 것만 같았다. 천문학이나 전자 공학 같은 전문 분야는 지식 중심의 학문이니까 젊은 사람이 강의해도 실력만 있으면 큰 문제가 없지만, 리더십은 거의 100% 현장 중심의 학문이니까 나 같은 사람에겐 훨씬 부담스럽다. 게다가 나는 목사이기 때문에 상대방이 갖고 있는 종교인에 대한 선입견도 뛰어넘어야 한다. 주위 사람들은 내 속도 모르고 유명한 사람들 앞에서 강의하니까 좋겠다고 말하지만, 나는 언제나 이런 부담을 느끼고 있었다.

그러나 어느 날 시편 119편을 묵상하다가 새로운 자신감을 얻었다. "하나님의 말씀을 깊이 묵상하는 자의 명철함은 노인의 지혜보다 승하고, 모든 스승보다 뛰어나다." 나는 무릎을 쳤다. "그래, 바로 이거다! 내가 많이 배웠고 훌륭한 경험을 많이 해서 사람들이 내 리더십 강의를 듣는 것이 아니다. 내가 하나님 앞에서 겸손히 엎드려 하나님의 말씀을 깊이 묵상하면, 하나님이 나를 통해 그분의 권위와 지혜를 흘려보내시는 것이다. 노예 소년 다니엘에게 어떤 학자나 지도자들보다 열 배나 뛰어난 지혜를 주심으로, 다니엘을 보는 사람들이 그런 지혜를 주신 하나님께 영광 돌렸듯이, 보잘것없는 나를 통해서도 세상 사람들이 하나님의 영광을 볼 수 있을 것이다.

일반 세상의 리더십을 강의할 때, 목사인 나는 종교적인 언어를 쓰지 는 말아 달라는 부탁을 받는다. 그래서 언어는 절제하지만 하나님의 사상 만은 타협하지 않고 그대로 전달하는 절묘한(?) 지혜가 늘 필요했다. 당 장 그들이 내 강의를 듣고 하나님 믿기 바라는 것은 아니지만 하나님과 교회에 대한 새롭고 경외로운 시각을 갖게 해 주고 싶다. 그래서 하나님 에 대해 긍정적인 마음을 갖게 되면 내 사명은 그것으로 족하다. 언젠가 다른 누가 전도할 때 훨씬 더 쉽게 하나님을 믿을 수 있을 것이다.

그렇게 생각하니까 수많은 리더십 강의의 자리들이 내게 주신 선교지 로 보였다. 내가 유명하고 잘나서가 아니라, 하나님이 복음으로 터치하고 싶은 누군가가 있어서 날 그 자리에 보내시는 것이다. 스스로 교회 와서 목사 설교를 듣는다는 것은 상상도 하지 않을 사람들을 리더십이라는 도 구를 사용해서, 교회 밖에서 만나니 이런 기가 막힌 기회가 어디 있겠는 가? 바울의 말처럼, 나는 하나님이 그들에게 보내신 "예수 그리스도의 대사요 향기"인 것이다. 이 확신이 들자 저명한 인사들이 있는 자리에 간 다고 해서 생길 수 있는 교만함도, 두려워서 긴장하는 마음도 사라졌다.

얼마 전, 고시 패스한 사람들이 절반이 넘는다는 법제처 간부 직원들 워크숍에 갔을 때 나는 긴장해 있는 그들에게 이렇게 말했다. "너무 긴장 하지 마십시오. 여러분도 아시다시피 저는 목사입니다. 우리는 일단 연 령, 학력, 직위, 재산, 성별 다 초월해서 모든 사람을 연약한 '어린 양' 으 로 봅니다. 여러분은 대단한 사람들이지만, 이 시간 나는 여러분을 '어린 양' 으로 생각하고 마음 편히 이야기하겠습니다." 그러자 다들 "와" 하고 웃었다. 판이하게 부드러워진 분위기 속에서 아주 편안하게 강의할 수 있 었다.

훌륭한 여러 모임에서 강의하면서 오히려 내가 배운 것도 많았다. 삼성그룹이 후원하는 미래기술 연구회(NEF)는 아주 인상적이었다. 카이스트, 서울대, 연대, 고대 등에서 출중한 석학들이 선발되어 손욱 삼성 인력개발원장, 이재용 삼성전자 상무를 비롯한 몇몇 삼성 경영진들과 함께하는 모임이다. 모두 촌각을 다툴 만큼 바쁘게 일하는 사람들이지만, 미래 한국 경제의 살길은 새로운 첨단 기술 메커니즘을 계속 습득하고 앞서 나가며, 학문과 기업을 능동적으로 연결시키는 길이라 믿고 정기적으로 만나 활발한 연구와 의견 교류를 하고 있었다. 가끔 외부 강사도 초청하는데, 다들 주로 강의를 하는 사람들이지 듣는 사람들이 아니라서 가 보니까 분위기가 만만치 않았다. 하지만 예의 그 '어린 양' 멘트로 나는 부드럽게 강의를 시작해서 한 시간 정도 21세기 리더십에 대해서 이야기했다. 강의가 끝나고 Q&A 시간이 되자 예상대로 예리한 질문들이 쏟아졌다. 그러나 질문들은 모두 정중하고 정교했다. 사실 질문이란 것은 질문자가 실력이 없거나 강의를 깊이 듣지 않으면 대충 허공을 치는 말장난으로 끝나기가 쉽다. 질문하면서 자기 나름으로 대답까지 다 해 버리는 사람도 있다(실제로 몰라서 질문한 게 아니라, 자기가 잘났다는 것을 과시하기 위해서다). 그런 질문에 우문현답(愚問賢答) 하기란 거의 불가능하다. 그런데 그날은 정말 대단했다. 쓸모없는 질문, 아무렇게나 하는 질문들이 거의 없었다.

나는 기업체 최고 경영자 과정 강의를 할 때마다, 우리 한국의 리더들에게서 희망을 발견했다. 그 희망이란 다름 아닌, 스스로 바뀌려 하고 스스로 업그레이드되려 하는 몸부림이었다. 그 정도의 학위와 유명세, 업적을 갖고 있으면서도 끊임없이 공부하고 발전하려는 그들의 진실한 노력! 오직 실력만이 모든 것을 말하며, 실력이란 끊임없이 다듬어져야 한다는 것을 그들은 냉엄한 경쟁 세계에서 터득하고 있었던 것이다. 지위만 앞세우는 무모한 권위주의는 사라져야 하지만 정직한 땀을 흘려 실력을 쌓아가는 리더십은 존중받아 마땅하다.

　한국 최고의 보험인들이 모인 한국 MDRT(Million Dollar Round Table) 모임도 잊을 수 없다. 코엑스 전시장을 꽉 메운 2천여 명은 30-40대 초반이 대부분인 한국 제일의 보험인들이었다. 그들은 젊고 패기가 넘쳤으며, 눈빛이 초롱초롱 빛나고 잘 웃고 민첩했다. 몸가짐과 옷차림이 깔끔했고, 사람을 대하는 매너도 적극적이며 긍정적이었다. 낯선 사람에게 보험을 파는 일은 매우 힘들다. 수없이 무시당하고 거절당하고 인격모독을 당해도, 속없는 사람처럼 다시 웃으면서 시도해야 한다. 그런 분야에서 최고로 뽑힌 사람들이니 정말 대단했다. 그날 내게 주어진 한 시간 동안 "칼과 칼집"이란 주제로 리더십 강의를 했지만, 사실 그들은 말하지 않고도 내게 몇 백 시간의 강의를 해 준 것 같았다. '저들은 보험 하나 팔기 위해 자존심도 버리고 저토록 친절하고 적극적으로 노력하는데, 나는 하나님의 복음을 팔기 위해 저토록 열심히 살 수 있을까?' 이렇게 생각하니까 너무나 부끄러워졌던 것이다.

　예수님은 빛의 자녀들도 세상 어둠의 자녀들에게서 배울 지혜가 있다고 하셨는데, 그 말씀이 옳음을 피부로 절감하고 있다. 농심 그룹 경영진 워크숍, 이랜드, 현대 아산 병원 간부 훈련, 연대 세브란스 병원 간부 훈련, 경희대 간부 훈련 등 수많은 훌륭한 단체들의 모임에서 리더십 강의를 하면서 내가 가르친 것보다 훨씬 많은 것을 배우고 돌아왔다. 지금도 하루에 5-6군데 정도에서 강의 요청이 계속 들어오는데, 그 중 10분의 1 정도만 기도하며 선택해서 응하고 있다. 늘 두렵고 떨리면서도 감사하고 과분한 사역이다.

두란노 바이블 칼리지 학장으로

　온누리 교회와 자매 기관인 두란노서원 사역은 크게 두 가지로 구분된다. 책과 잡지들을 출판하고 펴내는 '도서출판 두란노'가 있고, 목회자와 평신도를 위한 여러 가지 세미나와 훈련 프로그램을 운영하는 '두란노 바이블 칼리지'가 있다. 바이블 칼리지 안에는 평신도를 위한 성경 대학, 가정 사역 본부, 교육 문화 연구원, 사모 대학, 목회 연구원, 워십 댄스 등 다양한 교육 훈련 프로그램들이 있어 일 년에 7천명이 넘는 사람들을 훈련시킨다. 나는 2001년 상반기에 이 두란노 바이블 칼리지 학장을 맡게 되어 2003년 6월까지 약 2년 동안 전체 프로그램 기획과 집행을 이끌었다.

　두란노 일을 하면서 나는 비로소 온누리 교회 밖으로 눈을 돌려 한국 교회 전체의 현실을 파악할 수 있는 기회를 가질 수 있었고, 참으로 많은 것을 배웠다. 온누리 교회같이 활발히 성장하는 대형 교회는 한국 교회 전체의 1%도 채 되지 않는다. 평균적으로 보면 한국에는 교인수가 3백 명을 넘지 못하는 교회가 대부분이라고 한다. 그 정도면 간신히 생존하기 위해 발버둥치는 교회가 대부분이라는 얘기다. 특히 지방에 있는 교회 목회자들의 현실은 말할 수 없을 만큼 힘들다.

　두란노 사모 대학 관계자들이 들려준 작은 교회 목회자들과 사모들의 이야기는 정말 가슴을 저밀 듯이 애절한 사연들이 많다. 돈이 없어 매일 신학대학원에 올 때 도시락으로 점심을 해결하고 자판기 커피도 뽑아 마시지 못하는 전도사님들이 있다. 새로운 목회 자료, 책, 잡지, 테이프가 사보고 싶어도 그럴 수 없는 형편이라서 남이 사는 모습을 구경만 하며 눈물 짓는 목회자들이 있다. 한 학기에 30만 원 하는 사모 대학 등록금이 없어 눈물 흘리며 아기를 업고 돌아서는 사모들이 있다. 나 자신도 어린 시절

이민 교회의 개척 교회 목사의 아들로 자랐던지라 남의 일 같지 않았다. 그런 이야기를 들을 때마다 속으로 눈물을 삼키기 일쑤였다. 어떻게든 이들을 도와야겠다고 생각했다.

그러나 단순한 동정심만으로는 남을 도울 수 없다. 섬세한 지혜와 인내심이 있어야 한다. 마침 그 무렵 두란노에서, 기업인들과 연결하여 농어촌 교회 목회자들에게 「목회와 신학」을 비롯한 목회 자료지를 무료로 보내 주는 운동을 시작해서 너무 기뻤다. 온누리와 두란노의 다양한 세미나를 무료로 제공하는 '월요 목회 강좌'도 두란노와 온누리 교회가 연합하여 시작했다(이것은 하용조 목사님의 아이디어였다). 사모 대학 관계자에게 어려운 사모님들의 등록금을 도와줄 수 있는 다양한 방법을 찾아보라고 부탁했다. 할 수 있는 한 기업인들의 도움을 받아 힘든 신학생들을 위한 도서 구입 펀드도 마련할 계획도 짰다. 재정적인 도움보다 더 중요한 것은, 이들이 바른 비전과 건강한 영성을 가지고 설 수 있도록 격려하고 돕는 것이라는 생각이 들었다. 아마 그것은 내가 평생 해야 할 일이리라.

바이블 칼리지 학장으로 있으면서 일 년에 한 번씩, 한 해 동안 배우고 느낀 리더십 교훈들을 정리해서 "거인들의 발자국 리더십 세미나"도 개최했다. 첫 해엔 "칼과 칼집", 이듬해에는 "리더의 영혼", 그 다음 해에는 "팀 리더십; 매트릭스"란 주제로 열린 나의 리더십 세미나는 추운 날씨에도 불구하고 매년 천여 명의 참석자들이 운집하여 열띤 호응 속에 진행되었다. 그분들의 열기어린 눈초리는 나를 늘 겸손하게 하고 열심히 노력하게 한다.

두란노 바이블 칼리지 학장 시절 가장 잊을 수 없는 추억은 2002년 한 해 동안 진행했던 목회 밀레니엄 과정이었다.

목회 밀레니엄 과정

한국 국제디자인대학원 최고 경영자 과정을 포함한 여러 기업체 간부 훈련 강의를 나가면서, 나는 문득 '이런 좋은 접근법을 기독교계에서는 왜 못할까' 하는 생각을 했다. 기업체 간부들이 기업 매출을 늘리기 위해 바쁜 시간을 쪼개어 계속 공부하면서 자신의 리더십을 개발하기 위해 애쓰는데, 교회 목회자들은 신학교 졸업 이후 자신의 영적 리더십을 개발하기 위한 체계적인 노력을 못하고 그냥 일에 쫓기며 살기에 바쁘다. 이런 것은 개선되어야 한다고 생각했다. 대화를 해 보니, 하용조 목사님도 같은 생각이셨다.

그래서 바로 두란노 바이블 칼리지에서 주관하여 '목회 밀레니엄 과정'이라는, 담임 목회자들을 위한 리더십 프로그램을 만들었다. 기업체에선 최고경영자를 CEO(Chief Executive Officer)라고 하는데, 우리는 담임 목사를 CMO(Chief Ministry Officer)라고 한 번 불러 보자. 물론 교회는 기업이 아니다. 그러나 기업체가 물건 하나를 팔기 위해 자신을 업그레이드하고, 변하는 세상의 소비자를 이해하기 위해서 얼마나 공부하고 노력하는가? 그러니 우리도 급변하는 이 세상에 복음을 전하기 위해 급변하는 세상의 디지털 문화와 예술, 젊은이 문화를 배워야 한다. 우리 서로가 서로에게 스승이 되어 각 교회의 좋은 사역 프로그램들을 서로 공유한다면 철이 철을 날카롭게 하듯 서로가 굉장히 날카롭고 예리해질 것이다. 바로 이것이 목회 밀레니엄 과정 커리큘럼의 핵심 철학이다. 시대를 앞서가는 리더십 감각 양성과 21세기형 전도 지향적 교회 만들기가 이 프로그램의 양 축이었다. 이제껏 우리가 들어보지 못했던 참신한 주제 강의들, 비전 타임캡슐, 최신 목회 정보 자료 분석, 맞춤 전도 전략, 소그룹 워크숍과 프로젝트, 독특한 분야별 현장 방문 등의 다양한 컨텐츠를 세밀히 준비했다.

이런 것을 실행에 옮길 때, 누가 무엇을 가르치느냐 이상으로 더 중요한 것은 좋은 학생들을 모으는 일이다. 하 목사님과 나는 기도하며 여러 번 고민하고 토론하며, 한국 교회에 아름다운 영향력을 미치고 있는 40대 이상의 중진 담임 목회자들을 40명 접촉하여 '학생'으로 선발하는 작업을 했다. 이동원, 김인중, 박은조, 방선기, 김창근, 남창우, 이용남, 서정오 등 교파를 초월한 좋은 목사님들이 기적처럼 모여서 1기 학생들이 되었다.

알로에마임의 홍혜실 전무님은 그림처럼 아름다운 이천 알로에마임 연수원을 우리가 한 달에 한 번씩 1박 2일로 사용할 수 있도록 해 주었고, 맛있는 식사까지 서비스해 주는 파격적인 특혜(?)를 베풀어 주셨다. 모든 것이 하나님의 은혜로 기가 막히게 준비되었다.

온누리 맞춤 전도팀의 이재훈 목사의 "새로운 전도 파라다임" 강의로 문을 연 목회 밀레니엄 과정은 이어령 중앙일보 고문, 조동성 서울대 경영대학원 교수, 바이텍 시스템스 회장 김형회 장로, 웰컴 커뮤니케이션 사장 문애란, 휴맥스 사장 변대규 등 기라성 같은 강사진들의 명강의와 호암 미술관, 국민 대학교, 인체박물관, 대학로 연극관람 등 다양한 문화 체험의 생동감 있는 교육으로 매달 흥미진진하게 진행되었다. 특히 연대 세브란스 병원의 협조로 인체 해부 실습실에 의대생들과 함께 가운 입고 들어가서 해부에 동참했던 경험은 아직도 잊을 수 없다. 젊은이들의 마음을 느껴보기 위해, 목사님들이 조를 지어 검은 선글라스를 끼고 최신 워십 댄스 뮤직에 맞춰서 대학생들처럼 몸을 흔들고 괴성을 지르며 워십 댄스 대회를 했던 추억도 잊지 못한다. "댄싱 킹(Dancing King)" 상을 받은 안산동산교회 김인중 목사님의 격정적인(?) 춤은 지금도 두란노 바이블 칼리지 영상 자료에 비디오 영상으로 잘 보관되어 있다(나는 김인중 목사님께 드리는 상품으로 최근 안산동산교회 대학부 여름 수련회에 강사로 다녀왔다).

격무에 시달리는 목사님들이 한 달에 한 번씩 1박2일 동안 몸과 마음을 푹 쉬면서, 교단과 나이 차이를 초월해서 격의 없이 교제하며, 새로운 지식을 접하며, 교회가 세상을 어떻게 변화시킬 것인지 함께 고민하는 목회 밀레니엄 과정의 일 년은 정말 아름다운 시간이었다.

목회 사관학교

목회 밀레니엄 과정을 진행하면서 한 가지 안타까움을 느꼈다. 이런 좋은 프로그램은 기성 교회 담임 목회자에게도 필요하지만, 30-40대의 젊은 중진 목회자들에게 더욱 절실히 필요하다는 사실이었다. 무엇보다, 온누리 교회에 몸담고 있으면서도 이런 훈련을 전혀 받지 못하는 목회자들이 너무 안쓰러웠다. 그래서 마침내 2003년 1월, 온누리 교회 목회자 전원을 중심으로 하여, 7주짜리 목회 사관학교 프로그램을 만들었다. 예배와 새벽 기도를 제외한 모든 교회 사역을 약 두 달 동안 모두 멈추고, 백여 명에 가까운 전임 교역자들이 일주일에 3박 4일을 양재동 횃불회관에 들어와서 훈련받는 강행군이었다.

자기 사역만 하느라고 전체 그림을 보지 못했던 편협성을 깨기 위해서 온누리 교회 2백여 개의 사역들을 총정리하여, 책임자들이 나와서 서로의 사역을 소개하고 배우고 체험하는 것이 메인 커리큘럼이었다. 어떻게 보면 서로가 서로의 선생님이 되었기 때문에 더욱 역동적이었다. 남을 가르쳐 봐야 비로소 자기 것을 명쾌하게 정리할 수 있기 때문이다. 거기에 일반 기업에게서 배우는 리더십 강의와 여러 가지 문화 체험 커리큘럼이

가미되었다. 기업체에도 강도 높은 신입 사원 연수 교육이 있고 매년 정기적인 직원 재교육이 있는데, 교회는 신학교를 졸업한 이후에는 너무 목회자들을 업그레이드해 주는 훈련 프로그램이 약하다. 우리는 목회 사관학교를 하면서, 교회도 이렇게 할 수 있다는 새로운 패러다임을 보여 주고 싶었던 것이다. 여러 가지 미비한 점들이 많긴 했지만, 온누리 목회 사관학교 1기는 영원히 기억에 남을 추억이었다.

    목회 사관학교를 진행하면서, 앞으로 한국 교회가 새롭게 부상하기 위해서는 미래의 목회자들을 키우는 신학교 교육을 확실히 개혁해야 한다는 것을 느꼈다. 우선 목회자들은 잃어버린 영혼을 향한 적극적 전도의 열정을 불붙여야 한다. 허드슨 테일러 가문이 창립한 대만 성광(聖光) 신학교의 대니얼 첸 총장은 일 년에 50명씩 전도하지 않은 학생은 졸업시켜 주지 않는다고 한다. 미국에서 가장 급성장하는 교단인 갈보리 채플에서는, 신학교 졸업생들에겐 일단 개척 교회를 시켜서 성공하면 그때야 목사 안수를 해 준다고 한다. 신학 교육은 그만큼 목회 현장과 핏줄처럼 연결되어 있어야 하는 것이다. 목회 현장에 있는 목사들이 전공 분야를 하나씩 가져서 신학교에서 파트타임으로라도 가르쳐야 한다고 생각한다. 또한 신학교 교수님들은 가르치면서 파트타임으로라도 필사적으로 목회 현장에 발을 담그고 있어야 한다고 생각한다. 그래야 신학 교육에 현장 감각이 살아나고, 목회 현장도 신학적 깊이가 뒷받침될 수 있지 않겠는가?

    지금 돌이켜 보면, 신학교 교과 과정에서 인간을 이해하는 기본적인 정신 심리학 과정이라든가, 교회가 어느 정도 규모가 되었을 때 합리적이고 투명한 운영을 할 수 있는 기초적 경영 마인드 교육이 빠졌던 것이 안타깝다. 그리고 무엇보다 신학생 각자의 성격과 재능, 열정을 정확하게 파악하게 해서, 거기에 맞는 목회 준비를 하게 해 주는 '맞춤 교육'이 필요하다고 생각한다. 이제는 목회도 상담 · 교육 · 전도 · 선교 · 사회 참여·문서 등의 다양한 분야로 나눠지기 때문에 목회자가 전념할 수 있는 전문 분야가 필요한데, 신학교 교육은 처음부터 끝까지 너무 획일적이다. 적어도 신학대학원 졸업반쯤 되면 각자의 독특한 부르심을 정리해 주는 시스템이 필요하지 않을까?

장로 사관학교

목회 사관학교를 하면서 기존 온누리 교회 장로 리더십 스쿨도 '장로 사관학교'로 명칭을 바꾸고 훈련 프로그램 내용을 대폭 수정·보완했다. 송구스럽게도 나는 온누리 교회 온지 갓 일 년이 조금 넘었을 때 장로 리더십 스쿨 훈련 책임을 맡게 되었다. 하 목사님은 아직 나이도 너무 젊고 교회도 잘 모르는 나의 무엇을 보고 그런 중직(?)을 맡기셨는지 지금 생각해도 잘 이해할 수 없지만, 그때는 정말 몹시 두렵고 떨렸다. 우리 교회라서 하는 말이 아니라, 사실 온누리 교회의 평신도들은 참으로 탁월한 실력과 겸손하고 부드러운 인품을 갖춘 분들이다. 그중에서 장로 후보로까지 올라왔다면 더 이상 무슨 훈련이 더 필요하랴 싶을 정도로 훌륭한 분들이 많았다. 그러나 어쨌든 그분들에게 일 년 동안 강훈련을 시키는 것이 내 책임이었다.

내가 맡은 첫 기수 30명(사모님 포함 60명)은 '장로 리더십 스쿨'이란 이름 하에서 주로 영성 훈련과 리더십 강의에 초점을 맞추고 훈련시켰다. 그러다 밀레니엄 과정과 목회 사관학교를 거치면서 2기부터는 대폭 커리큘럼을 수정·보완해서, 교회 전체 사역 브리핑과 리더십 강의, 세상 문화 체험 중심으로 교육했다. 온누리 교회의 장로 후보가 되기 위해서는 교회의 여러 가지 사역을 통해 성실함을 입증한 분들을, 목회자들과 다른 장로들을 비롯한 여러 지도자들이 추천하여, 당회가 두세 번 검증하고 투표를 거쳐야 하기 때문에 그 절차가 대단히 까다롭고 투명하다. 사전 선거 운동이나 표 몰아 주기 같은 것은 아예 원천적으로 할 수 없는 시스템이다. 인격적 성숙도와 교회 사역에 임하는 성실성, 영성, 사회적 리더십, 도덕적 리더십을 골고루 다 갖춘 분을 고려해서 마지막 피택 장로 후보 명단이 결정된다. 이들이 배우자와 함께 일 년 동안 장로 사관학교의 학생이 되어 매주 한 차례씩 훈련을 받는 것이다.

장로 사관학교 매뉴얼에 적힌 장로 훈련 과정의 네 가지의 목표는 다음과 같다. "**첫째, 깊은 영성**: 말씀과 기도, 성령의 기름 부으심이 가득한 리더가 되십시오. **둘째, 따뜻한 감성**: 약한 자를 돌보는 사랑의 마음, 문학과 예술과 철학적 센스를 가진 리더가 되십시오. **셋째, 절제된 창조성**: 디지털 시대의 새로운 코드를 읽고, 과감한 변화를 절제 있게 추구하는 리더가 되십시오. **넷째, 아름다운 팀워크**: 서로의 특성을 품어 주며, 함께 사역하는 매트릭스 팀 리더가 되십시오."

이를 위해, 모든 장로 사관학교 학생은 매주 금요일 새벽에 모여 한 시간 정도 특강을 듣고 조별로 특강 내용을 가지고 토론하고 헤어진다(조당 5-6명 정도로 구성되는데, 조장은 지난 기수에서 가장 우등생(?) 장로님들로 배치했다). 특강은 하용조 목사님의 교회론과 목회 철학 강의 외에 온누리 교회의 270여개 사역을 총망라해서 정리한 내용을 각 사역 팀장들이 와서 브리핑하는 것으로 짜여져 있다. 또한 급변하는 현대 사회의 패러다임 이해와 문화적 이해 증진을 위해 기업계, 예술계, 학계의 전문가들도 모셔서 특별 강의를 듣게 했다. 한두 달에 한 번씩 정기적으로 세상 문화 체험 필드 트립을 기획, 대학로에 가서 젊은이들과 함께 연극도 보고, KT 본사에 가서 첨단 통신 문화의 변화도 체험하는 살아 있는 현장 교육도 겸했다. 3개월에 한 번씩은 1박 2일을 함께 지내며 서로 친교하고 기도하고 하나 되는 공동체 훈련도 한다. 이와 함께, 개인별로 각자 계속 해야 하는 숙제도 많다. 한 달에 한두 권씩 엄선된 신앙 도서와 리더십 도서를 읽고 리포트를 제출해야 하며, 성경 일독, 40일 새벽 기도, 국내외 아웃리치 1회 참석, 교회 봉사, 각처의 온누리 비전 교회 방문 등의 숙제들을 꼼꼼히 다 해내야 한다. 내가 생각해도 참으로 쉽지 않은 훈련인데 아무 불평 없이 잘 따라 주셔서 얼마나 감사한지 모른다.

"보통 장로하면 기도 재미없게 길게 하는 사람, 당회에서 권위주위로 군림하는 사람으로 한국 교회에서는 인식되어 왔습니다. 그러나 이제는 달라져야 합니다. 장로는 섬김의 자리입니다. 장로는 사역자입니다. 소매를 걷어붙이고, 앞치마를 두르고, 청바지를 입고 교인들을 섬기십시오. 젊은이들과 함께 호흡하고, 앞장서서 전도하고, 급변하는 세상의 코드를 읽으십시오. 누구보다 열심히 금식하고 기도하는 모범을 보이십시오. 그것이 진정한 목사와 장로의 모습입니다." 장로 훈련 과정 내내 듣는 사람 귀에 못이 박히도록 강조되는 메시지다. 그리고 나는 온누리 교회의 장로님들이 실제로 정말 그런 분들이라고 감히 말할 수 있다. 나는 장로 사관학교 "교관"이라는 악역(?)을 맡고 있지만 그분들은 한 분, 한 분이 나보다 훨씬 더 인격적, 영적으로 훌륭한 분들임을 알고 있다. 지난 번 교회 창립 18주년 때는 장로님, 교역자들이 모두 청바지 혹은 몸빼 바지와 하얀 셔츠를 입고 교인들을 안내하고 섬기는 감동의 장면을 연출했다. 세상을 변화시키는 아름다운 교회의 리더십은 그래야 한다.

조선일보에 "한홍의 리더십 칼럼" 연재

2003년 봄, 조선일보 경제부 기자가 내게 이메일을 보냈다. 자신도 크리스천이며 「거인들의 발자국」을 읽고 내 강의도 몇 번 듣고 도전을 받았다면서, 기업인들과 직장인들이 많이 보는 조선일보 경제란에 정기 리더십 칼럼을 써 주지 않겠느냐는 요청이었다. 아주 정중하고 정성어린 내용에 나는 감동했다. 하지만 나는 목사인데 특정 종교인이 일반 신문 정기 칼럼니스트가 되어도 괜찮겠느냐고 답장을 보냈다. 그랬더니 종교적인 언어만 절제해 주면 상관없다는 답이 왔다. 기도해 보니 분명 하나님의 뜻이 있다는 생각이 들어 쓰기로 결심했다.

이렇게 해서 근 일 년 가까이 매주 1-2회씩 "한홍의 리더십 칼럼"을 조선일보에 연재했다. 기존에 써 놓았던 리더십에 대한 글들을 다시 한 번 정리하고 다듬어서 보내면 조선일보에서 한 번 더 편집해서 내보내는 방식이었는데, 놀랍게도 원고 원본을 최대한 보존해 주어서 감사했다. 사실 한국에 나보다 훨씬 더 똑똑하고 경험 많은 분들이 많을 텐데, 감히 나 같은 사람이 "리더십 칼럼"이라는 이름으로 글 쓰는 게 얼마나 황감했는지 모른다. 칼럼마다 "온누리 교회 목사"라고 소개되니까, 칼럼을 쓸 때마다 하나님의 지혜와 영광이 드러나게 해 달라고 기도했다.

어떤 사람은 안티조선 성향을 가진 사람들이 조선일보에 글 쓰는 사람들을 마구 공격한다는데 괜찮겠느냐고 걱정했다. 나는 "조선일보든 한겨레 신문이든 나는 다 선교지로 가는 통로로 생각하니까, 하나님이 길을 열어 주시는 대로 쓸 뿐입니다. 그런 것이 두렵다면 어떻게 하나님 일을 하겠습니까? 진보든 보수든, 나는 하나님의 복음에 입각한 정신으로 균형을 잡을 겁니다"라고 대답했다.

감사하게도 일 년 동안 리더십 칼럼이 나가는 동안 별 탈(?)은 없었고, 오히려 수많은 사람들의 격려를 받았다. 무엇보다도 교회와 기독교에 편견을 갖고 있던 사람들이 다시금 교회를 바라보게 되었다고 할 때 가장 보람이 컸다. 하나님의 사람들이 하는 말과 행동은 더 이상 개인만의 문제가 아니다. 교회와 기독교 전체, 하나님의 명예가 우리에게 달려 있다. 그러니 겸손한 마음으로 최선을 다해 잘해야 한다.

열린 예배

기존의 교회 예배 형식과는 확연하게 차별화된 파격적인 무대 세팅과 음악, 드라마와 영상, 자유로운 캐주얼 복장을 한 진행자들. 시카고 윌로크릭 교회가 전세계에 소개한 새로운 예배 패러다임인 구도자 예배(Seeker Service)를 온누리 교회는 90년대 중반부터, 한국적 개념으로 전환시켜 "열린 예배"란 이름으로 도입했다. 처음에는 윌로크릭같이 토요일 저녁에 시작했는데, 워낙 파격적인 예배 컨셉이다 보니 한국 상황에 정착시키기가 쉽지 않아서 초창기 팀들이 참 많이 고생했다. 당시 아직 주 5일제 개념이 도입되지 않은 한국은 주말(weekend)이 금요일 밤부터 시작되는 미국 교회 상황과는 너무 달랐다. 게다가 아직도 보수주의가 확연한 한국 교회에서 열린 예배의 자유로운 분위기는 "이건 젊은애들이나 하는 것 아니냐?"는 의문을 불러일으키기에 충분했다.

99년 초 내가 처음 온누리 교회에 왔을 때, 첫 몇 년 간 너무 고전한 열린 예배를 주일 저녁 시간으로 옮기자는 결정이 막 내려지고 있었다. 그러나 주일 저녁으로 옮긴 후에도 여전히 고전을 면치 못하고 있었다. 많은 예산과 정성을 들여, 세상 그 어디에 내놓아도 부족하지 않을 특별 프로그램들(드라마, 찬양, 영상)을 시도하고 있었는데, 예배의 역동성이 잘 살아나지 못했다. 2000년 가을, 「거인들의 발자국」 초판이 나오던 무렵, 하용조 목사님은 나를 부르시더니 "어차피 세상 리더들에게 리더십 강의를 하고 있으니, 당신이 열린 예배를 맡아 보라"고 하셨다. 항상 그렇듯이 하 목사님은 많은 말을 하지 않으신다. 빠르게 대충대충 하는 것 같지만 본인 나름으로 많이 기도하시고 고민하신 후에야 사역을 결정하고 사람을 투입한다. 그가 나를 밀어 넣는 곳은 처음에는 잘 이해할 수 없지만, 항상 내게 과분하고 감사한 새로운 도전의 자리가 되었다. 나는 두말 않고 그 제의를 받아들였다.

나는 먼저 우리가 열린 예배를 처음 벤치 마킹해 온 시카고 윌로크릭과 캘리포니아 새들백 교회의 예배 구성을 꼼꼼히 살펴보았다. 그리고 큰 충격을 받았다. 전체 예배 시간이 75분 정도인데, 처음 30분이 찬양이나 연주, 영상, 드라마로 구성되었고 나머지 40분은 그냥 설교였다. 그리고 설교 후에는 간단한 찬양으로 예배가 끝났다. 모든 특별 순서(드라마, 영상, 찬양)의 내용들은 철저하게 설교의 내용에 따라 결정된다. 윌로크릭이나 새들백의 예배 기획자들은 주저 없이 이렇게 말했다. "구도자 예배의 생명은 설교에 있다. 메시지가 죽으면 아무리 다른 특별 순서가 좋아도 예배는 살지 못한다. 설교가 리더십이다." 20년이 넘도록 산전수전을 다 겪으면서 구도자 예배를 정착시킨 이들의 결론이었다.

그런데 그때까지도 온누리 교회를 비롯한 한국의 여러 열린 예배 시도는 메시지보다는 무대 세팅이나 찬양, 드라마, 영상 등 파격적인 예배 형식의 변화로 승부를 걸려고 하는 성향이 짙었다. 설교 시간은 10-15분밖에 되지 않고 특별 순서가 거의 한 시간을 차지했다. 이미 열린 예배를 진행하는 조직이 그렇게 구성되어 있었다. 또 음악이나 연극, 디자인 등의 예술을 하는 분들은 자존심이 강하고 매우 예민하여 함께 팀워크를 맞추기가 극히 어렵다. 자신을 제대로 대접해 주지 않으면 협조하지 않겠다는 스타 의식도 상당히 강했다. 그래서 숫자도 적은 열린 예배 팀을 이끌기가 힘들었던 것이다. 나는 한참을 기도하며 고민한 끝에 하나님을 의지하고 승부수를 던져 보기로 했다.

먼저 설교 시간을 30-40분으로 대폭 늘려서 잡고, 설교 앞의 특별 순서 시간을 20분으로 줄였다. 자기 특별 순서가 있는 날 외에는 예배에 참석을 하지 않는, 스타 근성이 너무 강한 개인이나 팀들은 당분간 무대에 세우지 않았다. 외부의 유명인들도 당분간 초대 손님으로 세우지 않기로 했다. 그들은 예배를 섬긴다는 생각보다는 예배를 자신의 개인 콘서트 장으로 만들려 하는 성향이 있었기 때문이다. 누구든 자기 때문에 예배에 사람들이 모인다고 말하는 사람들은 없어야 했다. 기존의 열린 예배에 익숙한 사람들은 "그렇게 하면 예배가 너무 재미없을 텐데, 사람들이 더 안 오면 어떡하냐?"고 걱정했다. 그러나 나는 어쨌든 나를 믿고 따라달라고 했다. 설교 전후의 찬양이나 영상도 설교 내용에 맞게 철저히 조율해 달라고 부탁했다. 나도 내심 걱정스럽긴 했지만, 주님을 믿고 해 보는 수밖에 없었다.

중요한 것은 설교였다. 복음의 진리는 분명하고 타협 없이 전해야 했다. 그러나 너무 어려운 교리적인 언어들은 최대한 삼갔다. 쉽고 분명하고 재미있게 하면서 예리한 진리를 전해야 했다. 젊은 층이 많았기 때문에 언어 전개도 스피디하게 해야 했다. 현대 사회에서 불신자들에게 가장 피부로 다가오는 예민한 이슈를 성경적으로 다뤄 줘야 하므로, 주제 선택과 자료 연구가 보통 어렵지 않았다. 그러다 보니, 나는 기존 예배에서 하는 설교보다 3-4배 많은 시간과 정성을 열린 예배 설교에 투자했다. 그리고, 매 설교 때마다 부족한 저에게 힘을 달라고 하나님께 간절히 기도했다. 우리를 향한 하나님의 끈질긴 사랑을 다룬 "사랑의 추적자", 가정을 다룬 "홈, 스위트 홈", 인간 영혼의 고민을 다룬 "영혼의 그림자", 다윗 왕 이야기를 다룬 "새벽을 잉태한 당신이여" 시리즈를 차례로 열린 예배 설교 강단에 올렸다.

처음 맡았을 때 8백 명 정도 참석했던 열린 예배가 두 달 만에 2천명이 되어 본당을 꽉 채우는 기적이 일어났다. 그러자 열린 예배 기획팀 사람들은 "한 목사님의 설교 때문에 열린 예배가 부흥했다"고 했다. 나는 지금이야말로 이들에게 분명한 메시지를 전해야 할 때라고 생각하고 말했다. "아니, 그렇지 않습니다. 열린 예배는 결코 어느 한 개인의 특출함 때문에 부흥하거나 쇠하지 않습니다. 저보다 앞서 초창기 열린 예배를 맡아 섬기셨던 목회자님들과 평신도들이 기반을 잘 닦아 놓은 까닭에, 우리 모두가 예배의 핵인 말씀을 살리기 위해 묵묵히 맡은 부분을 성실히 한 까닭에, 하나님이 우리의 팀워크를 축복하신 것입니다. 저를 포함해서 우리 모두 '나 때문에 사람들이 모인다'는 생각을 버리고, 서로가 서로를 귀히 여기며 노력한다면 열린 예배는 한국 교회 전체에 새로운 패러다임을 제시하는 놀라운 예배가 될 것입니다. 나는 여러분이 다 재주 있는 분들이라고 생각합니다만, 여기는 우리 재주를 과시하는 자리가 아닙니다. 우리 한 사람, 한 사람이 은혜를 받아야 하나님이 우리 재주를 사용하셔서 영광받으실 수 있습니다. 우리 모두 스타 근성을 버리고, 겸손히 '나 아니라 누구라도 하나님이 사용하실 수 있는데, 날 사용해 주셔서 너무 감사하다' 란 마음으로 임합시다."

고맙게도 열린 예배 기획팀은 그렇게 해서 새로운 각오를 다지고 부족한 나를 따라 주었다. 외부의 유명 인사를 초청하는 대신, 부족하지만 우리 내부에서 사람들을 모아 중창팀을 만들고, 드라마팀을 만들고, 밴드를 만들고, 영상팀을 만들었다. 사랑과 믿음으로 한 공동체가 되지 않은 사람들끼리의 팀워크는 불가능함을 알기 때문이었다. 그렇게 해서, 일 년여 만에 열린 예배는 안정권에 들어섰다. 매번 한 주제로 7-8주를 커버하는 세팅으로 끌고 가는 열린 에베를 통해서 선혀 하나님을 모르던 사람들을 비롯, 기존의 예배에 적응하지 못하는 많은 기성 신자들이 새롭게 하나님을 만나는 계기가 되었다.

국제부(International Ministry)

열린 예배를 맡은 지 2년 반 만에, 예배가 완전히 자리를 잡고 안정권에 들어섰을 무렵, 하나님은 내게 또 다른 사역의 장르를 보게 하셨다. 바로 국제화 사역이었다. 미국에서 공부할 때 내가 뼈저리게 느낀 것은 한국 교회의 리더들이 국제 사회에서 너무 자기 홍보(self-promotion) 능력이 부족하다는 것이었다.

미국 캘리포니아의 아시안계 미국인 목사로써 미국 아시안계 교회에 대한 연구와 집필로 미국 기독교계에서도 상당히 주목을 받고 있는 켄 퐁(Ken Fong)이란 목사가 있다. 그런데 그가 쓴 책에는 "일본계 미국 교회들이 21세기 모든 아시안계 교회들의 중추적인 선구자(vanguard) 역할을 하게 될 것이다"라는 주장이 나온다. 아니, 통계학적으로만 봐도 미국에 있는 한인 크리스쳔들 숫자가 백만을 넘어 가고, 그 부흥 속도나 사역의 활발함이 일본 교회들의 수십 배가 되는데, 어떻게 그런 주장을 할 수 있는가?

알고 보니 켄 퐁은 중국계 아버지와 일본계 어머니 사이에서 태어난 사람이었다. 그래도 그렇지, 켄 퐁이 나온 풀러(Fuller) 신학대학원만 해도 전 학과를 다 합하면 한국 학생들이 7백 명이 넘는데 반해, 일본 학생은 23명밖에 되지 않는다. 그런데도 켄 퐁 같은 대변인이 있어, 일본 교회는 그런 엄청난 PR을 미국 기독교계에 하고 있는 것이다. 아마 일본 학생이 풀러에 7백 명 있고, 일본 교회들이 한인 교포 교회 정도의 교세였다면 풀러에 일본인 총장이 나왔을지도 모른다.

돌이켜 생각해 보니, 내 대학 시절에도 그랬다. 내가 다녔던 UC 버클리 대학은 아시아 역사나 문화 연구에 있어서 미국에서 가장 권위 있는 대학 중 하나였는데, 동양 역사나 문화 쪽 교과 커리큘럼은 하나같이 중국과 일본을 다루는 내용 일색이었다. 중국과 일본의 역사와 문화를 강의하는 교수들은 아이비리그 출신의 쟁쟁한 인물들이었고, 관계 서적들도 도서관의 벽 몇 개를 메울 정도로 장대했다. 그런데 한국학을 가르치는 프로그램은 실로 미비했고, 관계 서적들도 북한이 기증한 김일성 전집들이 한국 책들보다 훨씬 새것이었고, 수도 더 많을 정도였다. 결국 미국의 엘리트들에게 중국과 일본만이 아시아를 대표하는 문화로 계속 주입되는 상황이었다. 그런데 풀러 같은 세계적인 신학대학원에서도 상황은 마찬가지였다. 한국 학생들만 많았지, 실제 한국 교회의 엄청난 영성이 별로 국제화되어 수출되지 못하고 있는 처지였다. 나는 한국이 국제화하려면 그 역사와 문화와 영성을 어떻게든 국제화하여 세계로 수출하려는 필사적 노력을 해야 함을 느꼈다. 그런데 사실 한국 사회 각 분야에서 가장 국제화가 덜 된 곳은 교회다.

현재 세계에서 개신교 교세가 가장 강한 곳은 단연 한국과 미국이다. 이 사실에 반박하는 사람은 아무도 없다. 그러나 전 세계의 영적 지도자들이 훈련과 교제를 위해 컨퍼런스로 모이는 곳은 통상 미국이다. 동양권에서 국제 컨퍼런스를 한다면 아시아 나라들 중에서 유일하게 영어권인 싱가포르 정도다. 한국 교회의 영적 저력과 컨텐츠에 비교할 때 상대가 되지 않는 싱가포르가 마치 아시아 교회의 대표자 격처럼 국제 컨퍼런스를 유치할 수 있는 이유는 단 하나, 투박한 '싱글리시'로나마 영어를 한다는 사실이다.

비즈니스나 학문, 스포츠도 서로 활발한 교류가 있어야 발전하듯이 영성도 마찬가지다. 그래서 강대국일수록 묵직한 정치, 경제 포럼이나 스포츠 행사를 유치하려 하는 것이다. 한국 교회의 양적 성장이 아무리 활발하다 해도 미국을 비롯한 세계 곳곳의 역동적인 교회들과 활발한 네트워킹의 장르가 없다면 도태될 수밖에 없다. 수준급의 국제 영어예배나 컨퍼런스는 바로 그런 일의 기폭제가 된다.

물론 국제화를 아무리 하고 싶어도 당장 영어라는 장벽이 가로막고 있다. 그러나 우리가 세계 선교를 위해 엄청난 헌금과 인적 자원을 훈련, 투입하고 있음을 생각해 보라. 어렵지만 반드시 해야 하는 일이기 때문에 어떤 희생과 노력을 해서라도 방법을 찾아야 한다. 국제화는 세계 선교와 같은 맥락에서 그만큼 중요한 일이다. 초대 교회 당시의 세계 공용어가 헬라어였기 때문에, 바울을 비롯한 초대 교회의 리더들은 다 능통한 헬라어 실력을 가졌고 성경도 헬라어로 기록했다. 처음엔 배타적 히브리 문화의 반발이 심했음에도 하나님은 초대 교회로 하여금 그 벽을 넘게 하셨다. 21세기 지구촌 시대에 어쨌든 하나님은 한국어가 아닌 영어를 세계 공용어로 만드셨다. 아시아나 아프리카 등지의 제3국에 가도 기본적으로 영어만 하면 금방 물고를 틀 수 있다. 다 전에 영어권 열강들의 식민지였기 때문이다.

온누리 교회는 그 당시 이미 한국에서 가장 역동적인 영어 예배 사역을 하고 있었다. 교육관에서 2부로 나누어서 8백 명 정도의 외국인 CEO, 교사, 군인, 대학생, 청년들이 교포 출신 한국인들이나 영어를 배우고 싶어 하는 한국인들과 함께 예배드리고 있었다. 잘하고 있었지만, 아직 이 정도로는 세계를 상대로 한국 교회의 영성을 수출하기에는 부족하다고 느꼈다. 1.5세 출신으로써 이 일에 기여할 수 있겠다고 생각했다. 나는 하 목사님께 말씀드려서 이미 안정권에 든 열린 예배 사역을 다른 목사님에게 맡기고, 국제부 본부장으로 자리를 옮겼다. 그리고 교회 리더십을 설득해서 오후 4시의 본당에서 드리던 5부 한국어 예배를 교육관으로 옮기고 국제 영어 예배를 본당에서 드리는 모험을 감행했다. 그만큼 한국 교회의 국제화가 중요하다는 것을 대내외에 상징적으로 보여주는 중대한 의미를 담은 결정이었다.

또한 영어 예배가 단순히 영어로 예배드린다는 것만으로는 부족하다고 생각했다. 온누리 교회 전체의 영성이 국제 예배와 사역 속에 녹아들어야 했다. 영어는 표현의 한 방법일 뿐, 설교 내용이나 찬양과 프로그램은 철저히 그 교회의 최고를 뽑아낸 것이어야 한다. 수출용은 내수용보다 더 신경 써서 최고의 작품으로 만들어야 하기 때문이다. 그래서 본당으로 옮긴 국제 영어 예배의 설교나 목회 방향, 예배 구성 등을 모두 온누리 교회 전체의 흐름과 맞추도록 노력했다. 한 지붕 밑에 딴 가족이 아닌 한 가족으로써 호흡을 맞추게 한 것이다.

교회의 사역 콘텐츠를 영어와 일어, 중국어로 번역해서 항시 영상과 책자로 홍보할 수 있도록 준비했다. 교회의 사역과 역사를 담은 저널을 영어로 준비하는 일도 체계화했다. 물론 그 과정이 쉽지는 않았지만, 우여곡절 끝에 국제 영어 예배는 그렇게 자리를 잡아 갔다. 함께 힘을 모아 준 목회자 및 평신도 스태프들의 헌신의 힘이 절대적이었고, 교회 측이 전폭적인 지원도 큰 힘이 되었다.

현재 국제 영어 예배 성가대와 각 부서에서 15개국이 넘는 나라 사람들 1천 5백 명 정도가 활발히 움직이고 있는데, 인터넷 TV로 예배 실황이 전 세계로 나가면서 "한국에도 이런 교회가 있었느냐?" 놀라면서 접촉해 오는 서구권 교회들이 급증하고 있다. 양질의 국제 사역은 이렇게 한국 교회와 관계를 갖고 싶어 하는 좋은 외국 교회들(단순히 서구권 교회뿐 아니라 영어를 하는 싱가포르나 홍콩 지역 교회들)과의 활발한 네트워킹의 장르가 된다. 강한 존재는 다른 강한 존재에게 이끌리기 때문이다. 아직도 부족한 것이 많지만, 국제화는 한국의 모든 교회가 앞으로 끊임없이 씨름해야 할 숙제가 아닌가 한다.

양재동 횃불회관에서

국제화 사역을 맡은 지 일 년 정도 지나 기본 세팅이 끝나갈 무렵, 하용조 목사님은 내게 새로운 도전을 주셨다. 2003년 6월, 나는 온누리 교회 양재 성전(횃불회관)의 수석이 된 것이다. 날로 늘어 가는 성도들을 감당치 못해 고민하던 온누리 교회는 1999년 여름에 청년부 천과 4-5백 명 정도의 강남 지역 장년부 성도들과 함께 횃불회관 예배를 시작했다. 처음엔 언제 이 건물을 다 채우나 했다. 설상가상으로 2000년 초에 하용조 목사님이 간암 수술 차 미국에 가시는 바람에, 엉겁결에 횃불성전 예배의 설교를 맡아 열악한 음향 시스템과 싸우며 2년 반 가까이 설교했던 적이 있다. 그런데 다시 횃불회관으로 돌아오게 된 것이다. 나는 국제부 사역을 나보다 조금 젊은 뉴욕 출신의 1.5세 목회자에게 맡기고, 강남 횃불회관으로 자리를 옮겼다.

돌아와 보니 양재 성전은 많이 달라져 있었다. 일단 교인들의 숫자가 늘어서 장년들은 5천 명을 넘어 있었고, 청년들도 2천 명에 육박하고 있었다. 어둡고 침침하던 지하 1층도 아주 밝고 깔끔한 인테리어로 바뀌어져 있어서 성도들이 활발히 이용하고 있었다. 교역자실도 아주 말끔히 수리하여 밝고 쾌적한 분위기였다. 30여명에 가까운 양재 성전의 풀타임 교역자들이 진심으로 나를 반가이 맞아 주었다. 나보다 나이가 많은 분들도 많건만 그들은 깍듯이 부족한 나의 리더십을 존중해 주었다. 나는 부족하지만 최선을 다해서 좋은 팀워크를 형성하겠다고 다짐했다.

수석이 된 지 6개월 쯤 되었을 때, 나는 목회 일기에 이렇게 썼다.

"함께 일하는 온누리 평신도 지도자들과 목회자들 한 분 한 분이 너무나 귀하다. 수석으로 일에 너무 바빠서 다른 동역자들을 세워 주고 보살피는 일을 잘 못하는 것이 항상 미안하고 죄송스럽다. 그래도 나는 하 목사님과 가까이 교제도 해 봤고, 능력도 인정받아 하고 싶은 설교, 사역, 집필 다 해 보았지만, 몇 년을 있으면서도 목사님과 이야기 한 번 제대로 못해 보고, 묵묵히 뒤에서 사역한 목회자들이 얼마나 많은가? 그러나 그들의 겸손한 수고가 없었다면 오늘의 온누리가 어찌 존재할 수 있으랴? 나는 그들 모두에게 빚진 자다.

언젠가 나는 하 목사님에게 공동체 목회자들은 실버스타인 동화에 나오는 "아낌없이 주는 나무"와 같다고 말씀드린 적이 있다. 아직도 그 생각은 변함이 없다. 특히 요즘 그들의 겸손하고 조용한 섬김이 눈에 들어온다. 내가 비로소 철이 들기 시작하는 걸까? 하나님, 그들을 도와주고 세워 줄 수 있는 힘과 기회를 주시면 최선을 다해 보고 싶습니다. 진정한 리더십은 남을 성공시켜 주는 것이라고 했는데, 저도 그런 리더가 되어 보고 싶습니다."

목요 CEO 성경공부

양재 성전 수석이 된 지 얼마 되지 않아 업무 파악에 정신이 없던 시절, 항상 내게 새로운 도전을 주시는 하 목사님의 전화를 받았다. 아주 성실하고 가능성 있는 여성 CEO들이 몇 명 있는데, 내가 소그룹 성경공부를 좀 시켜 주면 좋겠다는 말씀이셨다. 내가 얼마나 바쁜지 알고 있는 목사님이기에 중요한 의미가 있어서 부탁하신다고 생각했다. 하 목사님은 일을 즉흥적으로 턱턱 던지시는 것 같지만, 어떤 사람에게 부탁할 때는 많은 생각을 하시고 움직이시는 분임을 알고 있었다. 그리고 하 목사님이 하라는 것을 해서 아직까지 내가 후회한 적은 거의 없었다. 대상의 성격상 기존의 교회 공동체에 접목되긴 아직 좀 어렵고, 그중엔 아직 신앙이 너무 어린 사람도 있고, 그러나 잘 양육하면 기독교의 대사회적 영향력에 큰 도움이 될 것이었다. 그리고 CCC 스태프로 일할 때, 또 대학부 전도사로 일할 때, 젊은이들을 데리고 밤새워 제자 훈련 시키던 시절이 생각나서 한 번 해 보자는 생각이 들었다.

그렇게 해서 알로에마임 본사에서 8-9명 정도의 여성 CEO들과 매주 한 번씩 성경 공부를 시작하게 되었다. 첫 날, 각자 자기 소개 하는 것을 들으니 실로 가관이었다. 착실하게 교회 안에서 신앙 생활이 다져진 사람은 몇 안 되고, 가톨릭 출신으로 아직 신앙에 입문도 안 한 사람, 완벽한 불신자, 교회 갓 나오기 시작했지만 전혀 뭐가 뭔지 모르는 사람들로 구성되어 있었다. 그런데도 다들 개성이 강하고 말을 잘해서 한 사람이 끝까지 얘기하게 두는 법이 없었다. 어쨌든 나는 일단 마태복음을 가지고 성경 공부를 인도하기로 했다.

그 모임의 중추적 역할을 한 두 인물은 알로에마임의 홍혜실 전무님과 "열심히 일한 당신, 떠나라!"는 카피로 우리에게 널리 알려진 광고인 문애란 사장님이었다. 그들은 자신을 가리켜 '딱새'와 '찍새'라고 불렀다. 마당발인 문애란 사장님이 새로운 멤버들을 물어오면, 섬기는 데 귀재인 홍 전무님이 좋은 음식과 따뜻한 보살핌으로 돌본다는 뜻에서 붙인 별명이었다. 찍새와 딱새의 활약에 힘입어 처음에 '소그룹'으로 시작했던 성경 공부는 시작한 지 반 년 만에 금세 4-50명으로 늘어났다.

그러나 숫자가 느는 것보다 중요한 것은, 성경 공부를 통해서 하나님이 한 사람, 한 사람을 엄청나게 바꾸셨다는 사실이었다. 일단 어떻게든 들어오기만 하면 완전 초짜던 사람도 감동을 받아 자기 발로 주일 예배까지 나왔고, 그렇게 잠이 많던 사람도 은혜를 받아 새벽기도에 나오는가 하면, 자기도 처음이면서 집안 식구들까지 다 전도해서 교회를 나오는 엄청난 일이 일어나기도 했다. 게다가 여성 CEO 성경 공부였는데 부부라는 핑계로 슬슬 남성 CEO들이 한두 명씩 들어오기 시작하더니, 이들도 은혜를 받아 변하기 시작했다. 모일 때마다 서로의 간증과 날로 평온해지는 얼굴들을 보며 기뻐하는 일이 계속되더니, 심지어는 한 주일이 너무 늦게 간다고 불평하는 사람들도 생겼다. 동문 모임도, 중요한 저녁 약속도, 골프 스케줄과 해외 출장도 모두 성경 공부 모이는 날을 피해 잡았다. 연극인 윤석화 씨 같은 경우도 리허설 스케줄이 그렇게 빡빡해도 할 수 있는 한 꼭 성경 공부에 열심히 참석해서 나를 감동시켰다. 어느새 나는 이들에게 은혜를 주는 게 아니라 도리어 은혜를 받는 사람이 되어 가고 있었다. 초대 교회가 바로 이랬으리라 생각할 정도로 말씀과 성령의 감동이 대단했다. 날마다 성경 공부가 끝나고 나면 눈물이 범벅된, 그러나 기쁨에 찬 얼굴로 나서는 사람들의 모습이 얼마나 아름다운지!

성경 공부를 통해 가장 많이 변한 사람 중 하나가 전 국민통합 21 대변인 김행씨다. 얼마 전에 세례를 받았는데, 그녀의 세례 간증문을 본인의 허락을 얻어 여기에 공개한다.

세속적인 영광과 권세를 추구하고 살아온 지난 날이었습니다. 나 자신이 가장 선하고 너그러운 사람이라는 착각 속에 산 지난 날이었습니다. 그 과정에서 나는 오만해졌고, 세상은 늘 만만해 보였습니다. 세상의 권세와 행운의 여신은 내 편이라고 생각했습니다. 세속적인 실패를 몰랐던 삶이었습니다. 대통령 후보의 대변인 시절, 저는 새로운 권력 창출의 주역 중 한 사람으로 활약했으며, "드디어 세상을 개혁할 수 있겠다"는 엄청난 포부로 흥분해 있었습니다.

그러나 선거 마감을 불과 두 시간여 앞둔 시간에 실족하고 말았습니다. 인간의 정치적 상상력을 초월하는 상황이 현실에서 나타났습니다. 속수무책이었습니다. 그리고 그 순간 저는 홀로 있었습니다. 아무런 세상의 보호 장치가 없었습니다. 그 후 죽음보다 더 깊은 절망에 빠졌으며, 세상의 끝을 본 느낌이었습니다. 세상의 헛된 권세에 빠져든 어리석음은 배반과 분노, 고통과 절망으로 제게 되돌아왔습니다.

그러기를 5개월, 2003년 5월 25일. 그러니까 꼭 일 년 전입니다. 온누리 교회에서 하나님을 만났습니다. 하나님은 수렁에 빠진 딸이 회개하고 돌아오길 너무도 오랜 기간 인내와 눈물로 기다리고 계셨습니다. 저는 하나님의 손을 잡았습니다. 그때 만난 하나님은 사랑의 아버지였고, 나를 실족치 아니하게 하시는 진정한 보호자였습니다. 지난 대선 때 나의 실족은 나를 구원하기 위한 하나님의 예정이었음을 깨달았습니다. 하나님은 저를 위해 졸지도 아니하시고 주무시지도 아니하시고 네 우면에서 나의 그늘이 되시기 위해 45년이 넘는 세월을 준비하신 것이라는 깨닮음이 저를 허물어뜨렸습니다.

그렇습니다. 하나님은 세속적이고 허망한 권세와 인간관계로부터 눈동자처럼 저를 지켜 주신 것입니다. 이제는 하나님이 저를 지켜 주셔서 모든 환난을 면케 하시고 저의 영혼을 지켜 주실 것을 믿습니다. 그리고 하나님의 율법대로 순종할 것을 서약합니다. 앞으로 저에게 주어진 시간이 세상의 헛된 권세와 영광이 아니라 오직 한 분, 하나님을 기쁘시게 하시는 데 쓰일 것을 소망합니다. 하나님 감사합니다. 사랑합니다.

김행씨처럼 이 말씀으로 인해 삶이 변한 분들의 이야기는 너무 많아서 여기에 다 기록할 수가 없어, 따로 모아서 책으로 펴낼 계획이다. 나는 각자 자기 분야에서 일로는 정상을 달리고 있는 이분들로 하여금, 더 높고 아름다운 비전을 위해 자신을 헌신하게끔 해야 했다. 내가 이들에게 벤치마킹 대상으로 내세운 인물은 17세기 말-18세기 초, 영국의 노예 제도를 폐지시키고 영국 사회를 개혁하는 데 지대한 영향을 미친 하나님의 정치인 윌리엄 윌버포스와 그의 친구들이 만든 클래펌 공동체였다. 윌버포스와 친구들은 정치인과 기업인들로써 세상에서 최고의 삶을 누리고 있었지만, 하나님의 말씀으로 변화된 후, 영국 사회를 병들게 하고 있던 요소들을 조용히 개혁하는 데 평생을 바쳤던 평신도들이다. 존 뉴턴이나 존 웨슬리 같은 목회자들은 이들을 뒤에서 영적으로 인도한 코치 역할을 했을 뿐이다. 나는 여러분이 한국 사회의 윌버포스 같은 사람들이 되었으면 좋겠다고 했다. 다들 내 말을 가슴 깊이 새기시는 듯했다.

성경 공부를 인도하면서 계속 이들에게 성경을 실천시키려고 애를 썼다. 한 번은 우리 교회의 탈북자들 모임 사람들을 목요 성경 공부 그룹으로 하여금 초청하게 해서 좋은 식당에서 냉면과 고기를 풍성하게 대접한 적이 있다. 우리 멤버들을 그분들과 골고루 섞여 앉혀서 대화를 나누게 했다. 사선을 넘어와 한국에서 어렵게 자리를 잡고, 하나님을 믿은 탈북자 성도들은 생전 처음 받아보는 따뜻한 대접에 눈물을 흘릴 정도로 감동했다. 신학교를 다니고 있는 한 분은 목회자가 되면 다시 북한으로 죽음을 각오하고 선교사로 가겠다고 하여 장래를 숙연하게 만들었다. 항상 자신의 성공만을 위해 살아온 이들이 하나님의 말씀으로 변화되어 남을 섬기는 데 자신의 시간과 돈을 사용하고는 너무 좋아하는 것이다. 나는 이왕이면 장학금 펀드도 하나 만들어서 탈북자 신학생이나, 제3세계의 학생들이 한국에 와서 공부하는 일을 도와주자고 했다. 다들 그것도 좋아서 기도하며 준비 중이다. 어린아이같이 말씀을 흡수하고, 배우는 그대로 실천하는 목요 성경 공부 멤버들에게 오히려 내가 도전을 받고 겸손해진다.

집필

많은 교회와 두란노 사역, 외부 강의를 하는 와중에서도 나는 집필 활동을 계속하여, 매년 책을 한 권씩 낼 수 있었다. 2001년에는 크리스천 가정의 원리를 다룬 「홈, 스위트 홈」, 2002년에는 리더십 칼럼들을 정리한 「칼과 칼집」, 2003년에는 온누리 TV 교육 칼럼의 내용들을 압축해 정리한 「다음 세대의 날개」, 2004년에는 여호수아 리더십을 다룬 「리더여, 사자의 심장을 가져라」를 펴냈다. 이 중 「거인들의 발자국」에 이어 「칼과 칼집」과 「리더여, 사자의 심장을 가져라」가 베스트셀러가 되었다. 정말 감사한 일이다.

새 책이 나올 때마다 사람들은 늘 내게 묻는다 "그렇게 바쁜데 책은 대체 언제 쓰는 겁니까?" "강의나 설교 내용을 누가 대필해 줍니까?" "시간 관리를 굉장히 잘하시나 보죠?" "능력이 많은 사람은 역시 다른 것 같아요." 하지만 나는 스스로 능력이 많다는 생각도, 시간 관리를 의도적으로 잘한다는 생각도 해 본 적이 없다. 게다가 내 주제에 아직 대필가를 둘 형편도, 엄두도 못 낸다. 내 아내에게 물어보면 내가 얼마나 널널하게 사는지 말해 줄 것이다. 즉흥적으로 "야, 어디 가자" 그리고 나가기도 잘하고, 책도 한 권을 진득하게 읽는 게 아니라 대여섯 권을 여기저기에 펼쳐 놓고 이 책 저책 읽어 나가는, 어떻게 보면 대단히 어지러운 스타일로 산다. 하지만 굳이 비결을 말하라면 그저 매일 조금씩 축적해 나가는 힘이라고 하고 싶다.

사실 하루도 조용히 책 쓰는 일에만 전념해 볼 여유가 내게는 없었다. 그래서 매일 조금씩 조금씩 자투리 시간을 최대한 활용해야 했다. 「리더여, 사자의 심장을 가져라」 같은 경우는 열린 예배 설교하던 시절, 설교를 끝내고 와서 아직 감동이 생생하게 살아 있을 때 문서체로 옮기는 작업을 한다. 그래 놓고 나서야 잠자리에 든다. 당시 사용했던 파워 포인트 그래픽 자료도 그때그때 한 번 더 보완해서 보관해 놓았다가, 원고 디스켓과 함께 출판부에 넘긴다. 또 새로운 책을 읽거나, 신문 칼럼을 보거나,

텔레비전 뉴스를 보거나, 실력 있는 분과 대화를 한 뒤에는 내용이 좋다 싶으면 바로 그 내용을 정리해서 컴퓨터에 입력해 놓는다. 이것이 나의 살아 있는 자료집이 된다. 데이터만 입력하는 것이 아니라, 거기에 대한 나의 생각과 분석도 아예 그 자리에서 달아 놓는다. 외부에서 강의를 하거나, 새롭게 배운 것들을 말로 표현하는 것들도 될 수 있는 대로 그날 글로 정리해 놓으려고 노력한다. 이 모든 것이 한꺼번에 모여 시너지 효과를 이뤄서 그 해 한 권의 책으로 나온다. 그래서 남들 보기에는 쉽게 내는 것 같지만 내 나름으로는 밀도 있는 내용들을 압축해서 쓰는 것이다. 한 번도 대충대충 책 낸 적은 없다.

하용조 목사님은 늘 입버릇처럼 "글은 원래 바쁜 사람들이 써야 하는 거야"라고 말씀하시는데, 이제야 그 말이 무슨 뜻인지 조금 알 것 같다. 시간이 많고 할 일이 없다고 해서 좋은 글이 나오는 것은 아니다. 오히려 글은 삶의 현장을 숨 가쁘게 뛰면서, 그 가운데서 독서하고 대화하고 경험하고 생각하면서 써야 살아 움직이는 글이 되는 것이다. 그런 생동감 넘치는 글을 앞으로도 계속 쓰고 싶다.

2000년 가을 「거인들의 발자국」 출간 이후, 5년 동안 정말 많은 일들이 있었다. 하나님은 늘 내게 과분할 정도의 사역들을 맡겨 주셨다. "주님, 저는 이런 일을 감당할 만한 능력도 주제도 안 됩니다" 하고 도망가는 나를 주님은 늘 격려해 주며 세워 주셨다. 그리고 할 수 있는 지혜와 능력을 항상 조용히 불어넣어 주셨다. 한 순간 한 순간이 기적과도 같았다.

지금 내가 스스로 돌아보며 조심해야겠다고 생각하는 것은, 리더십이라는 분야를 다루다 보니 워낙 영향력 있는 사람들과 접촉하는 기회가 많아서 자꾸 그런 화려한 자리, 유명한 사람들과 있는 것을 내가 나도 모르게 내세우고, 덩달아 대단한 존재가 된 양 자기 도취에 빠질 수 있는 점이다.

결국 하나님 안에서 나는 모든 사람을 겸손하고 소탈하게 대해야 한다. 다양한 계층의 성도들을 계속 만나면서 모든 사람을 있는 그대로 사랑하는 법을 배운다. 살을 에는 듯한 추운 겨울 바람이 온몸으로 느껴지는 5층 단칸방에 사는 분을 심방했을 때가 기억난다. 동행한 집사님 두 분과 내가 들어서니까 더는 서 있을 공간조차 없는 작은 방에서 번역 일을 하며 어렵게 살아가던 사람. 그러나 손잡고 기도해 주니 금세 평온해지던 그 얼굴이 눈에 선하다. 성한 사람도 오르기 힘든 가파른 산동네에 사시던 팔순 할머니 성도의 미소. 자기도 가난하면서 4명이나 되는 장애우들, 가족에게도 버림받은 장애인들과 함께 살아가는 중년의 집사님. 하나님은 부족한 나 같은 목사를 통해서 그 모든 분에게 그분의 사랑을 흘려보내고 계셨다. 어렵고 힘든 성도들의 삶을 그렇게 접촉해 보면서, 나는 진정한 리더십은 아래로 말없이 흘러내리는 섬김의 도(道)임을 배워 간다.

개정판을 내는 지금, 한국 사회의 리더십 위기는 갈수록 심각해지고 있다. 하나님은 항상 당신의 사람을 통해서 역사를 바로잡아 나가시길 원하신다. 이 책이 이 땅에 숨어 있는 많은 하나님의 리더들을 깨우고, 기존 리더들의 생각과 마음을 바꾸는 데 작은 보탬이 되었으면 한다.

최고의 리더이신 하나님에게 늘 접속해 있는 것. 그래서 그분의 능력과 지혜를 수시로 다운로드 받는 것. 그것이 내가 알고 있는 리더십의 진수다.